IBAES **Vol. XIV**

Internet-Beiträge zur Ägyptologie und Sudanarchäologie

Studies from the Internet on Egyptology and Sudanarchaeology

Erika Endesfelder

Beobachtungen zur Entstehung des altägyptischen Staates

Publiziert unter folgender WWW-Adresse (URL):

http://www2.rz.hu-berlin.de/nilus/net-publications/ibaes14

Berlin / London **2011**

Title published by
Golden House Publications
London 2011
GoldenHouse@aol.com

Der vorliegende Band enthält die Textfassung der im Internet veröffentlichten Arbeit von Erika Endesfelder „Beobachtungen zur Entstehung des altägyptischen Staates“. Die aus dem Format PDF gedruckte Textfassung entspricht der im Internet unter der Adresse abrufbaren Originalfassung.
Bei Zitierung der Arbeit ist bitte immer die URL der Originalfassung anzugeben (zum Zitieren von Internetpublikationen allgemein siehe das Vorwort von IBAES I):

> Endesfelder, Erika, Beobachtungen zur Entstehung des altägyptischen Staates, IBAES XIV, Internetfassung: URL: http://www2.rz.hu-berlin.de/nilus/net-publications/ibaes14, Berlin, 2011, Printfassung: GHP, London, 2011

Abbildung auf der Titelseite:
Narmer-Palette (Zeichnung: Peter A. Piccione; with permission of the ARCE)
Abbildung auf dem Coverrücken: Annalentäfelchen des Den (nach: Schott 1951: Taf. 9,19)

Printed in the United Kingdom

ISBN 978-1-906137-25-0

IBAES Vol. XIV

Internet-Beiträge zur Ägyptologie und Sudanarchäologie
Studies from the Internet on Egyptology and Sudanarchaeology
Herausgegeben von Martin Fitzenreiter, Steffen Kirchner und Olaf Kriseleit

Erika Endesfelder

Beobachtungen zur Entstehung des altägyptischen Staates

Berlin / London 2011

Vorwort zu dieser Ausgabe

Die Herausgeber der Reihe IBAES haben sich das Ziel gesetzt, die zu DDR-Zeiten in Berlin entstandenen ägyptologischen Qualifikationsarbeiten nachträglich zu veröffentlichen.[i] Da diese Arbeiten bisher unpubliziert geblieben und in nur wenigen maschinenschriftlichen Exemplaren vorhanden sind, sind sie weiten Bereichen der Altertumswissenschaften kaum zugänglich und werden nur selten wahrgenommen. Dadurch erfahren nicht zuletzt auch ihre Autoren – und damit verbunden die DDR-Ägyptologie insgesamt – bis heute eine nur geringe Rezeption innerhalb des Faches. Dies ist insofern bedauerlich, da diese Arbeiten nicht nur Forschungsergebnisse beinhalten, die zum Teil auch heute noch relevant sind, sondern gleichzeitig Zeugnisse einer wissenschaftsgeschichtlichen Epoche sind.

Mit dem vorliegenden Band ist jetzt die „Dissertation B“, d.h. die Habilitationsschrift, von Erika Endesfelder zugänglich, die im Jahr 1980 an der Humboldt-Universität zu Berlin verteidigt wurde. Um die Arbeit in ihrem ursprünglichen Zustand und ihrer originalen Aussage zu erhalten, wurden am Text lediglich redaktionelle Eingriffe vorgenommen. Einige wenige inhaltliche Verbesserungen sind als Fußnoten angegeben und dadurch vom Originaltext getrennt. Jeder weitergehende Eingriff hätte nicht nur eine Verfälschung des Publikationsprojektes nach sich gezogen, sondern vielmehr eine vollständige Neufassung der Arbeit bedeutet. Wer an einer aktuellen Studie zum vor- und frühgeschichtlichen Ägypten interessiert ist, wird dies sicherlich als bedauerlich empfinden, doch in der inzwischen reichhaltigen Literatur zu dieser Epoche gewiss geeignete Kompensation finden.[ii]

Der Beitrag, den diese Arbeit nach über dreißig Jahren noch leisten kann, ist nicht gering. Die „Beobachtungen zur Entstehung des altägyptischen Staates“ lassen sich unter verschiedenen Aspekten lesen: Der Band ist nicht nur eine Zusammenstellung und Auswertung des archäologischen Materials der vor- und frühgeschichtlichen Zeit, wenn auch auf der Basis eines inzwischen veralteten Forschungsstandes. Die Exkurse im Anhang bieten u.a. eine detaillierte Übersicht über die Entwicklung der landwirtschaftlichen und handwerklichen Produktivkräfte, die anhand des archäologischen Materials von prädynastischen Fundplätzen gewonnen wurde. Daneben steht eine katalogartige Behandlung der Ritz- und Tinteninschriften, der Siegelabdrücke und der Annalentäfelchen, die parallel und ergänzend zu Peter Kaplonys „Die Inschriften der ägyptischen Frühzeit“[iii] von Interesse sind. Nicht zu-

---

[i] Dieses Publikationsprojekt ist im Vorwort von M. Fitzenreiter zu P. Andrássy, Untersuchungen zum ägyptischen Staat des Alten Reiches, IBAES XI, Berlin/London 2008: i-viii ausführlich dargestellt.

[ii] Siehe z.B. die Beiträge im Ausstellungskatalog E. Teeter (Hrsg.), Before the Pyramids. The Origins of Egyptian Civilization, Oriental Institute Museum Publications 33, Chicago 2011.

[iii] P. Kaplony, Die Inschriften der ägyptischen Frühzeit, Bd. I-III, Ägyptologische Abhandlungen 8, Wiesbaden 1963.

letzt besitzt die Arbeit wissenschaftsgeschichtliche Relevanz, indem sie nicht nur theoretische Ansätze der Altertumsforschung in der DDR reflektiert, sondern auch Zeugnis eines Forschungszweiges ist, der für einen Teilbereich der deutschsprachigen Ägyptologie prägend war.

Da ich selbst mein Studium der Ägyptologie an der Humboldt-Universität zu Berlin bei Erika Endesfelder begonnen habe, war es mir ein besonderes Anliegen, diese Arbeit zu digitalisieren und für den Druck vorzubereiten. Als „aus dem Westen" stammend und mit marxistischer Terminologie wenig vertraut, haben mich Begriffe wie „Mehrprodukt" und „Produktivkräfte" nicht nur durch mein Studium begleitet, sondern waren und sind gewissermaßen ägyptologischer Fachwortschatz. Unabhängig von jedem ideologischen und zeithistorischen Hintergrund lieferte der Blickwinkel Erika Endesfelders einen gewinnbringenden Eindruck von den materiellen Hinterlassenschaften des Alten Ägypten. Dass Terminologien und Theorien natürlich immer einem zeitgeschichtlichen Horizont entspringen, ist ein Faktum, das im Grunde nicht betont werden muss. Jeder kritische Leser ist sich dessen bewusst. Erika Endesfelder hat ihre Überlegungen zur ägyptischen Vor- und Frühgeschichte jedoch nicht allein auf marxistische Theorien zur Gesellschaftsentwicklung aufgebaut, sondern insbesondere Rückhalt in den kulturanthropologischen Ansätzen der angloamerikanischen Prozessualen Archäologie (bzw. der „New Archaeology") gesucht. Diese stand den marxistischen Ansätzen durchaus nahe, denn nicht zuletzt hat Gordon Childe als Vorläufer der Prozessualen Archäologie ganz bewusst auf den Marxismus zurückgegriffen.

Die Ansätze der Prozessualen Archäologie zur Gesellschaftsformation fokussierten auf soziale und kulturelle Veränderungen und Prozesse.[iv] Diese versuchte sie aus dem Zusammenspiel von äußeren Umwelteinflüssen mit verschiedenen inneren Faktoren, wie z.B. Wirtschaft und Religion, zu erklären. Damit wandte sie sich von Wander- und Diffusionstheorien ab, die dominante äußere Einwirkungen als wesentliche Faktoren vertraten. Nach Auffassung der Prozessualisten ließe sich eine Kultur nur durch minutiöse Detailbeobachtungen am archäologischen Material und unter Berücksichtigung aller verfügbaren Informationen erklären. Erika Endesfelder kommt nach einer Gegenüberstellung marxistischer und prozessualer Ansätze (vgl. hier S. 3-5) zu dem Schluss, dass die Prozessuale Archäologie faktisch „durch die Anwendung konsequent materialistischer Methoden" zu vergleichbaren Ergebnissen kommt, die daher „keineswegs den marxistischen Auffassungen widersprechen".

Beiderseits des eisernen Vorhanges entwickelten sich parallele Ansätze, wenn auch unter Verwendung unterschiedlicher Terminologien. Entgegen teils herrschenden Vorurteilen gegenüber der DDR-Ägyptologie, zeigt die vorliegende Arbeit daher mit großer Deutlichkeit nicht nur, wie sich archäologische Theorie jeweils ähnelte, sondern auch, dass die Ansätze der angloamerikanischen Archäologie in der

[iv] Vgl. u.a. R. Bernbeck, Theorien in der Archäologie, Tübingen/Basel 1997: 35-48.

DDR wahrgenommen und rezipiert wurden. Die Herangehensweise Erika Endesfelders steht methodisch am Beginn eines Diskurses in den altertumswissenschaftlichen Disziplinen der DDR, der die Formationstheorie zur Entwicklung „Altorientalischer Klassengesellschaften“ herausbildete.[V] Damit mag dieser kleine Einblick vielleicht andeuten, welches forschungs- und wissenschaftsgeschichtliche Potential durch die nachträgliche Veröffentlichung dieser und anderer Arbeiten erschlossen werden kann.

Eine technische Vorbemerkung sei noch zur computergestützten Wiedergabe der Hieroglyphen gegeben. Die Formen des frühzeitlichen Zeicheninventars sind noch weit entfernt von dem, was für spätere Zeiten als „Standardform“ angesehen wird und worauf die einschlägigen Zeichenlisten beruhen. Daher ist die Umsetzung der Hieroglyphen naturgemäß sehr inakkurat. Dass diese Form dennoch bewusst gewählt wurde, beruht auf zwei Überlegungen: (1) Die Übernahme der exakten Zeichenformen aus den publizierten Faksimiles und Fotos hätte durch die uneinheitlichen Vorlagen den optischen Eindruck des Bandes verzerrt und die Lesbarkeit beeinträchtigt. (2) In der ursprünglichen Arbeit sind die Hieroglyphen in handschriftlichen Formen gegeben, die stark abstrahiert sind und den originalen Charakter nur andeuten. Diese Art der Darstellung wurde versucht durch die computergenerierten Hieroglyphen aufzugreifen, sie als Lesehilfen beizubehalten und damit nicht zuletzt auch dem historischen Charakter des Manuskriptes zu entsprechen.

Wie am Ende eines jeden Vorwortes folgen auch hier die Danksagungen, die ich zurückblickend auf den Entstehungsprozess dieses Bandes gerne niederschreibe. Ein ausdrücklicher Dank sei Erika Endesfelder dafür ausgesprochen, dass sie ihre Arbeit für die Reihe IBAES zur Verfügung gestellt und der Publikation trotz einiger Bedenken zugestimmt hat. Des Weiteren danke ich sowohl Erika Endesfelder als auch den Herausgebern der Reihe IBAES, dass sie mir die Digitalisierung der maschinenschriftlichen Arbeit übertragen haben und mir dadurch eine einzigartig intensive Beschäftigung mit dem Text ermöglichten. Nicht zuletzt geht ein herzlicher Dank an Peter A. Piccione und das American Research Center in Egypt für die Genehmigung, die das Cover zierende Zeichnung der Narmerpalette reproduzieren zu dürfen.

Gunnar Sperveslage
Berlin im August 2011

[V] Vgl. zur Formationstheorie u.a. den Abriss bei M. Fitzenreiter in: P. Andrássy, Untersuchungen zum ägyptischen Staat des Alten Reiches, IBAES XI, Berlin/London 2008: iii-viii.

Inhalt

Vorwort

Die vorliegende Arbeit wurde in den siebziger Jahren des vorigen Jahrhunderts geschrieben, 1980 dem Senat des Wissenschaftlichen Rates der Humboldt-Universität zur Erlangung des wissenschaftlichen Grades Dr. scientiae philosophiae vorgelegt und noch im gleichen Jahr mit Erfolg verteidigt. Damit ist sie jetzt genau dreißig Jahre alt. Doch ihr zentrales Problem, die Herausbildung eines frühen Staates im Alten Ägypten ist noch durchaus aktuell, auch wenn es inzwischen eine fast unübersehbare Menge neuer Literatur dazu gibt. Allerdings war es mir nicht möglich, sie in die vorliegende Untersuchung einzuarbeiten. Das würde eine völlig neue Arbeit bedeuten.

Dennoch erscheint es nicht völlig unsinnig, sie in ihrer ursprünglichen Form bekannt zu machen. Zur Zeit ihrer Entstehung waren es vor allem die Fragen nach den Umständen bzw. den Bedingungen, unter denen frühe Staaten entstanden, und den Faktoren, die ihre Herausbildung bewirkten bzw. verhinderten, die auf die eine oder andere Weise von den verschiedenen Autoren bevorzugt wurden. Die Nilwasserverwertung, Auseinandersetzungen um anbaufähigen Boden und Fernhandel sowie innerägyptische kriegerische Auseinandersetzungen um die Vorherrschaft konnte ich als alleinige bestimmende Faktoren für die Staatsentstehung im Alten Ägypten ausschließen. Ebenso wenig ließ sich die Einwanderung einer „neuen Rasse“ oder die Überlagerung der „friedlichen“ unterägyptischen Bevölkerung durch die „kriegerischen“ Oberägypter für die ägyptische Staatsbildung verantwortlich machen.

Unter den heutigen Aspekten scheint mir auch der Zeitpunkt wichtig zu sein, an dem man die Staatsentstehung ansetzt. Dass sie kein plötzlicher Akt war, habe ich schon damals darzustellen versucht. Vermutlich sollte man das gesamte Alte Reich unter Einbeziehung der 1. Zwischenzeit noch zu den Vorstadien der eigentlichen Staatsbildung zählen, die dann mit der Reichseinigung durch die thebanische 11. Dynastie ihren Abschluss fand. Der Beginn dieser Phase wird sicher in die Dynastie 0 oder sogar etwas früher zu setzen sein. Getragen wurde die Entwicklung offenbar weniger von materiellen Faktoren obgleich diese auch eine Rolle spielten, denn ohne ein gesichertes stabiles Mehrprodukt an materiellen Gütern kann keine größere Gesellschaftsorganisation entstehen, aber es scheint mir, dass vor allem die Ideologie, das religiöse Bewusstsein eine bedeutende Rolle bei der ägyptischen Staatswerdung gespielt hat.

Neben diesen Überlegungen ist die ganze Arbeit antiquiert, das Literaturverzeichnis ist nicht vollständig und die Abbildungen sind zusammengesucht, so wie mir es damals möglich war. Dafür bitte ich den hoffentlich geneigten Leser um Verzeihung.

Erika Endesfelder
Berlin im Winter 2010

Abfolge der frühzeitlichen Herrscher

Name	Dauer d. Amtsperiode in Jahren	Absolute zeitliche Ansetzung
Horus-Serech-Symbole auf Keramikgefäßen 12-15 Herrscher	100-150 Jahre	vor 3000 v.Zr.
Herrscher mit unterägypt. bzw. oberägypt. Kronen auf d. Annalenfragmenten	?	bis ca. 3000 v.Zr.
Skorpion	?	
Ka	?	
Narmer	?	vor 2900 v.Zr. ++
Aha	33+	ca. 2900-2870++
Djer	41+	ca. 2870-2850++
Djet	12+	ca. 2840++
Den	45+	ca. 2836-2794++
Adj-ib	8+	
Semerchet	8+	ca. 2794-2763++ (Adj-ib, Semerchet, Qa)
Qa	17+	
Hetep-Sechemwj	18+	seit ca. 2763++
Ra-neb	20+	
Nj-netjer	45+	ca. 2726-2680++
Per-ib-sen	13+	ca. 2680-2666++
Chasechemwj	27+	ca. 2655-2628++

\+ nach Kaiser (1961: S. 43)
++ nach Hornung (1965: S. 10-19)

Dagegen setzt Edwards (1964) die 1. Dynastie (Narmer bis Qa) von 3100-2890 v.Zr. und die 2. Dynastie (Hetep-sechemwj bis Chasechemwj) von 2890-2686 v.Zr. an.

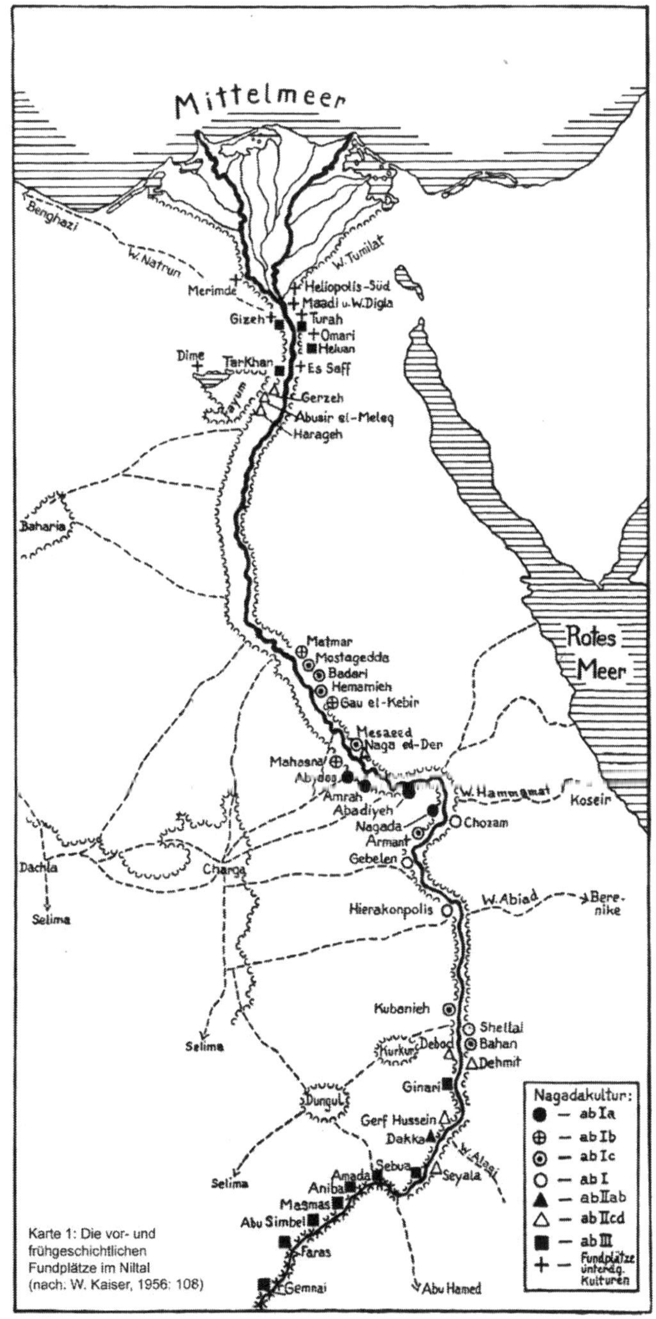

Karte 1: Die vor- und frühgeschichtlichen Fundplätze im Niltal (nach: W. Kaiser, 1956: 108)

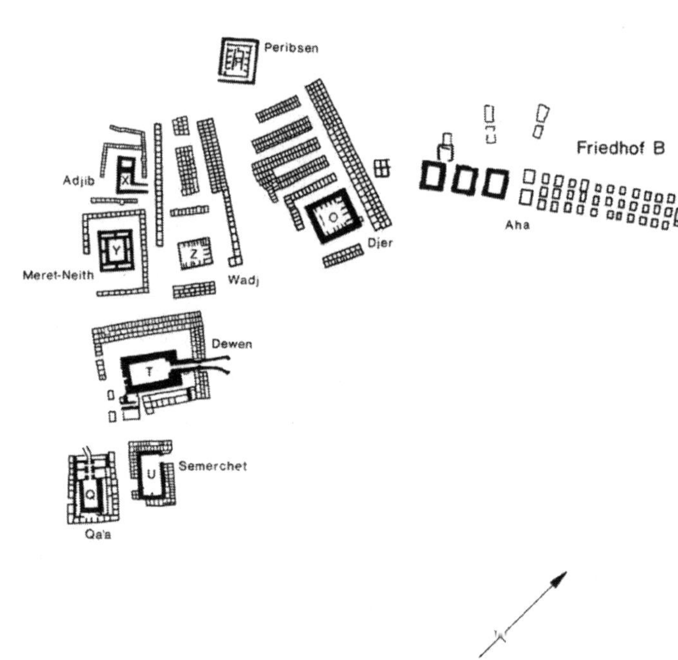

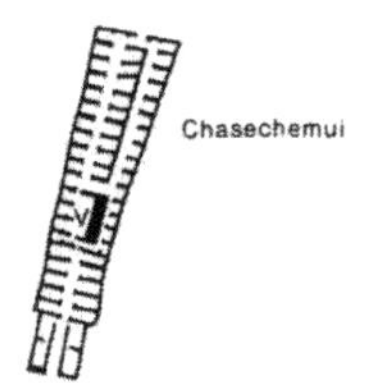

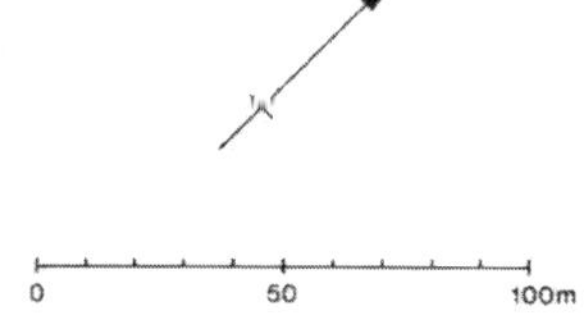

Karte 2: Herrscherfriedhof in Abydos
(nach: Petrie, RT II, Taf. 58 u. Hartung, Umm el-Qaab II, AV 92, 2001: Abb. 1)

1. Einleitung

Das Alte Ägypten gehört zu den Ländern, die mit als erste in der Geschichte der Menschheit ein solches Niveau der gesellschaftlichen Verhältnisse erreicht hatten, daß ein Staat entstehen konnte. Im Gegensatz zu den Perioden des Alten, Mittleren und Neuen Reiches, aus denen zahlreiche schriftliche Zeugnisse über die Aktivitäten des altägyptischen Staates Auskunft geben, ist über die Phase seiner Entstehung nur wenig Konkretes bekannt.

Eine Sichtung und Aufarbeitung der Fakten, aus denen sich Aussagen über dieses Stadium ergeben können, scheint um so nützlicher, als besonders in den letzten Jahrzehnten unter Althistorikern, Archäologen, Ur- und Frühgeschichtlern und Völkerkundlern vieler Länder intensive Diskussionen im Gange sind, die sich mit den Problemen der frühen Etappen der Menschheitsentwicklung beschäftigen. Dabei spielte naturgemäß auch die Herausbildung von Staaten eine Rolle. Auffällig ausgeklammert ist in diesen Diskussionen das Alte Ägypten, obgleich auch hier der Prozeß der Staatsentstehung bei weitem noch nicht als befriedigend geklärt angesehen werden kann. Im Gegenteil, wie breit das Spektrum der unterschiedlichen Auffassungen in dieser Frage ist, zeigt eine Durchsicht der entsprechenden Abschnitte in den modernen zusammenfassenden Darstellungen über die Geschichte des Alten Ägypten, etwa aus den letzten zwei bis drei Jahrzehnten (Otto 1958 – Erstauflage 1953; Helck/Otto 1956; Emery 1961; Edwards 1963; Helck 1975; Sellnow et al. 1977).

Ungeachtet der zum Teil erheblich voneinander abweichenden Ansichten über die Ursachen und Faktoren, die zur Herausbildung des altägyptischen Staates geführt haben, gibt es jedoch weitgehende Übereinstimmung über den Zeitpunkt seiner Entstehung. Danach ist der Staat des Alten Ägypten noch vor Beginn der 1. Dynastie in der „Reichseinigungszeit" entstanden und beendete mit seiner Entstehung die Periode der sogenannten „Vorgeschichte", die die schriftlosen prädynastischen Kulturen umfaßte. Man spricht deshalb auch gern vom „Staat der historischen Zeit", der die etwas „undurchsichtigen" Verhältnisse der prädynastischen Periode beendete.

Indirekt geht diese Meinung auf das in Bruchstücken durch Josephus, Africanus und Eusebius überlieferte Geschichtswerk des Ägypters Manetho zurück, das dieser für Ptolemäus II. verfaßt hat. Manetho unterteilte die Herrscherfolge des Alten Ägypten in 30 Dynastien und begann die 1. Dynastie mit einem Herrscher namens Menes. Damit schaffte er eine Zäsur gegenüber der vorangegangenen vordynastischen Zeit, die jedoch von den altägyptischen Zeugnissen nicht unbedingt bestätigt wird; denn die Annalensteine aus der 5. Dynastie zählen Herrscher mit der unterägyptischen, der oberägyptischen und der Doppelkrone auf, die noch vor Beginn der 1. Dynastie gelebt haben müssen. Inzwischen ergaben die Forschungen, daß der sagenhafte Pharao Menes aus den zeitgenössischen, altägyptischen Belegen nicht zu ermitteln ist. Die ältesten, namentlich bekannten Herrscher sind „Skorpion",

Ka und Narmer. Sie werden auf Grund der verschiedenen Indizien von den modernen Autoren wechselseitig oder als Gruppe mit Menes gleichgesetzt. Aber die Überlieferung des Manetho, die vom Turiner Königspapyrus aus der 19. Dynastie und der Abydosliste Sethos I. geteilt wird, wirkt bis heute insofern nach, als daß die ursprünglich für Menes angenommene Reichseinigung als historischer Vorgang unter einem von ihnen (oder als Prozeß unter allen dreien) vor sich gegangen sein muß und damit den Beginn des altägyptischen Staates zeitlich festlegt.

1.1. Die Quellen

Die Akzeptanz der Ansicht, daß die Reichseinigung und Staatsentstehung mehr oder weniger identische oder zumindest gleichzeitig verlaufende Prozesse waren, die noch vor Beginn der 1. Dynastie stattgefunden haben, machte die Staatsentstehung zu einem zeitlich feststehenden Akziom und verdrängte die Frage nach den Ursachen für seine Herausbildung auf einen zweitrangigen Platz. Dazu kommt, daß das Material zu ihrer Klärung außerordentlich spröde ist. Schriftliche Quellen, die im allgemeinen sicherste Basis ägyptologischer Forschungen, setzen erst zu Beginn der dynastischen Zeit ein, d.h. zu einem Zeitpunkt, als nach der gängigen Auffassung der Prozeß der Staatsentstehung weitgehend abgeschlossen ist. Sie bestehen überdies aus kurzen, auch heute noch schwer verständlichen Vermerken auf Siegeln, Siegelabdrücken, Gefäßen und Annalenplättchen. Die Zeugnisse aus der prädynastischen Zeit liegen als schriftloses Material vor, das durch Grabungen seit dem Ende des vorigen Jahrhunderts zutage gefördert wurde.
Erstmals hatten Petrie und de Morgan auf die Existenz vor- und frühdynastischer Grabanlagen in Oberägypten aufmerksam gemacht (de Morgan 1896; 1897; Petrie/ Quibell 1896a). Mit diesen Entdeckungen waren sie in einen Zeitabschnitt vorgestoßen, der bis dahin nur aus den bruchstückhaften Überlieferungen des Manetho'schen Geschichtswerkes sowie aus den Berichten griechischer Historiker bekannt war, aber nicht durch archäologisches Quellenmaterial belegt werden konnte. Die Freilegung riesiger Friedhöfe mit tausenden Gräbern in den ersten Jahrzehnten unseres Jahrhunderts erbrachte dann den überwiegenden Teil des heute noch für die vor- und frühgeschichtliche Zeit verbindlichen Materials. Leider entsprechen die damaligen Grabungs- und Dokumentationsmethoden in keiner Weise den Anforderungen heutiger Fragestellungen. Da das Ziel dieser Grabungen vorrangig in der Entdeckung interessanter, möglichst spektakulärer Objekte und weniger im Aufspüren von Entwicklungsprozessen der menschlichen Gesellschaft bestand, wurden ärmliche Gräber und Siedlungsüberreste zumeist nur am Rande mitbearbeitet. Schichtengrabungen wurden zwar gelegentlich (Caton-Thompson in Hemamiye und Mond/Myers in Armant), aber unglücklicherweise an solchen Plätzen durchgeführt, die durch eine zu kurze Besiedlungsdauer nur begrenzte Aussagen ermöglichten. Die umfangreicheren vordynastischen Siedlungen in Oberägypten, wie z.B.

Hierakonpolis und Ombos, wurden bis heute nicht oder nur sehr ungenügend ausgegraben.
Aus dem Deltainneren sind prädynastische Fundplätze bisher überhaupt nicht bekannt. Aber am Südrand des Deltas und am Nordrand des Fayum wurden einige Siedlungen (z.T. mit dazugehörigen Friedhöfen) freigelegt, die jedoch mit Ausnahme der Plätze des Fayum (Caton-Thompson/Gardner 1934) nur in Vorberichten publiziert wurden. Rezente Grabungen unter Anwendung moderner Grabungs- und Dokumentationsmethoden, die eine allseitige Auswertung der Ergebnisse auch unter soziologischen Aspekten ermöglichen, fehlen jedoch bis jetzt für die Plätze der vor- und frühdynastischen Zeit sowohl im oberägyptischen als auch im unterägyptischen Raum noch völlig. Damit basieren alle Arbeiten über diese Periode ausschließlich auf alten Grabungsergebnissen und gewähren naturgemäß den theoretischen Erwägungen zu den Ursachen der Staatsentstehung einen breiten Spielraum.

1.2. Die bestehenden Auffassungen zur Staatsentstehung im Alten Ägypten

Abgesehen von der weitverbreiteten Koppelung von Reichseinigung und Staatsentstehung, die sicherlich den Blick für die realen Vorgänge nicht unbeträchtlich getrübt hat, aber im Eigentlichen nur Aussagen zum Zeitpunkt der Staatsentstehung macht, gibt es über die Gründe, Faktoren oder Impulse, die zur Herausbildung des altägyptischen Staates geführt haben könnten, eine Reihe von recht unterschiedlichen Auffassungen. Dabei zeigt es sich, daß die Interpretation der Staatsentstehung, insbesondere bei fehlendem oder aussageschwachem Material, weitgehend von der ideologisch-weltanschaulichen Konzeption ihrer Verfasser abhängig ist. Vor allem in der Frage des Wesens des Staates wird deutlich, daß ein grundlegender Unterschied zwischen marxistischen und nichtmarxistischen Autoren besteht.
Trotz zum Teil unterschiedlicher Auffassungen über die universalhistorische Einordnung und Bewertung der vorkapitalistischen Gesellschaftsformationen gehen die marxistischen Autoren von einer einheitlichen Grundkonzeption an die Frage der Staatsentstehung heran und bewerten den Staat nicht nur als Ergebnis eines ganz bestimmten Entwicklungsstandes der Produktivkräfte, sondern vor allem der Produktionsverhältnisse. Nicht der Umstand allein, daß Mehrprodukt erzeugt wird, ist für die Staatsentstehung wichtig, sondern vor allem von wem und nach welchen Prinzipien es angeeignet wird.
Sehr eindeutig wurde dieser Standpunkt von J. Sellnow in einer Stellungnahme zu den Theorien von Heichelheim formuliert: „Die Produktivkräfte haben immer nur bestimmte Möglichkeiten geschaffen, ihre Verwirklichung jedoch hing immer von einer Vielzahl im Einzelfalle unterschiedlicher Bedingungen ab. Vor allem haben die Produktivkräfte niemals unvermittelt auf den gesellschaftlichen und politischen Überbau, wozu bekanntlich der Staat gehört, gewirkt, sondern immer nur über die Basis. Wenn aber gerade diese Basis aus der Betrachtung ausgeklammert wird, dann ist

die notwendige Folge 1.) eine mechanistisch-materialistische Erklärung für die Entstehung des Staates, 2.) eine falsche Einschätzung der wirklichen Funktion bzw. des Wesens des Staates und 3.) eine unrichtige zeitliche Bestimmung für die Staatsentstehung und damit faktisch eine Verwischung der Zäsur zwischen klassenloser und staatlich organisierter Form des gesellschaftlichen Zusammenlebens" (Sellnow 1976: 251).

Bei weitem schwieriger ist dagegen die Formulierung des Standpunktes der nichtmarxistischen Autoren, von denen vor allem die Vertreter zweier relativ junger wissenschaftlicher Schulen der „New Archaeology" (McAdams; Carneiro; Price) und der „Settlement Archaeology" (insbesondere Trigger), interessante Arbeiten auf materialistischer Grundlage zum Problem der Staatsentstehung vorgelegt haben. Beide, in ihrem Ausgangpunkt nahezu identische Richtungen, bildeten sich vor etwa zwei Jahrzehnten in Amerika im Zusammenhang mit der archäologischen Aufarbeitung der indianischen Kulturen heraus und fanden auch in Westeuropa eine große Zahl von Anhängern. Die damalige jüngere amerikanische Archäologengeneration war mit den Wander- und Diffusionstheorien der sogenannten „traditionellen Archäologie" nicht mehr einverstanden, weil sie erkannt hatte, daß sie als ausschließliche Erklärung der Ursachen der kulturellen Entwicklung nicht ausreichten. Auf der Grundlage der Arbeiten von Childe, Clark, Flannery formulierten vor allem Binford für die „New Archaeology" und Chanes, Willy und Trigger für die „Settlement Archaeology" eine Reihe von Prinzipien, mit dem Ziel, durch eine methodologisch möglichst genaue Erfassung archäologischer Tatbestände zu generellen Aussagen über die Entwicklung der zu untersuchenden Kulturen zu kommen. Dabei sehen sie insbesondere die sozialen und ökologischen Faktoren als integrale Bestandteile ihrer Untersuchungen an. Eine sehr kenntnisreiche Analyse insbesondere der Arbeiten dieser beiden wissenschaftlichen Schulen hat L.S. Klejn in einer Untersuchung „On theoretical Archaeology" (Klejn 1977) vorgelegt. Soweit sich bis jetzt erkennen läßt, liegen die besten Ergebnisse der beiden Richtungen in den konkreten und zuverlässigen Einzeluntersuchungen, für deren Erarbeitung vor allem naturwissenschaftliche und mathematisch-statistische Methoden angewendet werden. Eine allgemein verbindliche theoretische Konzeption zum Ablauf gesellschaftlicher Entwicklungsprozesse besitzt jedoch weder die „New Archaeology" noch die „Settlement Archaeology", was z.B. C. Spaulding, einen der prominenten Vertreter der „New Archaeology", zu der Feststellung veranlaßte: „Where do we get the ideas that underlay the hypothesis to be investigated? There is no answer as far as I know." (Spaulding 1973: 351).

Beide Schulen betrachten, genau wie marxistische Autoren, ein konstantes landwirtschaftliches Mehrprodukt als Ausgangspunkt für die sich allmählich entwickelnde soziale Differenzierung und die Herausbildung von Klassen. Da sie jedoch die Klassen als Berufs- oder Ständegruppen verstehen, klammern sie in ihren Untersuchungen den spezifischen, antagonistischen Klassencharakter des Staates völlig aus, so daß der Staat für sie nur eine bestimmte, reichsbildende Organisationsform

der Gesellschaft ist. Ganz typisch für diese Auffassung ist z.B. die Bemerkung von Trigger: „By a state is meant any society having at its head a permanently constituted authority which is able to apply coersive measures for the enforcement of its decision“ (Trigger 1968: 52).
Ganz ähnlich ist die Ansicht von Carneiro, der unter Staat „eine autonome politische Einheit, die viele Gemeinden (communities) innerhalb ihres Territoriums umfaßt, mit einer zentralisierten Regierung, die die Macht hat, Steuern einzutreiben, Menschen für Arbeiten oder Kriege einzuziehen und Gesetze zu erlassen und in Kraft zu setzen“, versteht (Carneiro 1970: 733).
Obgleich in Bezug auf den Klassencharakter des Staates grundsätzliche theoretische Unterschiede zu marxistischen Auffassungen bestehen, die ideologisch begründet sind, gibt es eine Reihe von Ergebnissen der „New Archaeology“ und der „Settlement Archaeology“, die durch die Anwendung konsequent materialistischer Methoden gewonnen werden und daher keineswegs den marxistischen Auffassungen widersprechen. Charakteristisch für das Bemühen, die Vielschichtigkeit der in den frühen Gesellschaftsformationen vor sich gegangenen Entwicklungen vom materialistischen Standpunkt aus zu begreifen und zu interpretieren, ist eine Äußerung von McAdams „Wenn das evolutionäre Herangehen uns nicht in eine Sackgasse aus selbstgenügsamen kausalen Theorien leiten soll, müssen wir diese Komplexität und gegenseitige Abhängigkeit von Ereignissen, die zu den hauptsächlichen stage-Transformierungen führten, anerkennen.“ (McAdams 1960: 161).
In die nachfolgende Übersicht über die verschiedenen Theorien zu den konkreten Ursachen und Faktoren für die Staatsbildung sind auch Ansichten und Erkenntnisse eingeflossen, die anhand anderer früher Kulturen gewonnen wurden, wobei jedoch, ebenso wie für die über das Alte Ägypten, nur materialistische Auffassungen berücksichtigt wurden.

1.2.1. Wasser

Nach der gegenwärtig noch am weitesten verbreiteten Hypothese hat die Notwendigkeit einer zentralen Leitung und Planung der Bewässerung und der dafür erforderlichen Anlagen zur Herausbildung des altägyptischen Staates geführt. Sie stützt sich auf die Annahme, daß die Einführung der Bassinbewässerung bereits zu Ende der prädynastischen Zeit erfolgt sei, wobei die Notwendigkeit einer Koordinierung des Einsatzes von Menschen und Material Leitungsfunktionen erforderlich gemacht habe. Durch die allmähliche Erblichkeit dieser Leitungsfunktionen sei schließlich eine Zentralgewalt entstanden. Da die Bassinbewässerung eine uralte Tradition in Ägypten besitzt, erschien diese Erklärung für die Staatsentstehung so plausibel, daß eigentlich niemand nach konkreten Belegen für ihr wirkliches Alter und damit für ihre Stichhaltigkeit suchte. Schenkel formulierte daher sehr treffend: „Die Ägyptologie als zuständige Disziplin für eine der frühesten Hochkulturen ist nicht ganz unbeteiligt an diesen Verallgemeinerungen (über die Entstehung zentralistischer

Regierungen als Konsequenz der Einführung der künstlichen Felderbewässerung), wohl mehr allerdings durch Daten, die sie nicht geliefert hat, als durch Daten, die sie bereitstellen konnte“ (Schenkel 1974: 41). Da bereits Herodot, der „Vater der Geschichte“, Ägypten als „Geschenk des Nils“ bezeichnet hat, ist es nicht verwunderlich, daß auch schon in den ersten fundamentalen zusammenfassenden Werken über die Geschichte und Kultur des Alten Ägypten die große Bedeutung der Bewässerungswirtschaft betont und die Notwendigkeit ihrer straffen zentralen Leitung als wichtigste Aufgabe des Staates und daher als eigentlicher Grund für seine Entstehung angesehen wurde (vgl. u.a. Meyer 1909: 52, Erman/Ranke 1923: 20, 573). Herman Kees folgte dieser Auffassung und baute sie aus (Kees 1933: 27-31; 1958: 19-28). Auch Struwe schrieb: „Aus der Notwendigkeit, die Bemühungen der einzelnen Dorfgemeinschaften zur Errichtung eines Bewässerungssystems zusammenzufassen, erwachsen auf einer bestimmten Entwicklungsstufe der Produktivkräfte die Voraussetzungen für die Entstehung eines politischen Überbaus in der Form der orientalischen Despotie“ (Struwe 1955: 13). Ähnlich ist auch im ersten Band der von der AdW der UdSSR herausgegebenen „Weltgeschichte“ formuliert (Moskau 1955: 149-150).

Auf die enge Verbindung zwischen einer einheitlichen zentralen Verwaltung und Leitung einerseits und der Einführung eines Systems der künstlichen Bewässerung andererseits verweist Baumgartel (1965: 22), obgleich sie die Existenz einer Zentralgewalt nicht als Folge, sondern eher als Voraussetzung für die Einführung einer auf Kanälen und Deichen beruhenden Bewässerungswirtschaft ansieht. Sie nimmt an, daß sich beides etwa zu Ende der prädynastischen Zeit, also während des Negade II, herausbildete. In der Einführung der kontrollierten Felderbewässerung im Verlauf des Negade II und Omari B sieht auch Krzyżaniak die Ursache für die relativ rasche Herausbildung einer Klassengesellschaft (Krzyżaniak 1977: 22). Schließlich wird auch in der „Weltgeschichte bis zur Herausbildung des Feudalismus“ sowohl in dem speziellen Ägypten-Abschnitt, wie auch in der Zusammenfassung zur altorientalischen Klassengesellschaft auf die überragende Rolle verwiesen, die die Organisation und Leitung der Bewässerung bei der Entwicklung der altorientalischen Klassengesellschaft in Ägypten und Mesopotamien gespielt hat (Sellnow et al. 1977: 193-221, 267-68).

Bereits 1957 hatte A. Wittfogel in einer sehr umfangreichen Arbeit die bis dahin sporadisch von den verschiedenen Wissenschaftlern bei der Bearbeitung der alten Flußtalkulturen geäußerten Vermutungen über die große Bedeutung des Bewässerungsbodenbaus für die Entwicklung der jeweiligen Kulturen zusammengefaßt und daraus eine eigene Theorie von der sogenannten „hydraulischen Gesellschaft“ entwickelt. Nach dieser Theorie war in einigen halbtrockenen aber mit beträchtlichen Wasserressourcen, zumeist in Form großer Flüsse, versehenen Gebieten der Welt, zu denen er Ägypten, Mesopotamien, bestimmte Teile Indiens, Chinas und Amerikas zählte, die kontrollierte Nutzung dieser Wasservorräte in großem Maßstab nur durch eine zentrale Planung, Organisation und Leitung möglich. Aus dem

dafür erforderlichen Beamtenstab, der zur erfolgreichen Durchführung seiner Aufgaben die Verfügungsgewalt über alle materiellen Ressourcen und Arbeitskräfte benötigte und besaß, entwickelte sich die spezielle Form des „hyraulischen Staates", die Wittfogel mit der bereits in den Arbeiten von Marx erwähnten Staatsform der „orientalischen Despotie" gleichsetzte. Abgesehen von den penetranten antikommunistischen, insbesondere antisowjetischen Ausfällen, von denen Wittfogels Studie durchsetzt ist, und die ihre Lektüre äußerst beschwerlich machen, erwies sich bald auch die gesamte Theorie als unrichtig, obgleich sie zunächst durchaus Befürworter fand. McAdams zeigte z.B. in mehreren Beiträgen (u.a. McAdams 1958; 1960; 1969), daß die Entstehung der mesopotamischen Stadtstaaten keineswegs durch die Erfordernisse einer zentralen Leitung von großräumigen Bewässerungsarbeiten zu erklären ist, sondern durch eine Reihe anderer Faktoren. Zum Zeitpunkt der Herausbildung der Stadtstaaten existierte eine künstliche Bewässerung in großem Maßstab noch gar nicht, und der Anteil, den die entstehenden staatlichen Institutionen an ihrer Einführung nahm, scheint zumindest zunächst noch nicht sehr groß gewesen zu sein. Es ist recht aufschlußreich, daß frühe königliche Inschriften, in denen Kanäle erwähnt werden, deren möglichen Einsatz für die Bewässerung völlig ignorieren. Königliche Ansprüche, neue Verbindungswege für den Handel zu Schiff geschaffen zu haben, deuten schwerlich sehr überzeugend auf bedeutende Verantwortlichkeiten für die Bewässerung durch die politischen Autoritäten hin, und die Verwaltungsbereiche machen deutlich, daß staatliche Institutionen nur einen geringen Anteil an der realen Durchführung ökonomischer und baulicher Pläne hatten (McAdams 1969: 116).
Auch für China wurden Bedenken gegen die staatsbildende Rolle der großräumigen Bewässerung angemeldet: „although the establishment of a system of regulation of watercourses and irrigation and the control of this system may have affected the political constitution of the military states and imperial China the fact remains, historically, it was the pre-existing state structures and the large, well-trained labour force provided by the armies, that made the great irrigation projects possible" (Gernet 1968). Und für Mexiko stellt Robert Carneiro fest: "... largescale irrigation-system did not appear to antedate the classic period, where as it is clear, that the first states arose in the preceding formative or pre-classic period" (Carneiro 1970).
Schließlich wurde inzwischen auch für Ägypten wahrscheinlich gemacht, daß die Bassinbewässerung frühestens in der 1. Zwischenzeit an einzelnen Stellen des Niltales eingeführt wurde, daß eine zentrale staatliche Leitung des Bewässerungswesens offenbar zu keiner Zeit des pharaonischen Ägypten bestanden hat (zumindest sind aus den zahlreichen Korrespondenzen, Akten und Titeln keinerlei Hinweise auf eine solche Verwaltung erhalten), und daß weder die Titel noch die Rolle Pharaos in dynastischer Zeit den Schluß erlauben, daß die zentrale Leitung des Bewässerungswesens von Bedeutung für die Entstehung der Staatsmacht, deren oberster Repräsentant der Pharao war, gewesen sei (vgl. dazu auch Trigger 1968: 87-88; Schenkel 1974; 1978; Endesfelder 1979). Es ist zwar unbestreitbar, daß die Nil-

überschwemmung die Basis für die ägyptische Landwirtschaft darstellte, die Hypothese von einer entscheidenden Rolle einer zentralen Leitung des Bewässerungswesens für die Entstehung des altägyptischen Staates muß jedoch auf Grund der vorhandenen Indizien abgelehnt werden.

1.2.2. Boden

Auf Grund der Untersuchung von Kulturen im präkolumbianischen Amerika, insbesondere in den peruanischen Küstentälern, in Mexiko und im Amazonas-Gebiet, war Carneiro zu dem Ergebnis gekommen, daß die frühesten Staaten überall dort entstanden sind, wo anbaufähiger Boden nur in begrenztem Maße zur Verfügung stand, sei es aus natürlichen Ursachen, oder weil das vorhandene Kulturland bereits besetzt war (Carneiro 1970). Bei kriegerischen Auseinandersetzungen zwischen benachbarten Gemeinden könne der Unterlegene nicht in andere Gebiete ausweichen, sondern sei gezwungen gewesen, soweit er nicht von seinem Land vertrieben wurde, dem Sieger Abgaben zu leisten. Auf diese Weise kamen allmählich immer größere territoriale Einheiten zusammen, die einer Zentralgewalt unterstanden und ihr abgabepflichtig waren. Für die Verwaltung der eroberten Gebiete wurden besonders bewährte Krieger eingesetzt, aus denen sich dann eine herrschende Klasse entwickelte. Carneiro war der Auffassung, daß durch diese Theorie auch die Entstehung der frühesten Staaten in Ägypten, Mesopotamien und im Industal erklärt werden kann. Eine ähnliche Ansicht war bereits früher von Steward geäußert worden (Steward 1955), aber von McAdams mit der Begründung zurückgewiesen worden, daß die Hinweise aus den Untersuchungen früher Siedlungsmuster sehr deutlich machen, daß in alter Zeit „Bevölkerungsdruck überhaupt kein signifikanter Faktor“ war (McAdams 1960: 160).
Im Alten Ägypten gab es, trotz seiner durch die libysche und arabische Wüste eingeengten Lage, in dynastischer Zeit offenbar keinen Mangel an anbaufähigem Boden, denn noch in der 2. Hälfte des Neuen Reiches konnten kriegsgefangene Feinde geschlossen unter ihren Anführern angesiedelt werden. Überhaupt gewinnt man aus den Texten den Eindruck, daß weit eher ein Mangel an Leuten bestand, die den Boden bearbeiteten, als am Boden selbst. Das mag damit zusammenhängen, daß die Größe der Anbaufläche von der Höhe der jeweiligen Nilüberschwemmung abhängig war. In Jahren mit niedriger Überschwemmung konnte nur ein Teil der Felder genutzt werden, in Jahren mit hoher Nilflut war dagegen unter Umständen die Bestellung zusätzlicher Felder möglich, wenn die Arbeitskräfte ausreichten. Natürlich gab es unterschiedliche Bodenqualitäten. Das ertragreichste Land lag direkt am Rande des Flußbettes und konnte sich durch An- und Abschwemmen während jeder neuen Nilflut in seinem Ausmaß verändern. Durch das ausgehende neolithische Subpluvial waren die Überschwemmungen bis in das AR hinein offenbar recht hoch (Helck 1966), und auch in Oberägypten traten noch regelmäßige Niederschläge auf. Es ist daher unwahrscheinlich, daß in Ägypten Auseinandersetzungen

um Boden zur Staatsentstehung geführt haben sollten. Außer Carneiro, und offenbar unabhängig von ihm, hat nur noch Krzyżaniak dieser Auffassung eine größere Bedeutung für die früheste Entwicklung in Ägypten eingeräumt (Krzyżaniak 1977). Er ging von der Meinung aus, daß nur das Niederland der natürlichen Überschwemmung zugänglich war, und dieser Boden bereits zu Beginn des Negade II vollständig genutzt wurde, während auf dem Hochland Ackerbau nur mit Hilfe der künstlichen Bewässerung möglich war (a.a.O.: 128). „The rapid development in foodproduction (während des Negade II) was due to the inception of controlled irrigation. The demographic growth, and possibly with this a nutritional crisis could have resulted in a further and more intensified economic development, during which the most developed tribes of a strong structure ("simple tribal states") and led by the chiefs of outstanding personality, began to build the first irrigational systems of the basin type in the floode zone." (a.a.O.: 131). Dem steht jedoch die Tatsache entgegen, daß sich schon Siedlungsplätze und Friedhöfe des Badari und des Negade I auf den erhöhten Wüstenrändern befunden haben, d.h. das Hochland muß bereits in dieser frühen Zeit von der jährlichen spontanen Nilflut überschwemmt worden sein. Eine Landknappheit läßt sich jedenfalls für das Ägypten der vor- und frühdynastischen Zeit noch nicht nachweisen. Kaiser hatte bereits früher zu dieser Frage festgestellt: „Ebenso können wir uns auch für Mittel- und Oberägypten die noch unerschlossenen Gebiete bis ins Mittlere Reich hinein kaum groß genug vorstellen.“ (Kaiser 1964: 120, Anm. 3).

1.2.3. Handel

Insbesondere in den letzten Jahren wird durch eine Reihe von Autoren die große Bedeutung des Handels als Stimulus für die soziale und ökonomische Entwicklung in einem gegebenen Lande hervorgehoben (Kohl 1978 mit ausführlichem Literaturverzeichnis). Obgleich nun Ägypten während des Negade II zweifellos über weitreichende Handelsbeziehungen verfügte, insbesondere nach Vorderasien und nach dem Süden, räumte nur Baumgartel dem Handel eine größere Bedeutung für die gesellschaftliche Entwicklung des vordynastischen Ägypten ein (Baumgartel 1965: 21). Die Rolle, die Ägypten in den Handelsbeziehungen mit Vorderasien gespielt hat, scheint jedoch eine im wesentlichen passive gewesen zu sein, d.h. vorderasiatische Händler, hauptsächlich aus Mesopotamien, kamen nach Ägypten, um hier die auch aus der späteren dynastischen Zeit bekannten traditionellen ägyptischen Exportgüter Gold, Getreide und Produkte aus dem Süden, wie Tierfelle, wohlriechende Hölzer und Harze u.ä. einzutauschen. Es ist durchaus möglich, daß diese Vorgänge einen gewissen Einfluß auf den sozialen Differenzierungsprozeß in Ägypten ausgeübt haben.

Neben diesen Theorien, die die Staatsentstehung direkt oder indirekt mit der materiellen Produktion verbinden und Faktoren aus dem Bereich der Produktivkräfte eine besondere, stimulierende Wirkung für die Staatsentstehung zuschreiben, gibt es auch noch andere, durchaus materialistische Auffassungen.

1.2.4. Einwanderung einer neuen Rasse

Neben der Ansicht, daß die Erfordernisse einer zentralen Leitung der Bewässerungsarbeiten zur Herausbildung des altägyptischen Staates geführt haben, ist am weitesten die Hypothese verbreitet, daß im Negade II eine aus dem Osten stammende Bevölkerungsgruppe entweder über den Sinai oder über das Rote Meer durch das Wadi Hammamat nach Ägypten eingewandert sei und sich mit der einheimischen Bevölkerung vermischt habe. Diese neue Menschengruppe habe nicht nur ein höheres Niveau der Produktivkräfte mit sich gebracht, sondern sich in seiner gesellschaftlichen Entwicklung bereits an der Grenze zur Staatsbildung befunden, die dann nach der Vermischung mit der einheimischen ägyptischen Bevölkerung realisiert worden sei. Unterstützt wird diese Auffassung dadurch, daß während des Negade II ein offensichtlicher Aufschwung in der Entwicklung der Produktivkräfte zu verzeichnen ist, daß eine Reihe von mesopotamischen Einflüssen sichtbar werden, und daß schließlich die altägyptische Sprache, die sich erstmals in längeren Texten aus dem Ende der 3. und dem Beginn der 4. Dynastie darstellt, eine ganz eindeutig semitische Komponente aufweist, deren Zustandekommen bis jetzt noch ungeklärt ist. Erstaunlich ist, daß die Auffassung von der Einwanderung einer neuen Bevölkerungsgruppe am entschiedensten zuerst von Flinders Petrie formuliert wurde (Petrie 1923; 1939), der doch gerade durch die Einführung seines auf der Untersuchung von Keramikfunden basierenden Systems der Staffeldaten den Nachweis einer kontinuierlichen Entwicklung der oberägyptischen Kulturen des Negade I und II erbracht hatte. In neuerer Zeit wird die Ansicht vom Eindringen einer neuen Bevölkerungsgruppe insbesondere von Emery (1963) vertreten, der sich dabei u.a. auf die anthropologischen Untersuchungen von Derry (1956) stützt. Derry's Ergebnissen zufolge zeigen die Skelettüberreste in den oberägyptischen Negade-II-Gräbern eindeutig größere Schädel, einen stärkeren Knochenbau und ein größeres Längenwachstum gegenüber der autochthonen ägyptischen Bevölkerung. Durch diese anthropologischen Befunde schien die „Einwanderungstheorie“ recht solide abgesichert zu sein, bis W.Y. Adams in einer grundsätzlichen Abhandlung „Invasion, diffusion, evolution“ (Adams 1968) auch dieses Problem nochmals berührte. Nach einem Vergleich mit den Resultaten neuer anthropologischer Untersuchungen, die keine signifikanten Unterschiede in den Skelettmaßen der sogenannten „autochthonen“ Bewohner und der „Einwanderer“ ergaben, stellte er fest: „Unsere Ansichten von gültigen phylogenetischen Beweisen haben sich in den letzten 20 Jahren so gründlich geändert, daß es unwahrscheinlich ist, daß irgendeine Theorie von rassischen Unterschieden, die älter als eine Generation ist, unangezweifelt bleiben kann.“

Die Auffassung vom Eindringen einer fremden Herrenschicht, die für die Reichseinigung und die Staatsbildung in Ägypten verantwortlich sei, wird auch von Baumgartel (1965), Edwards (1964) und Brentjes (1976) vertreten.
Gegen diese Theorie hatten sich bereits früher H. Kantor (1952) und H. Frankfort (1954) ausgesprochen und festgestellt, daß die Gegenstände, die auf eine mesopotamische Herkunft deuten oder mesopotamisch beeinflußt sind, ohne Schwierigkeiten durch intensive Beziehungen zwischen beiden Ländern erklärt werden können, ohne daß die Annahme der Einwanderung einer größeren Bevölkerungsgruppe dafür erforderlich ist. Für die Ablehnung der Einwanderungstheorie spricht auch, daß z.B. Wellenhenkelgefäße und Siegelzylinder, von denen nur einige nach Material, Form und Dekor eindeutig Importstücke aus Vorderasien (Palästina bzw. Mesopotamien) sind, in Ägypten eine durchaus eigenständige Entwicklung genommen haben. Das wichtigste Argument gegen eine einmalige oder nach der Auffassung von Brentjes sogar in mehreren Wellen erfolgte Einwanderung einer fremden Herrenrasse (Brentjes 1976) scheint jedoch darin zu bestehen, daß sich unter den vielen freigelegten Negade-Friedhöfen mit tausenden von Gräbern keine Anlagen befunden haben, die ihren Besonderheiten nach einer neu eingewanderten Bevölkerungsgruppe zugeschrieben werden können. Entweder hätte man also anzunehmen, daß die neue „Herrenrasse“ sofort bei ihrer Ankunft die traditionellen ägyptischen Begräbnissitten angenommen habe, und zwar so vollständig, daß sie nicht nur die vorhandenen Friedhöfe der autochthonen Bevölkerung mitbenutzt habe, sondern auch die Art und Weise der Bestattung, des Grabinventars, der Grabanlagen usw., oder es sich bei allen Negade-II-Begräbnissen um solche der Neuankömmlinge handelt, was aber ebenso wenig wahrscheinlich ist, da das Negade II die gleichen Friedhöfe wie das Negade I benutzte und keinerlei Bruch in den Begräbnissitten feststellbar ist. Es ist sogar, wie einige Ausgräber bemerkten, nicht selten sehr schwer eindeutig zu definieren, ob eine gegebene Anlage dem Negade I oder dem Negade II zuzuordnen ist, wenn die Grabausstattung keine markanten Stücke enthält.

Eine zeitlang galten auch die Schiffsdarstellungen der von Winkler bei der Untersuchung und Klassifizierung der prädynastischen Felsbilder im Wadi Hammamat und seiner Umgebung festgestellten Gruppe der „eastern invaders“ (Winkler 1938), die den sogenannten „mesopotamischen Schifftyp“ mit hohem Bord zeigen, als Stütze für die Auffassung von der Einwanderung einer mesopotamischen Bevölkerungsgruppe nach Ägypten. Da aber, wie Kaiser gezeigt hat, die „eastern invaders“ zeitlich mit dem Negade I gleichzusetzen sind (Kaiser 1956: 103-104), gibt es keinen Grund, diese Felszeichnungen als Zeugnis für das Eindringen einer staatsbildenden Herrenschicht im Negade II anzusehen.
Der insgesamt unbefriedigende Zustand der oberägyptischen prädynastischen Siedlungsgrabungen ermöglicht aus den Befunden der Ansiedlungen weder in positiver noch in negativer Hinsicht Rückschlüsse auf die Existenz größerer, geschlos-

sener Bevölkerungsgruppen nichtägyptischer Herkunft. Grundsätzlich kann natürlich nicht ausgeschlossen werden, daß im Zuge der Handelsverbindung einige mesopotamische Händler und vielleicht auch Künstler im Niltal ansässig wurden. Aber das waren dann vereinzelte Personen und keine Masseninvasion einer Herrenrasse. Alle Schlüsse, die sich sowohl aus der Untersuchung der hauptsächlichen Zweige der Produktion (Landwirtschaft, Keramik, Stein- und Metallbearbeitung) wie auch aus der Belegung der Friedhöfe seit dem Negade I ziehen lassen, sprechen weder für eine ausländische Masseninvasion, noch für die Existenz einer nichtägyptischen Elite. Damit entfällt auch die Hypothese von der ägyptischen Staatsbildung durch eine eingewanderte Herrenrasse.

1.2.5. Überlagerung einer friedlichen Ackerbaubevölkerung durch eine kriegerische Nomadenschicht

Diese Auffassung geht zweifellos auf die Anschauungen von Franz Oppenheimer zurück, der darlegte, daß frühe Staaten immer dann entstanden sind, wenn eine kriegerische Nomadenschicht eine friedliche, seßhafte Ackerbaubevölkerung unterwarf, ausbeutete und schließlich mit ihr verschmolz (Oppenheimer 1954: 23-39).
In der Ägyptologie haben die Ansichten Oppenheimers eine Reihe von Befürwortern gefunden. Insbesondere von Otto (1952) wurden sie auf die Verhältnisse des vordynastischen Ägypten übertragen. Dabei wird als Zentrum der seßhaften Ackerbaubevölkerung der Norden, d.h. das Deltagebiet angesehen, das um den Beginn der dynastischen Zeit im Prozeß der Reichseinigung von der zwar nicht mehr in ihrer aktuellen Wirtschaftsform, wohl aber in ihrer Vorstellungswelt jägernomadisch geprägten Bevölkerung des oberägyptischen Negade II entweder kriegerisch unterworfen oder mehr oder weniger friedlich überlagert worden sein soll.
Eine detaillierte Untersuchung des Niveaus der Produktivkräfte in den hauptsächlichen Produktionszweigen (vgl. Exkurs 2) zeigt jedoch, daß die materielle Basis der prädynastischen Kulturen sowohl Oberägyptens als auch Unterägyptens in Ackerbau und Viehzucht bestanden hat. Keramik, Steinbearbeitung und zum Ende der prädynastischen Zeit (in Oberägypten bereits früher) auch Metallbearbeitung sind in den für die einzelnen Kulturen typischen Ausprägungen für Ober- und Unterägypten gleichermaßen zu belegen. Jagd und Fischfang bildeten für die Bewohner beider Landesteile lediglich zusätzliche Quellen des Nahrungsmittelerwerbs und lassen sich durch die entsprechenden Geräte sowie durch Funde von Knochen und Gräten sowohl in Ober- als auch in Unterägypten nachweisen.
Insbesondere die seit dem Fayum A (Unterägypten) und Tasa (Oberägypten) existierenden Kombinationen von Ackerbau und Keramik gestatten den Schluß, daß die Lebensgrundlage aller durch die archäologischen Funde bezeugten prädynastischen Bevölkerungsgruppen Ober- und Unterägyptens in seßhafter Landwirtschaft bestand. Die Tatsache, daß die prädynastischen Kulturen Oberägyptens am besten durch Friedhöfe, die Unterägyptens dagegen durch Siedlungen belegt sind, berech-

tigt keinesfalls zu tragfähigen Rückschlüssen auf eine mehr nomadische bzw. seßhafte Lebensweise. Die unterägyptischen Siedlungsplätze des Fayum A, Merimde, Omari und Maadi verdanken ihre Erhaltung ausschließlich dem Umstand, daß sie sich in Randgebieten des Deltas befinden, die durch lokale Klimaverschlechterungen, verursacht durch das Nachlassen des neolithischen Subpluvials, plötzlich aus dem Bereich der menschlichen, vor allem der landwirtschaftlichen Aktivitäten herausgerückt waren. Auch in Oberägypten sind die prädynastischen Zeugnisse überall dort erhalten geblieben, wo sie sich auf den, gegenüber dem Fruchtland erhöhten Flächen der Niederwüste befunden haben, die durch die zunehmende Trockenheit nicht mehr zum unmittelbaren Lebensraum der späteren Niltalbewohner gehörten. Daß dort, am äußersten Rand des Niltals nur wenige Siedlungen lagen (darunter aber immerhin so bedeutende wie Ombos und Hierakonpolis), ist zu erwarten, denn ein großer Teil der Siedlungen wird sich auf erhöhten Plätzen, näher zum Fluß, befunden haben, ist aber im Verlauf der vergangenen fünf Jahrtausende überbaut worden, entweder durch neue Siedlungen oder durch das allmähliche Ansteigen des Fruchtlandes. Im übrigen ist auch die dynastische Zeit in Oberägypten vorzugsweise durch Gräber belegt und weniger durch Siedlungen.

Ein weiteres Argument für die Begründung des nomadischen Charakters der Oberägyptischen prädynastischen Bevölkerungsgruppen ist der angebliche Gegensatz zwischen oberägyptischer Friedhofsbestattung und unterägyptischer Hausbestattung. Abgesehen davon, daß es unrichtig ist, aus Friedhofsbestattungen auf Nomaden zu schließen, ist auch die Existenz eines solchen Gegensatzes fraglich. Seine Annahme gründet sich auf den Nachweis von 126 Männer-, Frauen- und Kindergräbern unter bzw. nahe bei den Hütten von Merimde, einigen Hausbestattungen in der Stufe A von Omari sowie einer Anzahl von Fötusgräbern in Maadi. Dazu ist zu sagen, daß für Merimde die Zahl von 126 Bestattungen bei einer Gesamtdauer der Siedlung von mindestes 600 Jahren, einer Kulturschicht von mindestens 2,20 m und einer Ausdehnung von mindestens 240 000 m^2 viel zu niedrig ist, um anzunehmen, daß alle Einwohner von Merimde innerhalb der Siedlung bestattet wurden, auch wenn nur der kleinere Teil der Siedlung ausgegraben wurde. Für Omari A erlaubt das Fehlen genauer Zahlenangaben nicht, irgendwelche Berechnungen anzustellen. Für die Stufe B des Omari sind jedoch Friedhöfe belegt, ebenfalls für Maadi. Es ist daher anzunehmen, daß nur ein ganz bestimmter Personenkreis für solche Hausbestattungen infrage kam. Da in Oberägypten die Plätze mit einer langen Besiedlungsdauer nicht oder nur sehr ungenügend ausgegraben wurden, läßt sich nicht feststellen, ob auch dort gelegentlich Bestattungen innerhalb der Siedlung vorkamen. Zumindest scheint der räumliche Zusammenhang zwischen Gräbern und Siedlungsresten im Tasa eine solche Möglichkeit nicht auszuschließen. Aber auch wenn sich für Oberägypten die Sitte der Hausbestattungen nicht nachweisen läßt, würde das noch keineswegs eine ausreichende Begründung für Nomadentum darstellen.

Nach den archäologischen Befunden ist nicht zu bezweifeln, daß die Lebensgrundlage auch der prädynastischen Bevölkerung Oberägyptens in seßhaftem Ackerbau, verbunden mit Viehzucht und handwerklicher Produktion bestand. Da jedoch das materielle Sein in enger Beziehung zum Bewußtsein steht, ist es wenig wahrscheinlich, daß zwar die materiellen Grundlagen der prädynastischen Oberägypter durch seßhaften Ackerbau, ihre Anschauungen dagegen durch jägernomadische Vorstellungen bestimmt gewesen sein sollen. Es gibt nicht die geringsten Anzeichen dafür, daß die Jagd im Negade II eine solche wirtschaftliche Bedeutung besaß, daß sie die Anschauungen der Menschen in entscheidendem Maße hat prägen können. Damit kann die letztlich auf Oppenheimer zurückgehende Hypothese von der Überlagerung einer friedlichen seßhaften Bauernbevölkerung Unterägyptens durch kriegerische oberägyptische Nomaden für die Entstehung des altägyptischen Staates als nicht zutreffend angesehen werden.

1.2.6. Kriege

Von einigen Autoren wird betont, daß bei der Entstehung früher Staaten kriegerische Auseinandersetzungen eine wichtige Rolle gespielt haben (Gumplowicz 1926; Trigger 1968: 55, 57-59 mit Darstellung dieser Theorien). Sehr treffend formulierte Carneiro: „Eine nähere Untersuchung der Geschichte zeigt, daß nur eine coersive Theorie die Staatsentstehung plausibel machen kann. Gewalt, und nicht erleuchtetes Selbstinteresse, ist der Mechanismus, durch den die politische Entwicklung Schritt für Schritt zum Staat geführt hat.“ (Carneiro 1970: 734)

Tatsächlich gibt es auch für das Alte Ägypten seit dem Ende der prädynastischen Zeit eine Reihe von Belegen über kriegerische Auseinandersetzungen, die allerdings, abgesehen vom Deltagebiet, zumeist mit Gegnern außerhalb des eigentlichen ägyptischen Territoriums geführt wurden. Das muß nicht bedeuten, daß es innerhalb der ägyptischen Grenzen im Verlauf der Durchsetzung der Produktionsverhältnisse der Ausbeutung nicht zu gewaltsamen Auseinandersetzungen zwischen den unmittelbaren Produzenten und der entsprechenden Ausbeuterschicht gekommen ist. So wird z.B. allgemein angenommen, daß während der 2. Dynastie innere Wirren stattgefunden haben, deren tiefere Ursachen durchaus Widersprüche in der Frage der Aneignung des Mehrproduktes gewesen sein könnten. Aber diese Auseinandersetzungen wurden offenbar nicht dokumentiert, zumindest existieren darüber keinerlei konkrete Belege.

1.3. Das Anliegen der Arbeit

Nach dieser Übersicht über die gegenwärtig vorhandenen Auffassungen zur Staatsentstehung im Alten Ägypten zeigt sich, daß eine erneute Bearbeitung des Themas dringend erforderlich ist, auch wenn kein neues Primärmaterial dafür zur Verfügung steht. Die grundsätzliche Richtung dieser Untersuchung ist bereist mehrfach angedeutet worden. Sie geht von den Erkenntnissen des dialektischen und historischen Materialismus über das Wesen des Staates aus, denen zufolge die Herausbildung des Staates an die Existenz von Ausbeutungsverhältnissen gebunden ist. Danach war auch die Entstehung des altägyptischen Staates ein historischer Prozeß, in dessen Verlauf sich Menschengruppen formierten, die sich durch ihre Stellung innerhalb der Produktion und zu den Ergebnissen der Produktion unterschieden. Die Schicht der Ausbeuter organisierte sich dabei um den Pharao als ihren Repräsentanten, und der altägyptische Staat war das Instrument, mit dessen Hilfe den unmittelbaren landwirtschaftlichen Produzenten zwangsweise der überwiegende Teil des Mehrproduktes entzogen werden konnte.

Da das Eindringen einer staatsbildenden Herrenschicht nach allen vorliegenden Indizien ausgeschlossen werden kann, muß diese Entwicklung auf innere Ursachen zurückgeführt werden. Es ist deshalb anzunehmen, daß sie außerordentlich vielschichtig und wahrscheinlich auch widersprüchlich verlief. Es ist auch kaum zu erwarten, daß sie in der, bestenfalls einige wenige Generationen umfassenden sog. „Reichseinigungszeit" abgeschlossen war. Für die vorliegende Arbeit ist deshalb die Periode von der prädynastischen Zeit bis zum Ende der 2. Dynastie als Untersuchungszeitraum gewählt worden.

Etwa um den Beginn der 1. Dynastie setzen die schriftlichen Zeugnisse ein, die die vor sich gegangene Entwicklung wesentlich deutlicher machen, als das die schriftlosen Zeugnisse der materiellen Kultur aus der prädynastischen Zeit können. Dennoch vermitteln auch die, leider sehr knappen, schriftlichen Vermerke keine so ausführlichen und eindeutigen Informationen, wie sie für die Untersuchung eines so komplizierten und komplexen Prozesses wünschenswert wären.

Es kann daher von vornherein nicht mit einer vollständigen Klärung aller Fragen gerechnet werden, zumal auch Zufälle und örtliche Besonderheiten eine Rolle gespielt haben können, deren Größe schwer zu definieren ist.

Das methodische Vorgehen ergab sich zwangsläufig aus dem vorhandenen sehr heterogenen und insgesamt sehr spröden Material, dem Informationen nur durch sehr arbeitsintensive Einzeluntersuchungen abgewonnen werden können. Dadurch nimmt die Darstellung und Aufbereitung der unterschiedlichen Materialkategorien einen recht breiten Raum ein, auch wenn versucht wurde, einen Teil der Zusammenstellung aus der eigentlichen Arbeit herauszunehmen und in gesonderte Exkurse zu geben. Oft ist das Ergebnis der Einzeluntersuchungen unbefriedigend mager, und statt gesicherter Resultate läßt sich im besten Falle ein bestimmter Eindruck „wahrscheinlich" machen. Dazu kommt, daß aus ganzen wichtigen Bereichen überhaupt kein Material vorhanden ist, ebenso wie aus längeren Zeitabschnitten durch das Fehlen von Gräbern kaum Belege vorliegen.

Die im Ergebnis der bisherigen Forschungen eingeführte Unterteilung in prädynastische und dynastische Zeit wurde beibehalten. Auch die bisher vorhandene Terminologie und die Lesungen der Namen wurden weitgehend benutzt. Für die Autorität, die in späterer Zeit als „Pharao" bekannt ist, wurde durchgängig die Bezeichnung „Herrscher" verwendet, da seine Stellung und seine Qualität in der frühdynastischen Zeit doch wesentliche Unterschiede zu der eines „Pharao" der späteren dynastischen Zeit aufweist. Sein eigentlicher Titel wird in den Belegen durch das Horus-Serech-Symbol wiedergegeben. Die Lesung „Horus" läßt sich jedoch in einer Arbeit, wo gelegentlich auch der Plural verwendet werden muß, schlecht benutzen. Die Personennamen der Herrscher werden nicht in der griechischen, sondern in ihrer altägyptischen Form zitiert, und zwar in der von Sethe (1905: 39-41) vorgeschlagenen Lesung.

2. Die Produktionsverhältnisse bis zum Ende der prädynastischen Zeit

Die Rekonstruktion gesellschaftlicher Verhältnisse, ausschließlich archäologischen Materials, ohne Hilfe schriftlicher Zeugnisse, ist, wie die Beispiele vieler Ausgrabungen zeigen, generell mit großen Schwierigkeiten verbunden. Um dabei einigermaßen befriedigende Ergebnisse zu erreichen, müssen die entsprechenden Fragestellungen bereits bei der Durchführung der Feldarbeiten und der Planung der Dokumentation Berücksichtigung finden. Der überwiegende Teil der prädynastischen Artefakte Oberägyptens ist jedoch zu einem Zeitpunkt ausgegraben worden, als Überlegungen zu solchen Fragen noch keine wesentliche Rolle spielten, und das hohe Tempo, mit dem ein Teil der Friedhöfe freigelegt wurde, hat sich offensichtlich ebenfalls sehr nachteilig auf ihre Dokumentation ausgewirkt. Obgleich daher insgesamt gesehen eine beträchtliche Menge archäologischen Materials der einzelnen prädynastischen Kulturen Ägyptens vorliegt, ist eine Auswertung unter dem Gesichtspunkt , Angaben über die Beziehungen der ehemaligen Menschen im Produktionsprozeß, über ihre Stellung zu den Produktionsmitteln, ihre sozialen Verhältnisse und Beziehungen untereinander sowie über Art und Umfang ihres Anteils am gesellschaftlichen Reichtum zu gewinnen, außerordentlich erschwert. Noch weiter werden sie durch den bereits erwähnten Umstand kompliziert, daß das Material der prädynastischen Kulturen Oberägyptens ausschließlich aus Gräbern stammt. Die großen Ortschaften mit einer vermutlich langen Besiedlungsdauer, wie Ombos und Hierakonpolis wurden dagegen nur sehr ungenügend oder gar nicht ausgegraben. Auf Grund der Forschungsergebnisse der Ur- und Frühgeschichte kann wohl davon ausgegangen werden, daß auch in den neolithischen Kulturen Ägyptens zunächst die allgemein für das Neolithikum typischen Produktionsverhältnisse der Zusammenarbeit und gegenseitigen Hilfe bestanden haben und erst allmählich durch die Produktionsverhältnisse der Ausbeutung abgelöst wurden.
Im folgenden Kapitel soll nun versucht werden, die konkreten Anhaltspunkte, die das Material der prädynastischen Kulturen Ägyptens für den Verlauf des Prozesses der sozialen und ökonomischen Differenzierung bietet, darzustellen und nach Möglichkeit den dabei erreichten Stand einzuschätzen. Auf Grund der dürftigen Materiallage ist es jedoch von vorn herein klar, daß es sich hierbei nur um einen Versuch handeln und das dabei zustande kommende Bild nur äußerst bruchstückhaft sein kann.

2.1. Landwirtschaft

Soweit es sich aus den einzelnen Grabungsberichten erkennen läßt, gab es in keiner der prädynastischen Kulturen Ägyptens eine konsequente Trennung von Ackerbau und Viehzucht, sondern beides wurde nebeneinander betrieben, wobei dem Ackerbau wohl die größere Bedeutung zukam. Als wichtigstes Produktionsmittel der prädynastischen Zeit (wie auch im dynastischen Ägypten und noch lange da-

nach) ist daher der landwirtschaftlich nutzbare Boden anzusehen, und die Stellung der Menschen in den verschiedenen prädynastischen Kulturen Ägyptens zum Boden ist deshalb die Schlüsselfrage für das Verständnis der gesellschaftlichen Entwicklung dieser Zeit. Aber obgleich es durchaus möglich war, eine Reihe technischer Daten für die Bodenbearbeitung zusammenzustellen (vgl. auch Exkurs 2), gibt es nur ganz geringe Anhaltspunkte für ihre gesellschaftliche Organisation. Im allgemeinen wird angenommen, daß ein Teil der bereits in der frühdynastischen Zeit zu belegenden mathematischen Kenntnisse der Alten Ägypter aus der Feldvermessung stammt (zuletzt Reineke 1978: 67-78). Da das Wort Arure (*sṯꜣ.t*) als Feldermaß in der ältesten Textsammlung, den Pyramidentexten, belegt ist (WB IV: 356), ist es nicht unwahrscheinlich, daß, bedingt durch die wechselnde Höhe des jährlichen Hochwassers, das in jedem Jahr Flächen von unterschiedlichem Ausmaß überschwemmte, bereits in prädynastischer Zeit die Felder jährlich neu vermessen werden mußten. Mit aller Vorsicht wäre daraus vielleicht zu schließen, daß in prädynastischer Zeit der zu den Dorfgemeinden gehörende Boden in Landlose aufgeteilt und den einzelnen Familien zur Bearbeitung übergeben wurde. Wo, wann und wie eine solche Regelung durchgeführt wurde, läßt sich jedoch konkret aus dem Material nicht erkennen.
Im Zusammenhang mit seinen Untersuchungen über die Hausurkunde (*jmj.t pr*) hat Tycho Mrsich auf eine Stelle in den Pyramidentexten aufmerksam gemacht (Spruch 518, 1195-1200), bei der es sich um eine Darstellung der Zuweisung eines solchen Landloses durch Beauftragte oder Älteste der Dorfgemeinde an einen Neuankömmling handeln könnte (Mrsich 1975). Da der Vorgang an sich recht realistisch geschildert ist, könnte er eine aus der Wirklichkeit bekannte Prozedur wiedergeben, die entsprechend dem Alter der Pyramidentexte zeitlich wohl in die frühdynastische Periode gehört. Die Textstelle berichtet, wie der tote Herrscher im Jenseits im „Gefilde der Opferspeisen“ von den dort versammelten Göttern begrüßt wird und unter Beachtung einer Reihe zeremonieller Vorschriften, wie Ablegen von Kleidern und Sandalen, Anspruch auf ein eigenes Landstück „Grenzgraben der Herzensfreude“ erhält, wahrscheinlich sogar einschließlich eines Anteils an gemeinsamen Nutzungsrechten an Wasser und Boden, wie die nachfolgende Formulierung, „damit sie den P. von den Feldern essen und ihn von den Brunnen trinken lassen“, im Inneren des „Gefildes der Opferspeisen“ vermuten läßt.
Gewisse Hinweise, zwar nicht auf die Organisation der Bodennutzung, aber auf die Verteilung der landwirtschaftlichen Erträge, lassen sich unter Umständen auch aus der Anordnung der Getreidespeicher in den einzelnen prädynastischen Kulturen gewinnen.
Für das *Fayum A* wurden insgesamt 183 runde, mit Stroh verkleidete Vorratsgruben mit einem Durchmesser von ca. 0,90 – 1,20 m und einer Tiefe von ca. 0,60 – 0,90 m in zwei Gruppen, etwa 900 m von Kom K entfernt, belegt. Das in den Speichern und Siedlungsgruppen enthaltene Inventar an Keramik und Steingeräten beweist eindeutig ihre Zugehörigkeit zur gleichen Kulturstufe. Ob es sich dabei tat-

sächlich um die Speicher der Siedlungen von Kom W und Kom K handelt, ist auf Grund der nicht unbeträchtlichen Entfernung nicht mit absoluter Sicherheit zu bestimmen. Vielleicht gehören sie auch zu anderen Siedlungen der gleichen Kulturstufe, die jedoch nicht gefunden oder im Laufe der Jahrtausende ein Opfer der Erosion geworden sind.

In *Merimde* befanden sich die Getreidespeicher innerhalb der Siedlung in deutlicher Beziehung zu den Feuerstellen und Wohnbauten. Für Schicht 1 sind große runde Vertiefungen im Boden belegt, in denen sich aber weder Spuren von Verkleidung noch Überreste an Getreide erhalten haben (Junker 1932: 53). In Schicht 2 dienten in den Boden eingelassene und von außen mit Lehm verschmierte große Körbe als Getreidespeicher, wie die Funde von Körnern zeigen. Sie waren entweder rund mit Durchmessern von 0,60 m – 1,80 m und Tiefen zwischen 0,45 m und 0,60 m oder oval mit Durchmessern zwischen 1,40 m x 1,20 m und 2,40 m x 1,60 m. Tiefen sind zu letzteren nicht angegeben (Junker 1929: 212-214). Dazu kamen noch große ovale, in den Boden eingelassene und oben wahrscheinlich mit einem Deckel zu verschließende Vorratsräume mit Wänden aus Lehm, in den Abmessungen bis zu 2,50 m x 1,30 m und Tiefen bis zu 0,65 m (Junker 1929: 215-216). Sie wurden aber wohl nur zur Lagerung anderer Vorräte und nicht zur Aufbewahrung von Getreide benutzt. In Schicht 3 kamen dann die sehr großen, ebenfalls in den Boden versenkten Vorratskrüge in Gebrauch. Ob sie eine der bis dahin gebräuchlichen Speicherarten ablösten oder zusätzliche Lagerkapazitäten schufen, ist unsicher. Von Bedeutung ist aber, daß alle Vorratsbehälter in den drei Schichten von Merimde über den Raum der Siedlung verteilt waren und sich nicht, wie im Fayum, außerhalb der Siedlung befanden.

In *Omari* bestanden die Getreidespeicher ebenfalls aus lehmverschmierten Körben, die in den Boden eingesenkt wurden, teilweise wurde dafür der anstehende Kalkstein ausgehackt. Sie waren ebenso wie im Merimde den einzelnen Wohnbauten zugeordnet und nicht außerhalb der Siedlung zusammengefaßt wie im Fayum.

In *Maadi* schloß sich unmittelbar im Süden eine Region von Speichergruben, im Norden eine Konzentration von mächtigen Speicherkrügen an die Siedlung an. Jedoch wurden die Überreste und Spuren zahlreicher Speicherkrüge und -gruben auch im Inneren der Siedlung in unmittelbarer Nähe der Wohnbauten gefunden, so daß Maadi eigentlich nicht als eindeutiges Beispiel für die Zusammenfassung von Speicherkapazität außerhalb der Siedlung gelten kann, viel eher entsteht der Eindruck einer Kombination der Speichertypen von Fayum und Merimde.

Für Oberägypten ist es auf Grund der unzureichenden Grabungen und Publikationen von Siedlungen insgesamt sehr schwer, die Beziehungen zwischen Kornspeichern und Wohnbauten zu bestimmen. Aus dem *Tasa* sind Speichergruppen und in den Boden versenkte Speicherkrüge bekannt, die beide zur Aufbewahrung von Getreide dienten, denn sowohl in Gruben als auch in Krügen wurden Überreste an Korn gefunden. Obgleich gelegentlich mehrere dieser Speicher nebeneinander angelegt waren, kann man wohl kaum von Speicherplätzen reden, dazu kommen sie

an zu vielen Stellen vor. Gruben und Krüge sind auch bemerkenswert klein (vgl. Exkurs 1). Zwar sind aus dem Grabungsbericht die räumlichen Verhältnisse zwischen Siedlungsüberresten, Getreidespeichern und Gräbern nicht ganz eindeutig zu erkennen, aber es entsteht der Eindruck, als handele es sich hier um eine weit auseinandergezogene Siedlung nach dem Typ von Merimde, mit Speichern und Gräbern jeweils in der Nähe der Wohnplätze.
Die Speicher *des Badari* sind dagegen wesentlich geräumiger. Es sind Speichergruben, gelegentlich mit lehmverschmiertem Korbgeflecht ausgekleidet, belegt, die einen Durchmesser von 1,50 m und eine Tiefe von 2 m aufweisen; andere sind kleiner mit einem Durchmesser von 1,35 m und einer Tiefe von 1 m. Daneben dienten auch große Behälter aus sonnengetrocknetem Nilschlamm als Speicher. Leider gibt es keine eindeutigen Pläne, aus denen die genaue Lage der Speicher in Beziehung zu den Siedlungsüberresten deutlich wird. Bei Mostagedda waren Speichergruben um ein bis zu 0,36 m starkes Aschelager angeordnet, in dem sich noch Gruppen von großen Keramikgefäßen befanden. Spuren von Wohngebäuden wurden nicht entdeckt (Brunton 1937: 5). Hier könnte es sich aber auch um eine Röstanlage gehandelt haben, in der das Getreide von den anhaftenden Spelzen befreit wurde. Aus den verschiedenen Grabungsberichten entsteht der Eindruck, daß zwar häufig mehrere Speicher von verschiedener Größe an einem Platz angeordnet waren, aber auffällige Konzentrationen von Speicherkapazität nicht vorkommen, und deshalb eher eine Zuordnung zu den individuellen Wohnkomplexen anzunehmen ist.
Für das *Negade I* sind, soweit sich erkennen läßt, Speichergruben nicht mehr belegt. Zumindest gibt es in dem von Caton-Thompson in Hemmamiye ausgegrabenen Hüttenkomplex keine Hinweise auf sie, dagegen sind einige der Hüttenfundamente in ihren Maßen so klein (von insgesamt neun Fundamenten sind vier im Durchmesser kleiner als 1,50 m), so daß sie eigentlich nur als Speicher und nicht als Behausungen gedient haben können. Diese Speicherart war dann ganz eindeutig mit den individuellen Behausungen verbunden und nicht irgendwie zentral zusammengefaßt.
Auch für das *Negade II* sind offenbar keine Speichergruben entdeckt worden. Wahrscheinlich waren zu dieser Zeit schon andere, überirdische Lagerungsvarianten in Gebrauch, etwa in der Art, wie sie aus den Grabanlagen und Darstellungen der 1. Dynastie überliefert sind.

Es läßt sich also feststellen, daß in der Mehrzahl der prädynastischen Kulturen das Getreide in unmittelbarer Nähe der Behausungen aufbewahrt wurde. Nur Maadi mit seinen Speicherplätzen nördlich und südlich der Siedlung und Fayum A mit einer auffällig weit von den Wohnplätzen entfernten Speicherkonzentration machen davon eine Ausnahme, wobei jedoch im Fayum A die eigentlichen Unterkünfte nicht zu belegen sind. Eine kollektive Getreidespeicherung, aus der sich vielleicht indirekte Anhaltspunkte für generelle Verteilungsprinzipien ableiten lassen könnten, ist

nur für Fayum A anzunehmen, aber gerade hier fehlen bis jetzt weitere Hinweise auf das Sozialgefüge, etwa anhand von Begräbnissen oder Behausungen, völlig, so daß sich aus der Feststellung einer vermutlich kollektiven Getreidespeicherung bis jetzt noch keinerlei weiterführende Schlüsse ziehen lassen.
Insgesamt zeigt es sich, daß noch bei weitem zu wenig Material vorhanden ist, um für eine so komplizierte Frage, wie den Umgang der prädynastischen Ägypter mit ihrem wichtigsten Produktionsmittel Boden, zu detaillierten Aussagen zu kommen, zumal auch mit lokalen und zeitlichen Besonderheiten gerechnet werden muß. Das aus der dynastischen Zeit bekannte Verfahren, die Felder nach dem Ablaufen des Hochwassers neu zu vermessen, scheint zumindest schon in einer späten Stufe der prädynastischen Zeit angewendet worden zu sein. Aus der bereits genannten Textstelle (Pyr. 518) scheint hervorzugehen, daß für die Verteilung der vermessenen Felder ein lokales Gremium zuständig war. Möglicherweise existierte neben den verteilten Feldern noch eine Landreserve, die gemeinsam bearbeitet wurde. Die für alle prädynastischen Kulturen, mit Ausnahme des Fayum A, belegte Situierung der Speicher nahe bei den Wohnbauten bezeugt eine individuelle Vorratshaltung auf Familienbasis. Da es jedoch bis jetzt weder möglich war, aus den Behausungen Angaben über die Familiengröße zu erhalten, noch die genaue Anzahl der zu den einzelnen Wohnbauten gehörenden Speicher zu ermitteln, sind soziale oder ökonomische Differenzierungen nicht zu belegen. Keinerlei Hinweise gibt es auch auf die Regelung des zweifellos vorhandenen Systems von Abgaben für die Gemeinschaft.

2.2. Handwerk

An anderer Stelle (Exkurs 2) wurde festgestellt, daß, bedingt durch die klimatischen Verhältnisse, der zeitliche Aufwand für die Landwirtschaft nicht sehr groß war. Sowohl die Aussaat als auch die Erntearbeiten mußten in einem verhältnismäßig kurzen Zeitraum abgeschlossen werden. Eine zeitaufwendige künstliche Bewässerung war für die, aus der prädynastischen Zeit belegten Anbauprodukte nicht erforderlich. Das Vieh konnte ganzjährig durch Weidebetrieb versorgt werden, so daß auch die mühselige Schaffung eines Wintervorrates an Futter entfiel. Der wichtigste Produktionszweig Landwirtschaft wurde also mit einem im Vergleich zu anderen Gebieten der Welt verhältnismäßig geringen zeitlichen Aufwand betrieben, erbrachte aber durch die günstigen Voraussetzungen, die Klima und Nilüberschwemmung schufen, hohe Erträge, vor allem im Ackerbau. Die zwischen Aussaat und Ernte, aber auch während des Hochwassers vorhandenen zwangsläufigen Pausen in der Landarbeit konnten für die Viehzucht sowie für den zusätzlichen Nahrungsmittelerwerb wie Jagen, Fischen und Sammeln genutzt werden, was durch Funde an entsprechenden Artefakten zu belegen ist. Sie boten aber auch gute Voraussetzungen für die Entwicklung des häuslichen Handwerks. Die Entstehung von spezialisiertem Handwerk, das in vielen anderen Gebieten der Welt zwangsläufig an die Entste-

hung von Austauschbeziehungen innerhalb einer gegebenen Gemeinschaft gebunden war, wurde im prädynastischen Ägypten durch die günstigen klimatischen Verhältnisse, unter denen bei einem relativ geringen zeitlichen Aufwand hohe Ernteerträge erzielt werden konnten, ermöglicht. Eine zeitweilige Befreiung von den landwirtschaftlichen Arbeiten für Menschen mit besonderen handwerklichen Fähigkeiten, wie sie anderswo durch die Gesellschaft organisiert werden mußte und zu einer Stimulierung der Austauschbeziehungen führte, ergab sich für das prädynastische Ägypten durch den zeitlichen Ablauf der Feldarbeiten von selbst.
Das bedeutet jedoch nicht, daß in den prädynastischen Kulturen Ägyptens alle Menschen gleichermaßen hohe handwerkliche Fähigkeiten besaßen. Die archäologischen Befunde der verschiedenen Grabungsplätze zeigen, daß es deutliche Unterschiede in der Qualität der handwerklichen Erzeugnisse gab. In der Steinbearbeitung ist die Differenz zwischen den allgemein gebrauchten und wahrscheinlich auch von allen je nach Bedarf herzustellenden Universalwerkzeugen paläolithischen Charakters und den sorgfältig geschmirgelten und anschließend polierten oder mit Druckretusche versehenen, gelegentlich auch feingezahnten Steinobjekten besonders auffällig. Aber auch in der Keramik gibt es, mit Ausnahme von Fayum A und Tasa, zwei sehr unterschiedliche Qualitäten: die grobe, zumeist undekorierte, Haushaltskeramik, in einfachen Formen und überwiegend mehr oder weniger unsymmetrisch, und die in Material und Ausführung feineren Waren, für deren Herstellung größere Geschicklichkeit und Erfahrung erforderlich war. Auch für die Anfertigung der großen Vorratsgefäße aus Ton waren zweifellos handwerkliche Spezialkenntnisse erforderlich, wie die allmählichen Fortschritte in der Fertigung zeigen. Gerade in der Steinbearbeitung und in der Keramik wird der Unterschied zwischen den Gegenständen, deren Anfertigung spezielle Kenntnisse und Erfahrungen erforderte und denen, deren Herstellung mehr oder weniger zu den Fähigkeiten aller erwachsenen Mitglieder der Gemeinschaft zählte, besonders deutlich. Andererseits sind auch die feineren Produkte in einer relativ großen Menge und ohne erkennbare sozial bedingte Unterschiede belegt, so daß es sich kaum um die Erzeugnisse exklusiver Spezialwerkstätten gehandelt haben kann. Es ist also anzunehmen, daß es im Rahmen der jeweiligen dörflichen Gemeinschaften genügend Teilzeitspezialisten gegeben hat, um den allgemein vorhandenen Bedarf an feineren Erzeugnissen zu decken, ohne daß diese Handwerker schon völlig von der landwirtschaftlichen Produktion getrennt waren.

Neben den Rohstoffen, die örtlich ohne besondere Schwierigkeiten erhältlich waren, wurde – zunächst wahrscheinlich nur gelegentlich – später zunehmend häufiger – Material verwendet, zu dessen Gewinnung oder Beschaffung besondere Anstrengungen und eine größere Anzahl von organisierten Unternehmungen erforderlich waren.
Dabei handelt es sich um *Kupfererz*, dessen Gebrauch seit dem Badari belegt ist, um *Feuerstein*, der seit dem Negade I nicht mehr ausschließlich aus den an der

Erdoberfläche freiliegenden Knollen, sondern im Minenbetrieb aus den in den Kalksteinfelsen eingelagerten Schichten gewonnen wurde, um den hellen *Wüstenton*, der nur an wenigen Plätzen Ober- und Mittelägyptens vorkommt und aus dem seit dem mittleren Negade II in zunehmendem Maße die Gefäße der oberägyptischen Grabausstattungen hergestellt wurden, und um *ausländische Holzarten*, vor allem Zedern- und Tannenholz, deren Transport nach Ägypten zweifellos organisatorische Probleme schuf. Die Beschaffung solcher Materialien, die das Leistungsvermögen Einzelner überstieg, war eine gemeinschaftliche Angelegenheit, deren Organisation kollektiv erfolgte. Auch die Verfügung über diese Rohstoffe war offenbar nicht Sache der einzelnen Handwerker, die sie verarbeiteten. Die Entstehung größerer Werkstätten, die durch die Herstellung charakteristischer Produkte wie z.B. die D- und L-Ware aus hellem Wüstenton, die besondere, feine Technik des „rippleflaking“ für einige Prunkgeräte aus Feuerstein, die zu Ende des Negade II verstärkt einsetzende Produktion von Steingefäßen mit Hilfe des schweren Bohrers sowie die Anfertigung der reliefgeschmückten Prunkpaletten, wahrscheinlich gemacht wird, ist jedoch kein Anzeichen für die Entstehung eines ökonomisch selbständigen Handwerkerstandes. R. Drenkhahn konnte nachweisen, daß selbständige Handwerker, die mit eigenem Material in eigener Werkstatt und auf eigene Rechnung für den Austausch produzierten, selbst in der viel späteren Epoche des Neuen Reiches noch nicht existierten (Drenkhahn 1975: 157-161). Immer waren sie an Auftraggeber gebunden, die das Material zur Verfügung stellten und das Produktionsziel bestimmten. Es kann daher mit ziemlicher Sicherheit angenommen werden, daß die Werkstätten der prädynastischen Zeit an Auftraggeber gebunden waren. Inwieweit die in ihnen arbeitenden Spezialisten bereits vollständig aus dem Prozeß der Nahrungsmittelproduktion herausgenommen waren, läßt sich bis jetzt nicht feststellen, da außer den Produkten keine Nachweise für die Werkstätten existieren.

Insgesamt kann jedoch gesagt werden, daß zu Ende der prädynastischen Zeit in Ägypten, trotz eines vergleichsweise hohen Niveaus der Produktivkräfte, die zweigesellschafliche Arbeitsteilung insofern nicht konsequent durchgeführt war, als in ihrem Ergebnis keine Schicht selbständiger Handwerker entstanden war, die durch den Verkauf ihrer Produkte den sozialen und ökonomischen Differenzierungsprozeß innerhalb der Gesellschaft hätte stimulieren können.

2.3. Gesellschaftliche Organisation und soziale Differenzierung

Wie bereits weiter vorn bemerkt, ist es im allgemeinen sehr schwer, aus schriftlosem archäologischen Material Rückschlüsse auf gesellschaftliche Zustände und Prozesse zu ziehen. Das trifft nicht nur voll auf die Verhältnisse im prädynastischen Ägypten zu, sondern die Deutung der ohnehin spärlichen Anhaltspunkte wird noch dadurch erschwert, daß Grabungen früherer Jahrzehnte, insbesondere in Oberägypten, im wesentlichen auf das Auffinden eindrucksvoller Objekte gerichtet waren, wobei jedoch die Spuren gesellschaftlicher Verhältnisse, die möglicherweise in

Siedlungsüberresten und Bestattungen ihren Niederschlag gefunden hatten, stark verwischt wurden. Jedoch war es, wie die entsprechenden Publikationen zeigen, selbst für die mit größerer Sorgfalt behandelten unterägyptischen Siedlungen nicht möglich, die jeweils kontemporären Siedlungselemente, wie Wohngebäude, Speicher, Zäune und Gräber, so eindeutig herauszuarbeiten und aufeinander zu beziehen, daß sich kleinere Siedlungseinheiten, etwa Gehöfte odgl., die eventuell einer Familie gehört haben könnten, feststellen ließen. Auch Gesamtpläne der Siedlungen, aus denen vielleicht gewisse Anhaltspunkte für das Sozialgefüge hätten gewonnen werden können, waren nicht herzustellen. So bleiben bis jetzt auch für die besser bekannten unterägyptischen Siedlungen die eigentlich wesentlichen Fragen noch völlig ungeklärt.

Aus den archäologischen Befunden wurde deutlich, daß die materielle Basis der prädynastischen Niltalbewohner in seßhaftem Ackerbau, verbunden mit Viehzucht und sich allmählich entwickelnden spezialisiertem Handwerk bestand. Was aber war die ideologische Basis ihres Zusammenlebens? Fühlten sie sich einem gemeinsamen Gott oder Ahnherren verbunden, war die Anerkennung eines bestimmten Kultes oder die Zugehörigkeit zu einer bestimmten Familie oder einem Clanverband Voraussetzung für die Mitgliedschaft in der Gemeinde, oder welche anderen Voraussetzungen gab es dafür? Auch die konkreten Formen des Zusammenlebens sind noch völlig unbekannt. Klar ist jedoch, daß das Zusammenleben einer über längere Zeit stabilen Gemeinschaft auf vergleichsweise engem Raum, wie es durch die Grabungsbefunde für die unterägyptischen Siedlungen deutlich wird, die Existenz von gesellschaftlichen Normen und Regeln erforderlich macht, von Formen einer gesellschaftlichen Organisation und von Funktionen oder Ämtern, die mit genügend Autorität ausgestattet waren, um die Gemeinschaft zu leiten.
Während es bis jetzt völlig unmöglich ist, die Regeln und Normen zu erkennen, auf denen das Zusammenleben der prädynastischen Gemeinden beruhte, werden in den archäologischen Befunden zumindest in Ansätzen einige Elemente deutlich, die auf das Wirken von Formen der gesellschaftlichen Organisationen hinweisen. So setzt z.B. die gemeinschaftliche Lagerung des Getreides im Fayum A auf zwei großen Speicherplätzen mit insgesamt 185 in die Erde eingesenkten Silos eine entsprechende Organisation und Leitung derjenigen Gemeinschaft voraus, von der diese Getreidemengen angebaut und geerntet wurden.
Während der Grabungen in Merimde stellte sich heraus, daß die Anlagen der Schicht 3 entlang einer S-förmig gewundenen, etwa 80 m langen „Straße“ angelegt waren (Junker 1933: 57, 1934: 121). Eine weitere „Straße“, die parallel zu der ersten verlief, wurde in einer späteren Kampagne festgestellt (Junker 1940: 3). Die Anlage von „Straßen“ in einer Siedlung ist jedoch zweifellos als Anzeichen für eine gewisse Planung anzusehen, deren Einhaltung von einer, wie auch immer gearteten, gesellschaftlichen Autorität gesichert wurde. Auch die Anordnung der großen Speicherplätze von Maadi, bei der sich die mächtigen Speicherkrüge unmittelbar

am Nordrand, die Speichergruben am Südrand der Siedlung befanden, ist sicherlich nicht zufällig zustande gekommen, sondern als Ergebnis gesellschaftlicher Organisation zu werten.

Bei ihren Grabungen in *Negade und Ballas* legten Petrie und Quibell auch Teile der *prädynastischen Siedlung* von Ombos frei. Leider läßt sich aus den publizierten Angaben einschließlich der recht flüchtigen Planskizze nur entnehmen, daß es sich um rechtwinklige Ziegelbauten gehandelt haben muß, die zumindest an einer Seite von einer Ziegelmauer begrenzt wurden. Charakter und Zweck der Anlagen bleibt unklar (Petrie/Quibell 1896: 54, Taf. 1a, 85). Werner Kaiser, der den Ort bei einer Felderkundung im Jahre 1958 besuchte, stellte fest, daß die sogenannte „Southtown" Petrie's mit einer Fläche von 60 m x 35 m nur ein Teil der alle Negadestufen umfassenden prädynastischen Ansiedlung mit einer Gesamtausdehnung von ca. 120 000 m^2 ist, deren Anlagen, nach dem Oberflächenbefund zu urteilen, zumindest zu einem erheblichen Teil durch in den Boden eingetiefte Wohngruben repräsentiert werden (Kaiser 1961: 14). Nach Kaiser handelt es sich bei den von Petrie ausgegrabenen Ziegelbauten wahrscheinlich um das Zentrum der ganzen Siedlung, vielleicht ein Heiligtum oder einen Palast (Kaiser 1958: 183-192). Eine endgültige Aussage über den Zweck der Mauerreste wird sich zwar vielleicht nicht einmal mehr treffen lassen, wenn die übrige Siedlung eines Tages freigelegt sein sollte, aber mit Sicherheit kann gesagt werden, daß ihre Existenz ein Ausdruck für damals vorhandene Formen gesellschaftlicher Organisation darstellt, wenn auch ihre konkrete Zweckbestimmung noch unbekannt ist.

Formen gesellschaftlicher Organisation scheinen sich auch in den Anlagen der sogenannten „grainkilns", der Röstöfen für Getreide zu manifestieren, die an verschiedenen Plätzen Oberägyptens in der Nähe von Ansiedlungen entdeckt wurden. Baumgartel ist der Auffassung, daß diese Anlagen für individuelle Bedürfnisse bei weitem zu groß waren und daher einer ganzen Ansiedlung gedient haben müssen (Baumgartel 1960: 134). Wenn diese Annahme zutrifft, dann müssen sowohl Bau als auch Benutzung der Röstöfen durch die Bewohner der Siedlung geplant und kontrolliert worden sein, was die Existenz von mit Autorität versehenen gesellschaftlichen Organen voraussetzt.

Es gibt also im archäologischen Material durchaus Hinweise darauf, daß in den prädynastischen Gemeinden sowohl Ober- als auch Unterägyptens eine wirkungsvolle Organisation der Gesellschaft vorhanden war. Ihre Struktur, ihre Funktionsweise und ihr Charakter, selbst ihr jeweiliger Geltungsbereich, bleiben aber bis jetzt noch völlig verborgen. Für die unterägyptischen Fundplätze des Fayum A, Merimde, Omari und Maadi ist anzunehmen, daß die jeweilige gesellschaftliche Einheit die Gesamtbevölkerung des durch die Artefakte gekennzeichneten Areals umfaßte. Dafür, daß diese einzelnen Siedlungen bereits in einer größeren politischen Einheit zusammengefaßt waren, gibt es keinerlei Anhaltspunkte, auch wenn einzelne Züge in der materiellen Kultur, wie monochrome Keramik, Magerung auch der feinen Keramik durch Häcksel, diese unterägyptischen Kulturen stärker miteinander verbinden und gemeinsam gegen die oberägyptischen Kulturen absetzen. Für Oberägypten ist jedoch die Frage der gesellschaftlichen Einheit viel komplizierter. Badari, Negade I und Negade II sind Bezeichnungen für ganz bestimmte und ziemlich eindeutig zu definierende Einheiten der materiellen Kultur, die in größeren territorialen Räumen verbreitet waren. Eine Einheit der materiellen Kultur muß jedoch nicht gleichbedeutend sein mit der politischen Einheit. Sicher stellten auch in Oberägypten die einzelnen Ansiedlungen die unmittelbaren organisatorischen Struktureinheiten der Gesellschaft dar. Dafür spricht schon der Umstand, daß die Friedhöfe offenbar alle in Zusammenhang mit Siedlungsüberresten standen. Wie die Beziehungen der einzelnen Siedlungen jedoch untereinander waren, ist bis jetzt im wesentlichen noch unklar. Vor allem durch die Arbeiten von Kaiser (insbes. 1956; 1957) ist deutlich geworden, daß die Negadekultur sich allmählich von einem Zentrum, das etwa den Raum der Thebais umfaßte, nach Norden und nach Süden ausgebreitet hat, wobei nach den bisherigen Fundstätten zu urteilen, kurz vor dem Beginn der dynastischen Zeit die Südspitze des Deltas erreicht worden sein muß. Nach Süden ist die Ausbreitung schneller vor sich gegangen, denn bei Kubaniye und Shellal sind bereits Friedhöfe des Negade I belegt, während das Negade II dann weit über den 1. Katarakt hinaus nach Unternubien vorgedrungen ist.

Für diese Expansion der Negadekultur gibt es theoretisch zumindest zwei Erklärungen: Zum einen ist es möglich, daß sie sich zusammen mit ihren Kulturträgern im Sinne einer Bevölkerungsexpansion ausgebreitet hat, die dann entweder friedlich, oder wenn das für die Okkupation vorgesehene Gebiet bereits von einer anderen Bevölkerung eingenommen war, die Widerstand leistete, kriegerisch vor sich gegangen sein kann. Zum anderen könnte die Ausbreitung der Negadekultur völlig friedlich durch die Übernahme seitens anderer bereits vorhandener Bevölkerungsgruppen geschehen sein, ohne daß sich notwendigerweise die Kulturträger mit ausbreiteten. Dabei wäre jedoch zu erwarten, daß sich in den neuen Verbreitungsgebieten eine Reihe von eigenständigen Traditionen über eine gewisse Zeit erhalten hätten und auch im archäologischen Material zu erkennen sein müßten. Nach den Untersuchungen von Kaiser scheinen solche ursprünglichen Kultursubstrate, die auf ältere lokale Traditionen zurückgehen könnten, im Material der Negade-I-Friedhöfe vom Raum Negade südwärts bis zum 1. Katarakt nicht sichtbar zu werden. Das könnte darauf schließen lassen, daß das Negade I bei seiner Ausbreitung nach Süden in bis dahin unbesiedeltes Gebiet vorrückte, allmählich die geeigneten Siedlungs-, Anbau- und Weideflächen in Besitz nahm, bis es schließlich in der Stufe Ic bei Kubaniye und Bakan den Raum nördlich und südlich des 1. Kataraktes erreicht hatte. Nur Mond/Myers berichteten von Funden an Badari-Keramik in den Siedlungsüberresten von Armant (Mond/Myers 1937: 1-2). Das zeigt einesteils, daß sich zumindest das Einflußgebiet des Badari wesentlich weiter nach Süden erstreckt haben muß, als es bis dahin durch die Funde gesichert war, aber andererseits wird dadurch auch erneut deutlich, wie schwerwiegend sich das Fehlen gut dokumentierter Siedlungen auf unsere Kenntnis von den Vorgängen in prädynastischer Zeit auswirkt. Die Ausbreitung des Negade I nach Norden läßt sich nicht mehr genau feststellen, da sich im Raum zwischen Matmar und dem Fayum-Eingang überhaupt keine prädynastischen Fundstätten erhalten haben, vermutlich wegen der starken landschaftlichen Veränderungen, die in diesem Gebiet vor sich gegangen sind (Kaiser 1961).

Die ersten prädynastischen Plätze im Norden dieser langen, fundleeren Strecke sind die Friedhöfe Harageh, Abusir el-Melek und Gerzeh auf der Höhe des Fayum. Sie gehören der Zeitstufe IIc/d an, d.h. die Ausbreitung der Negadekultur nach Norden über den Raum von Matmar hinaus kann vom Ende des Negade I bis zur 2. Hälfte des Negade II nur sehr zögernd vor sich gegangen sein. Welches die Gründe dafür waren, ist bis jetzt noch völlig unklar. Am ehesten einleuchtend wäre noch, hier Einfluß oder Wohngebiete anderer prädynastischer Kulturen zu vermuten. Allerdings gibt es dafür keinerlei archäologisch gestützte Anhaltspunkte. Wenn jedoch die von Wendorf anhand der C14-Untersuchungen gewonnenen Zahlen stimmen, durch die die Dauer der Fayum-Kultur bis in die spätprädynastische Zeit wahrscheinlich gemacht wird (vgl. Exkurs 1), dann könnten sich möglicherweise hier die Kräfte andeuten, die der Ausweitung des Negade nach Norden zunächst Einhalt geboten hatten. Ob die Expansion der Negadekulturen nach Norden und Süden sporadisch erfolgte oder ob hinter ihr bereits eine höhere politische Einheit stand, ist aus den archäologischen Befunden nicht zu ermitteln.

Im allgemeinen wird angenommen, daß im Badari und im Negade I voneinander unabhängige, jeweils selbständige kleine Siedlungen existierten, an deren Spitze Häuptlinge standen, die sich von den übrigen Gemeindemitgliedern in ihrer Lebenshaltung nicht wesentlich unterschieden, und daß die gesellschaftlichen Verhältnisse ganz allgemein sozial und ökonomisch noch wenig differenziert waren (Trigger 1968: 86). Diese Auffassung scheint auf dem Eindruck zu basieren, den die insgesamt mit weniger Beigaben versehenen Gräber des Badari und Negade I im Gegensatz zu den überwiegend reicher ausgestatteten Negade-II-Gräbern hervorrufen, sowie auf den wenigen, mehr oder weniger kümmerlichen Siedlungsüberresten, die in den Grabungsberichten erwähnt werden. Jedoch hat Kaiser bei seiner 1958 durchgeführten Felderkundung bei Hierakonpolis südlich des Fort-Wadis auf einer Fläche von 900 x 600 m eine geschlossene Siedlung gefunden, deren Beginn er anhand der Keramik in das Negade I datiert, und die etwa im frühen Negade II zugunsten einer anderen ca. 500 m nördlicher gelegenen Ansiedlung aufgegeben wurde (Kaiser 1961: 11). Auch die prädynastische Siedlung von Negade enthält bereits Negade-I-Keramik, so daß auch für sie ein Beginn im Negade I als gesichert angesehen werden kann. Damit sind aber zumindest 2 größere geschlossene Ortschaften aus dem Negade I bekannt, und es gibt eigentlich keinen vernünftigen Grund, die Existenz weiterer größerer Ortschaften, die heute von Fruchtland, modernen Siedlungen odgl. überlagert sein könnten, abzulehnen.

Was nun die Gräber des Badari und des Negade I anbelangt, die gegenüber denen des Negade II tatsächlich eine insgesamt geringe Ausstattung aufweisen, so ist zwar nicht zu bezweifeln, daß Bau und Ausstattung eines Grabes in dynastischer Zeit eindeutig ein Kriterium für den sozialen und ökonomischen Status des Grabinhabers darstellen. Ob diese Schlußfolgerung aber auch uneingeschränkt für die frühere prädynastische Zeit gilt, müßte erst noch bewiesen werden. Es ist viel eher anzunehmen, daß sich die Anschauungen, Traditionen und auch die materiellen Möglichkeiten, die es gestatteten bzw. erforderlich machten, den Toten mit zahlreichen Beigaben zu versehen, erst allmählich herausbildeten, wobei zeitliche und örtliche Unterschiede in der Ausprägung dieser Sitte durchaus wahrscheinlich sind. Auffällig ist in diesem Zusammenhang, daß die unterägyptischen Friedhöfe des Omari B und von Maadi-Süd insgesamt sehr spärlich mit Beigaben versehen sind, obgleich die dazu gehörenden Siedlungen im Niveau der materiellen Kultur durchaus nicht ärmlich erscheinen. Hier ist also die geringe Zahl der Beigaben wahrscheinlich durch lokale Tradition begründet.

Für das prädynastische Oberägypten sind die Friedhöfe bis jetzt immer noch die einzigen geschlossenen Fundkomplexe, die für eine Beurteilung des Niveaus der gesellschaftlichen Verhältnisse zur Verfügung stehen. Aber obgleich die Gesamtzahl der freigelegten Gräber recht eindrucksvoll ist (nach Kaiser (1956: 88) mindestens 15 000, von denen knapp ein Drittel vollständig oder nahezu vollständig publiziert ist), muß doch die Frage gestellt werden, ob eigentlich alle Toten ein Begräbnis erhielten, oder ob bereits der Umstand, daß jemand am Wüstenrand des Niltals auf einem Friedhof bestattet wurde, ein Privileg oder eine Auszeichnung darstellte. Kaiser ist der Meinung, daß in prädynastischer Zeit grundsätzlich mit einer Bestattung aller Toten möglichst am Westrand des Niltals zu rechnen ist (Kaiser 1961: 14). Diese Auffassung erscheint logisch, weil einerseits Hausbestattungen in großem Ausmaß aller Wahrscheinlichkeit nach bereits auch in den wenigen Siedlungsüberresten sichtbar geworden wären, und andererseits die Bestattung am Wüstenrand als Vorrecht schon eine sehr starke soziale Differenzierung der Gesellschaft zu einer sehr frühen Zeit voraussetzen würde. Wenn man jedoch annimmt, daß im Prinzip jedes Mitglied der prädynastischen Gesellschaft ein eigenes Begräbnis hatte, muß damit gerechnet werden, daß viele der Gräber noch nicht entdeckt bzw. im Laufe der Zeit zerstört worden sind. Andernfalls würde sich, wie Kaiser sehr treffend bemerkte, z.B. für die prädynastische Siedlung von Negade, die aller Wahrscheinlichkeit nach doch als ein Zentrum anzusehen ist, eine Gesamtbevölkerung von 3000 – 4000 Leuten für die gesamte etwa 500 Jahre umfassende Negade-Zeit ergeben, d.h. etwa 800 Leute pro Jahrhundert bzw. weniger als 300 pro Generation, was sicherlich bei weitem zu niedrig ist. Wenn aber angenommen werden muß, daß nur ein Teil der prädynastischen Begräbnisse Oberägyptens erhalten bzw. bekannt ist, von dem der bei weitem überwiegende Teil überdies ungenügend dokumentiert ist, dann können Schlußfolgerungen über den gesellschaftlichen Differenzierungsprozeß aus dem Material der Friedhöfe nur mit sehr großer Vorsicht gezogen werden.

Eine nähere Betrachtung der Friedhöfe des Badari zeigt, daß durchaus ärmere und reichere Friedhöfe erhalten sind, d.h. regionale Unterschiede existieren. Aber auch innerhalb der einzelnen Friedhöfe gab es Unterschiede in Qualität und Quantität der Beigaben. Auffällig ist, daß auf einzelnen Friedhöfen ganze Areale nur Männerbegräbnisse enthielten, während Frauengräber immer zusammen mit Männergräbern vorkommen und kein Teil der Friedhöfe ausschließlich für Frauen reserviert gewesen zu sein scheint (Brunton 1928: 19-20). Brunton hatte weiterhin festgestellt, daß auf den älteren Badari-Friedhöfen die größeren und besser ausgestatteten Gräber weibliche Grabinhaber hatten, während auf den jüngeren Badari-Friedhöfen die besseren Gräber Männern gehörten. Baumgartel bezweifelt die Möglichkeit, nach dem heutigen Stand der Kenntnisse älteres und jüngeres Badari exakt auseinanderhalten zu können (Baumgartel 1960: 123), aber immerhin scheint nach den Grabungsbefunden sicher zu sein, daß sowohl Frauen als auch Männer größere und besser ausgestattete Gräber besitzen konnten, d.h. wenn Größe und Ausstattung der Gräber als Kriterium für die soziale Stellung des Toten aufzufassen sind, konnten sowohl Frauen als auch Männer eine höhere soziale Position innerhalb der gegebenen Gemeinschaft einnehmen.

Auch die Friedhöfe des Negade I zeigen Unterschiede in Quantität und Qualität der Ausstattungen ihrer Gräber. Jedoch existieren weder für das Negade I noch für die anschließenden Negade-Perioden so sorgfältige Beobachtungen, wie sie von Brunton für das Badari vorgelegt wurden. Da alle Zeitstufen des Negade im wesentlichen die gleichen Friedhöfe benutzten, ist es häufig sehr schwer, normale Negade-I-Gräber von ärmlichen Begräbnissen späterer Negade-Perioden zu unterscheiden, wenn nicht signifikante Objekte in der Grabausstattung vorhanden sind (Baumgartel 1960: 125). Das trifft vor allem für Friedhöfe zu, die nur sehr unzureichend dokumentiert sind, und bei denen deshalb die einzelnen Gräber nicht mehr in ihrem archäologischen Kontext gesehen werden können. Dagegen versetzte die vollständige Publikation des Grabungsbefundes des Friedhofes von Armant (Mont/Myers 1937) Werner Kaiser in die Lage, vor allem durch eine sorgfältige Untersuchung des Keramikbestandes zu einer weitaus detaillierteren und eindeutigeren zeitlichen Gliederung der Negade-Perioden zu kommen, als es bis dahin durch das Petrie'sche System der Staffeldaten möglich war (Kaiser 1957). Die von Kaiser vorgenommene präzise Aufarbeitung des Materials vom Negade-Friedhof in Armant gestattet aber auch noch eine Reihe weiterer Schlußfolgerungen, die vor allem aus den von ihm vorgelegten Karten über die Verteilung der Beigaben auf die Gräber der einzelnen Zeitstufen ablesbar sind (Kaiser 1957: Taf. 20). Danach läßt sich folgendes erkennen:

1. Die Gruppierung der Gräber auf dem Friedhof von Armant erfolgte, abgesehen von einigen unwesentlichen Ausnahmen, nach Zeitstufen.
2. Benachbarte Gräber gehören zumeist der gleichen Zeitstufe an, zeigen jedoch ohne ein erkennbares Prinzip die unterschiedlichsten Ausstattungsgrade.

3. Von den ältesten Gräbern im Süden des Armant-Friedhofes (Zeitstufe Ic) ist fortschreitend nach Norden bis zur Zeitstufe IIId2 eine ständige und verhältnismäßig gleichmäßige Zunahme der Beigaben festzustellen.
4. Es gibt keinen Teil des Friedhofes, wo sich anhand der Beigaben ein bestimmtes Prinzip der Gruppierung erkennen läßt, d.h. es gibt auch innerhalb der verschiedenen Zeitstufen keine Gruppierungen von vorzugsweise ärmlichen und vorzugsweise reichen Gräbern bzw. von reichen Gräbern, die von weniger reichen umgeben sind und dadurch vielleicht auf Verhältnisse von Anführer und Gefolgschaft odgl. schließen lassen.

Eine tabellarische Auflistung der Gräber mit Beigaben ergibt für die einzelnen Zeitstufen folgendes Bild (zusammengefaßt nach Kaiser 1957: Taf. 20A-C):

Zeitstufe	Gräber insgesamt	Steingefäße	Schminkpaletten, Steinvasen, Schmuck	1 Gefäß	weitere Beigaben	2 Gefäße	weitere Beigaben	3 Gefäße	weitere Beigaben	4 Gefäße	weitere Beigaben	5-8 Gefäße	weitere Beigaben	9-20 Gefäße	weitere Beigaben
Ic	27	6	6	11	–	5	2	4	2	1	–	–	–	–	–
IIa	28	–	–	8	–	12	1	2	–	3	–	1	2	2	1
IIb	27	–	–	3	–	3	–	5	1	2	–	1	–	13	–
IIc	29	–	–	6	–	4	–	5	–	2	1	4	–	8	–
IId1	12	–	–	1	1	1	–	3	2	–	–	2	–	5	–
IId2	12	–	–	1	–	1	–	2	–	–	–	2	–	6	–
IIIa1	4	–	–	–		–		1	–	–	–	1	–	2	–
IIIa2	8	–	–	1	–	–	–	1	–	1	–	4	1	1	–
zeitl. nicht eingeord. Gräber	24	offenbar ohne Beigaben, unregelmäßig auf dem gesamten Friedhof plaziert													

Die Tabelle macht deutlich, daß die Beigaben an Schmuck, Steingefäßen und Paletten bis einschließlich Zeitstufe IId1 ziemlich häufig erscheinen, aber keineswegs an eine zunehmende Anzahl von Keramikgefäßen gebunden sind und ab Zeitstufe IId2 auffällig selten werden. Die am ehesten wahrscheinliche Erklärung für die räumliche Verteilung der ärmeren und reicheren Gräber innerhalb der durch die einzelnen Zeitstufen okkupierten Teile des Friedhofes besteht darin, daß jeweils die Angehörigen der gleichen Familie nebeneinander bestattet wurden, wobei die unterschiedliche Anzahl der Beigaben vielleicht von dem sozialen Status der Toten innerhalb ihrer Familie oder aber von anderen, noch nicht erkennbaren Umständen bestimmt wurde. Bis jetzt ist auch völlig unklar, wer eigentlich für die Ausstattung des Grabes verantwortlich war. War es der Tote selbst, der bereits zu Lebzeiten für sein Begräbnis vorsorgte, wie in der späteren, dynastischen Zeit, war es seine Familie oder war es ein größerer Personenkreis, der zur Ausstattung des Grabes und der Durchführung der Begräbniszeremonien beitrug? Von der Beantwortung dieser bis jetzt noch nicht zu lösenden Fragen hängt jedoch ab, welche Bedeutung eine reichere oder ärmere Grabausstattung für den sozialen bzw. sogar den ökonomischen Differenzierungsprozeß besitzt. Durch einen Vergleich mit den anderen, leider nur sehr unzureichend publizierten Negade-Friedhöfen gelang Kaiser der Nachweis, daß sein System der differenzierten zeitlichen Untergliederung der Negade-Perioden nicht nur eine eventuelle Sonderentwicklung in Armant wiedergibt, sondern auch für die großen Friedhöfe von El Amrah, Negade und Ballas, Mahasna, Diospolis parva, Harageh, Abusir el-Melek und Gerzeh Gültigkeit hat. Inwieweit sich jedoch auf diesen Friedhöfen vielleicht eindeutigere Kriterien für die soziale Entwicklung der prädynastischen Zeit zeigen, läßt sich anhand der z.T. nur summarisch erfolgten Veröffentlichungen nicht mehr feststellen. Auffällig ist jedoch, daß es sich bei einigen der reichen Gräber ganz eindeutig um Bestattungen von Frauen handelt, so z.B. das bedeutendste Grab des Friedhofes von Mahasna, Grab H 29 (Ayrton 1911: 11), das wohl in das Negade II zu datieren ist, sowie das größte und am besten ausgestattete Grab von Diospolis parva, Abadiye B 101, das einem jungen Mädchen gehört und von Petrie mit SD 34 angesetzt wurde, aber nach Kaiser in die Zeitstufe IIa gehört.

Ein weiteres, sehr reiches Grab wurde 1896 durch den Verkauf von Objekten an das Kairoer Museum bekannt. Es befand sich auf dem geplünderten Friedhof von Homrah el Doum, gegenüber von Nag Hamadi, und bestand aus einem 2 m langen Schacht. Über den Grabinhaber ist nichts bekannt. Zur Ausstattung des Grabes gehörten mehr als 24 verschiedene Objekte aus Stein und Metall, darunter 2 Breitbeile aus Kupfer sowie eine gedrungene Vase aus dunklem Porphyr, deren Henkel mit Gold und Silber verziert waren. Die Keramik des Grabes ist leider offenbar spurlos verschwunden, aber anhand von Fragmenten mehrerer Feuersteinmesser mit ripple-flaking wurde es auf SD 55-56, also in das Ende des Negade II datiert (Baumgartel 1960: 8).

Soweit bis jetzt zu erkennen ist, lassen sich aus dem gesamten Bestand der vordynastischen Gräber nur zwei identifizieren, deren Inhaber mit einer gewissen Wahrscheinlichkeit eine gesellschaftlich führende Position innegehabt haben. Das eine gehört zu dem unterägyptischen Omari A und ist eine Siedlungsbestattung. Das Grab, das sich in Anlage und Ausstattung durch nichts von den andern unterscheidet, enthielt eine männliche Hockerleiche, in deren einer Hand sich ein 35 cm langer Holzstab, an einer Seite zugespitzt, an der anderen abgeflacht, befand (Debono 1946: 51). Dieser Holzstab, der dem aus dynastischer Zeit bekannten ames-Szepter ähnelt, ist wahrscheinlich als Rangabzeichen zu werten. Bei dem zweiten Grab handelt es sich um das seit 1902 bekannte, berühmte „painted tomb“ von Hierakonpolis (Quibell/Green 1902). Die Anlage, die nach Angaben ägyptischer Bauern gefunden und bei der Freilegung wahrscheinlich bereits der wertvollsten Stücke beraubt war, bestand aus zwei gleichgroßen gemauerten Kammern mit einer Gesamtgröße von 5,85 m x 2,85 m, die mindestens 1,50 m in den gewachsenen Boden eingelassen waren. Die Ziegelmauern waren mit Stuck überzogen, auf dem sich Malereien im Stile der D-Ware befanden. Offenbar diente einer der Räume zur Aufbewahrung von Beigaben, während der andere die eigentliche Grabkammer darstellte, in der die bei der Freilegung nicht mehr vorhandene Leiche des Grabinhabers, wahrscheinlich in Hockerstellung mit dem Kopf nach Süden und Gesicht nach West, d.h. mit Blickrichtung auf die mit Schiffsbildern, Jagd- und Kampfszenen geschmückte Wand, bestattet war. Der noch vorhandene Teil der Grabausstattung enthielt ca. 25 Keramikgefäße, 2 Steingefäße, 1 Bruchstück einer Lanzenspitze, außerdem sollen noch mehrere große Feuersteinmesser dazu gehört haben, die aber wahrscheinlich schon vor der Ausgrabung der Anlage entnommen worden und heute nicht mehr auffindbar sind. Durch diese Beigaben, die durchaus dem üblichen Bestand eines reichen Negade-II-Grabes entsprechen, vor allem aber durch die vorhandenen Keramiktypen, konnte Kaiser die Anlage in die Zeitstufe IIc datieren (Kaiser 1958: 188-89). Was dieses Grab von anderen Anlagen der gleichen Zeitstufe auffällig unterscheidet, sind die mit Stuck überzogenen Ziegelmauern, durch die die Grabwände gebildet werden, die Stuckmalereien und die Unterteilung der Anlage in zwei Räume. Dadurch und durch das Fehlen der Leiche wurden auch einige Autoren veranlaßt, eine andere Zweckbestimmung der Anlage, etwa als Haus oder Sakralbau, anzunehmen (z.B. Kantor 1944: 110; Baumgartel 1960: 126). Kaiser konnte jedoch in seinen Untersuchungen glaubhaft machen, daß es sich doch um ein Grab handelt (Kaiser 1958). Er verweist auch auf die kurzen Angaben von Quibell und Green, denen zufolge weitere ähnliche Anlagen in der Nähe anzunehmen sind, daher ist es durchaus möglich, daß das Hierakonpolis-Grab Teil einer Häuptlingsnekropole gewesen sein könnte. Nach dem Grad der Ausstattung zu urteilen, ist es denkbar, daß ähnlich oder sogar reicher ausgestattete Gräber an anderen Plätzen bisher nicht als Häuptlingsgräber identifiziert wurden, jedoch heben Anlage und Bemalung das Hierakonpolis-Grab deutlich von allen anderen bekannten Anlagen ab.

Selbst in frühdynastischer Zeit war es offenbar nicht üblich, die Grabkammern der Herrscher mit figürlichen Darstellungen zu versehen, so daß dadurch die Anlage von Hierakonpolis bis jetzt absolut singulär ist. Es ist aber mit großer Wahrscheinlichkeit anzunehmen, daß hier jemand bestattet wurde, der sich in seiner sozialen Stellung recht wesentlich von seinen Zeitgenossen unterschied, wenn auch unklar bleibt, durch welche konkrete Aufgabe oder Funktion.

2.4. Zusammenfassung

Trotz einer Reihe konkreter Fakten bleibt das Bild von den Produktionsverhältnissen in prädynastischer Zeit unbefriedigend undeutlich.

1. Auf der Basis einer in Ober- und Unterägypten relativ gleichmäßig vor sich gehenden Entwicklung der Produktivkräfte in Landwirtschaft und Handwerk scheint sich allmählich das persönliche Eigentum an beweglichen Objekten wie Waffen,

Arbeitsgeräten, Schmuck, möglicherweise auch Vieh, herausgebildet zu haben (nach Jähne/Njamasch 1978 das „mobile Privateigentum"). Auffällig ist in diesem Zusammenhang, daß für Unterägypten sowohl aus Siedlungsfunden wie auch aus Begräbnissen außerordentlich wenig Schmuck belegt ist.

Durch den Glauben an ein Weiterleben nach dem Tode entstand die Sitte, die Gräber mit Beigaben auszustatten. Während in den Siedlungsbestattungen, wahrscheinlich bedingt durch die unmittelbare Nähe zu den Lebenden, an deren Mahlzeiten die Toten sicherlich durch Speise- und Trankopfer beteiligt waren, die Anzahl der mitgegebenen Objekte sehr gering war, weisen die außerhalb der Siedlungen in Friedhöfen zusammengefaßten Gräber im Laufe der Zeit eine zunehmende Anzahl an Objekten auf. Das gilt vor allem für die prädynastischen Friedhöfe Oberägyptens, während die unterägyptischen Friedhöfe des Omari B und von Maadi-Süd vergleichsweise sehr bescheiden ausgestattet wurden.

An den oberägyptischen Friedhöfen des Badari und der Negade-Perioden wird deutlich, daß ein stetig zunehmender Teil des gesellschaftlichen Reichtums als Beigaben mit den Toten bestattet wurde oder als Arbeitsleistung in die Anlage des Grabes einging und damit einer völlig unproduktiven Verwertung zugeführt wurde. Das kann als ein sicheres Kriterium dafür gewertet werden, daß in steigendem Maße Mehrprodukt zur Verfügung stand. Obwohl noch unklar ist, wer für die Ausstattung der Gräber verantwortlich war, ist doch immerhin gewiß, daß die Beigaben dem Toten als persönliches Eigentum dienen sollten. Persönliches Eigentum an Waffen, Arbeitsgeräten und Schmuck muß also existiert haben.

Spätestens in Negade II sind deutliche Unterschiede zwischen den einzelnen Bestattungen eines Friedhofes sowie auch zwischen Friedhöfen verschiedener Orte festzustellen. Allerdings sind die Unterschiede zwischen armen und reichen Gräbern zwar eindeutig, aber es ist keinesfalls so, daß eine kleine Anzahl reicher einer großen Anzahl armer Begräbnisse gegenübersteht. Auf dem gut dokumentierten Friedhof von Armant sind z.B. in den Zeitstufen ab IIa die reicheren Gräber so zahlreich, daß sie zahlenmäßig keine Sonderstellung gegenüber den durchschnittlichen oder ärmeren Gräbern einnehmen.

2. Am Hauptproduktionsmittel Boden scheint persönliches, privates Eigentum nicht bestanden zu haben, sondern allem Anschein nach waren die Felder kollektives Eigentum der zu einer lokalen Gemeinschaft (Siedlung) gehörenden Mitglieder, wobei die Verfügungsgewalt am Boden von den Repräsentanten dieser Gemeinschaft ausgeübt wurde. Da sich durch die unterschiedlichen Nilhöhen in jedem Jahr die real zur Verfügung stehenden Anbauflächen verändern konnten, war für die wahrscheinlich auf Familienbasis erfolgende Bodenbearbeitung eine jährliche Neuvermessung der Felder erforderlich. Die Kornspeicher neben den Überresten von Wohnbauten bezeugen, daß zumindest ein Teil der Ernte individuell gelagert wurde. Ob darüber hinaus auch noch kollektiv verwaltete Lagerkapazitäten für Getreide bzw. andere landwirtschaftliche Produkte bestanden, ist aus dem oberägyptischen

Material nicht zu entscheiden. Für das unterägyptische Fayum A ist es durch die Speicherkonzentration am Kom W und Kom K wahrscheinlich, und für Maadi ist es durch die Speicherplätze am Nord- und Südrand der Siedlung immerhin nicht auszuschließen. Völlig unklar ist noch das System der Abgaben, die zumindest für die gemeinnützigen Ausgaben erhoben worden sein müssen.

3. Auf lokaler Ebene, d.h. im Rahmen der jeweiligen örtlichen Gemeinschaften existierten sicherlich Austauschbeziehungen. Die sich allmählich herausbildende handwerkliche Spezialisierung führte, wie die Befunde der dynastischen Zeit zeigen, jedoch nicht zur Entstehung eines unabhängigen Handwerkerstandes, der die Austauschbeziehungen und damit den ökonomischen Differenzierungsprozeß in entscheidendem Maße beeinflussen konnte.

4. Der soziale Differenzierungsprozeß läßt sich für die unterägyptischen Gemeinschaften wesentlich schwerer nachweisen als für die oberägyptischen. Anlagen und Ausstattung der unterägyptischen Gräber, sowohl innerhalb der Siedlungen als auch auf den Friedhöfen von Omari B und Maadi-Süd, sind fast gleichförmig einfach. Den einzigen Hinweis auf soziale Unterschiede liefert der in der Hand einer Hockerleiche des Omari B gefundene Holzstab, der aller Wahrscheinlichkeit nach wohl als ein Rangabzeichen zu werten ist. Im Gegensatz zu den sehr dürftigen unterägyptischen Gräbern zeigen die Bestattungen in Oberägypten seit dem Badari einen zunächst allmählich, während des Negade II dann rascher zunehmenden Bestand an Beigaben. Dabei weisen auch die Gräber innerhalb der einzelnen Zeitstufen deutliche Unterschiede in der Ausstattung auf. Jedoch deuten diese Unterschiede im allgemeinen mehr auf eine differenzierte Behandlung der Gräber im Rahmen einzelner Familien, als auf soziale Unterschiede im Rahmen einer größeren Gemeinschaft, etwa einer Siedlung, hin. Daß solche Unterschiede sehr wohl existierten, beweist das sogenannte „painted tomb“ aus der Zeitstufe IIc/d in Hierakonpolis, bei dem es sich zweifellos um die Bestattung eines, im Rahmen einer größeren Gemeinschaft sozial sehr hochrangigen Menschen handelt. In Menge und Art der Beigaben scheint es zwar „nur“ etwa dem Standard der reichen Gräber des späten Negade II zu entsprechen, aber durch die aufwendigen Bauten (mit Ziegelmauern, zwei Kammern und bemalten Stuckwänden) hebt es sich deutlich von ihnen ab.

5. Für die Existenz funktionstüchtiger gesellschaftlicher Leitungsorgane sprechen solche baulichen Überreste, wie Straßen, Stadtzentren und Röstöfen. Es ist möglich, aber nicht direkt zu beweisen, daß der Inhaber des „painted tomb“ von Hierakonpolis und der Stabbesitzer aus dem Omari A ihre soziale Autorität aus gesellschaftlichen Leitungsaufgaben gründeten. Wie groß der Einlußbereich dieser Leitungen war, ist jedoch nicht festzustellen. Es ist auch unbekannt, ob es überhaupt Organisationsformen der Gesellschaft gab, die über eine einzelne Ansiedlung hin-

ausgingen, denn die kulturelle Einheit, die für Oberägypten stärker als für Unterägypten zu belegen ist, muß nicht automatisch Ausdruck der Existenz einer höheren politischen Einheit sein. Andererseits ist eine gewisse lockere Verbindung der einzelnen Ansiedlungen, die auf der Verehrung gleicher oder ähnlicher Götter, der Benutzung gleicher Kultzentren, dem Bewußtsein der Zugehörigkeit zum gleichen Territorium und der durch den Wasserweg auf dem Nil gewährleisteten guten Verkehrsverbindung beruhte, zumindest für Oberägypten sehr wahrscheinlich und kann durchaus ihren Niederschlag in einer Art größerem Stammesverbund gefunden haben. Welche Rolle in diesem Zusammenhang die beiden großen Ansiedlungen Hierakonpolis und Ombos gespielt haben, etwa, wie allgemein angenommen, als Residenzen prädynastischer Autoritäten, könnte vielleicht durch neue Grabungen ermittelt werden. Bis jetzt kann eine solche Bedeutung nur vermutet werden, wenn sie sich auch im Falle von Hierakonpolis durch die Existenz des „painted tomb“ und im Falle von Ombos auf die ausgedehnten Gräberfelder von Negade (über 3000 Gräber) stützen kann.

Für die besondere Stellung von Ombos sprechen auch die von Petrie als „south town“ bezeichneten Überreste prädynastischer Ziegelbauten, die von Kaiser als Zentrum (Palast oder Kultanlage) einer ausgedehnteren Siedlung identifiziert wurden. In welchem Verhältnis nun Hierakonpolis und Ombos (Negade) in prädynastischer Zeit zueinander standen, ist auch noch unklar. Beide existierten nach Ausweis der Keramikfunde bereits seit dem Negade I und bestanden offenbar auch noch in frühdynastischer Zeit. In diesem Zusammenhang ist vielleicht noch erwähnenswert, daß beide Plätze nicht nur gute Verkehrsverbindungen zu den westlichen Oasen besitzen, sondern sich auf dem Westufer unmittelbar gegenüber den Mündungen der beiden wichtigsten Wadis durch die östliche Wüste zum Roten Meer befinden, dem Wadi Hammamat (Negade) und dem Wadi Abbad (Hierakonpolis).

Aller Wahrscheinlichkeit nach bestanden hier zum Ende der prädynastischen Zeit wichtige Handelsknotenpunkte mit dem Ausland, vor allem mit Mesopotamien, in denen Ägypten jedoch, nach dem gegenwärtig vorhandenen Material zu urteilen, eine mehr passive Rolle spielte, d.h. die besuchte Seite war. Wie und zwischen wem dieser Handel abgewickelt wurde, läßt sich bis jetzt nicht konkret nachweisen. Es ist daher zwar denkbar, aber noch nicht genau zu belegen, daß er auf ägyptischer Seite zur Beschleunigung des sozialen Differenzierungsprozesses beigetragen hat, vor allem dann, wenn er, was der ägyptischen Tradition der späteren Zeit entspräche, über einen Einzigen oder über einen kleinen Kreis von Repräsentanten der jeweiligen lokalen Gemeinschaft realisiert wurde.

Aus der Existenz einiger Handwerkserzeugnisse, für die besonderes Material verwendet wurde oder die besondere Techniken im Herstellungsprozeß zeigen, ist zu schließen, daß zu Ende der prädynastischen Zeit Werkstätten entstanden waren, in denen möglicherweise von der Nahrungsmittelerzeugung voll befreite Spezialisten tätig waren. Da Austauschbeziehungen in größerem Maßstab bzw. die Produktion für einen unbekannten Markt erst allmählich in sehr viel späterer dynastischer Zeit entstanden sind, ist anzunehmen, daß diese Werkstätten an besondere lokale und institutionelle Einheiten gebunden waren, die für die Materialbeschaffung verantwortlich waren, das Produktionsziel bestimmten und die Handwerker versorgten. Es wäre denkbar, ist aber bis jetzt durch nichts zu beweisen, daß solche Werkstätten auf Hierakonpolis oder Ombos beschränkt waren.

Insgesamt läßt sich feststellen: Soweit das schriftlose Material überhaupt Rückschlüsse gestattet, waren die Dorfgemeinschaften beim Übergang von der prädynastischen zur dynastischen Zeit noch durchaus intakt. Das bedeutet, sie besaßen das Eigentum an dem Hauptproduktionsmittel Boden und regelten die Angelegenheiten, die mit der Organisierung der Produktionsbedingungen, der Bestimmung des Produktionszieles und mit der Wahrnehmung der öffentlichen Gewalt zusammenhingen, auf lokaler Ebene. Die gesellschaftlichen Autoritäten, die mit der Regelung der sich daraus ergebenden Aufgaben befaßt waren, blieben jedoch weitgehend anonym, obgleich sich der Prozeß der sozialen Differenzierung spätestens seit dem Negade II deutlich in der unterschiedlichen Größe und Ausstattung der Gräber widerspiegelt.

3. Belege für die frühzeitlichen Herrscher und ihre Würdenträger

Etwa mit dem 3. Jahrtausend v.Zr. beginnt in Ägypten der Zeitabschnitt, der in der ägyptologischen Literatur gemeinhin als die „dynastische Zeit" bezeichnet wird. Die schriftlichen Unterlagen, die von den Alten Ägyptern als Herrscherlisten geführt wurden, sind, wie Helck gezeigt hat (Helck 1956) im Verlauf der etwa zweieinhalb Jahrtausende dauernden dynastischen Zeit mehrfach abgeschrieben, d.h. auf frische Papyrusrollen übertragen und dadurch in gewisser Weise auch bearbeitet worden.

Sie müssen dem Ägypter Manetho im 3. Jahrhundert v.Zr. bei der Abfassung seiner Arbeit über die Geschichte der ägyptischen Pharaonen noch zur Verfügung gestanden haben. Heute sind sowohl diese Listen wie auch das Werk des Manetho verloren. Neben verschiedenen, leider aber unvollständigen Abschriften, die in späterer Zeit von der Arbeit des Manetho gemacht worden sind, haben sich jedoch aus der pharaonischen Zeit noch eine Reihe von Auszügen, die aus den verschiedensten Gründen aus der bzw. den Urlisten angefertigt wurden, erhalten, so z.B. eine Liste mit 61 Vorgängern Thutmosis III. in Karnak (Urk. IV, 608-610), eine Liste mit 76 Vorgängern Sethos I. in Abydos (Capart 1930: 144), eine Liste mit 58 Königsnamen im Grab des Tener in Sakkara (Mariette 1972: Taf. 58). Dazu kommt noch der leider stark zerstörte Turiner Königspapyrus aus der 19. Dynastie sowie – als älteste Zeugnisse – die Bruchstücke von Annalensteinen aus der 5. Dynastie. Die Listen aus dem Alten Reich zeigen noch keine Einteilung der Herrschernamen in Dynastien. Eine solche Gliederung ist erst im Turiner Königspapyrus belegt, basiert aber sicherlich auf alten Überlieferungen.

Die Abydoslisten, der Turiner Königspapyrus und Manetho bezeichnen übereinstimmend als ersten menschlichen Herrscher Ägyptens einen Pharao namens Menes. Der Turiner Königspapyrus und Manetho geben als Vorgänger des Menes Gruppen von Göttern und Halbgöttern an. Nur die Fragmente der Annalensteine, und zwar der Palermostein (P) und das große Kairo-Fragment (K 1), die durch ihre Abfassung zu Ende der 5. Dynastie dem Beginn der dynastischen Zeit noch am nächsten stehen, lassen erkennen, daß sich offenbar zu dieser Zeit noch eine Überlieferung von der Existenz prädynastischer Herrscher erhalten hatte. Auf beiden Fragmenten besitzt das oberste Register eine besondere, von den weiteren Registern deutlich unterschiedene Feldereinteilung. In diesen Feldern sind im Gegensatz zu den Jahresfeldern der späteren Register jeweils einzelne Figuren mit Herrscherkronen dargestellt, die ganz eindeutig in die Zeit vor der 1. Dynastie gehören. In den Königslisten tragen auch die Herrscher aus dem Beginn der dynastischen Zeit bereits den offiziellen Titel der ägyptischen Pharaonen: *nswt-bjt* (König von Ober- und Unterägypten). Dabei handelt es sich jedoch mit Sicherheit um eine Überlieferung, die erst in späterer dynastischer Zeit zustande gekommen sein kann, denn wie die zeitgenössischen Belege der ersten Dynastie zeigen, hat sich die ägyptische Herrschertitulatur erst allmählich entwickelt, und der erste dynasti-

sche Herrscher kann den *nswt-bjt*-Titel noch gar nicht geführt haben. Die Annalenfragmente geben dagegen eine wesentlich exaktere Überlieferung, denn in allen drei Fällen, wo in den Zeilenüberschriften die Herrschernamen erhalten sind (großes Kairofragment (K 1) über Zeile 2: Djer, über Zeile 3: Semerchet; Palermostein über Zeile 4: Nj-netjer), werden sie mit dem Horustitel zitiert. Die später vorhandene Folge von fünf Titeln, zu denen für jeden Pharao jeweils individuell gestaltete Namen traten, bildete sich im Verlauf der ersten Dynastie heraus. Ältester Bestandteil dieser Titelreihe ist der Horustitel. Er drückt die Identifizierung des Herrschers mit dem Falkengott Horus aus. In der Mitte der 1. Dynastie ist für den Herrscher Den erstmalig der *nswt-bjt*-Titel belegt. Er weist den Herrscher als zu den beiden Landesteilen Ober- und Unterägypten gehörig aus und wird in späterer dynastischer Zeit zur eigentlichen säkularen Bezeichnung für den ägyptischen Herrscher.
Der *nbtj*-Titel, der anzeigt, daß der Herrscher unter dem Schutz der Geier- und der Schlangengöttin steht, ist zwar bereits zu Ende der 1. Dynastie belegt, aber zunächst noch nicht selbständig, sondern eng mit dem *nswt-bjt*-Titel verbunden. Er erhält erst in der 4. Dynastie einen individuellen Namensbestandteil, wird also dann erst zu einem eigenen Titel. Der Gold-Horus-Titel wurde in der 3. Dynastie eingeführt, erscheint aber erst ab Snofru (4. Dyn.) auf den offiziellen Denkmälern. Als letzter tritt ab Chefren (4. Dyn.) der *z3-Rˁ*-Titel in Erscheinung, der den Pharao als Sohn des Sonnengottes Re ausweist und daher mit dem Geburtsnamen des jeweiligen Herrschers verbunden wird (zur Herausbildung der Titelfolge vgl. Helck/Otto 1956: 183-184).
Menes, der nach der Überlieferung erste Herrscher der 1. Dynastie, war also keineswegs schon mit allen fünf Titeln ausgestattet, sondern kann nur den Horustitel geführt haben. In den Königslisten des Neuen Reiches wird er jedoch, entsprechend den Gepflogenheiten dieser Zeit, als *nswt-bjt* bezeichnet.
Wesentlich schwieriger als die Klärung seines Titels erweist sich jedoch anhand der zeitgenössischen Belege die eigentliche Identifizierung des ersten Herrschers der 1. Dynastie. In dem recht umfangreichen Namensmaterial der frühzeitlichen Herrscher ist ein Menes (oder besser Menj) nicht bezeugt. Daher gibt es bis in die jüngste Zeit hinein divergierende Ansichten darüber, wer von den frühzeitlichen Herrschern mit dem Menes der Königslisten zu identifizieren ist, d.h. mit welchem der konkret zu belegenden Herrscher die dynastische Zeit beginnt (für die Gleichsetzung von Nemes mit Narmer vgl. Edwards 1964: 9-10; 1971: 30; für eine Identifizierung mit Aha vgl. Helck 1956: 9-10, 78; 1953: 354; Kaiser 1961b: 45, 48; Emery 1963: 32-37).
Das eigentliche und grundlegende Problem besteht jedoch auch nicht in der Frage nach der Identität des Menes, unabhängig davon, ob „Skorpion“, Ka, Narmer oder Aha mit dem Menes der späteren dynastischen Zeit gleichzusetzen sind, oder ob Menes vielleicht nur eine Fiktion der späteren Geschichtsschreibung ist, in der die Berichte über Narmer und Aha, und vielleicht noch einige andere frühzeitliche Herrscher zusammenflossen, unabhängig also von der Frage nach der Person des erst-

en Herrschers, ergibt sich die Frage nach den gesellschaftlichen Prozessen, die zur Herausbildung des Herrschertums geführt haben.

Im vorangegangenen Kapitel konnte festgestellt werden, daß alle Anzeichen darauf hindeuten, daß die Dorfgemeinschaften zum Ende der prädynastischen Zeit noch intakt waren. Wenn diese Schlußfolgerung stimmt, kann Menes (wer sich auch immer hinter diesem Namen verbergen mag) nicht der Begründer eines Staates gewesen sein, der doch zumindest die Existenz von Ausbeutungsverhältnissen als bestimmendes Moment der gesellschaftlichen Entwicklung und die Formierung der Ausbeuterklasse um einen Repräsentanten voraussetzt. Gibt es Anzeichen für Faktoren, die in relativ kurzer Zeit die Zersetzung der dorfgemeinschaftlichen Verhältnisse bewirkt haben könnten? Wie in Exkurs 2 dargestellt, ging die Entwicklung der Produktivkräfte von der prädynastischen Zeit bis in die ersten Dynastien hinein völlig kontinuierlich vor sich. Damit kann ausgeschlossen werden, daß die plötzliche Einführung neuer Technologien in die landwirtschaftliche oder handwerkliche Produktion die Ursache für eine relativ rasche ökonomische Differenzierung der altägyptischen Gesellschaft gewesen sein kann. Aber zu Beginn der dynastischen Zeit ist tatsächlich eine sehr wichtige Neuerung festzustellen: es wurde die Schrift entwickelt (Schott 1951: 53; Kaplony 1966b). Die schriftlichen Unterlagen, auf denen die späteren Königslisten basieren, reichten also günstigstenfalls bis zu diesem Zeitpunkt zurück. Es ist daher gut denkbar, daß die Festsetzung des Beginns der dynastischen Zeit im Grunde mehr oder weniger zufällig erfolgt ist und mit dem eigentlichen Zeitpunkt der Staatsentstehung nichts zu tun hat, sondern nur mit den Realitäten der schriftlichen Überlieferung. Zu dieser Schußfolgerung war bereits W. Kaiser gekommen (Kaiser 1961b: 60). Sie bedeutet aber gleichzeitig, daß zu der Zeit, als die schriftlichen Überlieferungen einsetzten, bereits Personen von außergewöhnlich hoher sozialer Position vorhanden gewesen sein müssen, von deren Aktivitäten die schriftlichen Aufzeichnungen berichteten, und die von der späteren Geschichtsschreibung ohne Schwierigkeiten als Vorgänger ihrer Herrscher angesehen werden konnten. Kaiser, der als Kriterium für die Entstehung des altägyptischen Staates die Reichseinigung ansieht, kommt in seinen Untersuchungen zu dem Ergebnis, daß vor dem mehr oder weniger fiktiven Menes noch etwa 10 – 15 Generationen von Pharaonen anzusetzen sind, die bereits über einen ägyptischen Einheitsstaat herrschten (Kaiser 1961b). Da die Reichseinigung jedoch nicht Ursache sondern nur Ergebnis der Staatsentstehung sein kann, erspart die in der Ägyptologie übliche Auffassung von der Gleichzeitigkeit beider Ereignisse keineswegs den Versuch einer Klärung der sozialen und ökonomischen Differenzierungsprozesse, die innerhalb der damaligen Gesellschaft vor sich gegangen ein müssen. Leider lassen sich aus den Gräberfeldern der spätprädynastischen Zeit kaum absolut eindeutige Aussagen über das Niveau der gesellschaftlichen Verhältnisse gewinnen, wenn auch der Eindruck entsteht, daß die Verhältnisse der Ausbeutung noch keineswegs zu den bestimmenden Produktionsverhältnissen geworden wa-

ren. Andererseits ist es durchaus denkbar, daß sich der reale Reifegrad der gesellschaftlichen Verhältnisse nur sehr ungenügend in dem rein archäologischen Material widerspiegelt. Aber der seit dem Beginn des 3. Jahrtausends aufkommende Gebrauch der Schrift bietet naturgemäß weitaus bessere Informationsmöglichkeiten. Wenn also zu diesem Zeitpunkt die Formierung der Ausbeuterschicht soweit abgeschlossen war, daß Voraussetzungen für die Staatsentstehung geschaffen waren, müßten sich die Ergebnisse einer solchen, für die Gesellschaft gravierenden Entwicklung, auch in dem erhaltenen Material niederschlagen.
Im vorliegenden Kapitel soll dieses Material nun zunächst vorgestellt werden, und zwar gesondert nach den unterschiedlichen Gattungen, um den spezifischen Eigenheiten jeder dieser Kategorien besser gerecht werden zu können. Bei der Durcharbeitung hat es sich gezeigt, daß noch weitaus mehr Zeugnisse aus der Frühzeit erhalten sind, als gemeinhin angenommen wird. Für einzelne Materialgruppen sind die Belege daher in gesonderten Exkursen zusammengefaßt. Ebenso wie die Belege für die prädynastische Zeit stammt auch das frühzeitliche Material fast ausschließlich aus Gräbern und den Überresten ihrer Ausstattung, wobei sich nur das erhalten hat, was von den Grabräubern der verschiedensten Perioden übersehen oder als wertlos zurückgelassen wurde. Es muß also von vornherein damit gerechnet werden, daß das Material, trotz seines z.T. in den Stückzahlen recht beträchtlichen Umfanges, große Lücken aufweist und bei weitem nicht alle Seiten des gesellschaftlichen Lebens widerspiegelt, ganz abgesehen davon, daß die Bauten und die Gegenstände eine ganz eindeutige Zweckbestimmung besaßen und sicher stärker auf die angenommenen jenseitigen Bedürfnisse des Grabinhabers orientiert waren, als auf die Realitäten des täglichen Lebens. Andererseits konnten die Anschauungen über das jenseitige Leben letztendlich nur mit den Erfahrungen der gesellschaftlichen Wirklichkeit entwickelt werden und der Aufwand für den Toten konnte nicht losgelöst von den materiellen Möglichkeiten der Gesellschaft betrieben werden. Insofern gewähren die Grabanlagen und ihre Ausstattungen dann doch zumindest indirekte Einblicke in die Verhältnisse der damaligen Zeit, vor allem wenn sie, wie im vorliegenden Fall, auch schriftliches Material enthalten.

Erstmals unter Narmer kommen neben den bis dahin ausschließlich verwendeten Symbolen hieroglyphische Zeichen vor. Unter den folgenden Herrschern nimmt die Zahl der schriftlichen Belege dann erheblich zu und der Bestand an hieroglyphischen Zeichen erweitert sich. Es sind vor allem Namen, Titel, Orts- und Tätigkeitsbezeichnungen, die durch die Kombination von Hieroglyphen und Symbolen ausgedrückt werden. Für die Notierung historischer Sachverhalte verzichtete man jedoch noch keineswegs auf die bildliche Darstellung, und die hieroglyphischen Zeichen fungierten dabei nur als (leider bis jetzt noch fast unverständliche) Erklärung dieser Bilder. Längere, rein hieroglyphische Texte sind aus der Frühzeit des Schriftgebrauches nicht bekannt, aber auch die Lesung der kurzen Vermerke bereitet auf Grund der sehr knappen Schreibung, die z.B. auf grammatische Endungen

völlig verzichtet, noch erhebliche Schwierigkeiten. Daher kann der Informationsgehalt der schriftlichen Zeugnisse vorläufig noch nicht voll ausgeschöpft werden.
Bei der Betrachtung der frühesten Schriftdenkmäler läßt sich folgende interessante Beobachtung machen: Sie sind ganz eindeutig zunächst ausschließlich auf die Herrscher sowie auf die mit ihnen verbundenen Personen und Institutionen ihrer unmittelbaren Umgebung beschränkt. Schriftliche Zeugnisse aus anderen sachlichen oder geographischen Bereichen, z.B. aus den Westdeltastädten, in denen nach der Auffassung von Helck die Schrift auf Grund von Handelsbeziehungen zu Vorderasien ursprünglich zuerst entstanden sein soll (Helck 1975: 20), sind bis jetzt nicht nachzuweisen. Es ist daher wohl berechtigt, die Schriftentstehung in engem Zusammenhang mit den Bedürfnissen des Herrschers und des ihn umgebenden Personenkreises zu sehen. Wenn daher die Entstehung der altägyptischen Schrift auf wirtschaftliche Erfordernisse zurückgeführt werden soll (ein Aspekt, der an sich sehr logisch ist, und auf den Kaiser (1964: 115, Anm. 4) und Helck (1975: 20) aufmerksam gemacht haben), dann können es, nach dem vorhandenen Material zu urteilen, nur die wirtschaftlichen Belange des Herrschers gewesen sein, die dauerhafte Notierungen bestimmter Vorgänge benötigten. Jedoch sind aus der Frühzeit der Schrift Texte mit ausschließlich wirtschaftlichem Charakter nicht überliefert.
Auch die Ölvermerke auf dem unteren oder seitlichen Register der sogenannten Annalenplättchen sind in ihren Mengen-, Sorten- und Qualitätsangaben unserem Verständnis nicht viel leichter zugänglich als die übrigen schriftlichen Zeugnisse dieser Zeit, wenn sie auch durch die intensiven Bemühungen von P. Kaplony immerhin inhaltlich weitgehend erschlossen werden konnten (Kaplony 1963: 284-317). Ein bedeutender Vorsprung der Schriftentwicklung ist jedoch im Ausdruck wirtschaftlicher Sachverhalte gegenüber der Fixierung historischer Ereignisse nicht festzustellen. Die frühen schriftlichen Zeugnisse sind als Ritz- oder Tinteninschriften vorwiegend auf Gefäßen aus Keramik oder Stein, auf kleinen Täfelchen aus Holz oder Elfenbein sowie als Abdrücke von Rollsiegeln auf Lehmverschlüssen für Gefäße und Behälter belegt. Gelegentlich kommen auch andere Schriftträger vor. Aber beschriebene Papyri oder Ostraka sind aus dieser Zeit nicht erhalten, wenngleich Papyrus als Schreibmaterial aller Wahrscheinlichkeit nach bereits in der 1. Dynastie bekannt war, wie der Fund einer leider unbeschriebenen Papyrusrolle in einem Grab der 1. Dynastie beweist (Emery 1938: 14).

3.1. Die Grabanlagen in Abydos und Sakkara

Wie Kaiser am Beispiel des Friedhofes von Armant gezeigt hat, betrug die durchschnittliche Größe der Gräber zu Ende der prädynastischen Zeit etwa 1,75 m x 1,05 m bei 1,35 m Tiefe (Kaiser 1957: 73). Diese Maße sind sicher nicht absolut verbindlich für alle spätprädynastischen Friedhöfe Ägyptens und mögen entsprechend den lokalen Bedingungen auf anderen Friedhöfen etwas anders gewesen sein als in Armant selbst, aber als Amélineau in seinem ersten Grabungsjahr auf

dem B-Friedhof in Abydos eine Anlage mit einer Größe von etwa 5,20 m x 8,10 m und einer Tiefe von 3,20 m freilegte (Grab B 10), war es klar, daß es sich hierbei nicht um ein normales Grab von spätprädynastischem Typ handeln konnte. Mit andern Worten: Auch ohne die Funde von inschriftlichem Material in den Gräbern des B-Friedhofes von Abydos wäre bemerkt worden, daß hier eine besondere Art von Grabinhabern bestattet worden ist.
Seit den Grabungen von Petrie in den Jahren 1899 – 1901 galt es lange Zeit als feststehend, daß sich im Gebiet von Umm el Qaab auf dem Westufer von Abydos die älteste, nachweisbare Herrschernekropole von Ägypten befindet. Wie in Exkurs 3 dargestellt, wurde als Inhaber der ältesten Anlage von Abydos ein Herrscher namens Ka identifiziert. Es ist jedoch gut möglich, daß sich im nordwestlichen Teil des Friedhofes noch Anlagen befunden haben, die um einige Generationen weiter zurückreichen. Die jüngste Anlage des B-Friedhofes wird zusammen mit den östlichen vorgelagerten Reihengräbern nach Kaiser (1964) dem Herrscher Aha zugeschrieben. In südwestlicher Richtung schließen sich dann die Anlagen aller Herrscher der 1. Dynastie in lückenloser Folge an, umgeben von den Reihengräbern ihres Gefolges. Diese Herrschernekropole der 1. Dynastie wird im Norden von der Anlage des Per-ib-sen und im Süden von der Anlage des Chasechemwj, beides Herrscher der 2. Dynastie, flankiert. Die Gräber der übrigen Herrscher der 2. Dynastie müssen sich woanders befinden. 1901 wurden in Sakkara unter dem Totentempel von Unas große unterirdische Galerien entdeckt (Maspero 1902), die einige gesiegelte Lehmverschlüsse mit den Namen der ersten beiden Herrscher der 2. Dynastie Hetep-sechemwj und Ra-neb enthielten (vgl. auch Exkurs 5). Es wird angenommen, daß dies die Überreste der Grabanlagen dieser Herrscher sind. Eine ähnliche Anlage in der Nachbarschaft wurde 1938 freigelegt, die möglicherweise das Grab des Nj-netjer sein könnte (Lauer 1957). Hinweise auf die Grabanlagen von Wneg und Senedj fehlen noch völlig.
Bereits 1897, also kurz vor den Grabungen von Petrie in Abydos, hatte de Morgan im Gebiet von Negade die Überreste einer sehr großen Mastaba gefunden, die zunächst als Grab des Menes angesehen und später der Neith-hotep, der Gemahlin des Narmer zugeschrieben wurde. In den folgenden Jahren wurden noch weitere große Mastabas in Tarkhan, in Giza und in Sakkara bekannt, die alle in die 1. Dynastie datiert werden konnten. Ernsthaft gefährdet wurde der Ruf von Abydos als ältester Herrschernekropole Ägyptens aber erst durch die Grabungen von Emery, der im nördlichsten Teil der Sakkara-Nekropole von 1935 bis 1956 zusätzlich zu den bereits von Quibell in diesem Gebiet freigelegten beiden Mastabas noch 14 weitere ausgrub. Damit war im Gebiet südlich und südwestlich von Abusir eine Konzentration von insgesamt 16 großen Mastabas festzustellen, die nicht nur fast alle Herrschernamen der 1. Dynastie (mit Ausnahme des Semerchet) belegen konnte, sondern die einzelnen Anlagen wirkten durch ihre Größe und durch eine Vielzahl an Fundobjekten auch bedeutend eindrucksvoller als die Abydos-Gräber. Emery war deshalb zu der Meinung gelangt, daß sich hier in Sakkara der eigentli-

che Bestattungsort der Herrscher der 1. Dynastie befand und die Anlagen in Abydos lediglich ihre oberägyptischen Kenotaphe darstellten. Gestützt wurde seine Ansicht durch die große religiöse Bedeutung, die Abydos in der späteren dynastischen Zeit besaß.

Die Auffassung von Emery hat sich jedoch nicht recht durchgesetzt. Vor allem in den neueren Arbeiten wird immer öfter davon ausgegangen, daß sich die Herrschernekropole der 1. Dynastie in Abydos befindet und die Mastabas in Sakkara hohen Würdenträgern gehörten (u.a. Otto 1958; Kees 1957; 1959; Kaplony 1963; Edwards 1964; Kaiser 1964; Kemp 1966; Wolf 1971). Es lassen sich für diese Ansicht auch gute Gründe anführen. Zum einen ist der Herrscherfriedhof bei Umm el Qaab in Abydos deutlich in die Anlagen der einzelnen Herrscher gegliedert, und es befinden sich dort – mit Ausnahme der Anlage der Merit-Neith – keine Gräber von Würdenträgern, die den Herrschergräbern in Größe oder Ausstattung auch nur annähernd vergleichbar wären. Dagegen läßt sich für die Belegung der Nekropole bei Sakkara kein auf bestimmte Herrscher orientiertes Prinzip erkennen, obgleich von den 16 vorhandenen Mastabas mehr als die Hälfte hohen Persönlichkeiten aus der Umgebung der Herrscher zugeschrieben werden müßten.

Die Mastabas in Sakkara setzen auch erst mit der Zeit des Aha ein und aus der Amtsperiode des Djet und des Semerchet scheint es überhaupt keine Anlagen dort zu geben. Zum anderen sind große Mastabagräber der 1. Dynastie auch aus Giza, Tarkhan und Negade bekannt, d.h. Herrscher und Würdenträger müßten gleichartige, nur in der Größe geringfügig unterschiedene Anlagen benutzt haben. Drittens sind die großen Herrscherstelen nur aus Abydos belegt, und die Anzahl der zu einem Hauptgrab gehörenden Nebengräber ist in Abydos unvergleichbar höher als in Sakkara.

Daß es sich bei den Anlagen in Abydos und Sakkara um zwei völlig unterschiedliche Grabtypen handelt, ist offensichtlich, und nach unserem heutigen Empfinden wirkten die ursprünglich etwa sechs Meter hohen, wahrscheinlich alle weiß verputzten Mastabas bedeutend imponierender als die Oberbauten der Herrschergräber in Abydos, die nach den Überresten am Grab des Djet (Exkurs 3) zu urteilen, aus einem Sandtumulus bestanden haben, der von einer Ziegelmauer zusammengehalten wurde. Wir wissen jedoch nicht, welche ideologischen, durch Tradition geheiligten Vorstellungen sich mit eben diesem Grabtyp und wahrscheinlich auch mit dem ganzen Nekropolenbezirk von Abydos verbunden haben. Was die Ausstattung der Anlagen betrifft, so darf nicht unbeachtet bleiben, daß die Nekropolen von Sakkara und von Abydos völlig unterschiedliche Schicksale hatten. Die Anlagen auf beiden Friedhöfen scheinen jeweils bald nach ihrer Vollendung zum erstenmal geplündert worden zu sein. Die aus ungebrannten Nilschlammziegeln errichteten Mastabas bei Sakkara verwitterten unter dem Einfluß des Klimas, stürzten allmählich in sich zusammen und wurden von Sandanwehungen verschüttet. Bereits in der 2. und 3. Dynastie wurden sie von den Gräbern lokaler Würdenträger von untergeordneter Bedeutung überbaut (Emery 1958: 2) und waren so in Vergessenheit geraten.

Anders scheint es sich mit den Anlagen in Abydos verhalten zu haben. Daß Per-ibsen und Chasechemwj ihre Grabstätten in Abydos errichten ließen, kann eigentlich nur als Bekenntnis zu den Traditionen der 1. Dynastie interpretiert werden, und das Gebiet bei Umm el Qaab muß daher als Begräbnisplatz der Herrscher der 1. Dynastie noch bekannt gewesen sein. In der 18. Dynastie wurde das Grab des Djer zum Grab des Osiris ausgebaut, und in der 26. Dynastie wurde der Eingang zum Den-Grab neu aus Ziegeln errichtet, d.h. während der ganzen dynastischen Zeit muß in irgendeiner Form eine Erinnerung bestanden haben, daß sich in diesem Gebiet sehr alte große Grabanlagen befanden, eine Erinnerung, die zweifellos nicht nur Ehrfurcht, sondern auch die Begehrlichkeit von Grabräubern hervorrief. Im 6. Jahrhundert wurden die Gräber in Abydos von Kopten verwüstet, und bevor noch Amélineau durch seine sehr unsachgemäßen und auf ansichtige Objekte gerichteten Grabungen einen großen Teil von dem zerstörte, was bei sorgfältiger Arbeit sehr wichtige Informationen hätte vermitteln können, war das Gebiet bereits durch Funde bekannt geworden, die von der örtlichen Bauernbevölkerung bei Raubgrabungen erbeutet und in den Handel gebracht worden waren. Ein Vergleich der Fundobjekte aus beiden Nekropolen anhand der Publikationen von Emery und Petrie muß daher zu ungunsten von Abydos ausfallen, gibt aber mit Sicherheit keinen realen Eindruck von der ursprünglichen Ausstattung der Anlagen. Und dennoch ist es erstaunlich, wie viele wertvolle Objekte von Petrie aus den Abydosgräbern noch geborgen wurden (u.a. fast der gesamte Bestand an Annalenplättchen). Nicht unberücksichtigt bleiben darf bei einer Beurteilung der Anlagen in Abydos auch die große Menge an erstklassigem Bauholz, das für die hölzernen Grabkammern, Wandverkleidungen und für die Deckenkonstruktionen eingesetzt wurde. In Sakkara scheint zumindest für die Ausstattung der unterirdischen Grabkammern nicht annähernd soviel Holz verarbeitet worden zu sein. Allerdings war auch dort der Holzverbrauch sicher bedeutend höher, als es zunächst aus den Grabungsberichten den Anschein hat, weil die Dachkonstruktionen der großen Mastabas sicher aus Holzbalken und -planken bestanden, die nach dem üblichen Verfahren dieser Zeit dann nach oben durch Schichten von Matten, Ziegeln und wahrscheinlich auch noch durch Sand gesichert waren.

Als abschließendes Argument für die Anerkennung von Abydos als Herrschernekropole der 1. Dynastie soll noch angeführt werden, daß sich einige der größten Gräber in Sakkara ohne Schwierigkeiten hohen Würdenträgern zuweisen lassen (z.B. die Mastaba 3035, dem von Emery ursprünglich selbst vorgeschlagenen Hemaka, Mastaba 3504 dem *Sẖm-kꜣ-sḏ*, Mastaba 3505 dem *Mrj-kꜣ*). Für die Anlagen in Abydos ist dagegen in keinem Fall bisher der Versuch unternommen worden, andere Inhaber als die Herrscher selbst zu benennen. Ein solcher Versuch würde auch zu nichts führen. Insgesamt gesehen scheint es daher zweckmäßig und begründet, den Gedanken daran, daß die Herrscher der 1. Dynastie in Abydos oberägyptische Kenotaphe besessen haben, aufzugeben.

Die Anlagen in Abydos sind, wie bereits Petrie vor achtzig Jahren erkannt hat, mit großer Wahrscheinlichkeit die eigentlichen und einzigen Herrschergräber der 1. Dynastie.

3.2. Die Ritz- und Tinteninschriften

Das weite Feld der Ritz- und Tinteninschriften auf Keramik- und Steingefäßen ist insgesamt bisher nur ungenügend untersucht, wenngleich viele Publikationen prä- und frühdynastischer Grabungen Zusammenstellungen solcher Zeichen enthalten und Arbeiten zu speziellen Teilgebieten durchaus vorliegen. So hat sich z.B. P. Kaplony eingehend mit den Ritzinschriften auf frühdynastischen Steingefäßen befaßt (Kaplony 1965; 1968). Bereits seit dem Negade I sind an vielen Keramikgefäßen der unschiedlichsten Formen geometrische Zeichen, die sog. „Topfmarken" zu belegen. Sie kommen in einer großen Zahl von Varianten vor und wurden entweder als „Töpfermarken" *vor* dem Brennen oder als „Eigentümermarken" *nach* dem Brennen in die Gefäße eingeritzt. Sie hören auch mit der Herausbildung der Schrift nicht auf, sondern sind durch die gesamte dynastische Zeit hindurch zu belegen (Petrie RT I, 31; Saad in: Emery 1938: 53-54). Die eigentliche Bedeutung dieser Zeichen ist bis heute ungeklärt. Frühere Versuche, sie als Vorformen der Hieroglyphen zu fassen, blieben erfolglos. Mit dem Aufkommen der Schrift treten aber eine Reihe neuer Zeichenvarianten auf, die z.T. mehr oder weniger eindeutig als flüchtige Wiedergaben hieroglyphischer Zeichen zu identifizieren sind. Daneben gibt es, insbesondere auf den Steingefäßen, sehr sorgfältig ausgeführte Ritzungen, die oft mehrere Zeichengruppen umfassen und gut lesbar sind. Tintenmarkierungen treten zeitlich wesentlich später auf als Ritzungen und sind, soweit sich erkennen läßt, offenbar eng an den Gebrauch der Schrift gebunden.

Die große Schwierigkeit bei der Untersuchung der Ritz- und Tinteninschriften als Gesamtkomplex von Material ergibt sich daraus, daß ganz unterschiedliche Gründe zu Markierung der Gefäße geführt haben können. Zum einen können die Zeichen ursächlich mit dem Produktionsprozeß verbunden sein. Das gilt vor allem für Keramikgefäße, die vor dem Brennen mit Ritzzeichen versehen wurden. Diese Ritzzeichen können entweder ein Hinweis auf den Töpfer darstellen oder aber auch irgendeine magische Bedeutung besitzen, vielleicht für den erfolgreichen Verlauf des Brennprozesses o.ä. Solche aus dem Produktionsprozeß stammenden Zeichen sind wohl nur auf Keramikgefäßen belegt, auf Steingefäßen sind sie mir nicht bekannt. Ein anderer Grund für die Zeichnung von Gefäßen liegt außerhalb der eigentlichen Produktionssphäre. Sowohl die Keramikgefäße, und hier insbesondere die Gefäße aus hellem Wüstenton, als auch vor allem die Steingefäße besaßen neben ihrem Gebrauchswert als Behältnis sicherlich noch einen mehr ideellen Wert als Wertobjekt an sich. Es liegt daher nahe, einen Teil der Vermerke auf den Gefäßen als Eigentümer-, Herkunfts- oder im Falle des Verschenkens, als Absender-

vermerk aufzufassen. Dazu gehört der überwiegende Teil der hieroglyphischen Inschriften auf den Stein- und gelegentlich auch auf den Keramikgefäßen.
Ein dritter Grund für die Zeichnung von Gefäßen ergibt sich schließlich aus ihrer Verwendung als Behälter. Dabei wird der Inhalt dann als Tintenvermerk auf der Außenseite der Gefäße angegeben. Zumeist handelt es sich dabei um Keramikgefäße.
W. Kaiser hat eine Sammlung von 22 Ritzzeichen auf Keramikgefäßen von spätprädynastischem Typ vorgestellt (Kaiser 1964: 113), bei denen es sich nicht mehr um die in prädynastischer Zeit gebräuchlichen, mehr oder weniger geometrischen Muster handelte, sondern ganz eindeutig um Darstellungen der stilisierten Palastfassade, ganz ähnlich den Serechdarstellungen, die auf Annalenplättchen, Rollsiegeln, Keramik- und Steingefäßen der 1. und 2. Dynastie als einzig gebräuchliche Form des Horusnamens und damit des offiziellen Herrschertitels verwendet wurden. Einige von ihnen zeigen einen auf dem Serech hockenden Horusfalken, andere tragen zwei einander anblickende Falken auf dem Serech. Lesbare Herrschernamen lassen sich jedoch nicht identifizieren, obgleich teilweise schon die später übliche Form der Serecheinteilung mit einem oberen freien Feld für den Herrschernamen vorkommt. Aber die gelegentlich darin zu erkennenden Zeichen sind ebenso wenig zu deuten, wie die Zeichen, die in einigen Fällen neben oder unter dem Serech eingeritzt sind. Diese bis jetzt ältesten Zeugnisse für den Gebrauch des Horustitels stammen nicht etwa, wie zu erwarten wäre, aus einem eng begrenzten Gebiet, möglichst in Oberägypten gelegen, sondern aus Friedhöfen, die sich vor allem im nördlichen Mittelägypten befinden. Eine Auflistung der Belege ergibt, geographisch von Süden nach Norden geordnet, folgendes Bild über ihre Verteilung:

Hierakonpolis	1 Beleg	
Abydos	4 Belege	(B-Friedhof)
Abusir el-Melek	2 Belege	(Gräber 1021, 1194)
Tarkhan	3 Belege	(Gräber 414, 1100, 1702)
Abu Roasch	1 Beleg	(Grab 402)
Tura	5 Belege	(Gräber 19g1; Tura-Süd: 16g1, 15g2, 171, 7a)
Heluan	2 Belege	(Gräber 1627/H2, 1651/H2)
Beda	4 Belege	(Deposit)

Es zeigt sich also, daß die Gefäße mit den Serechdarstellungen über ein relativ großes Gebiet verbreitet waren, wobei die Konzentration im Norden recht bemerkenswert ist, sich aber vermutlich durch die in der Zeitstufe III entstandenen großen Friedhöfe in diesem Gebiet erklärt. Da es sich, mit Ausnahme der Beda-Gefäße, bei allen anderen eindeutig um Bestandteile von Grabausstattungen handelt, d.h. persönliches Eigentum der jeweiligen Grabinhaber, kann angenommen werden, daß die so gezeichneten Gefäße anläßlich irgendeiner Gelegenheit als Ehrengabe oder Geschenk in den Besitz der jeweiligen Grabinhaber gekommen sind. Das würde bedeuten, daß bereits zu dieser Zeit eine Autorität zu belegen ist, die mit dem Horustitel versehen war. Andererseits läßt sich durchaus nicht ausschließen, daß diese Gefäße als Behälter für bestimmte Inhalte Objekt des zweifellos damals bereits vorhandenen Kleinhandels waren, wobei das Horuszeichen unter Umständen völlig bedeutungslos gewesen sein kann. Der Schluß, daß sich die Autorität der ältesten belegbaren Träger des Horustitels bereits über einen großen Teil des Alten Ägypten erstreckt habe, läßt sich daher nur mit gewissen Vorbehalten ziehen. Nicht anzuzweifeln ist dagegen die Tatsache, daß es sich bei diesen Serechdarstellungen auf spätprädynastischen Keramikgefäßen tatsächlich um die ältesten Belege für den Horustitel handelt. Wie in Exkurs 4 gezeigt, gibt es zahlreiche Ritz- und Tinteninschriften auf Stein- und Keramikgefäßen aus späterer Zeit, die die gleiche Serechdarstellung mit Horusfalken als Wiedergabe des Horustitels für gut bezeugte Herrscher belegen.

Soweit sich erkennen läßt, war jedoch nur ein kleinerer Teil der frühzeitlichen Stein- und Keramikgefäße mit Inschriften versehen, und davon wiederum hat nur ein ganz geringer Prozentsatz die wahrscheinlich bald nach der Fertigstellung der Gräber einsetzenden und bis in die moderne Zeit andauernden Plünderungen und Verwüstungen der Gräber überstanden. Durch die dadurch eingetretenen hohen Verluste ist vermutlich auch der sehr ungleichmäßige Bestand an erhaltenen Keramik- und Steingefäßen für die einzelnen Herrscher sowie die etwas undurchsichtige Verteilung von Ritz- und Tinteninschriften auf den Gefäßen zu erklären.

Das sicherste Mittel zur Datierung der Gefäßinschriften ist der Herrschername, der zunächst nur als Horustitel, ab Den entweder als Horus- oder als *nswt-bjt*-Titel in Erscheinung tritt. Auffällig ist, daß nach der Einführung des *nswt bjt* Titels unter Den selten beide Titel zusammen, also als Titelfolge, vorkommen. Nach einer Theorie von Kaplony ist die Ursache darin zu suchen, daß es sogenannte „Erscheinungsjahre" und sogenannte „Horusdienstjahre" gab, die jährlich wechselten (Kaplony 1965). Im „Erscheinungsjahr" trat der Herrscher als *nswt-bjt* auf, im „Horusdienstjahr" als Horus. Den bis jetzt einzigen Beleg für das gleichzeitige Vorkommen des Horus- und des *nswt-bjt*-Namens auf einem Steingefäß des Qa (Exkurs 4), länglicher Alabasternapf mit der Inschrift „*nswt-bjt*, *nbtj*, Qa, *jpt*" – „1. (oder nach Kaplony 2.) Mal des Sed-Festes des Horus Qa") erklärt Kaplony damit, daß hier eine Doppelbeschriftung vorliegt, und einer der beiden Vermerke (wahrscheinlich der Sed-Fest-Vermerk) später angebracht wurde.

Von besonderem Interesse für die vorliegende Arbeit sind die Zusätze, die unter oder neben dem Herrschertitel auf den Gefäßen erscheinen. Dabei fällt auf, daß für die Herrscher von „Skorpion" bis Den Vermerke belegt sind, die als zweiten Bestandteil die Bezeichnungen „*šmʿ*" (Oberägypten) bzw. „*mḥw*" (Unterägypten) tragen (Skorpion: *ḥn-mḥw*; Ka: *jp-šmʿ-ḥn-mḥw*; Narmer: *ḏfꜣ-šmʿ*; Aha: *jn-šmʿ-jwt-mḥw*; Djer: *(j)p-šmʿ*; Djet: –; Den: *jn-šmʿ-jn-mḥw*), und die Kaplony als Steuerabgabevermerk ansieht (Kaplony 1963: 294). Zu diesen Vermerken vgl. weiter hinten Kap. 7.3.

Wie in Exkurs 2 dargestellt, handelt es sich bei der Anfertigung von Steingefäßen um einen langwierigen Prozeß, der sowohl spezielle Erfahrungen und Fertigkeiten voraussetzte, als auch spezielle Werkzeuge erforderte. Man kann daher wohl mit Recht annehmen, daß die Herstellung von Steingefäßen durch spezialisierte Handwerker erfolgte, die ganz oder teilweise aus dem Produktionsprozeß für Nahrungsmittel herausgenommen und – obgleich sich keinerlei direkte Hinweise dafür finden – in Werkstätten zusammengefaßt waren. Solche Werkstätten sind am ehesten an großen Kultstätten bzw. am Hofe des Herrschers denkbar. Die Gebrauchseigenschaften von Steingefäßen sind weniger vielseitig als die von Keramikgefäßen und daher wurden sie wohl ausschließlich für den gehobeneren Bedarf verwendet: als Behälter für kostbare Öle, bei Zeremonien im Kult und als Gegenstände der Grabausstattung. Trotz des langwierigen und spezialisierten Herstellungsprozesses sind aus spätprädynastischer und frühdynastischer Zeit Tausende von Steingefäßen erhalten. Offenbar waren im Vergleich zu der erhaltenen Anzahl nur wenige Gefäße mit Inschriften versehen, diese beziehen sich aber fast ausschließlich auf die Herrscher oder auf mit ihnen verbundene Personen bzw. Instanzen. Es ist daher sehr wahrscheinlich, daß die jeweiligen Herrscher die Verfügungsgewalt über die Steingefäße besaßen. Neben der Ausstattung ihres eigenen Grabes stifteten sie Steingefäße für Kultstätten und bei besonderen Anlässen auch an Personen ihrer näheren Umgebung. Es ist denkbar, daß die Gefäße zu solchen Gelegenheiten Salböl enthielten. Zu diesem Schluß paßt der Befund, daß die am häufigsten auf den Steingefäßen belegte Instanz das „Krugmagazin" ist. Hier wurden wohl die Gefäße aufbewahrt und bei gegebenem Anlaß beschriftet und mit Inhalt versehen. Es gab mehrere „Krugmagazine". Die Gefäßinschriften belegen zumindest das „Krugmagazin" des Palastes *P-Ḥr-msn*, das des Palastes *Sȝ-ḥȝ-nb* und das des *pr-ḥḏ* unter Merit-Neith.

3.3. Die Siegelinschriften

Siegelzylinder mit Mustern aber noch ohne Inschriften sind bereits aus prädynastischer Zeit belegt. Im allgemeinen wird angenommen, daß die Alten Ägypter ihre Bekanntschaft mit Rollsiegeln dem mesopotamischen Einfluß verdanken (vgl. Kaplony 1963: II, 675-78). Der Gebrauch von Rollsiegeln scheint sich jedoch in Ägypten sehr schnell eingebürgert zu haben, wobei die eigenständige Entwicklung der ägyptischen Rollsiegel vor allem durch den intensiven Gebrauch der Schrift charakterisiert wird.

In der 1. Dynastie stellen die Abdrücke von Rollsiegeln die weitaus umfangreichste Textgattung dar. Davon sind am häufigsten Siegelabdrücke auf Krugverschlüssen zu belegen. Gesiegelte Verschlüsse von anderen Behältern, wie Kästen udgl. sind in wesentlich geringerer Anzahl vorhanden. Schnurverschlüsse von Beuteln kommen in der 1. Dynastie bereits vor, sind aber erst aus der 2. Dynastie in so bedeutender Menge erhalten, daß sie die Krugverschlüsse, deren Anzahl bereits in der 2. Hälfte der 1. Dynastie unter Adj-ib merklich zurückgeht, aus ihrer führenden Position verdrängt haben. Die Bedeutung der Siegelmuster für die Erforschung der frühdynastischen Verhältnisse ist schon zu Beginn unseres Jahrhunderts erkannt worden, eine umfassende systematische Bearbeitung ist jedoch erst von P. Kaplony vorgelegt worden (Kaplony 1963). Der besondere Wert der Siegelabdrücke besteht darin, daß neben einigen wenigen Mustern, die sich auf einmalige historische Ereignisse beziehen (sog. Festsiegel), vor allem Institutionen und Titel von Personen mitgeteilt werden, die an der Ausstattung der Gräber beteiligt waren. Die Rückschlüsse auf die Verwaltungsorganisation, die dadurch ermöglicht werden, sind daher zunächst ausschließlich auf die Ausstattung und Versorgung der Gräber beschränkt und müssen nicht gleichermaßen auch für die Versorgung des lebenden Herrschers und seiner Umgebung Gültigkeit besitzen. Obgleich aber die Gräber im Laufe der viereinhalb bis fünf Jahrtausende, die seit ihrer Errichtung vergangen sind, mehrfach schwer geplündert und verwüstet worden sind, zeigen die erhaltenen Überreste auch heute noch, daß ein beträchtlicher Teil des gesellschaftlichen Reichtums ihrer Zeit in Bau, Ausgestaltung und durch die Totenopfer wahrscheinlich auch in die spätere Versorgung dieser Anlagen geflossen ist. Dieser Teil des gesellschaftlichen Reichtums konnte im wesentlichen auch nicht wieder mobilisiert werden, war also einem anderweitigen Verbrauch völlig entzogen. Insofern besaßen die Gräber tatsächlich eine sehr große wirtschaftliche Bedeutung für die damalige Zeit, und alles, was sich über die Organisation der an ihrer Ausstattung beteiligten Institutionen erkennen läßt, ist von Interesse. Grundsätzlich lassen sich die erhaltenen Siegelmuster in folgende Gruppen einteilen:

1. Amtssiegel: Zu ihnen gehören die sogenannten Königssiegel, d.h. solche Muster, die ausschließlich durch die zumeist in mehreren horizontalen Reihen untereinander versetzt angeordneten Darstellungen des Serechs mit darauf hockendem Falken und Herrschernamen im freien Feld des Serechs, d.h. durch den Horusnamen des jeweiligen Herrschers, gebildet waren. Der *nswt-bjt*-Titel tritt offenbar nur einmal auf einem Siegel auf, und zwar auf dem Königssiegel des Adj-ib, zusammen mit dem Horustitel. Nach Adj-ib kommen die reinen Königssiegel außer Gebrauch. Seit Djer ist neben den reinen Königssiegeln ein Muster belegt, das aus dem Horusnamen des jeweiligen Herrschers und der Bezeichnung für eine Institution, bzw. für einen Titel, gebildet wird. Wird dieses Muster noch um den Namen des Titelinhabers erweitert, handelt es sich um sog. „kombinierte Amts- und Beamtensiegel". Zu den Amtssiegeln werden auch die sog. Prinzensiegel gerechnet, die aus dem Horusnamen und einem Privatnamen bestehen. Kaplony nimmt an, daß es sich dabei um direkte Filiationsangaben handelt (Kaplony 1963: 72).

2. Beamtensiegel: Sie bestehen im günstigsten Fall aus der Angabe der Institution, Titel und Namen des Siegelinhabers. Oft werden jedoch nur zwei dieser drei Komponenten genannt, gelegentlich auch nur eine. Das sind dann die sog. Verwaltungssiegel, die nur durch den Namen der Institution gebildet werden. Niemals tritt jedoch auf einem Beamtensiegel der Horusname des Herrschers in Erscheinung. Eine Vorform der Beamtensiegel könnten die sog. Tiersiegel darstellen, die jedoch nur unter Aha belegt sind und danach offenbar nicht mehr verwendet werden.

3. Privatsiegel: Sie geben Namen von einer oder von mehreren (sog. Kollektivsiegel) Personen an, nennen jedoch häufig keinen Titel oder Aufgabenbereich.

4. Festsiegel: Sie zeigen zumeist eine großflächige bildliche Darstellung, bei der hieroglyphische Zeichen unter Umständen durchaus fehlen können. Sie teilen ein einmaliges historisches Ereignis mit, aus dessen Anlaß sie angefertigt wurden, etwa die Inthronisation des Herrschers oder einen Feldzug.

Auf den Verschlüssen werden häufig zwei, selten drei verschiedene Siegel abgerollt, wobei dann ein Amts- und ein Beamtensiegel verwendet werden, Privat- und Festsiegel treten dabei nicht in Erscheinung. Durch den gemeinsamen Gebrauch von verschiedenen Siegeln ist es möglich, bestimmte Personen mit ihren Funktionen fest auf bestimmte Herrscher zu datieren.
Erstmalig wird unter Djet eine Institution belegt, deren Entstehung durch einige Beamtensiegel bereits für die Zeit seines Vorgängers Djer anzunehmen ist, die sog. „Domäne". Dargestellt wird sie durch ein zumeist senkrecht-ovales Gebilde, einen sog. Mauerring, der recht häufig auch auf einer noch zu besprechenden Textgattung, den Annalenplättchen, vorkommt. In den „Mauerring" eingeschrieben ist der Name der „Domäne", der durch den Begriff „Horus" mit einigen Zusätzen gebildet wurde. Es ist ganz offensichtlich, daß ab Djer die einzelnen Herrscher jeweils neue eigene Namen für ihre „Domäne" wählten.

So heißt die „Domäne" des Djer „*Ḥr-sḫntj-ḏw*"
des Djet „*Wꜣḏ-Ḥr*"
des Den „*Ḥr-tpj-ḫt*"
des Adj-ib „*Ḥr-sbꜣ-ḫt*"
des Semerchet „*Ḥr-dšr-ḫt*"
des Qa „*Ḥr-nb-ḫt*"
des Hetep-sechemwj „*Ḥr-ḫꜥ-(m)-sbꜣ*"
des Nj-netjer „*Ḥr-sbꜣ-pt*"
des Per-ib-sen „*ỉtj-wjꜣw*"
des Chasechemwj „*Ḥr-sbꜣ-bꜣw*"
des Djoser „*Ḥr-sbꜣ-ḫntj-pt*"

Für einige Herrscher der 2. Dynastie sind keine eigenen „Domänen"-Namen überliefert. Entweder besaßen sie keine eigenen „Domänen" oder ihre Verschlüsse sind zufällig nicht erhalten, was insofern recht gut möglich ist, als von diesen Herrschern, die offenbar nur recht kurze Zeit im Amt waren, auch die Grabanlage nicht erhalten ist (vgl. weiter vorn Kap. 3.1.).

Unter Djet wird die Anlage seines Vorgängers Djer weitergeführt, und in der Zeit des Den sind sogar die „Domänen“ seiner beiden Vorgänger Djer und Djet zu belegen. Daß diese Feststellung nicht auf zufälligen Funden früherer Siegel in späteren Anlagen beruht, wird dadurch ausgeschlossen, daß die Amtssiegel stets auf den Horusnamen des jeweils lebenden Herrschers ausgestellt sind. Wie in Exkurs 5 dargestellt, sind für die Anlage des Djer „*Ḥr-sḫntj-ḏw*“ zwar keine Amtssiegel des Djer selbst, aber Amtssiegel des Djet und des Den belegt. Für „*W3ḏ-Ḥr*“ von Djet gibt es Amtssiegel des Djet und des Den. Nach Den scheint die Sitte der Weiterführung von Vorgänger-Anlagen außer Gebrauch gekommen zu sein. Jedenfalls fehlen die Belege, die auf eine solche Praxis verweisen.
Die durch Amtssiegel gesicherte Weiterführung von Vorgänger-Anlagen unter Djet und Den schließt aber aus, daß es sich dabei jedesmal um die selben Institutionen gehandelt haben kann, die nur bei Amtsantritt eines neuen Herrschers mit einem neuen Namen versehen wurde.
Im allgemeinen wird angenommen, daß diese Anlagen die Wirtschaftsbetriebe der Herrscher darstellten, also Land, dessen Ertrag ausschließlich für den Eigenbedarf des Herrschers bestimmt war. Daher wurde dafür auch der Name „Domäne“ gewählt. Daß diese zunächst recht einleuchtende Erklärung sicherlich noch präzisiert werden kann, wird weiter hinten dargestellt (vgl. Kap. 5.7.).
Neben den Siegelmustern der „Domäne“, die vor allem unter Djet und Den, aber auch noch in der 2. Hälfte der 1. Dynastie den größeren Teil der überlieferten Verschlüsse ausmachen, in der 2. Dynastie jedoch stark zurückgehen, treten bereits seit Narmer vor allem auf Beamten- und Verwaltungssiegeln, aber auch auf den seit Djer bezeugten Amtssiegeln, andere Institutionen in Erscheinung, die weiter hinten (Kap. 5.) näher untersucht werden.

3.4. Die Annalenplättchen

Die wohl interessanteste Textgruppe sind die Annalenplättchen (Abb. 1-36), weil sie die Herrscher in ihren Aktivitäten am besten dokumentieren. Es handelt sich dabei um kleine dünne Täfelchen aus Holz oder Elfenbein, die in der oberen rechten Ecke mit einem kleinen runden Loch versehen sind. Schnurüberreste, die an einem Exemplar noch vorhanden waren (Emery 1938: 35) zeigen, daß sie offenbar an dem zu etikettierenden Objekt angebunden waren. Die Inschrift befindet sich auf der Vorderseite, gelegentlich wurde aber auch die Rückseite noch für Vermerke verwendet. Sie ist entweder in Tinte ausgeführt, in einigen Fällen wurde zusätzlich auch noch rote und grüne Farbe gebraucht, oder sie ist mit einem feinen Werkzeug eingraviert. Solche Täfelchen finden wohl auch in späterer dynastischer Zeit noch gelegentlich zur Beschriftung von Gegenständen der Grabausstattung Verwendung. In der 1. Dynastie kommen jedoch neben den Etiketten, die einen Personennamen tragen, oder die Bezeichnung, Menge oder Qualität der Objekte nennen, an denen sie befestigt waren, auch solche Täfelchen vor, die ganz offensichtlich Angaben zu historischen Ereignissen machen. Diese sog. Annalentäfelchen sind nur auf die 1. Dynastie beschränkt und sollen im folgenden näher betrachtet werden.

Bereits Newberry hatte erkannt, daß sich der Text der Vorderseite in zwei unterschiedliche Themenkomplexe gliedert: Erstens in die Notierung eines oder mehrerer historischer Ereignisse und zweitens in einen Vermerk über eine bestimmte Ölsorte, ihre Qualität und ihre Menge (Newberry 1912: 279). Kaplony, der die Täfelchen insbesondere unter dem Aspekt des Ölvermerks untersucht hat (Kaplony 1963: 284-92) kam dabei zu folgender Einteilung:

1. Annalistische Etiketten mit Königsnamen. Sie enthalten im Annalenteil immer Notizen über mehrere Ereignisse und im unteren Register bzw. an der linken Seite die Ölnotiz.
2. Festetiketten mit Königsnamen. Sie enthalten nur eine einzige, im Gegensatz zu der vorstehend genannten Gruppe, großflächige Darstellung eines kultischen Ereignisses oder eines siegreichen Feldzuges, aber keinen Ölvermerk (im Aufbau ähneln sie stark den in Kap. 3.3. beschriebenen Festsiegeln).
3. Verkürzte annalistische Etiketten ohne Königsnamen. Sie betreffen wie die Festetiketten ebenfalls nur ein Ereignis, scheinen aber einen Ölvermerk zu enthalten.
4. Einfache Etiketten, die nur das etikettierte Produkt (z.B. Öl, Korn, Stoff, Kleider, Halsketten, Möbel) und gelegentlich den Besitzer bzw. die liefernde Instanz nennen.

Kaplony stellte fest, daß die Annalennotiz immer in Kombination mit einem Ölvermerk auftritt (Kaplony 1963: 287). Nur die Festetiketten, bei denen es sich strenggenommen natürlich auch um Annalenvermerke handelt, scheinen nicht für Öl verwendet worden zu sein, denn bei einem Beleg (Den i) ist auf der Rückseite ein Paar Sandalen dargestellt (Spiegelberg 1897: 7-11). Das zeigt, daß die Festetiketten wohl zur Etikettierung anderer Gegenstände dienten. Im Exkurs 6 ist der vorhandene Bestand an Annalenplättchen dargestellt und beschrieben. Dabei wurde das von Kaplony erarbeitete System verwendet (Kaplony 1963: 980-984). Das vielleicht wichtigste Ergebnis seiner Katalogisierung ist der Nachweis, daß eine ganze Reihe von Täfelchen in mehreren Ausfertigungen existieren, die im Annalenteil bis auf ganz geringe Details identisch sind. Ob der Ölvermerk auch übereinstimmt, läßt sich nicht genau feststellen, da gerade an diesen Stellen die Beschädigungen einen exakten Vergleich unmöglich machen.

Die in der Anlage gegebenen Abbildungen zeigen, daß während der 1. Dynastie deutliche Veränderungen in der äußeren Gestaltung der Täfelchen vor sich gegangen sind. Der älteste überlieferte Beleg stammt von Narmer (Narmer a). Obgleich das Stück stark fragmentarisch ist, läßt sich doch ziemlich eindeutig feststellen, daß der Annalenteil noch recht knapp gewesen sein muß, denn unter dem Maueroval links neben dem Serech kann höchstens noch eine Zeichengruppe gestanden haben.

Aber bereits unter Aha werden die Täfelchen ausführlicher. Sie werden in drei, bzw. vier waagerechte Register gegliedert, wobei das untere Register den Ölvermerk enthält. Drei bzw. vier waagerechte Register sind auch unter Djer und Djet üblich. Seit Djet erscheint am rechten Rand das Jahreszeichen (*rnpt*). Mit Den beginnt eine neue Gliederung der Täfelchen. Ab Den a werden sie durch einen senkrechten Strich, der oben nicht ganz bis zum Rande geführt ist, in zwei Teile geteilt. Der rechte Teil, der den Annalenvermerk enthält, wird auf Den a-e immer noch in waagerechte Register gegliedert, während die linke Seite, die den Herrschernamen, Namen und Titel anderer Personen, Institutionen und den Ölvermerk enthält, senkrechte Kolumnen zeigt. Nur von den Etiketten Den a, b und c ist genügend erhalten, um zu erkennen, daß die senkrechte Mittellinie das Plättchen in etwa gleiche Teile zerlegte, d.h. für den Annalenteil auf der rechten Seite und den Ölvermerk mit Titeln auf der linken Seite stand annähernd der gleiche Raum zur Verfügung. Für die Festetiketten Den i, Den h(?), Den m und Den n gelten andere Gestaltungsregeln, und die übrigen Etiketten des Den sind zu sehr zerstört, um die Gestaltung feststellen zu können. Von dem einzigen Täfelchen des Adj-ib (Adj-ib a) ist nur der obere Teil erhalten. Nach der Stellung des Horusfalken, etwa in der Mitte des Plättchens und nach rechts blickend, den Spuren der Biene links vom Falken und dem Palastviereck am linken Rand könnte eine gleiche Einteilung wie auf den Etiketten von Den vorliegen. Allerdings ist keine Spur von der senkrechten Mittellinie zu erkennen, die rechts vor dem Horusfalken zu erwarten ist. Eine weitere Veränderung zeigen dann schließlich die Etiketten der letzten beiden Herrscher der 1. Dynastie Semerchet und Qa. War bis dahin nur der linke Teil der Täfelchen mit dem Herrschernamen und dem Ölvermerk in senkrechte Kolumnen gegliedert, wird auf Semerchet a1 und a2 nun auch der Annalenteil senkrecht angeordnet, und zwar in einer oder höchstens zwei Kolumnen. Dadurch, daß auf dem linken Teil die Anordnung in drei Spalten beibehalten wird, ergibt sich eine Verschiebung der Raumverteilung zu Ungunsten des Annalenvermerks, der seit Semerchet nur noch etwa ein Drittel der gesamten Inschrift einnimmt.

Wesentlich schwieriger als die Darstellung der äußeren Gestaltung der Täfelchen ist die Wiedergabe ihres Inhalts. Von einer „Lesung“ oder „Übersetzung“ der bis Den zu belegenden Etiketten kann eigentlich keine Rede sein, es handelt sich dabei, vor allem für den Annalenteil, viel eher um eine Bildbeschreibung, für die sich die spärlich gebrauchten hieroglyphischen Zeichen im Grunde mehr hinderlich als hilfreich erweisen. Dagegen wird der Ölvermerk bereits seit Aha ausschließlich in Hieroglyphen gefaßt. Aber auch seine Lesung ist mit erheblichen Schwierigkeiten verbunden, wie die Analyse von Kaplony zeigt (Kaplony 1963). Seit Den werden im Annalenteil die Hieroglyphen zahlreicher, wodurch jedoch leider die Verständlichkeit der Inschriften keineswegs verbessert wird. Die häufig vertretene Auffassung, daß im Annalenteil ein einziges Ereignis geschildert wird, scheint sich bei näherer Betrachtung zu bestätigen. Vielleicht war es die Gliederung in mehrere Register, die zu der gelegentlich geäußerten Annahme geführt hat, daß mehrere Ereignisse dargestellt sind. Daß es sich tatsächlich um ein Ereignis handelt, das jedoch mit seinen Begleitumständen beschrieben wird, wird sofort klar wenn man sich auf den einzelnen Täfelchen das oberste Register wegdenkt, denn dann ist es völlig unmöglich, einen vernünftigen Sinn in die Darstellung zu bringen.

Die eigentliche Hauptperson des Annalenteils ist der Herrscher, zu dessen Ehren das geschilderte Ereignis stattfindet oder der seinerseits Kultstätten besucht oder neuhergestellte Kultgegenstände bzw. -symbole begutachtet. Mit Ausnahme der Etiketten Semerchet a wird der Herrscher stets mit seinem Horustitel zitiert. Nur in Semerchet a wird er mit dem *nswt-bjt*-Titel benannt. Die Kategorie „verkürzte annalistische Etiketten ohne Königsnamen“ bei Kaplony (Kaplony 1963: 285) ist insofern nur als Notbehelf aufzufassen, weil diese Etiketten beschädigt sind, der Herrschername also weggebrochen ist.

Bereits Kaplony hatte die enge Verbindung zwischen Annalennotiz und Ölvermerk herausgestellt (Kaplony 1963: 284-301). Die Durchsicht der in Exkurs 6 dargestellten Täfelchen zeigt, daß auch beschädigte Exemplare diese Verbindung zeigen oder bei stark fragmentierten Belegen, daß sie zumindest zu erwarten ist. Es scheint also, daß nur Ölvermerk und Annalennotiz zusammen den vollen Informationsgehalt der Täfelchen ausmachen. Und darin liegt wohl auch der Schlüssel für die Beantwortung der Frage nach dem eigentlichen Zweck der Etiketten. Weiter vorn wurde bereits festgestellt, daß die Herrscher zu bestimmten Anlässen Steingefäße an Kultorte aber auch an Personen (Würdenträger) aus ihrer Umgebung stifteten. Diese Gefäße waren vermutlich mit Salböl gefüllt. Wahrscheinlich wurden immer einige Gefäße aus dem für die jeweilige Stiftung vorbereiteten Bestand zurückbehalten, d.h. nicht ausgegeben, sondern für die Grabausstattung des Herrschers aufbewahrt, vielleicht als Dokument seiner Aktivitäten. Zu diesem Zweck war es dann unbedingt erforderlich, sowohl den Anlass als auch Art und Menge des gestifteten Öls zu notieren, was dann durch die Annalennotiz und den Ölvermerk auf den Elfenbein- und Holztäfelchen, die mit einer Schnur am Gefäß befestigt waren, geschah.

In diesem Sinne läßt sich die Annalennotiz durchaus als Jahresnotiz auffassen, aber sie war sicher nicht primär als Kurzbezeichnung für ein Jahr im Sinne einer Jahreszählung gedacht. Dafür ist die Notiz zu lang, und der Ölvermerk wäre für diesen Zweck unsinnig. Hier handelt es sich vielmehr um einen historischen Kurzbericht, der die Aktivitäten des Herrschers dokumentieren, zumindest aber Anlaß und Umfang der vorgenommenen Stiftungen notieren sollte. Wahrscheinlich wurden auch nur die für die Grabausstattung des Herrschers zurückbehaltenen Gefäße etikettiert, während die anderen Gefäße der jeweiligen Stiftung entweder direkt beschriftet waren oder keine Aufschrift trugen. Für diese Annahme spricht, daß fast alle Annalenplättchen in Gräbern von Herrschern gefunden wurden. Eine Ausnahme bilden nur die Täfelchen Djer a, das im Grab 3035 (Hemaka) in Sakkara gefunden wurde, und Qa e, das aus Grab 3504 in Sakkara stammt. Das Grab 3504 gehört nach Ausweis des übrigen Inventars in die frühe Amtsperiode des Den und ist vermutlich als ein Grab des *Sḫm-kꜣ-sḏ*, eines hohen Würdenträgers unter Djet und Den, zu identifizieren (Kaplony 1963: 89). Qa, der letzte Herrscher der 1. Dynastie hat in diesem Grab Restaurierungsarbeiten vornehmen lassen, da durch einen vermutlich durch Grabräuber verursachten Brand in der Grabkammer ein Teil des Überbaus eingestürzt war (Emery 1954: 5-6). Bei der nach der Restaurierung der Grabkammer und einiger Magazine erforderlich gewordenen Neuausstattung dieser Räume sind dann auch einige Siegel aus der Amtsperiode des Qa in das Grab des *Sḫm-kꜣ-sḏ* gekommen. Abgesehen von Djer a und Qa e stammen alle anderen Annalenplättchen aus der Herrschernekropole von Abydos. Das spricht sehr stark für die Annahme, daß Gefäße mit Annalenetiketten eigentlich ausschließlich für die Grabausstattungen der Herrscher bestimmt waren, und nur in Ausnahmefällen aus diesem Bestand Schenkungen an andere Personen gemacht wurden.

3.5. Sonstige bildliche und schriftliche Zeugnisse

In diesem Abschnitt sollen die schriftlichen und bildlichen Belege der frühen Herrscher, die in keine der vorstehend behandelten Gruppen gehören, einer kurzen Betrachtung unterzogen werden. Es handelt sich dabei um Paletten, Keulen, Statuen, Stelen und Felsinschriften. Der ganze Abschnitt ist durch die Vielfalt des Materials etwas heterogen. Aber ebensowenig, wie eine lückenlose Auflistung der Objekte Ziel des vorliegenden Abschnitts ist, genausowenig sind auch stilistische oder kunsthistorische Betrachtungen beabsichtigt. Hier geht es nur darum, die Objekte nach ihren Aussagen abzufragen, die sie zu Verhältnissen oder Geschehnissen der Frühzeit machen können.

3.5.1. Paletten

Paletten aus Stein zum Verreiben und Anrühren von Farbstoffen, die wahrscheinlich zu kosmetischen Zwecken gebraucht wurden, finden sich bereits in speziellen, besonders gearbeiteten Formen in den prädynastischen Gräbern (vgl. auch Exkurs 2). Für den vorliegenden Abschnitt interessieren jedoch ausschließlich die neun vollständig bzw. als Fragment erhaltenen, reliefgeschmückten Paletten, die kurz vor dem Beginn der dynastischen Zeit entstanden sein müssen. Vermutlich wurden sie niemals wirklich als Paletten gebraucht, denn zum Verreiben von Ocker oder Malachit waren sie durch das Relief nicht geeignet, und das kleine Näpfchen, das in jede Palette eingearbeitet ist, zeigt ebenfalls keinerlei Farbspuren. Man wird also annehmen können, daß diese Paletten für den Zeremonialgebrauch bestimmt waren oder Weihgeschenke darstellten, wobei eines das andere nicht ausschließt.

Die Reliefs von drei Paletten (Ashm. Mus. Oxford, publ. Capart 1905: 233; Louvre, publ. a.a.O. 234-235; B.M., publ. Legge 1900: Taf. VII) zeigen unterschiedliche Tierszenen. Wahrscheinlich handelt es sich dabei um die Widergabe von Vorstellungen aus dem kultisch-magischen Bereich, deren konkreter Inhalt sich jedoch nur vermuten läßt.

Eine weitere, recht roh gearbeitete Palette (Louvre, publ. Capart 1905: 246) wäre, da sie Menschendarstellungen enthält, für das vorliegende Thema schon recht interessant, ist aber leider stark zerstört, und das Fragment vermittelt keinen rechten Eindruck von dem, was ursprünglich dargestellt war.

Die Löwenjagdpalette (ein Fragment Louvre, zwei Fragmente B.M., publ. Capart 1905: 231; Legge 1900: Taf. II,3; Schott 1951: Taf. II,3) enthält die Darstellung einer Treibjagd. Insgesamt 15 Krieger, bewaffnet mit Pfeil und Bogen, Speeren, Lasso und Bumerang, bilden einen, bedingt durch die schmale Palettenform, zusammengedrückten Halbkreis, in dessen Mitte sich mehrere Tiere befinden, die nach der offenen Seite des Halbkreises hinflüchten. Ein von sechs Pfeilen getroffener Löwe befindet sich außerhalb der Kette von Kriegern, wahrscheinlich ist er bereits erlegt. Die Aufmerksamkeit der Jäger scheint sich jedenfalls, von ihm abgewandt, in die entgegengesetzte Richtung auf die offene Seite des Halbkreises zu konzentrieren, wo eine von zwei Pfeilen getroffene Löwin, ein Junges hinter sich, einen der Jäger niedergeschlagen hat. Einer der Jäger ist im Begriff, einen weiteren Pfeil auf die Löwin abzuschießen. Auffällig sind zwei Erscheinungen, die vielleicht vermuten lassen, daß hier keine gewöhnliche Jagd geschildert wird, sondern vielmehr eine Darstellung mythologischer Geschehnisse vorliegt. Zum einen tragen die Jäger ausnahmslos alle Tierschwänze, ein Attribut, das in den Darstellungen der frühdynastischen Zeit ausschließlich dem Herrscher vorbehalten ist. Zum anderen befindet sich am oberen Rand und direkt in diesen übergehend ein kleines Gebäude odgl., das genau wie ein Serech aussieht, nur daß in dem oberen freien Feld kein Namenszeichen eines Herrschers steht, und kein Falke auf ihm sitzt, weil der obere Rand dieses Serechs etwas schräg durch den Rand der Palette gebildet wird. Neben dem Serech, der im Verhältnis zu den anderen Figuren der Palette sehr klein ist (in etwa die Größe des Löwenjungen), stehen ganz friedlich zwei Esel. Der Serech und die Tierschwänze sind die einzigen erkennbaren, aber nicht deutbaren Beziehungen, die sich zu den sonst üblichen Herrscherdarstellungen herstellen lassen. Ein Anführer der Jäger ist nicht zu ermitteln.

Die Stierpalette (Louvre, publ. Capart 1905: 242-243; Legge 1900: Taf. IV; Schott 1951: Taf. V,8-9) ist mit ziemlicher Sicherheit das Denkmal einer kriegerischen Unterwerfung. Leider ist nur ein Fragment von ihr erhalten, so daß die konkreten Informationen, die das Stück hätte geben können, weitgehend verloren sind. Der obere Rand, soweit er erhalten ist, wird durch einen aus dem Schiefer herausgearbeiteten Stier gebildet, der einen flüchtenden Menschen eingeholt, niedergeworfen und eines seiner Hörner in dessen Rücken gespießt hat. Der Niedergeworfene ist bis auf einen Gürtel mit Schamtuch nackt, hat gekräuseltes kurzes Haar, eine auffällig wulstige Nase und einen viereckigen Bart. Es ist gut möglich, daß beabsichtigt war, einen gewissen negroiden Einschlag des Besiegten wiederzugeben, wenngleich die Lippenpartie keineswegs wulstig, sondern eher schmal dargestellt ist. Aus der Stellung dieser Tier-Menschengruppe am oberen Rand ist zu schließen, daß die gegenüberliegende Seite der Palette eine ähnliche Darstellung trug. Auf der einen Seite der Palette (leider ist durch die Zerstörung auch das Näpfchen verloren, so daß nicht mit Sicherheit zwischen recto und verso unterschieden werden kann) ist unter der Stier-Mensch-Szene ein Mauerviereck abgebildet, in dem sich als Inschrift eine Löwin auf einem niedrigen Podest oder Standartenoberteil befindet, vor ihr ein Gefäß mit gerundetem Boden, ausgearbeitetem Rand und weiter Öffnung von einem Typ, der in spätprädynastischer oder frühdynastischer Zeit weder in Stein noch in Keramik belegt ist. Unter dem Mauerviereck ist eine waagerechte Linie herausgearbeitet, die der Überrest einer Registereinteilung sein könnte. Darunter sind noch Reste eines weiteren Mauervierecks sichtbar, sowie eines Vogels mit hohem Schopf, der sich als Inschrift im Mauerviereck befindet. Die zweite Seite der Palette zeigt oben wieder die Stier-Mensch-Szene, darunter einen Strick, der an der linken Seite aus dem Fragment herausläuft, in der Mitte von fünf, in Händen endenden Standarten (zwei Caniden, ein Ibis(?), ein Falke oder Habicht, ein Min-Zeichen) gehalten wird. Das rechte Strickende verläuft in Richtung auf einen weiteren Menschen vom gleichen Typus wie in der Stier-Mensch-Szene. Leider ist von diesem zweiten Menschen nur der Kopf und die Schulterpartie erhalten. Aus der Position des Stricks zu dem Menschenoberteil ist jedoch wahrscheinlich zu schließen, daß das rechte Ende des Stricks an die gefesselten Hände dieses Menschen angebunden war, d.h. fünf Standartenmächte führen einen gefesselten Menschen auf die Bildmitte zu. Und es bleibt leider unbekannt, wer oder was sich dort befand: eine Herrscherfigur, ein Heiligtum oder irgendeine göttliche Macht. Unklar ist auch, wer mit dem Stier gemeint ist: der Herrscher?

Die Schlachtfeldpalette (Bruchstück im Ashmolean Mus. Oxford und B.M., publ. Capart 1905: 230, 248; Legge 1900: Taf. VI; Schott 1951: Taf. II,4) zeigt ein Gemetzel unter eben den gleichen Menschen, wie auf der Stierpalette dargestellt. Auch von der Schlachtfeldpalette ist nur ein Teil (etwa die Hälfte) vorhanden, wobei auch hier die eigentlich wichtigste Information, wer der Auftraggeber und der Verursacher des Gemetzels ist, fehlt. Vielleicht ist es der Träger eines bis zur Wade reichenden, gemusterten Gewandes, der auf der rechten Seite der Palette, etwa von der oberen Körpermitte ab, erhalten ist. Er ist barfuß, und vor ihm ist noch die untere Hälfte eines gebückt gehenden Menschen mit auf dem Rücken gefesselten Händen zu sehen. Auf zwei Bruchstücken von Elfenbeinplättchen, die im B-Friedhof von Abydos gefunden wurden (RT II, 3-4; für 4 wird das Grab B 17 als Fundort angegeben), sind gebückte Menschen mit den gleichen gemusterten Gewändern dargestellt. Leider ist in beiden Fällen nur die Rückenpartie des Menschen erhalten, die Vorderpartie mit Gesicht und Armen fehlen. Aber mit Sicherheit handelt es sich nicht um Darstellungen des Herrschers.

Direkt vor den Füßen des Gefangenen, der wahrscheinlich von dem Träger des gemusterten Gewandes geführt wird, liegt ein Mensch am Boden und wird gerade von einem Löwen gebissen. Dieser Löwe ist der einzige Kämpfer auf dem erhaltenen Fragment. Fünf weitere Menschen liegen bereits mit verrenkten Gliedmaßen am Boden. Sie sind offenbar tot, denn drei Geier fliegen zwischen ihnen. Links über der Löwenszene werden zwei Gefangene mit gefesselten Händen von je einer Vogelstandarte geführt. Über ihnen sind noch die verrenkten Gliedmaßen von zwei weiteren Toten zu erkennen.

Wofür und in wessen Auftrag hier gekämpft wurde, läßt sich leider wegen des fragmentarischen Zustandes der Schlachtfeldpalette nicht feststellen, die unterlegenen Gegner waren aber, nach der Art der Darstellung zu urteilen, die gleichen Leute wie auf der Stierpalette. Und nach den gekräuselten Haaren zu urteilen, waren sie eher im Süden Ägyptens heimisch als im Norden.

Die Rückseite der Schlachtfeldpalette zeigt zwei weibliche Giraffen, rechts und links von einer Palme, die oben in der Mitte eine Blütentraube trägt. In etwa die gleiche Szene ist auch auf der Rückseite der Tierpalette des Louvre dargestellt. Schott (1951: 8, 16) möchte diese Darstellung als Symbolbild für das „Künden lieblicher Friedenszeiten" deuten. Eine ähnliche Darstellung findet sich auf einem Rollsiegel mit dem Horus-Serech-Symbol des Aha aus Heluan (Saad 1969: Taf. 95).

Die Städtepalette (Kairo, publ. Capart 1905: 236-237; Legge 1900: Taf. V; Schott 1951: Taf. III,5-6) ist ebenfalls nur als Fragment erhalten. Das Näpfchen fehlt bereits, so daß das vorhandene Bruchstück maximal etwa die untere Hälfte umfaßt. Auf der einen Seite sind oben auf einer Standlinie noch drei nackte Füße zu erkennen. Darunter sind *sieben Mauervierecke* in zwei Reihen angeordnet, auf dem rechten Mauerviereck der oberen Reihe sitzt ein *Vogel* (Falke oder Habicht), der eine mer-Hacke hält, im Innern dieses Vierecks ist eine Eule dargestellt, vor ihr und unter ihr insgesamt acht kleine Quadrate. *Das zweite Mauerviereck* der oberen Reihe ist leicht beschädigt, das auf ihm sitzende Wesen ist zerstört, erhalten ist nur noch seine mer-Hacke. Im Inneren des Vierecks befindet sich ein Vogel (Reiher?), vor ihm sieben kleine Quadrate. *Das dritte Mauerviereck* ist oben ebenfalls zerstört, in seinem Innern sind zwei einander zugewandte und sich mit den Armen berührende menschliche Figuren zu erkennen (Ringerpaar?), die kleinen Quadrate fehlen. *Das vierte Mauerviereck* zeigt gleichfalls Beschädigungen. In seinem Innern könnte ein Käfer (?) dargestellt worden sein, umgeben von vier kleinen Quadraten. Das auf der Mauer zu erwartenden Wesen ist weggebrochen. Die untere Reihe ist unbeschädigt. Auf dem rechten Mauerviereck steht ein *Löwe mit einer Hacke*, im Innern befinden sich die Ka-Arme mit abgespreizten einander berührenden Daumen, unter ihnen vier kleine Quadrate in einer Reihe. Auf dem zweiten Mauerviereck der unteren Reihe sitzt ein *Skorpion mit einer Hacke*. Im Innern ist eine Hütte dargestellt, die eine gewisse Ähnlichkeit mit der auf den Siegeln bis einschließlich Den belegten Hütte der „Zeltverwaltung" aufweist, obgleich ihr der für die „Zeltverwaltung" charakteristische Eingang und der Tierschwanz fehlt. Zwei mit der auf der

Städtepalette dargestellten Hütte fast identische Bauwerke zeigt ein Elfenbeinplättchen aus dem Grab B 17 in Abydos (RT II, Taf. 4,11). Neben und über der Hütte im Mauerviereck sind insgesamt drei kleine Quadrate abgebildet. Auf dem letzten Mauerviereck der unteren Reihe stehen *zwei Vogelstandarten*, jede mit einer mer-Hacke. Im Innern des Vierecks ist eine Pflanze zu erkennen. Durch die zwei aufrechten Blütenstengel oder Halme ähnelt sie mehr der *mḥw*-Pflanze (Unterägypten), als der *šmꜥ*-Pflanze (Oberägypten). Sie kann aber auch eine ganz andere Bedeutung haben. An ihrer rechten Seite befinden sich drei kleine Quadrate.

Die zweite Seite der Städtepalette ist in vier waagerechte Register aufgeteilt. Das obere Register zeigt vier hintereinanderlaufende Stiere, das zweite Register zeigt vier Esel, das dritte Register fünf Widder. Im untersten Register sind in zwei Reihen insgesamt acht Bäume dargestellt, vor denen sich rechts das *ṯḥnw*-Zeichen für Libyen befindet.

Im allgemeinen wird angenommen, daß das Fragment der Städtepalette ein Zeugnis für die kriegerische Eroberung Unterägyptens durch Oberägypten ist. (Schott 1951: 19-21), weil die mer-Hacken, die die Wesen auf den Mauervierecken in den Händen halten, die Mauern berühren oder teilweise in sie eindringen. Eine inhaltliche Verbindung zu der zumindest seit der 3. Dynastie (Gardiner 1969, Zeichenliste U17 u. U18) belegten Hieroglyphe „*grg*“ (gründen), die ebenfalls eine in ein Viereck eindringende mer-Hacke zeigt, lehnt Schott (1951: 20) zwar ohne direkte Begründung, aber nachdrücklich ab. Nun ist die mer-Hacke ein ausschließlich landwirtschaftliches Gerät, das zur Bodenlockerung verwendet wird und in der Frühzeit auch in dieser Bedeutung dargestellt ist (vgl. Kap. 3.5.2., „Skorpionkeule“).

Militärisch eroberte bzw. zerstörte Ansiedlungen werden durch einen halben, d.h. offenbar aufgebrochenen Mauerring wiedergegeben, z.B. Narmerpalette recto, unterstes Register; Annalentäfelchen Den a, Annalenteil zweites Register. Auf den Annalenplättchen kommt die mer-Hacke noch am Ende des ersten Registers von Aha a vor, wo je eine Hacke von einem liegenden Tier im Gefolge eines geschmückten Festschiffes gehalten wird, und im dritten Register von Aha b, wo zweimal die Gruppe als Überschrift zu zwei nach einem Ort fahrenden Schiffen genannt wird. Die gleiche Gruppe erscheint auch als Tintenschrift auf Zylindergefäßen von Aha aus hellem Wüstenton (vgl. Exkurs 4).

Auf dem Palermostein (vgl. Kap. 3.6.) werden in Zeile 4,8 recto (Nj-netjer, 2. Dyn.) zwei Gebäudevierecke gezeigt, in denen eine mer-Hacke steckt, dadurch wird sicher nicht die Zerstörung sondern die Gründung dieser Gebäude angezeigt (Schäfer 1902: 24).

Alle diese zusätzlichen Belege verstärken nicht den Eindruck, daß die Benutzung der mer-Hacke durch die Wesen auf den Mauervierecken der Städtepalette feindliche Aktionen darstellen, sondern führen weit eher zu der Annahme, daß hier friedliche Handlungen (Gründungen, Bauten udgl.) unter dem Schutz dieser Wesen vor sich gehen. Auch für die Rückseite der Palette mit den Tier- und Baumdarstellungen ist die Annahme nicht zwingend, daß es sich um die als Tribut fortgeführten

Herden und die Vernichtung der Baumbestände handelt. Gerade bei Tributleistungen wäre die Beschränkung auf männliche Tiere ziemlich merkwürdig und die Bäume würde man umgestürzt erwarten. Weit eher scheint es sich hier um eine Darstellung vom friedlichen Gedeihen der Herden und Bäume, vom Zuwachs an Wohlstand o.ä. zu handeln, von dem offenbar insbesondere das Westdeltagebiet betroffen ist, worauf der Gebrauch des Zeichens *ṯḥnw* hinweist.

Die gleiche Auffassung, daß die Städtepalette nicht als Zeugnis der militärischen Eroberung Unterägyptens zu werten ist, hat in jüngerer Zeit auch A. Nibbi vertreten (Nibbi 1978).

Die Narmerpalette (Kairo, publ. Capart 1905: 244-245; Legge 1900: Taf. I; Schott 1951: Taf. VI,10-11) ist nicht nur vollständig, sondern sie ist auch das einzige Exemplar, das beidseitig in der Mitte des oberen Randes, eingefaßt von zwei Hathorköpfen, den Serech mit den beiden Namenszeichen des Narmer zeigt und dadurch eindeutig datiert werden kann. Wie auf der Löwenjagdpalette geht der Serech Narmers direkt in den oberen Rand über, zeigt also nicht den Horusfalken. Es könnte daher gut möglich sein, daß der zeitliche Abstand zwischen Löwenjagd- und Narmerpalette gar nicht sehr groß ist.

Die Vorderseite der Narmerpalette ist in drei waagerechte Register aufgeteilt. Die Hauptperson des obersten Registers ist ausgewiesen durch die Schriftzeichen neben seinem Kopf, Narmer selbst in menschlicher Gestalt mit der unterägyptischen Krone, Keule und Tierschwanz. Hinter ihm am linken Rand befindet sich ein Gebäudeviereck mit dem Zeichen [Zeichen] als Inschrift. Dieses Zeichen ist aus anderen zeitgenössischen Inschriften nicht bekannt, wird heute allgemein als „*ḏbꜣ(t)*" verstanden und von Schott (1951: 23) als „Sakristei", von Helck (1954: 38) als „Königspalast" und von Kaplony (1963: 740, 1031) als „Schmuckhaus" übersetzt. Unter diesem Gebäude geht ein kleiner Mensch mit Sandalen in der einen und einem Gefäß in der anderen Hand. Eine Beischrift über seinem Kopf weist ihn als [Zeichen] aus, nach Helck (1954: 24) vielleicht ein Vorläufer der später als „*smr*" bezeichneten Beamten. Vor dem Herrscher schreitet ein weiterer Mensch von gleicher Größe wie der Sandalenträger, mit schulterlangen Haaren (Perücke?), der über der Schulter zwei kleine Gefäße an langen Schnüren trägt (Schreibzeug?). Über ihm stehen die Zeichen [Zeichen], die von Helck (1954: 16) als *wṯt* = Hauptsohn des Königs, von Kees (1958b: 58-59) und Kaplony (1963: 740, 938) als *ꜣṯt* = „Erzieher" der Königskinder, interpretiert werden. Vor dem als „*ṯt*" bezeichneten Menschen gehen vier Standartenträger von unterschiedlicher Größe, die aber dem *ṯt* alle nur bis zur Brust reichen. Der erste und der zweite tragen jeder eine Horusstandarte, der dritte eine Canidenstandarte und der vierte trägt eine Standarte mit einem unbestimmten Symbol, das allgemein als das Zeichen des Gottes Chons verstanden wird. Diese Prozession von insgesamt sieben Personen, deren auffällig unterschiedliche Körpergröße sicherlich als Verkörperung ihres unterschiedlichen sozialen Ranges aufzufassen ist, marschiert auf zwei Reihen mit je fünf enthaupteten Menschen zu, denen der Kopf jeweils zwischen die gespreizten Beine gelegt ist. Über den Enthaupteten befindet sich die

Darstellung eines Schiffes mit einem kleinen Vogel, der eine Harpune in den Fängen hält (wahrscheinlich ein Horusfalke) und links neben dem Schiff eine Gruppe von zwei Zeichen: Türflügel und Horusfalke. Diese Gruppe wird als „Großes Tor des Horus" des „Harpunierers von Buto" aufgefaßt (Schott 1951: 23) oder als „Staatstempel von Buto" (Wolf 1971: 27). Ganz offensichtlich in diese Ortsbestimmung nicht mit einbezogen und ohne Erklärung geblieben ist das Schiff mit dem darüber schwebenden Vogel. Die Lesung der Gruppe als „*r3-wr*" (oder *ʿ3-wr*, Kaplony 1963: 451) geht auf einen Vorschlag von Schäfer (1902: 20) zurück, der bei der Interpretation des Annalenfragmentes von Palermo, Vorderseite 3,7, die dort in Verbindung mit einem Gebäude „*jswt-nṯrw*" auftretende Gruppe [Hieroglyphen] als „*r3-wr*" – „Großes Tor" gelesen und dabei auf die Parallelstelle der Narmerpalette verwiesen hat. Kaplony (1963: 451) zieht noch eine weitere Parallele aus dem obersten Register des Annalentäfelchens Djer b heran. Dort ist über einem Palast in Pe (Buto) die Gruppe [Hieroglyphen] geschrieben. Aber auch wenn man diese Gruppe als „*r3-wr*" interpretiert, bleibt das Problem, daß sowohl auf dem Annalenfragment als auch auf Djer b das „Große Tor" logischerweise immer in Verbindung mit einem Gebäude erscheint, auf der Narmerpalette dagegen nicht. Kaplony (a.a.O.) macht zurecht darauf aufmerksam, daß das „Große Tor" wohl eine Einrichtung ist, die an vielen Palästen und Tempelanlagen vorhanden gewesen ist. Dienstmannschaften vom „Tor" sind in der 2. Dynastie belegt. Soweit zu sehen ist, gibt es keinen zwingenden Grund, die Gruppe „Türflügel, Vogel und Schiff" auf der Narmerpalette als Bezeichnung für einen Palast in Buto anzunehmen, denn Palastnamen in ein Gebäudeviereck zu setzen, war bereits unter Narmer üblich, wie die Darstellung des „*ḥwt-ḏb3(t)*" auf der gleichen Palette, aber auch verschiedene Siegel, beweisen (vgl. Exkurs 5). Am ehesten würde man zu den beiden sehr eindrucksvoll dargestellten Reihen von Enthaupteten den Namen dieser Leute oder den Anlaß ihres Todes erwarten. Aber bei einer solchen Interpretation ist das Schiff schwer zu erklären.

Das zweite Register der Vorderseite zeigt zwei Fabelwesen mit den Körpern und Köpfen von Raubkatzen (Panthern?), deren umeinandergewundene Hälse das Näpfchen begrenzen. Im dritten Register wird die Zerstörung einer befestigten Ansiedlung dargestellt: Ein Stier hat seine Hörner in ein halbes Maueroval gesenkt, in dem sich als Inschrift ein merkwürdig geformtes Gebäude sowie drei kleine Rechtecke befinden. Mit seinen Füßen tritt er auch den Rücken eines liegenden, offenbar auf der Flucht hingefallenen oder niedergeworfenen Menschen.

Die Rückseite der Narmerpalette zeigt unter dem oberen Rand, auf dem, wie auf der Vorderseite, zwei Hathorköpfe dargestellt sind, die einen Serech ohne Falken, aber mit den beiden Namenszeichen des Narmer, flankieren, eine sehr großflächige Darstellung, die in der Gestaltung an die Festsiegel oder Festetiketten erinnert, während die Register 1 und 2 der Vorderseite im Aufbau mehr den Annalennotizen auf den Täfelchen ähneln. Die Zentralfigur ist auch hier der Herrscher in menschlicher Gestalt, diesmal mit der oberägyptischen Krone. Er hält mit der linken Hand einen am Boden knienden Mann bei den Haaren und schwingt mit der rechten

Hand eine Keule. Neben dem Kopf des Knienden steht die Zeichengruppe , die entweder als „Harpunengau" (Schott 1951: 22; Edwards 1964: 5-6) oder als Personenname des Unterworfenen (Kaiser 1964: 90) aufgefaßt wird. Über dem Knienden ist der Horusfalke dargestellt, der mit einem Fuß auf Blütenköpfen steht, von denen insgesamt sechs aus einem Landstück herauswachsen, das an der linken Seite in einen menschlichen Kopf ausläuft, dessen Haar- und Barttracht absolut mit der des darunter knienden Menschen identisch zu sein scheint. Im zweiten Fuß hält der Horusfalke einen Strick, der an der Nase des Landzeichen-Kopfes befestigt ist. Das Landzeichen soll wohl Unterägypten verkörpern, das durch den Gott Horus dem Herrscher zugeführt wird. Links neben dem Herrscher steht die wesentlich kleinere Figur des Sandalenträgers, die bereits im ersten Register der Vorderseite mit der gleichen Beischrift vorkommt. Auffällig ist, daß der Sandalenträger, genau wie auf der Vorderseite, auch hier einen Tierschwanz wie der Herrscher trägt. Das scheint für eine Zusammengehörigkeit von Herrscher und Sandalenträger zu sprechen. Im unteren Register der Rückseite sind zwei niedergeworfene Menschen dargestellt. Neben dem Kopf des linken befindet sich ein Mauerviereck ohne Inschrift, das Schott (1951: 22) als „Memphis" lesen möchte. Das Zeichen neben dem Kopf des rechten Liegenden faßt er als „Sais"(?) auf. Wenn auch die Vorschläge für die Lesung der beiden Zeichen nicht ganz überzeugen (z.B. wird ein Mauerviereck ohne Inschrift sicher nicht automatisch „*jnbw-ḥḏ*" zu lesen sein), so ist doch deutlich zu erkennen, daß der Menschenkopf des Landzeichens und der, den der Herrscher gepackt hält, in der Darstellung identisch sind. Geringe Veränderungen in der Haartracht zeigen die beiden Menschen des unteren Registers der Rückseite und des dritten Registers der Vorderseite. Die vorhandenen grundsätzlichen Ähnlichkeiten berechtigen zu der Annahme, daß die Narmerpalette wahrscheinlich einen als bedeutend angesehenen militärischen Erfolg in Unterägypten dokumentieren soll. Das infrage kommende Gebiet scheint im Westdelta gelegen zu haben, zumindest gibt es keinen Grund, anzunehmen, daß der genannte „Harpunengau" nicht mit dem späteren 7. unterägyptischen Gau identisch ist. (vgl. dazu Kaplony 1958). Der Erfolg scheint konkret in der Unterwerfung von mindestens drei Ansiedlungen bestanden zu haben. Aber da es sich hierbei weder um die erste noch um die letzte militärische Auseinandersetzung handelte, die von den Herrschern im Delta geführt wurde, ist die auf der Rückseite der Palette dargestellte Szene „Horus führt dem Herrscher das besiegte und unterworfene Unterägypten am Nasenstrick zu" vielleicht nicht allzu konkret auf eben dieses eine Ereignis zu beziehen, sondern trägt mehr allgemeinen, vielleicht programmatischen Charakter.

3.5.2. Keulen

Die vermutlich älteste erhaltene bildliche Darstellung eines Herrschers stammt wahrscheinlich von dem Herrscher „Skorpion" und befindet sich auf den reliefverzierten Fragmenten eines Keulenkopfes aus Kalkstein (Quibell 1900: Taf. 26c). Im

Hauptregister des Fragmentes ist eine Herrscherfigur, bekleidet mit einem kurzen Rock, an dem hinten ein Tierschwanz befestigt ist, dargestellt, die auf dem Kopf die weiße, oberägyptische Krone trägt. Rechts neben dem Kopf des Herrschers ist ein Skorpion, eine mer-Hacke und darüber eine Rosette abgebildet. Wenn auch der Sinn dieser Inschrift noch nicht als geklärt betrachtet werden kann, so wird doch nach allgemeinem Verständnis das Zeichen des Skorpions als Hinweis auf den Namen des Herrschers angesehen. Vor dem Herrscher, der diesmal keine Waffe, sondern eine mer-Hacke in der Hand hält, steht ein sehr viel kleinerer Mann, der ihm aus einem flachen Korb eine feinkörnige Substanz vor die Füße schüttet (dafür, daß aus dem Korb wirklich Körnchen auf die Erde fallen vgl. Nibbi 1978). Zwei noch kleinere Männer stehen links hinter dem Herrscher und halten große langstielige Wedel in der Hand. Links neben dieser Szene sind mindestens fünf Papyrusstauden dargestellt, das Landzeichen für Unterägypten. Das ganze ist wohl am ehesten als eine kultische Zeremonie bei der Aussaat aufzufassen, die sich wahrscheinlich im Deltagebiet abspielt. Dazu passen dann auch die Abbildungen von Feldarbeiten im unteren Register der Keule.

Eine weitere Keule mit Relief ist von Narmer erhalten. Sie wird gelegentlich ebenfalls als Zeugnis für ein Dokument des Sieges Oberägyptens über Unterägypten angesehen (Wolf 1971: 27-28), aber die Darstellung selbst gibt direkt eigentlich keine Veranlassung für eine solche Deutung. Im Zentrum des reichlich in verschiedene Ebenen aufgegliederten Reliefs thront der Herrscher mit der unterägyptischen Krone auf dem Kopf in einem Festpavillon, der auf einer Festtreppe steht. Über dem Pavillon stehen zwei Wedelträger. Der Raum rechts vor dem Pavillon, den der Herrscher überschaut, ist in drei Register aufgeteilt. Das oberste Register zeigt die vier Standarten, die auch auf der Vorderseite der Narmerpalette vor dem Herrscher hergetragen werden, jedoch diesmal in anderer Reihenfolge: Zuerst die Caniden-(*wpwꜣwt*)-Standarte, danach die Chonsstandarte und schließlich die beiden Falkenstandarten. Vor dem Standartenzug ist noch der Grundriß einer Kultstätte mit einem großen und einem kleinen Rind im Innern (Kuh und Kälbchen?) angebildet. Im mittleren Register, dessen Grundlinie sich auf gleicher Ebene wie der Fußboden des Festpavillons befindet, steht direkt vor dem Herrscher eine Sänfte mit einer Sitzstatue, dahinter, wie auf dem Täfelchen Den a, eingefaßt in zwei senkrechte Reihen von Halbmonden, ist wohl ein „Festlauf" dargestellt, jedoch verrät nichts an dem Laufenden, daß es sich dabei um den Herrscher selbst handelt. Im untersten Register werden Opfer, Feststiftungen odgl. aufgezählt: Rinder 400 000, Ziegen 420 000 (vielleicht muß man auch die nächste, etwas beziehungslose Gruppe noch dazu rechnen, dann hieße es: Ziegen 1 422 000), Gefangene 120 000. Aus der Höhe der Zahlen und der Tatsache, daß sie sich nur in den Tausendern bewegen, kann man wohl schließen, daß es sich hier mehr um fiktive, vielleicht symbolische Angaben handelt. Links von dem obersten Register befindet sich der Serech mit dem Horusfalken und den beiden Namenszeichen des Narmer. Im obersten Register laufen insgesamt drei Personen auf den Herrscherpavillon zu. Der erste von ihnen ist der bereits aus der Narmerpalette bekannte [hieroglyph]. Ihm folgen zwei weitere Personen, die lange Stangen geschultert haben. Im unteren Register ist der Sandalenträger mit gleicher Kleidung und Beischrift wie auf der Narmerpalette dargestellt. Ihm folgt eine Person mit einer Stange. Nach einem senkrechten Trennstrich ist dann noch ein Heiligtum abgebildet, bestehend aus einem Schrein, auf dem ein langbeiniger Vogel (Storch oder Reiher) steht, mit einem länglichen Anbau und zwei Standarten. Eine ähnliche Kultstätte ist aus dem zweiten Register des Täfelchens Aha b bekannt. Unter der Kultstätte befindet sich noch ein Maueroval mit drei Tieren (Gazellen?). Kaiser (1964: 91) weist sehr zurecht darauf hin, daß die Darstellung auf der Narmerkeule eigentlich mehr einem Hebsed-Fest als einer Siegesfeier über Unterägypten entspricht.

3.5.3. Statuen

Augenscheinlich sind nur einige Statuen aus der ägyptischen Frühzeit erhalten. Sie zeigen einerseits, daß es durchaus auch größere rundplastische Arbeiten gab, sind aber andererseits auch ein gutes Beispiel dafür, wie wenig von dem ursprünglichen Bestand an Objekten wirklich erhalten ist, und wie groß die Lücken sind, mit denen auch in allen anderen Beleggruppen zu rechnen ist. Nur wenige der Statuen sind durch Inschriften einem Stifter zuzuweisen. Die ältesten großen Plastiken sind wohl die Fragmente von drei fast 4,0 m großen Minstatuen (ohne Kopf) aus Stein, die von Petrie bei Grabungen in Koptos gefunden wurden (Petrie 1896: 7-9). Überreste von nahezu lebensgroßen hölzernen menschlichen Figuren sind aus den Gräbern des Djer (RT II, Taf. 12,2, 37,19) und der Merit-Neith (RT I, Taf. 37,27, 27A) bekannt. In dem Anbau von Grab 3505 in Sakkara (Zeit des Qa), offenbar einer Art Totentempel, wurden die hölzernen Standflächen mit Füßen von zwei etwa lebensgroßen menschlichen Figuren gefunden (Emery 1958: Taf. 27). Aus dem Beginn der 1. Dynastie stammt eine kleine, 8,5 cm hohe, Elfenbeinstatuette eines alten Herrschers mit oberägyptischer Krone (Petrie, Abydos II, Taf. 13; Glanville 1931), und in die Mitte der 2. Dynastie muß die Statuette eines knienden Beamten aus Granit gehören, in deren Schulter die Namen von Hetep-sechemwj, Raneb und Nj-netjer eingraviert sind (Statue Kairo, Nr. 1, publ. Wolf 1957: 60-61, Abb. 33). Von Nj-netjer ist eine kleine Sitzstatuette (13,5 cm) aus Alabaster erhalten, die ihn im Sed-Fest-Gewand mit der oberägyptischen Krone zeigt. An der rechten und linken Seitenwand des Thronsitzes sind die Titel *nswt-bjt*, *nbtj* Nj-netjer eingeritzt (Simpson 1956). Schließlich gibt es von Chasechemwj, dem vermutlich letzten Herrscher der 2. Dynastie, ebenfalls zwei Sitzstatuen, eine größere aus Schiefer und eine kleinere aus Kalkstein. Beide stellen den Herrscher im Sed-Fest-Gewand mit der oberägyptischen Krone dar und beide tragen um die Basis Darstellungen von getöteten Menschen mit der Inschrift: Nördliche Feinde *47 205* (Schieferstatue) bzw. *47 209* (Kalksteinstatue) (Quibell 1900: Taf. 40). In der Aussage sind diese Statuen mit der Narmerpalette zu vergleichen, beide sollen offenbar siegreiche militärische Auseinandersetzungen mit dem nördlichen Ägypten dokumentieren. Auch der Keulenkopf des Narmer enthält bereits einen Vermerk über 120 000 Gefangene. Allerdings ist deren Herkunft nicht mit angegeben, und die Zahl selbst wirkt, im Gegensatz zu den genauen Angaben der Chasechemwj-Statuen, fiktiv. Bereits seit prädynastischer Zeit sind kleine Pavianstatuetten belegt, die wohl als Amulette, Votivgaben u.ä. dienten. Daß diese Pavianfiguren, die als Zeugnisse für einen Kult des weißen Ahnenpavians gewertet werden, auch in größeren Ausführungen vorkamen, zeigt eine Pavianstatue aus weißem Aragonit von 52 cm Höhe, die am Sockel beschriftet ist (Berlin, Staatl. Museen, Inv.-Nr. 22407). Mit Sicherheit ist auf ihr nur der Name Narmer zu erkennen. Eine weitere, nicht ganz so große Pavianstatue aus rotbraunem Assuangranit (Gesamthöhe 23 cm) wurde kürzlich von Kaplony vorgestellt. Sie trägt auf der Brust in erhabenem Relief die Schriftzeichen Merit-Neith (zu der neuen Pavianstatue sowie zum Paviankult vgl. Kaplony 1966: 91-98).

3.5.4. Stelen

Für die spätere dynastische Zeit erweisen sich die Stelen fast immer als ausgezeichnete Quelle. Durch die auf ihnen verzeichneten Titel lassen sich die Aufgabenbereiche und oft auch die Laufbahnen der Würdenträger nicht selten lückenlos rekonstruieren. Leider wurden in der Frühzeit die Stelen noch nicht so ausführlich beschriftet. Die einzigen, bis jetzt bekannten Ausnahmen von dieser Regel bilden die Stele des *S3b.f* und die des *Mrj-k3*, die beide an das Ende der 1. Dynastie gehören.

Eine Zusammenstellung des derzeit bekannten Bestandes an frühzeitlichen Stelen mit Maßen, Standorten und Publikationsverweisen hat Kaplony vorgenommen (Kaplony 1963: 893-95 = Königsstelen; 179-204 = Privatstelen).

3.5.4.1. Die Stelen der Herrscher

Nach dem Verzeichnis von Kaplony (1963: 205) sind insgesamt zehn Stelen von Herrschern der Frühzeit erhalten. Alle stammen aus gesicherten Fundumständen von Grabungen in der Nekropole in Abydos. Das älteste Exemplar wurde von Petrie in der Anlage B 10 entdeckt. Es wird wegen des Fundortes allgemein Narmer zugeschrieben, obgleich auf dem Bruchstück aus hellem Kalkstein nur die rechte obere Ecke des Serechs zu erkennen ist. Weder von dem Horusfalken noch von dem Namenszeichen sind Spuren zu erkennen. Daher wäre eine Zuweisung des Stückes auch an Aha möglich, von dem keine Stele vorhanden ist. Jeweils eine Stele (oder ein Fragment mit identifizierbaren Namenszeichen) ist von den Herrschern Djer, Djet, Den und Semerchet bekannt, zwei Stelen gehören Qa, eine Stele stammt von Ra-neb und weitere zwei Stelen von Per-ib-sen. Zu diesen zehn Stelen kann man wegen der Größe und der Gestaltung durchaus auch die beiden Stelen der Merit-Neith zählen (RT II, 6, 11, 35-36, Abb. frontispiece), so daß sich damit die

Zahl der erhaltenen frühzeitlichen Herrscherstelen auf zwölf erhöht. Mit Ausnahme von Aha (oder Narmer?) sind damit alle Herrscher der 1. Dynastie in Abydos durch Stelen belegt. Aus der 2. Dynastie sind jedoch nur die beiden Stelen des Per-ib-sen in Abydos vorhanden sowie die Stele des Ra-neb, für alle anderen Herrscher fehlen sie (noch?).
Die erhaltenen Stelen sind, wie zu erwarten, von unterschiedlicher Größe, ihre Originalhöhe scheint etwa zwischen 1,50 m und 2,50 m (Stele des Djet) gelegen zu haben. Im oberen Teil der Stelen ist eine große schildförmige Vertiefung ausgearbeitet, in der der Serech mit dem darauf sitzenden Horusfalken und den Namenszeichen des jeweiligen Herrschers in erhabenem Relief angelegt ist. Nur die Stelen der Merit-Neith zeigen – wie alle ihre Zeugnisse – weder Herrschertitel noch Serech, und die Stelen des Per-ib-sen tragen statt des Horusfalken das Seth-Tier auf dem Serech. Der *nswt-bjt*-Name tritt, nach Ausweis der erhaltenen Stelen, auf den Herrscherstelen niemals auf, auch andere Zusätze scheinen nicht vorzukommen. Insgesamt entsprechen die Stelen damit in ihrer Gestaltung etwa den „reinen“ Königssiegeln (vgl. Exkurs 5). Nach ihren Fundorten zu urteilen, hatten die Stelen ihren Platz wohl an der Ostseite der Herrschergräber und waren jeweils als Paar aufgestellt (RT I, 6), auch wenn sie heute für einige Herrscher nur noch als Einzelstücke zu belegen sind.

3.5.4.2. Die Privatstelen

Die überwiegende Mehrzahl aller Privatstelen der Frühzeit stammt aus den kleinen Reihengräbern, die in Abydos in unmittelbarer Nähe der Herrschergräber der 1. Dynastie angelegt wurden. Gelegentlich fanden sie sich auch in den Gräbern der Herrscher selbst, wobei damit nicht unbedingt immer die Bestattung des Steleninhabers im Herrschergrab verbunden gewesen sein muß. Die Bestattung von Würdenträgern und Gefolgsleuten direkt im Herrschergrab scheint erst in der späten 1. Dynastie, d.h. unter den Herrschern Semerchet und Qa, vorzukommen. Aus einem anderen Teil der Abydos-Nekropole, den sogenannten „tombs of the courtiers“, sind insgesamt sechs Stelen belegt, die alle in die Zeit des Djet gehören. Aus Unterägypten sind insgesamt nur neun frühzeitliche Stelen bekannt, von denen acht auf dem archaischen Friedhof von Abu Roasch gefunden wurden, und die in die Zeit des Den zu datieren sind, und eine (die eine der beiden bedeutendsten und ausführlichsten Privatstelen der Frühzeit) befand sich im Grab 3505 in Sakkara und gehört dem Würdenträger *Mrj-k3* aus der Zeit des Qa. Mit Ausnahme der Stelen des *S3b.f* und des *Mrj-k3*, die ausführlicher beschriftet sind, bestehen die übrigen Stelen im Idealfall aus drei Komponenten, dem Titel, dem Namen und dem Personendeterminativ des Steleninhabers. Diese Art von Stelen hört jedoch mit dem Ende der 1. Dynastie auf. Bereits in der 1. Dynastie lassen sich, etwa ab Den, die sogenannten Speisetischszenen nachweisen, zunächst wohl nur als Siegelabrollungen, etwas später jedoch auch auf Grabplatten. In der 2. Dynastie sind dann die

Grabplatten mit Speisetischszenen die einzige bis jetzt zu belegende Form der Grabstelen. Soweit ihre Fundumstände gesichert sind, und das trifft für den größten Teil der Grabplatten mit Speisetischszenen zu, stammen sie alle aus Unterägypten, vorzugsweise aus dem Friedhof der 2. Dynastie in Heluan. Aus Oberägypten, insbesondere aus der Nekropole von Abydos, sind Grabplatten mit Speisetischszenen nicht belegt (zur Entwicklung und Datierung der Speisetischszenen Kaplony 1963: 227-354). Während also die Grabstelen der 1. Dynastie vorzugsweise in der unmittelbaren Umgebung der Herrschergräber in Abydos vorkommen, sich aber, wenn auch in vergleichsweise geringer Anzahl, auf eine eng begrenzte Zeit und auf Abu Roasch beschränkt, auch in Unterägypten nachweisen lassen, treten die Grabplatten der 2. Dynastie bis jetzt nur in Unterägypten auf, und für die Herrschergräber der 2. Dynastie in Abydos sind weder die älteren Grabstelen noch die jüngeren Grabplatten mit Speisetischszenen zu belegen. Es scheint, als haben sich die Anschauungen über die Notwendigkeit eines menschlichen Gefolges für den toten Herrscher in der 2. Dynastie geändert.

Diese Veränderung könnte bereits in der 1. Dynastie begonnen haben, denn die Gräber von Semerchet und Qa sind nicht mehr von den Reihen kleiner Einzelgräber umgeben, wie die Anlagen ihrer Vorgänger.

Die ältesten sog. Privatstelen stammen aus dem B-Friedhof in Abydos und wurden in den Gräbern B 10 (RT II, Taf. 27,113) und B 15 (RT II, Taf. 27,119; Amélineau 1899: 106) gefunden. Dabei handelt es sich um drei Stelen, deren Inhaber auf Grund des vorhandenen Frauendeterminativs mit Sicherheit als Frauen bestimmt werden können. Nach Kaplony ist anzunehmen, daß sie nicht zum ursprünglichen Bestand von B 10 bzw. B 15 gehören, sondern aus dem angrenzenden Herrscherfriedhof der 1. Dynastie verschleppt worden sind (Kaplony 1963: 215, 935).

Aus den insgesamt 316 bzw. 318 Nebengräbern der Anlage des *Djer in Abydos* sind 97 Stelen erhalten. Davon zeigen 76 Stelen ein Frauendeterminativ, elf Stelen sind ohne Determinativ und daher sehr wahrscheinlich Stelen von Männern, zwei Stelen gehören Zwergen und acht Stelen sind unklar, weil nur als Fragment erhalten oder unpubliziert. Auf keiner der Stelen ist ein Titel belegt.

Die Anlage *des Djet mit 174* Reihengräbern hat insgesamt 29 Stelen erbracht, von denen vier aus dem Grab des Djet selbst stammen sollen. Dazu kommen 16 Inschriften von Namen, die mit roter Tinte direkt auf die südliche Innenwand einzelner Gräber geschrieben worden sind. Ob es sich dabei um die Vornotierung für den zukünftigen Grabinhaber handelte, die nach Fertigstellung der Reihengräber gewissermaßen als Reservierungsvermerk angebracht wurde, oder um die symbolische Inbesitznahme des Grabes durch jemanden, der eigentlich dort bestattet sein sollte, aber tatsächlich aus den verschiedensten Gründen woanders begraben war, ist nicht zu erkennen. Durch die Stelen und Wandinschriften lassen sich zwar eine Reihe von Namen belegen, aber nur ein Titel, und zwar auf der Stele 8 (RT I, Taf. 33,8), die aus dem Reihengrab Z 8 stammen soll. Leider ist die Grabnummer auf dem Plan (RT I, Taf. 61) nicht eingetragen. Die Stele gehört einem Leiter des

Palastes (*ḫrp-ʿḥ*) und Leiter des Königshauses (*ḫrp-pr-nswt*) namens *St-kȝ*. Ein *St-kȝ* ist auf vier Siegelabdrücken im Grabe 3506 in Sakkara (Emery 1958: 71, Nr. 36-39) aus der Zeit des Den belegt (vgl. Exkurs 5). Nach Kaplony (1963: 642) können der Steleninhaber aus Abydos und der Siegelinhaber aus Sakkara 3506 identisch sein, aber die für beide belegten Titel stimmen nicht überein (vgl. Kap. 6.2.).

Die Anlage der *Merit-Neith* besitzt nur 41 Nebengräber, aus denen insgesamt drei Stelen bekannt sind (RT Taf. 31, Nr. 17-19). Alle drei Stelen zeigen weder Personendeterminative noch Titel. Zur *Anlage des Den* gehören 133 Reihengräber, für die insgesamt 89 Stelen belegt sind. Wandinschriften sind für diese Gräber nicht belegt. Von den 89 Stelen enthalten 42 keine Hinweise auf Titel, z.T. ist auch der obere Teil, der den Titel enthalten haben kann, weggebrochen. Die verbleibenden 47 Stelen lassen sich in 18 Stelen für Frauen, 17 Stelen für Männer, fünf Stelen ohne Personendeterminativ, drei Stelen von Zwergen (RT I, Taf. 32, Nr. 7-9) und vier Hundestelen (RT I, Taf. 32, Nr. 10-12; Amélineau 1899: Taf. 37,2,1) aufgliedern. Der am häufigsten vorkommende Titel ist *sḫn-ȝḫ*. Er ist auf sieben Stelen von Frauen (RT I, Taf. 32, Nr. 14-15, 23, 26; RT II, Taf. 27, Nr. 137; Abydos I, Taf. 13, Nr. 161-162), neun Stelen von Männern (RT I, Taf. 31, 24, Taf. 32, Nr. 25, 27, 29-31; RT II, Taf. 27, Nr. 139, 141; Kaplony 1963, Abb. 817) und fünf Stelen ohne Personendeterminativ (RT I, Taf. 32, Nr. 24, 28; RT II, Taf. 27, Nr. 140; Amélineau 1899: Taf. 35-36) belegt. Sieben Frauenstelen zeigen den merkwürdigen Titel [Hieroglyphen] (RT I, Taf. 31, Nr. 21; RT II, Taf. 27, Nr. 120-124). Es ist gut möglich, daß dieser schwer lesbare und bis jetzt nicht übersetzte Titel eine Bezeichnung für in Feldzügen erbeutete Frauen ist, man könnte dabei an die Etikette Den i denken (zu diesem Titel vgl. auch Kaplony 1963: 374-375, ob mit der Gruppe [Hieroglyphen] wirklich der *nswt-bjt*-Name des Den gemeint ist, scheint mir wegen des wohl recht eindeutig erkennbaren Horusfalken zweifelhaft). Die Bedeutung der vier restlichen Frauentitel ist ebenfalls unklar (RT I, Taf. 32, 21 [Hieroglyphen]; RT II, Taf. 27, Nr. 129 [Hieroglyphen], Nr. 131 [Hieroglyphen], Nr. 144 [Hieroglyphen]).

Der bedeutendste Titel auf den Männerstelen ist wohl der des Palastvorstehers (*ḫrp-ʿḥ*) namens *Jp* (RT I, Taf. 31, 23). Eine Siegelabrollung mit dem gleichen Namen und dem Titel *sḫn-ȝḫ* ist in der Anlage der Merit-Neith gefunden worden (Abb. 102, vgl. Exkurs 5, Siegel v. Totenpriestern). Zwei Stelen belegen den Titel *smr* (RT I Taf. 32, 6; Amélineau 1899: Taf. 35), ein Stelenfragment zeigt die Zeichen [Hieroglyphen] (Petrie 1902: Taf. 13, 164), die u.U. „Siegler des *ḥwt* ...“ bedeuten könnten.

Die Titel von zwei Stelen lassen sich eventuell mit dem „Krugmagazin“ o.ä. verbinden (RT II, Taf. 27, 135; Amélineau 1899: Taf. 36). Die Spuren auf Stele 167 (Abydos I, Taf. 13) lassen sich vielleicht zu [Hieroglyphen] ergänzen (vgl. Kaplony 1963: 368). Die Titel von zwei Stelen bleiben völlig unklar (RT I, Taf. 32, 16: [Hieroglyphen] und RT I, Taf. 32,20: [Hieroglyphen]). Insgesamt führt die Betrachtung der Titel aus den Reihengräbern des Den nicht sehr viel weiter, auch wenn die Stelen weit mehr Titel zeigen, als es in den Anlagen der Vorgänger des Den üblich war. Immerhin scheint deutlich zu werden, daß es sich bei den in den Reihengräbern bestatteten Leuten um Personen handelte, die auf Grund ihrer Tätigkeit in einem engen persönlichen Dienstverhältnis zum Herrscher standen. Jedoch die aus den Siegelverschlüssen bekannten Namen scheinen völlig zu fehlen.

Nach Den geht die Anzahl der erhaltenen Stelen ganz auffällig zurück. Das steht sicher im Zusammenhang damit, daß auch die Anzahl der Nebengräber abnimmt. Jedoch spielen zweifellos auch noch andere Faktoren eine Rolle, denn zur Anlage des Adj-ib gehören immerhin noch 64 Reihengräber, aber aus ihnen ist nur eine Stele (RT I, Taf. 31,25) ohne Titel und Personendeterminativ bekannt.

Die Anlage des *Semerchet* besitzt keine separaten Reihengräber mehr. Die zentrale Grabkammer ist jedoch von insgesamt 82 kleinen Räumen von unterschiedlicher Größe umgeben. Ein Teil dieser Räume diente ganz sicher als Magazine, in anderen scheinen Bestattungen erfolgt zu sein. Da diese Räume weder untereinander noch mit der zentralen Grabkammer durch Türen verbunden waren, aber zusammen mit der zentralen Grabkammer einen gemeinsamen Oberbau besaßen, müssen die Bestattungen in den Nebenräumen spätestens gleichzeitig mit der Beisetzung des Herrschers erfolgt sein. Entweder handelt es sich hier also tatsächlich um sog. Sati-Begräbnisse, oder die dort bestatteten Personen waren vor ihren Herrschern auf natürliche Weise gestorben und sollten durch eine Beisetzung in seinem Grab besonders geehrt werden. Insgesamt sind aus dem Grab des Semerchet zwölf Stelen bekannt (RT I, Taf. 31, Nr. 26-37), davon eine Männerstele mit dem Titel *sḫn-ꜣḫ*, fünf Frauenstelen ohne Titel, zwei Zwergenstelen und vier Fragmente, bei denen das Personendeterminativ zerstört ist. Eines der Bruchstücke (Nr. 29) zeigt über den Zeichen (*Nw-kꜣ*), bei denen es sich sicherlich um den Personennamen handelt, noch die Hieroglyphe (*ꜥḥ* „Palast"). Vielleicht liegt hier der Titel vor, aber die linke Seite der Stele ist nach dem Foto (Taf. 35) unbeschädigt, so daß das *ḫrp*-Zeichen eigentlich zu sehen sein müßte und Petrie, dem der Titel *ḫrp-ꜥḥ* von anderen Stelen vertraut war, hätte ihn sicher auch nach Spuren erkannt. Da Palastleiter sowohl unter Den als auch unter Djet in Abydos bei ihren Herrschern bestattet wurden, ist es jedoch nicht abwegig, auch hier an diese Möglichkeit zu denken.

Nicht ganz eindeutig ist die Herkunft von neun Stelen (RT I, Taf. 31, Nr. 38-46), die von Petrie mit den Buchstaben UQ bezeichnet werden, d.h. diese stammen entweder aus der Anlage des Semerchet (U) oder aus der Anlage des Qa (Q) (vgl. Karte 2). Davon zeigt Nr. 43 die Titel *sḏꜣwtj-bjtj*, *smr*(?), *sš* und zwei weitere Zeichen: einen nicht ganz eindeutigen Vogel und das *ms*(?)-Zeichen (vielleicht der in späterer Zeit häufig belegte Name *ḏḥwtj-msj*?); die Stele Nr. 40 gehörte dem *smr-pr-nswt wdpw*(?) *Jt-kꜣ*; Nr. 39 ist die Stele einer Frau, die den Titel *sḫn-ꜣḫ* führte.

Die *Anlage des Qa* besitzt, ebenso wie die seines Vorgängers Semerchet, keine Reihengräber, dafür insgesamt 40 Nebenräume, von denen einige durch ihren Inhalt eindeutig als Magazine definiert werden. Aus dieser Anlage sind nur zwei Stelen bekannt (RT I, Taf. 31, Nr. 47-48). Die Stele Nr. 47 ist die größere, sie enthält vier Zeichen, ein Titel ist nicht zu erkennen und mit Sicherheit fehlt das Personendeterminativ. Nr. 48, die kleinere (45,5 cm hoch u. 36 cm breit) ist eine der beiden ausführlichsten Stelen der 1. Dynastie, *die Stele des S3b.f.*

Im unteren Teil der Stele ist eine schreitende Männerfigur mit einem kurzen Stock dargestellt, hinter ihr in großen Hieroglyphen der Name *S3b.f.* Darüber sind in zwei horizontalen Zeilen die Titel des Steleninhabers aufgezählt, wobei die horizontale Richtung nicht konsequent eingehalten wird, sondern zusammengehörige Titelbestandteile mehrfach auch untereinander angeordnet sind, und von der oberen in die untere Zeile übergreifen.

Nach dieser Aufzählung ist *S3b.f*:

- *ḫrp* des Palastes „*S3-ḥ3-nb*", *pr-nswt* (Haus des Königs), *sḥ* (Halle) und *ḫntj* („Krugmagazin"),
- *ḫrp* des Palastes „*Ḥr-p-msn*", *pr-3ḥ*, *sḥ*,
- *smr*; unklarer Titel (liegender Canide mit zwei Zeichen darunter, eines davon *ḥḏ*)
- *ḥrj-sšt3* – nach Helck (1954: 43) in dieser Zeit ein persönlicher Bediensteter, der mit den „Geheimnissen" des Herrschers beim Essen, Ankleiden usw. betraut war,
- *ḥrj-nws*, *jrj-p-nb*, *ḏ3dw* – alles selten belegte Titel, deren konkrete Bedeutung nicht ganz klar ist (vgl. Helck 1954: 24; Kaplony 1963: 1050).

Die Stele des Mrj-k3: Sie wurde im Grab 3505 in Sakkara gefunden, das aus der Zeit des Qa stammt. *Mrj-k3* war also aller Wahrscheinlichkeit nach ein Zeitgenosse des *S3b.f.*

Die Stele des *Mrj-k3* ist mit 173 cm Höhe und 54 cm Breite weitaus größer als die Privatstelen aus Abydos. In ihren Maßen entspricht sie den Herrscherstelen. Das ausgearbeitete Rechteck der Stele, in dem sich die Inschrift und das Bild des *Mrj-k3* in sehr flachem Relief befindet, hat einen Umfang von 130 cm x 30-35 cm. *Mrj-k3* ist auf einem Stuhl sitzend mit geschultertem Stock dargestellt. Derartige Sitzbildnisse sind aus Abydos nicht belegt. Die Positur des *Mrj-k3* erinnert etwas an die im unterägyptischen Raum, vor allem in der 2. Dynastie gebräuchlichen Grabplatten mit Speisetischszenen (vgl. auch Kaplony 1963: 238). Die Inschrift, die aus einer Aufzählung der Titel *Mrj-k3*'s besteht, ist in drei senkrechten Kolumnen über und vor der Sitzfigur des *Mrj-k3* angeordnet. Unter der Standfläche des Stuhls befinden sich eine Reihe waagerechter hieroglyphischer Zeichen, die aber sehr schwer lesbar sind. Entweder sind sie nicht ganz fertig ausgearbeitet oder stark abgerieben. Für die Inschrift existieren zwei Übersetzungsvorschläge (Emery 1958: 30-31; Kaplony 1963: 500-505), dennoch ist es bisher nicht möglich, alle Titel eindeutig zu klären. Die linke Kolumne gibt den Namen und wohl die Haupttitel des Steleninhabers an:

- *sm3* – Priester (nach Gardiner 1969: 543, Zeichenliste Aa25 ein Priester, dessen Funktion im AR im Bekleiden der Götter Min, Horus usw. bestanden hat),
- *rpꜥt* – Stellvertreter des Herrschers (vgl. Helck 1954: 55),
- *sm* – zum *sm* als (Haupt)sohn des Herrschers vgl. Helck (1954: 17) und Kaplony (1963: 539).

Die mittlere Kolumne:

- Die beiden obersten Titel werden sehr unterschiedlich gelesen und interpretiert. Emery (1958: 30-31) liest: *jrj-wt* = Priestertitel; Kaplony (1963: 500-505) liest: *sqr-Jnpw* o.ä. = Titel aus dem Totenopfer. Die darunter stehenden Zeichen liest Emery als „*ˁꜣ* ...“ – „Großer von ...“, Kaplony als *ˁꜣ-ḥwt* oder *ḥwt-ˁꜣt* – „Schloß“, ev. sogar „Memphis“.
- *šms-nswt* – Gefolgsmann des Königs,
- *ḫrp-wjꜣ nswt* – Leiter des oberägyptischen Königsschiffes.
- *ḫrp-ˁḥ*, *ḫrp-sḥ* – Leiter des Palastes, Leiter der Halle. Man könnte jedoch die Zeichen auch so auffassen, daß die Gruppe „*ḫrp-ˁḥ-sḥ*“ entsteht = Leiter der (Speise)-Halle des Palastes und das nun überflüssige *ḫrp* dem etwas verloren wirkenden „*jst-ˁnḫ*“ der rechten Kolumne zuordnen; „*js-ˁnḫ*“ ist nach Kaplony (1963: 1051) sein Synonym für *ḥwt-ˁnḫ*, der Instanz, „die alle Versorgungseinrichtungen des Palastes, wie Krugmagazin, Speisezelt, Schlachtbank usw. zusammenfaßt“.

Die rechte Kolumne:

- *ḫrw(?)-nswt* – unklarer Titel (Stimme ? des Königs)
- *ˁḏ-mr-zmt* – Leiter der Wüste
- nach Kaplony sind die beiden folgenden Zeichen unklar; danach steht der Titel „*jrj-sꜣw*“ – „Phylenangehöriger“,
- Emery zieht alle Zeichen von *ˁḏ-mr* bis *sꜣw* zu einem einzigen Titel zusammen, den er „*ˁḏ-mr-ḫꜣst-ṯˁr-sꜣw*“ liest und als „Verwalter des Landes *Ṯˁr-sꜣw*(?)“ übersetzt.
- *ḥm-nṯr*-Neith – Priester der Neith, ein Titel, der sonst für einen Mann nicht einmal im anschließenden AR belegt ist.
- *ˁḏ-mr* von *ṯnw-rsj*. Die Lesung „*ṯnw-rsj*“ stammt von Kaplony, während Emery „*ḥkr-nswt*“ liest. „*ṯnw-rsj*“ steht in einem (halben?) Maueroval. Kaplony bezieht sich bei seiner Interpretation auf Edel (1956: 68-74) und übersetzt daher „Verwalter des südlichen Grenzbezirkes“. Allerdings müßte die vorliegende Stelle eine stark defektive Schreibung sein. Nach den bei Edel vorgestellten Belegen ist das Zeichen der „Schlange auf dem Gestell mit Feder im Rücken“ für diesen Titel essentiell. Auf der *Mrj-kꜣ*-Stele besteht die Inschrift im Maueroval jedoch nur aus einer -Keule (die Emery als -Stab angibt) und dem Zeichen (das Emery sicher zu Unrecht als „*nswt*“ auffaßt). Es wäre zwar sehr interessant und bedeutungsvoll, den Titel „*ˁḏ-mr-ṯnw-rsj*“ bereits auf einer Stele aus der 1. Dynastie belegt zu finden, aber die vorhandenen Zeichen rechtfertigen nach meiner Auffassung eine solche Lesung nicht.

  Man würde bei einer Zeichengruppe „*ˁḏ-mr* + Maueroval“ eigentlich einen „Domänen“-Namen erwarten, aber die „Domäne“ des Qa, seines Vorgängers Semerchet und seines Nachfolgers Hetep-sechemwj heißen alle anders (vgl. weiter vorn). So bleibt vorläufig nur übrig, den Titel als „*ˁḏ-mr* der Siedlung südliches ...“ zu interpretieren.

- Die folgenden sieben Zeichen der rechten Kolumne lassen sich mit Ausnahme des Titels „Leiter der Sänger(?)" nicht zu sinnvollen Titeln gruppieren. Kaplony und Emery geben für sie z.T. recht unterschiedliche (oder keine) Erklärungen. Das gleiche gilt auch für die Schriftzeichen unter der Standfläche des Stuhles.

Mit den Stelen von *Mrj-kꜣ* und *Sꜣb.f* liegen die wichtigsten Zeugnisse von zwei sehr hohen Würdenträgern des Qa vor, von denen *Mrj-kꜣ* sicher der bedeutendere gewesen ist, wenn die Interpretationen der Titel *rpꜥt* und *sm*, die ihn als Blutsverwandten des Herrschers ausweisen würden, stimmen. Gegenüber den bis dahin bekannten Stelen, die zumeist nur den Namen, gelegentlich einen, ganz selten zwei Titel des jeweiligen Steleninhabers nennen, zeigen die Stelen des *Mrj-kꜣ* und des *Sꜣb.f* eine ganz beträchtliche Anhäufung von Titeln. Es gibt jedoch keinen Grund zu der Annahme, daß solche Titelhäufungen erstmalig unter Qa aufgetreten seien. Vielleicht war es vorher in der Abydos-Nekropole nicht üblich, die Stelen mit vielen Titeln zu versehen, darauf könnte auch die große Zahl von Stelen, die nicht einen einzigen Titel zeigen, verweisen. Aber für Sakkara wären eigentlich ähnliche Stelen wie für *Mrj-kꜣ* auch für die anderen hohen Würdenträger, z.B. Hemaka, *Sḫm-kꜣ-sḏ* u.a. zu erwarten. Daß diese tatsächlich nicht vorhanden sind, kann nur unglücklichen Umständen der Überlieferung zuzuschreiben sein.

3.5.5. Die Felsinschriften

Bis jetzt sind nur zwei Felsinschriften frühzeitlicher Herrscher bekannt.[1] Beide stammen von Orten außerhalb des ägyptischen Niltals. Die eine Inschrift wurde auf dem Felsen im Wadi-el-Qash, an der Südseite des Wadi Hammamat gefunden und zeigt den Horusfalken auf dem Serech mit den Schriftzeichen des Narmer (Emery 1963: 47).

Die zweite Inschrift ist ausführlicher. Sie wurde in der Nähe von Wadi Halfa, auf dem Westufer des Nils auf einem Felsblock des Gebel Shekh Suliman entdeckt (Arkell 1950). Im eigentlichen ist es weniger eine Inschrift als eine bildliche Darstellung im Stile der Annalenplättchen. Auf der linken Seite der Felszeichnung ist ein Serech mit einem darauf hockenden Horus dargestellt. Das Oberteil des Serechs mit dem Falken scheint etwas mißlungen zu sein, denn der Falke ist nicht vollständig, sondern es sind nur Kopf und Körper dargestellt. In den halben Falkenkörper hinein ist das Djer-Zeichen graviert. Darunter befindet sich eine freie Fläche, die wahrscheinlich später durch drei Reihen unregelmäßiger Punkte ausgefüllt wurde. Darunter ist dann in gewöhnlicher Weise das Unterteil des Serechs dargestellt. Obgleich das Horussymbol des Herrschers insgesamt nicht so gut gelungen ist wie der Rest der Ritzung, ist aber das Djer-Zeichen eindeutig, und es kann keinen

1 Zwei weitere Felsinschriften des Djet im Wadi Shagab (beim Wadi Abad) und im Schatt er Rigale wurden damals bei der Abfassung der Arbeit nicht berücksichtigt; vgl. J.-J. Clere, Un graffito du roi Djet dans le désert arabique, ASAE 38, 85-93; Z. Žaba, The Rock Inscriptions of Lower Nubia, Prag 1974, 239-240, Nr. A30.

Zweifel in bezug auf die Zuweisung der Darstellung geben. Vor dem Horussymbol läuft ein bärtiger Mann mit auf dem Rücken gefesselten(?) Händen auf eine Wasserfläche zu. In den Händen trägt er einen Bogen, der allgemein als das Symbol für das unterworfene „*t3-stj*" – „Nubien" angesehen wird (Arkell 1950: 27; Emery 1963: 60). Ein gleicher Bogen ist jedoch auch auf der Stele des *Ḥtp-Ḥr* als Bestandteil eines unklaren Titels (RT I, Taf. 32,20) und auf der Stele des *Nj-ḥḏ-jb* (RT I, Taf. 32,29) in der Hand eines sitzenden Männerdeterminativs dargestellt. Beide Stelen stammen aus den Nebengräbern der Den-Anlage in Abydos. Wenn mit dem Bogen eine Volks- oder Stammeszugehörigkeit des Bärtigen auf der Felsinschrift des Djer ausgedrückt werden sollte, würde man das Zeichen eigentlich eher über oder neben seinem Kopf erwarten. Rechts von der Wasserfläche, auf die der Bärtige zugeht, sind zwei Stadtzeichen (⊗) dargestellt, auf dem einen sitzt ein Vogel (wohl kein Falke), über dem anderen befindet sich ein bananenförmiges Zeichen. Sie sollen wohl die Namen der Ansiedlungen wiedergeben. Am rechten Bildrand ist ein Schiff eingeritzt, unter dem vier liegende menschliche Gestalten mit verzerrten Gliedmaßen wohl Tote verkörpern sollen. Vor dem Boot sitzt ein Mensch mit auf den Rücken gefesselten Händen und einem Strick um den Hals, der mit seinem anderen Ende am Bug des Schiffes befestigt ist.

Neben dem Kopf des Gefangenen ist rechts eine Rundhütte zu erkennen, etwa in der gleichen Art, wie sie auch im untersten Register der Städtepalette dargestellt ist.

Die ganze Darstellung ist in der Gesamtkonzeption und den Details längst nicht so ausgewogen wie die Annalenplättchen, wodurch eine Interpretation erheblich erschwert wird. Der Fundort der Felszeichnung scheint ziemlich eindeutig auf eine Aktion im Gebiet des 2. Kataraktes hinzuweisen, an der Djer irgendwie beteiligt war. Die vier liegenden Gestalten unter dem Boot und der an Hals und Händen gefesselte Mensch sollen wohl aussagen, daß es dabei Tote und Gefangene gegeben habe. Aber im ganzen gesehen waren die Geschehnisse doch wohl komplizierter. Den einfachen Fakt einer siegreichen militärischen Auseinandersetzung mit der dort wohnenden nubischen Bevölkerung hätte man sehr viel leichter und eindeutiger durch aufgebrochene Mauern und eine keulenschwingende Herrscherfigur, die im Begriff ist, einen Gefangenen zu erschlagen, darstellen können.

Daß nur von Narmer und Djer Felsbilder außerhalb Ägyptens belegt sind,[2] besagt nicht, daß nur von diesen beiden Aktivitäten im Ausland durchgeführt wurden. Sicher war auch der Bestand an solchen Darstellungen ursprünglich größer, möglicherweise werden in Zukunft noch weitere derartige Zeugnisse bekannt.

---

2 Zu den beiden Felsinschriften des Djet s.o. Anm. 1.

3.6. Die Annalenfragmente

Das *erste* Bruchstück der Annalenfragmente, der sog. „Palermostein" wurde bereits 1902 von Schäfer publiziert. Dabei handelt es sich um ein 43,5 cm großes und 25 cm breites Fragment einer Steinplatte aus schwärzlichem Diorit, die beiderseitig in fortlaufenden Reihen von rechts nach links beschrieben ist. Die einzelnen Zeilen (Register) sind in rechteckige Felder unterteilt. Von Zeile 2 an sind die jeweils rechten Seiten dieser Felder durch die Hieroglyphe 𓆳 „*rnpt*", das Zeichen für Jahr, gebildet. In den Jahresfeldern standen kurze Notizen, die offenbar die Hauptereignisse des jeweiligen Jahres schilderten, unter jedem Feld war die Nilhöhe des betreffenden Jahres angegeben. Innerhalb einer Zeile waren die Amtsperioden der einzelnen Herrscher durch hohe, senkrechte Striche gegeneinander abgesetzt und ziemlich genau in der Mitte über einem solchen Zeilenabschnitt – quasi als Überschrift – stand der Name des Herrschers, von dem die darunter befindlichen Jahresfelder berichteten, zusammen mit dem Namen seiner Mutter.
Die Felder der Zeilen 2-5 der Vorderseite sind sehr viel schmaler und niedriger als die Felder der Zeile 6, und auf der Rückseite umfaßt die Breite eines Feldes dann die ganze Zeilenbreite des Fragmentes. In der letzten Zeile der Rückseite werden Ereignisse aus der Regierungszeit des Nefer-ir-ka-Re behandelt. Das Fragment gibt somit einen Abschnitt aus einer Art von kurz gefaßtem „Tätigkeitsbericht" der Herrscher, der in der 5. Dynastie angefertigt worden ist (entweder unter Nefer-ir-ka-Re oder seinem Nachfolger Schepses-ka-Re) und bis zum Beginn der dynastischen Zeit zurückreicht. Obgleich es sich für die frühdynastische Zeit nicht um eine zeitgenössische Quelle handelt, sondern die Ereignisse aus der Retrospektive der 5. Dynastie geschildert werden, also mit einem Abstand von etwa 300 600 Jahren, wären solche Aufzeichnungen allein für die Abfolge der Herrscher und für die Rekonstruktion der Anzahl ihrer Jahre von außerordentlichem Wert. Leider ist aber der Palermostein, trotz seiner relativen Größe nur ein kleiner Ausschnitt und umfaßt nur einen Bruchteil einer ursprünglich viel größeren Annalenplatte. In den der Publikation von Schäfer folgenden Jahren wurde jedoch die Existenz weiterer Bruchstücke bekannt, u.a. die eines fast gleichgroßen Stückes im National-Museum in Kairo. Dieses Fragment ist aber bis auf einen Rest von ca. eineinhalb Zeilenbreite im oberen Teil der Vorderseite so stark abgerieben, daß die eingeritzten Zeichen verschwunden sind, und daher eine Lesung nicht mehr möglich ist. In jüngster Zeit wurde der vorhandene Bestand an Fragmenten noch um ein weiteres Stück vermehrt (de Cenival 1965), so daß jetzt insgesamt acht Fragmente von unterschiedlicher Größe vorliegen:

- der „Palermostein" (P)
- 6 Bruchstücke im National-Museum Kairo (K 1-6)
- 1 Bruchstück im British Museum (L)

Alle Stücke, bis auf den Palermostein, der sich zumindest seit 1877 im Museum in Palermo befindet, und dessen eigentliche Herkunft unklar ist, wurden im Antikenhandel erworben, kommen also nicht aus gesicherten Fundumständen einer Grabung. Soweit bekannt ist, soll das große Kairofragment (K 1) und zwei kleinere Fragmente (K 3 und K 4) aus der Gegend von Minya in Mittelägypten, das kleine Fragment K 2 aus Mitrahine (Memphis) und das kleine, jetzt in London befindliche Bruchstück (L) aus Oberägypten stammen (Petrie 1916: 115; Borchardt 1917: 23). Es ist verständlich, daß diese, gerade für die Geschichte der Frühzeit so wichtigen Bruchstücke seit ihrem Bekanntwerden außerordentliches Interesse hervorgerufen haben und immer wieder zur Beschäftigung mit ihnen herausforderten. Dabei waren die Bemühungen vor allem darauf gerichtet, anhand der Höhe und Breite der Jahresfelder die ursprüngliche Größe der Steinplatte und damit auch die Gesamtzahl der Jahresfelder der einzelnen Reihen zu ermitteln, um damit ein einigermaßen zuverlässiges chronologisches Gerüst für die frühen Perioden der dynastischen Zeit zu schaffen. Alle Stücke geben unterschiedliche Teile des ursprünglichen Textes. Aber Borchardt hatte durch eine Untersuchung der Steinstrukturen und der verwendeten Zeichenformen festgestellt, daß sie unmöglich alle zu ein und demselben Stück gehören können, sondern daß sich vier verschiedene Annalensteine nachweisen lassen (Borchardt 1917: 23). Von den vorhandenen Rekonstruktionsversuchen (Meyer 1904; Daressy 1915; Petrie 1916; Borchardt 1917; Breasted 1931; Kaiser 1961b) überzeugt am meisten der von Kaiser unterbreitete Vorschlag, weil er die Amtsperioden der einzelnen Herrscher, die in den früheren Rekonstruktionen der Annalensteine anhand der durch die Königslisten überlieferten Zahlen zumeist sehr lang ausfielen, in Übereinstimmung mit den von Helck erarbeiteten Kriterien (Helck 1956) auf ein vernünftiges Maß reduzieren konnte. Dennoch muß auch sein Versuch vorläufig eine Hypothese bleiben, weil zuviel von der ursprünglichen Substanz der Annalensteine verloren ist. Nach den Ergebnissen von Kaiser stammt auf Grund der Plattenstärke und der Feldereinteilung mit Sicherheit nur das Stück K 4 von einem anderen Exemplar, während die übrigen Fragmente entweder zu dem gleichen Annalenstein oder aber zu exakt nach dem gleichen Modell gefertigten Kopien gehören, dessen Höhe mindestens *70 cm* und dessen Breite etwa *1,65 cm* betragen haben muß.

Da es keine realen Anhaltspunkte dafür gibt, wie die obere Begrenzung der Platte gestaltet war, kann auch nicht ausgeschlossen werden, daß über der jetzigen Zeile 1 von P und K 1 noch weitere Zeilen gestanden haben. Die Gestaltung der gegenwärtig obersten Zeile weist gegenüber den folgenden so starke Abweichungen auf, daß die Annahme Helcks, es handele sich hier um die Darstellung von Herrschern der vordynastischen Zeit, d.h. vor der Schrifterfindung, deren Namen oral tradiert worden waren, durchaus berechtigt erscheint (Helck 1956: 2). Ebenso wie die übrigen Zeilen ist auch Zeile 1 in schmale rechteckige Felder aufgeteilt, im Unterschied zu den übrigen Zeilen wird aber in Zeile 1 die rechte Feldbegrenzung nicht durch das *rnpt*-Zeichen, sondern durch einen einfachen senkrechten Strich gebildet.

Auf P werden die oberen zwei Drittel jedes Feldes von zwei untereinander angeordneten hieroglyphischen Zeichen eingenommen. Das untere Drittel, das nach oben durch einen waagerechten Strich abgeteilt ist, zeigt auf den neun intakten Feldern von P das hieroglyphische Zeichen eines sitzenden Herrschers mit unterägyptischer Krone, Bart und Geißel. Auf K 1 ist in der ersten Reihe die Anlage von elf Feldern noch erkennbar, der Bruch des oberen Randes verläuft aber so tief, daß die oberen zwei Drittel mit den hieroglyphischen Zeichen verloren sind und nur in zehn Feldern noch die sitzenden Herrscherfiguren erkennbar sind. In sieben Fällen sind auch die Kronen noch erhalten. Entgegen der Ansicht von Kaiser, der für alle zehn Felder von K 1 Herrscher mit Doppelkronen annimmt (Kaiser 1961: 54), zeigt die Betrachtung der einzigen vorhandenen Abbildung des Stückes, daß die Figuren der Felder 1, 2, 4, 5, 6 und 7 die oberägyptische Krone tragen und in Feld 3 die unterägyptische Krone dargestellt ist (Abb. bei Gauthier 1915: Taf. 25).

Es läßt sich nicht mehr feststellen, ob die erste Reihe, die also nur die Namen der Herrscher und ihr Personendeterminativ enthielt (keine Angabe über Nilhöhe, besondere Ereignisse oder Dauer), über die ganze Breite des Annalensteins ging, oder vorn und hinten eingerückt war. Die unterschiedliche Felderbreite auf P (1,60 cm – 1,67 cm) und K 1 (1,33 cm – 1,34 cm) führte Kaiser zu der Schlußfolgerung, daß die Herrscher in der ersten Zeile vielleicht zu Gruppen zusammengefaßt waren, wobei in einer Gruppierung von vielen Herrschern die Felder für den einzelnen dann schmaler ausfielen, als in Gruppierungen mit weniger Herrschern. Aber wie auch die erste Zeile im einzelnen angelegt war, die Absicht der Verfasser der Vorlage für die Annalensteine scheint ganz offensichtlich darin bestanden zu haben, auch bereits für die vordynastische Zeit die Existenz von Herrschern zu belegen, selbst wenn über ihre Taten oder Ereignisse ihrer Zeit keine ausreichende Kenntnis mehr vorhanden war. Die auf P wahrscheinlich doch als Namen gegebenen hieroglyphischen Zeichen lassen sich zwar lesen, aber nicht zu sinnvollen ägyptischen Namen konstruieren. Auffällig ist auch, daß von sieben dieser Namen sechs ganz regelmäßig aus zwei Zeichen bestehen, nur einer enthält drei Zeichen. In diesem Zusammenhang hat Fecht darauf hingewiesen, daß bei einer mündlichen Überlieferung die Namen zwar durchaus entstellt sein können, aber wahrscheinlich doch nur in soweit, daß ein (möglicherweise sekundärer) Sinnzusammenhang gewahrt bleibt. Er kam daher zu dem Vorschlag, daß es sich bei den ältesten Herrschernamen auf P, deren Inhaber ja die unterägyptische Krone tragen, um Aufzeichnungen aus einer altunterägyptischen und deshalb unverständlichen Schrift handeln könnte (Fecht 1959: 362). Diese Hypothese ist insofern problematisch, als die Herrschernamen auf K 1 nicht erhalten sind, und demzufolge völlig unklar bleibt, ob die Namen der Träger der oberägyptischen Kronen leichter zu verstehen sind. Darüber hinaus setzt sie die Existenz eines unterägyptischen Herrscherzentrums voraus, das sich aus dem bisher vorhandenen Material nicht wahrscheinlich machen läßt.

Eine Übereinstimmung mit den ältesten, als Ritzinschriften auf Keramikgefäßen belegten Horusnamen, die ebenfalls unverständlich sind (vgl. weiter vorn Kap. 3.2.) ist nicht feststellbar, weil die Zeichen der Ritzinschrift sehr flüchtig gemacht sind und dadurch nur eine gewisse Ähnlichkeit mit Hieroglyphen haben. Es ist jedoch anzunehmen, daß in Zeile 1 von P die Horusnamen der betreffenden Herrscher gegeben sind, weil die Annalensteine, wie die drei auf der Vorderseite in den Überschriften erhaltenen Herrschernamen zeigen (K 1 über Zeile 2: Djer, über Zeile 3: Semerchet; K 6: Den; P über Zeile 4: Nj-netjer), nach den Horusnamen zitieren. Auf keinen Fall sollte die Auflistung der prädynastischen Herrscher in den Annalensteinen als glatte Erfindung einer späteren Zeit, die damit eine in der Realität nicht vorhandene historische Tiefe belegen wollte, abgetan werden, weil durch die Ritzinschriften als zeitgenössische Quellen die Existenz prädynastischer Herrscher bezeugt wird. Jedoch ist nicht auszuschließen, daß die Unverständlichkeit der Namen auf P als Beweis für ihr hohes Alter beabsichtigt war.

Ab Zeile 2 werden die Eintragungen durch die Einführung der Jahresfelder naturgemäß ausführlicher, aber der Raum in den relativ schmalen Jahresfeldern der hier besonders interessierenden Zeilen 2-4 erlaubt nur die knappeste Nennung von einem oder zwei Ereignissen aus jedem Jahr. Und hier zeigt sich, daß die Aktivitäten der frühzeitlichen Herrscher aus der Sicht der 5. Dynastie ebenso beurteilt werden, wie sie sich in den zeitgenössischen Annalenplättchen darstellen: Die Vermerke handeln fast ausschließlich von der Durchführung kultischer Feste, der Neuanfertigung und Weihung von Götterstatuen und von gelegentlichen Fahrten zu irgendwelchen Kultorten. Es scheint, daß die Unterlagen, anhand derer der Text für die Annalensteine ausgearbeitet wurde, Eintragungen in der Art der Annalenplättchen waren, wenn sich auch eine direkte Übereinstimmung der berichteten Ereignisse nur in ganz wenigen Fällen wahrscheinlich machen läßt, denn für einen solchen Nachweis sind einerseits zu wenig Annalenplättchen und andererseits zu wenig Jahresfelder der 1. Dynastie (für die sich eine Übereinstimmung ja nur feststellen ließe) vorhanden.

Nur gelegentlich sind Ereignisse mit profanem Charakter erwähnt, so ist für Den im Jahr vor seinem Hebsed-Fest (29. Jahr) das „Schlagen der *Jwnw*" belegt (P, Zeile 3,2). Hier könnte eventuell das gleiche Ereignis gemeint sein wie auf dem Annalenplättchen Den i (vgl. Exkurs 6).

Bereits für Aha und Djer ist alle zwei Jahre die Durchführung des „Horusgeleites" (*šms-Ḥr*) vermerkt (P, Zeile 2; K 1, Zeile 2). Merkwürdigerweise wird für Den, dessen 28. – 41. Jahr in Zeile 3 von P verzeichnet ist, die Durchführung des „Horusgeleites" nicht angegeben, obwohl die Annalentäfelchen zeigen, daß auch unter Den das „Horusgeleit" stattfand. Man würde dieses „Horusgeleit" für eine rein kultische Angelegenheit halten, wenn nicht in P, Zeile 4 für die Zeit des Nj-netjer das normal zweijährig durchgeführte „Horusgeleit" jedesmal mit einer durchgeführten „Zählung" (*ṯnw*) verbunden wäre. Auf diese Weise ist das vierte bis zehnte Mal der „Zählung" belegt. Unter Nj-netjer wird jedoch noch nicht mitgeteilt, was gezählt wird. Erst in P,

Zeile 5,3 (Zeit des Neb-ka(?), Beginn der 3. Dyn.) wird das „gezählte" spezifiziert, es handelt sich um „Gold" und „Felder", die anläßlich eines „Horusgeleits" und des siebten Males der „Zählung" angegeben werden. In Zeile 8 (Zeit des Snofru) wird das „Horusgeleit" dann nicht mehr erwähnt, sondern nur die „Zählung" mit ihrer Ordnungsnummer. Sie scheint jetzt nicht mehr alle zwei Jahre, sondern jährlich stattzufinden.

Diese allmählich zu beobachtende Ablösung des „Horusgeleites" durch die „Zählung" macht wahrscheinlich, daß das „Horusgeleit", das immer mit einem Schiff determiniert wird, eine Gelegenheit war, bei der kultische Absichten möglicherweise zunächst noch im Vordergrund standen, die sich aber ohne weiteres mit dem rein profanen Zweck der Einziehung von Abgaben verbinden ließ. Nicht alle Vermerke in den Jahresfeldern der Zeilen 2-4 lassen sich wirklich übersetzen und einige Ereignisse bleiben in ihrer Bedeutung völlig unklar, aber im großen und ganzen entsteht doch der Eindruck, daß hier ein Bemühen vorgelegen hat, die aus der Sicht der 5. Dynastie für die frühzeitlichen Herrscher wichtigsten Ereignisse aufzuzeichnen.

Die Anfertigung der Annalensteine erfolgte zweifellos auf Anweisung eines Pharaos der 5. Dynastie, entweder Nefer-ir-ka-Re oder Schepses-ka-Re und als Aufstellungsort kommen am ehesten Tempel infrage. Gewöhnlich wurden so Dekrete behandelt, die Schenkungen oder besondere Aktionen des Herrschers zum Inhalt hatten. Man kann eigentlich kaum annehmen, daß allein historisches Interesse zur Anfertigung und Aufstellung der Annalensteine geführt haben sollte. Bereits in der 5. Dynastie wird jedoch schon ein recht tiefgreifender Widerspruch zwischen der staatlichen Zentralgewalt und den inzwischen entstandenen und erstarkten Gaufürstenfamilien in Bezug auf die Verfügungsgewalt am landwirtschaftlichen Mehrprodukt sichtbar. Es ist durchaus denkbar, daß die Aufstellung der Annalensteine eine gezielte Maßnahme des Königshauses in dieser Auseinandersetzung darstellte, die darauf gerichtet war, die uralten Traditionen des Herrscheramtes nachzuweisen.

3.7. Zusammenfassung

Als wichtigste allgemeine Aussage des vorstehenden Kapitels ist hervorzuheben, daß das schriftliche Material nur an eine zunächst sehr kleine Gruppe von Menschen gebunden ist, die sich um die Träger des Horustitels herausgebildet hatte. Diese besondere Gruppe von Menschen unterscheidet sich nicht nur durch den Gebrauch der Schrift, sondern auch durch die Art und die geographische Lage ihrer Gräber von der übrigen Bevölkerung. Dagegen verbleibt die Masse ihrer Zeitgenossen nach wie vor in der Anonymität. Offensichtlich stellen deshalb die Herrscher und die mit ihnen verbundene Menschengruppe die ersten identifizierbaren Vertreter einer Oberschicht dar. Daraus ergibt sich die Frage nach der besonderen Qualität dieser Oberschicht.

Der komplizierte und vielschichtige Prozeß der Durchsetzung von Ausbeutungsverhältnissen spiegelt sich jedoch in den überlieferten Zeugnissen nur sehr ungenügend wider, wie die vorstehende Materialdarstellung zeigt.
Durch die Ritzzeichen des Horus-Serech-Symbols auf spätprädynastischen Keramikgefäßen läßt sich der Horustitel, der älteste Bestandteil der Titelfolge der späteren ägyptischen Pharaonen, bis an das Ende des 4. Jahrtausends zurückführen. Ob er zu diesem Zeitpunkt entstanden ist oder nur zum ersten Male schriftlich fixiert wurde und bereits noch weiter in die prädynastische Zeit zurückgehende Traditionen besitzt, läßt sich nicht mehr erkennen. Mit Sicherheit repräsentieren die Pharaonen der späteren dynastischen Zeit den Staat. Daraus ergibt sich jedoch nicht automatisch, daß die Träger des Horustitels am Ende des 4. Jahrtausends ebenfalls schon die Repräsentanten eines Staates gewesen sein müssen, wie das gelegentlich angenommen wurde (vgl. Kaiser 1964: 117), denn soweit die Befunde aus dem prädynastischen Material erkennen lassen, waren die Dorfgemeinschaften zu dieser Zeit durchaus noch intakt, und es gibt keinerlei Anzeichen dafür, daß sie durch einen inneren ökonomischen Differenzierungsprozeß am Beginn ihrer Zerfallsperiode standen.
Im Schoße dieser Verhältnisse hatte sich eine Funktion oder ein Amt herausgebildet, das einen lebenden Menschen mit dem Falkengott Horus identifizierte und dadurch seinem Titelinhaber einen einzigartigen sozialen Status verschaffte. Leider läßt sich aus dem Horus-Serech-Symbol weder der konkrete Inhalt noch der exakte Aufgabenbereich dieses Amtes erschließen, aber durch den Bezug auf den Falkengott Horus kann man es noch am ehesten dem kultisch-magischen Bereich zuordnen. Interessant ist dabei, daß Horus durchaus nicht der einzige bedeutende Gott dieser Zeit war. Aus der prädynastischen Zeit ist durch Funde von Statuen mit Sicherheit noch Min zu belegen, aber es ist sehr wahrscheinlich, daß auch Hathor, Neith und Seth bereits eine größere Rolle spielten. In direkter Verbindung mit dem Herrscher kommt jedoch außer Horus nur noch am Ende der 2. Dynastie Seth vor.

4. Die Qualität der frühzeitlichen Herrscher

Im Mittelpunkt der folgenden Kapitel sollte eigentlich der Differenzierungsprozeß innerhalb der Gesellschaft, das Verhältnis von unmittelbaren Produzenten und sich herausbildender Ausbeuterschicht stehen und müßte daher zunächst und primär behandelt werden. Aus der Materialdiskussion des vorangegangenen Kapitels 3 ist jedoch bereits deutlich geworden, daß dieses an sich logische Ordnungsprinzip nicht einzuhalten ist, weil sich die Bedeutung des überlieferten Materials nur über das Verständnis der zentralen Gewalt des Herrschers erschließen läßt. Es ist daher am zweckmäßigsten, mit dieser Frage zu beginnen.

Die ältesten Träger des Horustitels sind am schwersten zu bestimmen. Der Ursprung ihres Amtes verliert sich im Dunkel der Geschichte, und sein konkreter Inhalt ist aus dem Symbol „Horus auf dem Serech" nicht zu erkennen. Mit einiger Wahrscheinlichkeit kann nur geschlossen werden, daß es sich hierbei um eine Autorität im kultisch-magischen Bereich handelte. Diese Auffassung wird nicht nur durch den Gebrauch des Horustitels selbst, der ja die Identifizierung eines lebenden Menschen mit dem Falkengott Horus voraussetzt, nahegelegt, sondern auch durch die erste erhaltene Abbildung eines Trägers des Horustitels bei der Durchführung einer kultisch-magischen Zeremonie unterstützt (Kalksteinkeule des „Skorpion", vgl. Kap. 3.5.2.). In vielen der bisherigen Darstellungen der ägyptischen Frühzeit gilt diese Szene, in der „Skorpion" die oberägyptische Krone trägt, als Anhaltspunkt dafür, daß er bereits als Repräsentant, zumindest des oberägyptischen Staates, agierte. Eine solche Interpretation ist jedoch zu vordergründig, weil sie die Staatsentstehung ausschließlich auf die Existenz eines Symbols, nämlich das der „weißen" Krone, reduziert. Hinzu kommt, daß nicht einmal gesichert ist, ob diese Krone tatsächlich in ihrer primären Bedeutung Oberägypten verkörpert, d.h. ob sie das Rangabzeichen eines oberägyptischen Herrschers war (Helck/Otto 1956: 190). In der späteren dynastischen Zeit besaß sie zwar diese Bedeutung, aber ihr unterägyptisches Gegenstück, die „rote" Krone, mit der zusammen sie später die Doppelkrone bildete, ist als Relief (also nicht etwa als Zeichnung, die auch aus späterer Zeit stammen könnte) bereits auf einer Gefäßscherbe der schwarzrandigen Keramik aus dem Ende des Negade I (SD 35 – 39) im Grab 1610 von Negade belegt (Baumgartel 1975: 28-32).
Die geographische Verbreitung der Ritzzeichnungen mit dem Horus-Serech-Symbol (vgl. Kap. 3.2.) scheint zu zeigen, daß sich die Autorität, die mit dem Amt des Horustitels verbunden war, bereits eine Reihe von Generationen (Kaiser 1964: 118 nimmt 150-200 Jahre an) vor dem Beginn der 1. Dynastie über weite Teile von Ober- und Mittelägypten bis zur Deltaspitze erstreckte. Das muß jedoch keineswegs bedeuten, daß bereits politisch-organisatorische Aufgaben mit dieser Funktion verbunden waren, denn zum Ende der prädynastischen Zeit gab es in ganz Ägypten, insbesondere aber in Oberägypten die Kulte verschiedener Falken-

götter, von denen Horus wahrscheinlich der bedeutendste war, und in den alle anderen Falkenkulte allmählich aufgingen (Bonnet 1952: 178-180). Auf diese Weise konnte die Autorität eines „menschlichen“ Horus durchaus in weiten Teilen Ägyptens anerkannt worden sein, ohne daß bereits eine politische Einheit existiert haben mußte.

Weitgehend ungeklärt erscheint bis jetzt noch die Frage nach dem geographischen Sitz dieser Autorität. Anhand der archäologischen Befunde kommen dafür drei Orte infrage: das alte *Ombos*, im Gebiet von Negade, wo eine palast- oder tempelähnliche Anlage als Zentrum einer größeren, zeitlich weit zurückreichenden Anlage nachgewiesen ist (vgl. Exkurs 1, Kap. 2.3.), *Hierakonpolis*, das ebenfalls ausgedehnte negadezeitliche Siedlungen sowie das bereits mehrfach erwähnte „painted tomb“ aus der Zeitstufe IIc/d und möglicherweise weitere, noch nicht ausgegrabene ähnliche Anlagen besitzt (vgl. Kap. 2.3.). In dynastischer Zeit war hier der Horusfalke der Hauptgott, und es könnten durchaus bereits ältere prädynastische Traditionen der Horusverehrung vorliegen. Und schließlich ist nicht auszuschließen, daß sich der Hauptsitz des „menschlichen“ Horus bei *Abydos* befand, denn die fast bis an das Gräberfeld heranreichende moderne Siedlung könnte durchaus die Überreste einer ausgedehnten prädynastischen Siedlung überlagert haben, und die vorhandenen Grabanlagen scheinen bis in das Negade I zurückzureichen, auch wenn sie höchst ungenügend dokumentiert sind (Kemp 1972). Rein theoretisch würde man einen solchen bedeutenden Ort jedoch eher in Negade oder Hierakonpolis sehen wollen. Beides sind Gebiete mit Siedlungen, die weit in das Negade I zurückgehen, besaßen eine für damalige Verhältnisse recht hohe Bevölkerungskonzentration und geographisch eine äußerst günstige Lage mit Verbindungsmöglichkeiten, nicht nur nach Norden und Süden, sondern auch nach Ost und West.

Das bis jetzt vorhandene Material ist nicht ausreichend, um festzustellen, welche historische Tiefe die Identifizierung eines lebenden Menschen mit der Vorstellung von einem falkenartigen Gott besitzt, und wie sie zustande gekommen ist, denn die Kenntnis über den Falkengott Horus setzt eigentlich erst gleichzeitig mit dem Hervortreten der Träger des Horustitels ein. Auch die sorgfältigen und scharfsinnigen Rekonstruktionsversuche der Horusvorstellung aus den Pyramidentexten und anderen späteren Zeugnissen helfen da nicht sehr viel weiter (zur Horusvorstellung vgl. Bonnet 1952: 307-314). Eine substantielle Verbindung zu den Menschendarstellungen auf den bemalten Negade-II-Gefäßen oder auch zu dem Inhaber des Hierakonpolisgrabes läßt sich nicht belegen.

Die beiden Träger des Horustitels Ka und Narmer lassen sich bereits etwas deutlicher erkennen, auch wenn von Ka keine bildlichen Darstellungen erhalten sind. Aber beide können mit einer Grabanlage auf dem B-Friedhof in Abydos verbunden werden (vgl. Exkurs 3). Da Gräber von einer solchen Größe und Tiefe bis dahin auf prädynastischen Friedhöfen nicht zu belegen sind, und wohl kaum übersehen worden sein können, wird durch sie nicht nur einmal mehr die überragende Stellung der Träger des Horustitels deutlich gemacht, sondern es liegt die Vermutung nahe,

daß auch für die Vorgänger von Ka und Narmer gesonderte Nekropolen existiert haben. Dafür käme nun Abydos am ehesten infrage, auch wenn dort keine auf „Skorpion“ datierbaren Funde gemacht wurden. Ob Ka der unmittelbare Vorgänger von Narmer ist, ist noch unsicher, eine direkte zeitliche Abfolge läßt sich nicht beweisen. Auf Grund der bisher begrenzten Anzahl bekannter Gräber dieser Zeitstufe auf dem B-Friedhof in Abydos kann jedoch zwischen beiden kein allzu langer Zeitraum vergangen sein.
Ebenso wie für „Skorpion“, dessen Grabanlage noch nicht gefunden wurde, scheinen auch von Ka, dem Inhaber der Anlage B 7/B 9 auf dem B-Friedhof in Abydos, keine beschrifteten Steingefäße überliefert zu sein. Dabei wird es sich jedoch um einen Zufall handeln, sicher haben solche Steingefäße existiert. Von beiden sind jedoch Keramikgefäße mit Tintenaufschriften bekannt. Erstmals von Ka hat sich das Bruchstück eines gesiegelten Lehmverschlusses erhalten. Aller Wahrscheinlichkeit nach gab es demnach spätestens seit Ka die sogenannten „Königssiegel“.

Narmer, der wahrscheinliche Inhaber der Anlagen B 17/B 19 auf dem B-Friedhof in Abydos, ist durch Ritz- und Tinteninschriften auf Stein- und Keramikgefäßen (Exkurs 4), verschiedene Siegelmuster (Exkurs 5), ein Annalenplättchen (Exkurs 6), eine Felsinschrift (Kap. 3.5.5.) und das Relief auf einem Keulenkopf aus Kalkstein (Kap. 3.5.2.) als Träger des Horustitels belegt. Wie Kaiser wahrscheinlich gemacht hat, scheint es sich bei der Darstellung auf der Narmerkeule am ehesten um Szenen des Hebsed-Festes zu handeln, das jeder Herrscher der dynastischen Zeit regulär als Jubiläum seines dreißigjährigen Amtsantrittes zum ersten Mal und in der Folgezeit dann im dreijährigen Rhythmus beging, mit dem Ziel der Wiederherstellung seiner Lebenskraft (zum Hebsed-Fest vgl. Helck/Otto 1956. 104-105). Narmer trägt dabei das lange hemdartige Festgewand und die rote (unterägyptische) Krone, die, wie bereits erwähnt, schon als Relief auf einer Gefäßscherbe aus dem Ende des Negade I belegt ist, also kaum einen autochthonen unterägyptischen Ursprung haben kann, sondern aller Wahrscheinlichkeit nach in den Kreis der oberägyptischen, prädynastischen, kultisch-magischen Symbole gehört.
Auf einem weiteren Zeugnis des Narmer, seiner berühmten Schminkpalette, wird erstmals belegt, daß zu dem mit dem Horustitel verbundenem Amt auch die Leitung kriegerischer Aktionen gehörte, denn sowohl das unterste Register der Vorderseite wie auch die gesamte Rückseite der Narmerpalette berichten von der erfolgreichen Durchführung militärischer Operationen, die offensichtlich gegen Bewohner der Deltaregion gerichtet waren (vgl. Kap. 3.5.1.). Auf der Rückseite der Palette wird Narmer gezeigt, wie er im Begriff ist, einen bereits niedergeworfenen Gegner mit einer Keule zu erschlagen. Er trägt dabei die weiße (oberägyptische) Krone, mit der auch „Skorpion“ bei der Aussaatzeremonie dargestellt wurde. Der Stier, den das unterste Register der Vorderseite beim Zerstören einer befestigten Ansiedlung und beim Niedertrampeln eines Menschen von gleichem Typus wie die Besiegten auf der Rückseite zeigt, ist wahrscheinlich eine symbolische Darstellung des Narmer.

Eine solche Annahme würde dann auch den kämpfenden Stier auf der Stierpalette, wenngleich nicht mit Sicherheit als Narmer, so doch aber zumindest als Träger des Horustitels identifizieren. Möglicherweise gilt das auch für den Löwen auf der Schlachtfeldpalette (vgl. Kap. 3.5.1.). Dagegen scheint die Städtepalette (Kap. 3.5.1.) allem Anschein nach kein Zeugnis kriegerischer Aktionen, sondern weit eher ein Hinweis auf die Gründung befestigter Ansiedlungen, vermutlich im Westdelta, zu sein. Im gleichen Gebiet scheinen sich auch die auf der Narmerpalette belegten Kämpfe abgespielt zu haben, wenn die Interpretation des unterworfenen Gegners als 7. unterägyptischer Gau richtig ist.

Leider ist die Städtepalette nicht zu datieren, weil auf dem Fragment kein Horusname steht. Von Narmer sind jedoch zwei Siegelmuster erhalten, die von Kaplony als Verwaltungssiegel „vom ψ-Palast" bezeichnet werden (vgl. Exkurs 5; Kaplony 1963: 65). Vielleicht handelt es sich dabei gar nicht um einen „Palast", sondern um eine von den auf der Städtepalette dargestellten Siedlungsgründungen. Zumindest besteht zwischen dem Pflanzenzeichen des „Palast"-namens und dem Pflanzenzeichen einer der auf der Städtepalette erwähnten Ansiedlungen eine große Ähnlichkeit. Die Siegelabrollungen stammen aus dem Grab Tarkhan 414. Da im Siegelbestand des Grabes auch 24 Verschlüsse des sog. „Königssiegels" des Narmer vorkommen (Kaplony a.a.O.), ist anzunehmen, daß es sich bei dem Grabinhaber um einen Würdenträger des Narmer handelte, der diesem so nahe stand, daß er eines der Königssiegel führen durfte, denn aus Abydos ist dieses Siegel nicht belegt. Welche Aufgaben dieser Würdenträger zu erfüllen hatte, ist ebenso wie sein Name unklar. Am ehesten läßt sich noch annehmen, daß er den für Narmer dokumentierten Sieg im Westdeltagebiet sichern sollte.

Seit Narmer sind also zwei Aufgabenbereiche für den Träger des Horustitels zu belegen, zum einen seine Funktion auf kultisch-magischem Gebiet, deren Autorität sich mit Wahrscheinlichkeit über große Gebiete, wenn nicht ganz Ober- und Mittelägypten, erstreckte, zum anderen die nominelle oder persönliche Leitung kriegerischer Operationen.

Im Vergleich zu den Grabanlagen des Ka, des Narmer und des noch unbekannten Inhabers von B 1/B 2 auf dem B-Friedhof in Abydos, ist die Anlage des Aha, bestehend aus den großen Grabkammern B 10, B 15 und B 19, den vorgelagerten kleineren Gräbern B 6 und B 14 sowie den 34 kleinen einzeln gemauerten Reihengräbern B16, nicht nur wesentlich größer, sondern wirkt auch wie ein echter Vorläufer der sich südwestlich anschließenden Anlagen des Djer, Djet und der anderen Herrscher der 1. Dynastie. Dagegen machen die Anlagen des Ka und des Narmer einen recht kümmerlichen Eindruck, und gäbe es nicht die vielfältigen Fundobjekte, würde man sie ohne weiteres für die Gräber von hochrangigen Gefolgsleuten des Aha halten können. Besonders befremdlich wirkt die geringe räumliche Distanz zwischen der dritten Kammer von Aha (B 19) und der Anlage seines Vorgängers Narmer (B 17/B 18), die Kaiser damit zu erklären versucht, daß B 19 ein nachträglicher Anbau, vielleicht sogar von einem ephemeren Nachfolger des Aha, ist (Kaiser

1964: 102). Aber auch, wenn durch die vielfältigen Mißgeschicke des B-Friedhofes die den Anlagen des Ka und des Narmer vielleicht ursprünglich tatsächlich vorgelagerten Reihengräber von Gefolgsleuten (sie müßten nordwestlich der jeweiligen Hauptgräber gelegen haben) unbemerkt geblieben sind, wirkt die Vergrößerung der Aha-Anlage doch sehr auffällig, wenn sie nicht lediglich die durch den Platzmangel auf dem B-Friedhof gegenüber den Vorgänger- und Nachfolgeranlagen erzwungene Richtungsänderung der Hauptachse der Anlage kompensieren soll.

Die Belege für Aha sind insgesamt bedeutend zahlreicher als für seine Vorgänger, aber reliefgeschmückte Keulen und Paletten kommen nicht mehr vor. Seine Aktivitäten im kultisch-magischen Bereich werden allgemein durch die Existenz von Steingefäßen mit Ritzinschriften dokumentiert, die wohl als Stiftung anläßlich besonderer Feierlichkeiten ausgegeben wurden (Kap. 3.2.). Auf einem dieser Steingefäße ist erstmalig die Durchführung des Apislaufes belegt (Exkurs 4). Der Kult des heiligen Apis-Stieres, einer der bis in die Spätzeit berühmtesten Stierkulte, ist seit dem Alten Reich mit dem Ptah-Tempel in Memphis verbunden. Aus der Zeit des Aha gibt es noch keine Anhaltspunkte für die Existenz des Ptah-Tempels, aber es spricht nichts dagegen, daß die Apis-Verehrung, wahrscheinlich primär ein Fruchtbarkeitskult, im Gebiet von Memphis heimisch war. Sicherlich ist ein Apislauf auch im zweiten Register des Annalenplättchens Aha b erwähnt (Exkurs 6), wobei das am rechten Bildrand dargestellte Heiligtum aller Wahrscheinlichkeit nach seine Kultstätte ist.
Konkret werden die kultischen Aktivitäten des Aha durch die Annalenplättchen Aha a, b und c belegt. Daraus ist zu entnehmen, daß sie mit einer ausgedehnten Reisetätigkeit zu Schiff verbunden waren, bei der nicht nur die verschiedenen Kultorte besucht und neue Kultsymbole überbracht bzw. eingeweiht wurden, sondern daß, wie Aha a zu zeigen scheint, dabei auch Festessen (für die örtliche Bevölkerung bzw. ihre Honoratioren?) stattfanden. Zu den durch die Annalenplättchen bezeugten Schiffsreisen paßt die Überlieferung des „Horusgeleites" auf den Annalensteinen gut. Noch völlig unklar ist jedoch, ob die Annalenplättchen Etappenberichte des „Horusgeleites" sind, oder ob das alle zwei Jahre stattfindende „Horusgeleit" eine ganz spezielle Reise darstellte, von der es keine weiteren Berichte gibt. Militärische Operationen, offenbar nach Süden gerichtet, werden durch das Täfelchen Aha d belegt (Exkurs 6). Obgleich zur Anlage des Aha in Abydos (vgl. Exkurs 3) auch zwei mittelgroße Gräber (B 6 und B 14) gehören, als deren Inhaber nur Personen aus seiner unmittelbaren Umgebung infrage kommen (B 14 hat bereits Petrie der „Prinzessin" Bener-ib zugeschrieben), haben sich mindestens zwei seiner Würdenträger Gräber außerhalb von Abydos und in dem für Abydos nicht belegten Mastabastil anlegen lassen. Dabei handelt es sich um das Grab in Negade, als dessen Besitzer nach Kaplony der „Prinz" *Rḫjjt*, vermutlich ein Sohn von Narmer und Neith-hotep, infrage kommt (Kaplony 1963: 67-68), und um die Mastaba 3357 in Sakkara, die Emery als Grabstätte des Aha identifiziert, von Kaplony jedoch dem

„Prinzen" *Sꜣ-jst* zugewiesen wurde. Sowohl *Rḫjjt* als auch *Sꜣ-jst* sind durch sog. „Prinzensiegel" und durch Ritzinschriften auf Steingefäßen belegt. Für zwei weitere Personen, *Ḥt* und *Msj-mḥj*, von denen ebenfalls „Prinzensiegel" erhalten sind, lassen sich bis jetzt noch keine Grabanlagen nachweisen.
Die Gesamteinschätzung der Aktivitäten und der Rolle des Aha wird durch das gegenüber seinem Vorgänger reichhaltigere Material erleichtert, aber wahrscheinlich ist nicht alles, was in der Aha-Zeit erstmalig zu belegen ist, auch wirklich in dieser Zeit neu eingeführt worden. Ziemlich eindeutig weisen die Ausmaße seiner eigenen Grabanlage sowie die beiden sehr großen Mastabas für zwei seiner Würdenträger daraufhin, daß für ihren Bau mehr materielle Mittel eingesetzt wurden, als für die Anlagen seiner Vorgänger, aber die Gründe für diesen gesteigerten Aufwand sind noch recht unklar. Sie können sowohl im ideologischen Bereich liegen, d.h. in der Veränderung der Anschauungen über die Rolle des toten Herrschers im Jenseits, als auch Ausdruck einer realen Vergrößerung seiner Macht sein. Aus dem Material der Aha-Zeit ist jedoch keineswegs zu erkennen, daß die bereits für Narmer belegten Aufgaben auf kultisch-magischem und auf militärischem Gebiet durch neue oder andere Aktivitätsbereiche erweitert worden sind.
Recht deutlich drückt sich eine Differenzierung unter den Leuten der unmittelbaren Umgebung des Aha aus. Die Inhaber der insgesamt 36 Nebengräber auf dem B-Friedhof in Abydos (B 6, B 14 und B 16) waren vermutlich Personen, die entweder in einer sehr engen persönlichen Beziehung zu Aha gestanden haben, oder die für seine Begleitung und Bedienung im Jenseits erforderlich schienen. Vielleicht galt es auch als Ehre, zum Gefolge des toten Herrschers zu gehören, so, wie sich in späterer Zeit Untergebene gern im Grab ihres Vorgesetzten darstellen ließen. Zumindest zwei Leute haben jedoch von der Möglichkeit, in der Nähe des Herrschers bestattet zu werden, keinen Gebrauch gemacht. Das sind die Inhaber der großen Mastabas in Negade und Sakkara. Durch das in ihren Gräbern gefundene inschriftliche Material kann ausgeschlossen werden, daß sie sich im Gegensatz zu Aha befunden haben. Wenn die von Kaplony gegebene Interpretation der „Prinzensiegel" als reine Filiationsangaben stimmt, handelt es sich bei beiden um nahe Blutsverwandte des Aha.

Die Grabanlage des Djer in Abydos (Exkurs 3) zeigt, daß tatsächlich die Anschauungen über die Rolle und Aufgaben des toten Herrschers im Jenseits erweitert und präzisiert worden sein müssen, denn nur so lassen sich die Veränderungen dieser Anlage gegenüber der des Aha einigermaßen befriedigend erklären. Für Djer wurde nur noch eine große, dick ausgemauerte Grabkammer angelegt, die einen aus massiven Brettern und Balken gefertigten hölzernen Einbau umschloß, der Raum zwischen Einbau und Kammerwänden war durch Ziegelmauern in Zellen unterteilt, die rot ausgemalte Scheintüren besaßen und wahrscheinlich als Vorratsräume dienten. Dieser Bau wurde von insgesamt 316 kleinen Reihengräbern umgeben, in denen, offenbar gesondert nach Aufgabenbereichen, das Gefolge des Djer bestattet war. Dazu kommt eine weitere, nicht mehr rekonstruierbare Anlage am Rande des Fruchtlandes, wahrscheinlich im Sinne eines Taltempels, die von weiteren Reihengräbern umschlossen wurde. Diese gegenüber der Aha-Anlage fundamentalen Veränderungen können nicht nur durch gestiegene materielle Möglichkeiten, Zunahme an Erfahrung oder Zweckmäßigkeit erklärt werden, sie haben sicher auch ideologische Gründe.

Unter den 97 erhaltenen Stelen der Nebengräber sind 76 Frauenstelen, zwei Stelen von Zwergen und elf Stelen gehören wahrscheinlich Männern. Drei große Mastabaanlagen in Sakkara zeigen, daß es auch unter Djer einige sehr hohe Würdenträger gab, die nicht zusammen mit dem Gefolge in Abydos bestattet wurden (Mastaba 3503, 2185 und 3471 in Sakkara Nord). Die vielfältigen kultischen Aktivitäten des Djer, die ebenso wie für Aha mit zahlreichen Schiffsreisen verbunden waren, werden auch durch die Annalentäfelchen Djer a-f belegt (vgl. Exkurs 6). Auch militärische Aktionen in Nubien sind für Djer durch die Felsinschrift bei Wadi Halfa bezeugt.

Die Grabanlage des Djet in Abydos (Exkurs 3) weist gegenüber der des Djer kaum wesentliche Besonderheiten auf, jedoch ist die Anzahl der Nebengräber mit insgesamt 174 wesentlich geringer als für Djer. Auch Djet besitzt am Rande des Fruchtlandes noch eine weitere Anlage mit Reihengräbern. Mastaba-Anlagen aus der Zeit des Djet befinden sich in Tarkhan (Tarkhan 1060, Petrie 1913: 13-20) und Giza (Petrie 1907: 2-7).

Von den drei Annalentäfelchen des Djet sind zwei sehr stark beschädigt, aber die Fragmente zeigen, daß auch sie von der Durchführung kultischer Handlungen berichten. Auf Djet a wird der Name des *Sḫm-kȝ-sḏ* erwähnt. Das Horus-Serech-Symbol des Djet wurde an einer Felswand in der östlichen Wüste, südlich von Edfu gefunden (Emery 1963: 69) und stellt wahrscheinlich weniger ein Zeugnis militärischer Aktionen dar, als das Zeugnis einer in seinem Auftrage unternommenen Expedition auf der Suche nach Hartgestein, Gold, Kupfer o.ä.

Für Den lassen sich eine Reihe neuer Züge belegen, deren Ursachen im einzelnen schwer zu ergründen sind, die aber insgesamt wohl als Anzeichen einer gewissen qualitativen Veränderung seiner gesellschaftlichen Stellung gewertet werden können. Als erstes ist bemerkenswert, daß zunächst über eine Reihe von Jahren wohl seine Mutter Merit-Neith die Amtsgeschäfte für ihren wahrscheinlich noch sehr jungen Sohn geführt hat. Absolut eindeutige Beweise für ein Mutter-Sohn-Verhältnis von Merit-Neith und Den gibt es wohl nicht, aber auf den Annalensteinen, die in der Überschrift zu den Jahresfeldern neben dem Namen des jeweiligen Herrschers auch immer den seiner Mutter nennen, hat sich für Den als Überrest vom Namen seiner Mutter erhalten, was auf jeden Fall gut zum Namen Merit-Neith paßt. In der Abydos-Nekropole gibt es südwestlich der Grabstätte des Djet eine sehr exakt gebaute Anlage, die durch zwei große Stelen und eine Reihe weiterer

Funde auf Merit-Neith zu datieren ist (vgl. Exkurs 3). Die dort gefundenen gesiegelten Lehmverschlüsse gehören zum Bestand der Siegelmuster des Den. Merit-Neith besitzt zwar ein Grab in Abydos, wie die Herrscher der 1. Dynastie, hat aber selbst weder auf den Grabstelen noch auf irgendeinem anderen Zeugnis den Horustitel geführt. Von ihr sind auch keine Annalenplättchen erhalten oder Steingefäßinschriften, die auf kultische Handlungen hinweisen. Sie hat also nur das Herrscheramt verwaltet, bis ihr Sohn Den für die Inthronisierung alt genug war. Daß sie sich dadurch das Recht erwerben konnte, in Abydos in einer den übrigen Herrschergräbern völlig gleichwertigen Anlage bestattet zu werden, kann eigentlich nur bedeuten, daß mit diesem Amt bereits Qualitäten oder Aufgaben verbunden waren oder zu dieser Zeit entwickelt wurden, die nicht ausschließlich auf dem Horustitel beruhten.

Wahrscheinlich im Zusammenhang damit ist die zweite auffällige Erscheinung des Den zu sehen: erstmalig für ihn ist der *nswt-bjt*-Titel zu belegen. Über den Inhalt und die Herkunft dieses Titels gibt es noch kontroverse Auffassungen (vgl. u.a. Otto 1960; Leclant 1973; Baumgartel 1975). Im Gegensatz zu dem aus dem kultisch-magischen Bereich stammenden Horustitel scheint der *nswt-bjt*-Titel eine mehr profane, speziell auf die Landesteile Ober- und Unterägypten bezogene Bedeutung zu besitzen. Dabei wirkt jedoch die Auswahl der Symbole *nswt*-Binse für Oberägypten und *bjt*-Biene für Unterägypten etwas überraschend, weil bis dahin die Bezeichnungen „*šmꜥ*" und „*mḥw*" für Ober- und Unterägypten schon gut belegt waren, und bis Den weder die Binse noch die Biene als charakteristische Wahrzeichen für die Landesteile in Erscheinung traten. Der konkrete Hintergrund des Bezuges von Binse und Biene zu Ober- und Unterägypten läßt sich deshalb bis jetzt nicht erklären. Die Nisbenbildung des Titels „der zur Binse Gehörige" bzw. „der zur Biene Gehörige" scheint primär zunächst wohl kaum einen Machtanspruch über sondern lediglich die Zugehörigkeit zu den beiden Landesteilen Ober- und Unterägypten, vielleicht im Sinne einer Repräsentanz, auszudrücken. Erstmalig ist das Zeichen „*nswt*" auf dem Siegelmuster Abb. 36 (Kap. 5.2.) für einen Palast des Aha zu belegen. Auffälligerweise wurden in den frühzeitlichen Zeugnissen äußerst selten der Horustitel und der *nswt-bjt*-Titel nebeneinander genannt. Kaplony erklärt das dadurch, daß es abwechselnd Horusdienst- und Erscheinungsjahre gab, wobei in den Erscheinungsjahren nur mit dem *nswt-bjt*-Titel signiert wurde, in den Horusjahren mit dem Horustitel (Kaplony 1963: 296-297; 1965: 1). Tatsächlich gibt der Palermostein ab Nj-netjer ziemlich regelmäßig für die Zwischenjahre des „Horusgeleites" „Erscheinungen" an, vor Nj-netjer sind sie unregelmäßig vermerkt (P recto 2,9: Erscheinung als *nswt* für Djer; recto 3,3: Erscheinung als *nswt-bjt* beim Hebsed-Fest des Den; recto 3,12: Erscheinung als *nswt-bjt* für Den). Aber selbst, wenn „Horusgeleit" und „Erscheinung" in jährlichem Turnus gewechselt haben, muß das doch nicht mit einem jährlichen Wechsel der Titel verbunden gewesen sein. Wahrscheinlicher ist die Annahme, daß beide Titel unterschiedliche Bedeutungsbereiche besaßen

und die Stiftung der Steingefäße entweder in der Eigenschaft als *nswt-bjt* oder als Horus erfolgte.
Ebenfalls erstmalig ist für Den die Doppelkrone bezeugt, mit der er auf zwei seiner Annalenplättchen dargestellt ist (Den a und Den n, vgl. Exkurs 6), auf anderen Abbildungen trägt er jedoch auch die oberägyptische oder die unterägyptische Krone oder das Kopftuch. Es ist wahrscheinlich, daß die Doppelkrone in Verbindung mit dem neu eingeführten *nswt-bjt*-Titel steht. Auch das Grab des Den in Abydos (Exkurs 3) weist einige Neuerungen auf. Im Gegensatz zu den Anlagen seiner Vorgänger besitzt es eine Treppe nach außen, so daß das Grab abgedeckt werden konnte, bevor die Bestattung erfolgt war. Diese zweifellos sehr praktische Neuerung wurde von allen seinen Nachfolgern in Abydos beibehalten und findet sich auch bei den Mastaba-Gräbern seiner hohen Würdenträger in Sakkara. Einmalig und nur für das Den-Grab in Abydos belegt, ist ein Fußboden aus Granitplatten.
Die Aktivitäten des Den auf kultischem Gebiet werden durch beschriftete Steingefäße und Annalenplättchen belegt. Den führte mindestens eine erfolgreiche militärische Aktion im Osten des Landes durch. Das Annalenplättchen Den i (Exkurs 6) berichtet vom „1. Mal des Schlagens des Ostens“, auf das gleiche Ereignis oder auf einen späteren Feldzug könnte sich eine Notiz auf einem der Fragmente der Annalensteine (P recto 3,2) beziehen, wo vom „Niederschlagen der Bewohner der östlichen Wüste“ die Rede ist. Dazu paßt recht gut, daß im Grabe des Den in Abydos Keramikfragmente ausländischer Herkunft gefunden wurden, und daß unter den Stelen aus den Reihengräbern sieben Frauenstelen mit einem bis jetzt noch nicht übersetzbaren Titel vorkommen (vgl. Kap. 3.5.4.2.), der als Bezeichnung für kriegsgefangene Asiatinnen aufgefaßt werden kann (Kaplony 1963: 374-375).

Für Adj-ib ist eine eigentümliche Erweiterung des *nswt-bjt*-Titels mit zwei Falkenstandarten (*nṯrwj*) belegt, die aber von seinen Nachfolgern offenbar nicht weitergeführt wird. (vgl. Exkurs 4). Seine Grabanlage in Abydos (vgl. Exkurs 3) besteht aus zwei durch eine starke Ziegelwand getrennten Kammern, von denen die eine wahrscheinlich als Magazinraum diente, keinen Zugang besaß und bei Fertigstellung des Oberbaus endgültig verschlossen wurde. In der anderen vorderen Kammer befand sich die Bestattung. Sie war durch eine Treppe von außen zugänglich. Gegenüber der Anlage des Den ist die Anzahl der Reihengräber für Adj-ib um mehr als die Hälfte zurückgegangen. Wahrscheinlich zeichnet sich mit dieser Verminderung bereits der Beginn einer Entwicklung ab, die bei seinen Nachfolgern Semerchet und Qa in einem völligen Verzicht auf Nebengräber, die von der Hauptanlage getrennt waren, resultiert. Vermutlich hatten sich die Anschauungen über die Notwendigkeit eines Gefolges für den toten Herrscher geändert.
Die von Adj-ib erhaltenen Steingefäße zeigen bemerkenswert vielseitige Inschriften (vgl. Exkurs 4), dagegen ist leider nur das Fragment eines einzigen Annalenplättchens bekannt. Die Ritzinschriften und das Annalenplättchen dokumentieren kultische Aktivitäten, darunter ein Hebsed-Fest, das auf Grund der relativ kurzen Amts-

periode des Adj-ib sicher vorzeitig (d.h. nicht erst als Jubiläumsfest nach dreißigjähriger Amtsperiode) durchgeführt wurde. Von kriegerischen Aktionen des Adj-ib ist nichts bekannt.

Semerchet

Von seiner kurzen, nach K 1 nur neunjährigen Amtsperiode sind keine außergewöhnlichen Ereignisse überliefert. Er ist zusammen mit Djet der einzige Herrscher, von dem keine Gräber hoher Würdenträger in Sakkara erhalten sind, vielleicht ist das aus der kurzen Dauer seiner Amtsperiode zu erklären. Den von seinem Vorgänger Adj-ib eingeführten Zusatz „*nṯrwj*“ zum *nswt-bjt*-Titel hat er aus ungeklärten Gründen wieder aufgegeben, möglicherweise besaß dieser Zusatz eine spezielle, nur auf Adj-ib bezogene Bedeutung. Stattdessen bildet er seinen *nswt-bjt*-Namen mit *nbtj* – die beiden Herrinnen (das sind die Schlangen- und die Geiergöttin), ein Gebrauch, der mindestens bis einschließlich Chasechemwj (Ende der 2. Dynastie) von allen Herrschern weitergeführt wurde.

Sein Grab in Abydos besitzt erstmalig keine gesonderten Reihengräber mehr, sondern die 74 unterschiedlich großen Nebenkammern, von denen ein Teil zweifellos als Magazinräume diente, waren direkt an die zentrale Grabkammer angebaut (vgl. Exkurs 3). Durch Ritzinschriften auf Steingefäßen und ein Annalenplättchen werden für ihn kultische aber keine militärischen Aktivitäten belegt.

Die Anlage des Qa, des letzten Herrschers der 1. Dynastie, beschließt zunächst die Reihe der Grabstätten in Abydos. Seine Nachfolger Hetep-Sechemwj, Ra-neb und Nj-netjer sind in Sakkara bestattet worden. Obgleich seine Amtsperiode bedeutend länger war als die seiner Vorgänger Adj-ib und Semerchet (nach Kaiser 1961: 43: 17 Jahre) sind besondere Ereignisse von ihm nicht überliefert. Beschriftete Steingefäße und Annalenplättchen dokumentieren wie üblich die kultischen Aktivitäten. Das Annalenplättchen Qa a möchte Kaplony als Beleg für eine Expedition unter einem *mḏḥ*-Beamten nach Phönizien zur Beschaffung von Akazien- und Tannenholz interpretieren (Kaplony 1965: 42). Bemerkenswert ist, daß Qa in der Mastaba 3504 in Sakkara, aller Wahrscheinlichkeit nach eine Anlage des unter Djer, Djet und Den lebenden Würdenträgers *Sḫm-k3-sḏ*, Restaurierungsarbeiten vornehmen ließ. Da die Beschädigungen durch einen Brand in der unterirdischen Grabkammer verursacht worden waren, wird deutlich, daß die Plünderungen bereits wenige Generationen nach Vollendung der Anlagen erfolgten.

Das Grab des Qa in Abydos (Exkurs 3) muß in ziemlicher Eile fertiggestellt worden sein, da nur für die zentrale Grabkammer genügend durchgetrocknete Ziegel zur Verfügung standen. Ob daraus Rückschlüsse auf den überstürzten Amtsantritt des bisher nur durch Ritzinschriften auf Steingefäßen belegten und vielleicht illegitimen Nachfolgers Senefer-ka (vgl. Exkurs 4) und die Verlegung der Nekropole nach Sakkara abgeleitet werden können, muß vorläufig noch unklar bleiben.

Hetep-Sechemwj, Ra-neb und Nj-netjer

Das Verhältnis von Hetep-Sechemwj zu Senefer-ka bzw. Qa ist noch völlig ungeklärt, aber nach der Überlieferung gilt Hetep-Sechemwj als 1. Herrscher der 2. Dynastie. Die Abfolge Hetep-Sechemwj, Ra-neb und Nj-netjer wird durch die Granitstatue eines knienden Mannes belegt, der diese drei Namen an der Schulter eingraviert trug (vgl. Kap. 3.5.3.). Die Grabanlagen der drei ersten Herrscher der 2. Dynastie scheinen sich in Sakkara befunden zu haben. (vgl. Kap. 3.1.). Es ist jedoch kein Grund erkennbar, der zur Aufgabe der Nekropole in Abydos geführt haben könnte. Von allen drei Herrschern sind Ritzinschriften auf Steingefäßen erhalten, die davon zeugen, daß die aus der 1. Dynastie überlieferten Traditionen in bezug auf Titel und Kultaktivitäten weitergeführt wurden. Seit Qa sind jedoch die Annalentäfelchen nicht mehr belegt, so daß dadurch eine wichtige Quelle von Informationen versiegt ist. So bleibt auch vorläufig noch das einzige bekannte und wirklich wichtige Ereignis dieser Zeit, die durch den Palermostein erstmalig für Nj-netjer überlieferte Ergänzung des „Horusgeleites“ durch eine „Zählung“ in den direkten zeitgenössischen Quellen völlig unbelegt. Da die Jahresfelder auf den Annalensteinen für Hetep-Sechemwj und für Ra-neb nicht erhalten sind, ist es durchaus möglich, daß diese wichtige Neuerung bereits unter einem dieser beiden Vorgänger des Nj-netjer eingeführt wurde.

Wneg, Senedj und Sechem-ib

Von allen dreien sind die Grabanlagen nicht erhalten. Von Wneg und Senedj sind Steingefäßinschriften bekannt, die aber nur jeweils den *nswt-bjt*-Namen belegen. Siegelverschlüsse existieren von beiden nicht.

Sechem-ib wird durch Steingefäße sowohl mit seinem Horus- als auch mit seinem *nswt-bjt*-Namen belegt, von ihm stammen auch einige Siegelmuster (zur zeitl. Einordnung des Sechem-ib vgl. Exkurs 5).

Von Per-ib-sen existiert ein verhältnismäßig kleines Grab in der Nekropole in Abydos, direkt nördlich neben den Herrschergräbern der 1. Dynastie (vgl. Exkurs 3). Die Wahl dieses Platzes kann eigentlich nur als eine bewußte Demonstration der Zusammengehörigkeit mit den Traditionen der Vorgänger aus der 1. Dynastie verstanden werden. Deshalb wirkt es umso auffälliger, daß Per-ib-sen sich ganz offensichtlich nicht mit Horus, wie alle seine belegbaren Vorgänger, sondern mit Seth identifizierte. Auf seinen offiziellen Denkmälern, d.h. den beiden Grabstelen, den Ritzinschriften auf Steingefäßen und den Siegeln ist der Horusfalke auf dem Serech durch das Seth-Tier ersetzt. Die Gründe für diese Änderung sind noch völlig unklar und daher Anlaß zu vielfältigen Überlegungen (Emery 1963: 95-97; Edwards 1964: 26-27). Jedoch scheinen tiefergehende Konsequenzen für die gesellschaftliche Stellung des Per-ib-sen damit nicht verbunden gewesen zu sein. Allein die Wahl seines Begräbnisplatzes scheint echte Widersprüche zu seinen Vorgängern aus der 1. Dynastie auszuschließen. Für die Darstellung seines Seth-Titels benutzte er, ganz in der Tradition seiner Vorgänger, den Serech, und er führt auch den *nswt-bjt*-Titel mit dem Zusatz „*nbtj*" weiter. Von einigen Autoren wurde das Vorkommen von Siegelverschlüssen des Sechem-ib im Grabe des Per-ib-sen damit erklärt, daß Sechem-ib und Per-ib-sen identisch seien und Sechem-ib im Verlauf seiner Amtsperiode aus noch ungeklärten Gründen seinen Horustitel durch einen Seth-Titel ersetzt habe (Literatur zu dieser Problematik vgl. Edwards 1964: 27). Die Anerkennung dieser Auffassung bedeutet aber, daß gleichzeitig auch der *nswt-bjt*-Titel verändert worden sein muß, denn für beide sind durch die Ritzinschriften auf Steingefäßen auch unterschiedliche *nswt-bjt*-Titel belegt.

Chasechemwj gilt als letzter Herrscher der 2. Dynastie. Seine Grabanlage befindet sich südwestlich der Herrschergräber der 1. Dynastie in Abydos, unterscheidet sich aber sehr stark von den früheren Anlagen (vgl. Exkurs 3). Nach Kaisers einleuchtendem Rekonstruktionsvorschlag beginnt mit Chasechemwj die fünfte Zeile der Annalensteine, in der danach die Jahresfelder des Neb-ka, des Djoser und des Huni, also alles Herrscher der 3. Dynastie, verzeichnet sind. Da die Jahresfelder in Zeile 4 auffällig schmal sind, gewinnt man den Eindruck, daß die Zuordnung des Chasechemwj zu den Herrschern der 3. Dynastie absichtlich erfolgt ist. Für eine enge Verbindung des Chasechemwj mit den Herrschern der 2. Dynastie spricht aber nicht nur der Standort seines Grabes, sondern auch der Umstand, daß er auf dem Serech mit seinen Namenszeichen Horusfalke und Seth-Tier gemeinsam plaziert.
Noch nicht völlig geklärt scheint die Frage zu sein, ob Chasechemwj und Chasechem miteinander identisch sind (vgl. Edwards 1964: 27-30; für eine Gleichsetzung beider Kaplony 1974). Mit dem Namen Chasechem verbunden sind die beiden Statuen aus Stein, die einen Herrscher mit der roten Krone und dem hemdartigen Festgewand zeigen. Die um die Statuenbasen herumgeführten Darstellungen getöteter Menschen und die Vermerke „48 205" bzw. „47 209 getötete Unterägypter" scheinen ziemlich deutlich militärische Aktionen im Delta zu dokumentieren. Seit Narmer gab es keine Zeugnisse von Kämpfen im Deltagebiet mehr, aber aus anderen Belegen scheint sich anzudeuten, daß die Oberägypter erst allmählich von den Deltarändern aus ins Innere vordrangen. Dabei kann es durchaus gelegentlich zu militärischen Auseinandersetzungen gekommen sein, so daß diese Inschriften nicht unbedingt die Beweise für ein in dieser Zeit einmaliges Ereignis zu sein brauchen. Wenn die Statuen Erinnerungsstücke an ein Hebsed-Fest sind, ergibt sich vielleicht eine gewisse Parallele zu der Hebsed-Darstellung auf der Narmerkeule, auf der auch von 120 000 Gefangenen die Rede ist. Aber die dazu vergleichsweise recht bescheidenen Zahlen der Statuen, mit einer Genauigkeit bis in die Einer, sprechen doch eher für ein aktuelles Ereignis als für einen, für das Hebsed-Fest erforderlichen traditionell gewordenen „topic".

Von den Herrschern der 2. Dynastie sind im Vergleich zur 1. Dynastie nur wenige Zeugnisse erhalten, so daß sich erhebliche Schwierigkeiten bei der Fixierung ihrer zeitlichen Abfolge ergeben. Aus bisher ungeklärten Gründen bestand in der 2. Dynastie keine zentrale Herrschernekropole, und mit Sicherheit sind nur die Gräber von Per-ib-sen und Chasechemwj nachweisbar. Von Hetep-sechemwj, Raneb und Nj-netjer gilt als wahrscheinlich, daß sie in Sakkara bestattet wurden, die Gräber von Wneg, Senedj und Sechem-ib sind noch unbekannt. Diese Dezentralisierung der Grabanlagen ist am wahrscheinlichsten auf Komplikationen bei der personellen Besetzung des Herrscheramtes zurückzuführen, d.h. es kann nicht ausgeschlossen werden, daß zur gleichen Zeit mehr als ein Inhaber des Herrscheramtes existierte. Daraus ergibt sich die Frage, welche Regelungen normalerweise für die Nachfolge vorgesehen waren. Im allgemeinen wird angenommen, daß die Übertragung des Amtes auf dem Wege der patrilinearen Erbfolge vor sich ging. Leider gibt es jedoch auch in der ganzen 1. Dynastie keinerlei Beweise dafür. Das hängt z.T. damit zusammen, daß bei der Amtseinführung zusammen mit dem Horus- und dem *nswt-bjt*-Titel auch neue Namen angenommen wurden, so daß es unmöglich ist, aus dem Bestand an sog. „Prinzensiegeln", bei denen es sich nach Kaplony um direkte Filiationsangaben handelt (Kaplony 1963: 71), zu schließen, welcher von den Herrschersöhnen die Amtsnachfolge angetreten hat. Zwar scheint der zukünftige Amtsnachfolger als „Prinz" noch keine sehr bedeutende Rolle gespielt zu haben, denn das gesamte Material der 1. Dynastie enthält keinen Hinweis auf eine solche Position, es ist jedoch sehr wahrscheinlich, daß sich die Designierung entweder bereits durch die Geburt ergab oder kurz danach festgelegt wurde. Nur so ist zu erklären, daß Merit-Neith die Amtsgeschäfte für ihren Sohn Den führen konnte. Wenn eine patrilineare Erbfolge vorgelegen hat, dann war sie sicher noch mit einigen Zusatzbedingungen in Bezug auf die Mutter verbunden, denn die Annalensteine nennen neben dem eigentlichen Herrschernamen nur den der Mutter, der Name des Vaters wird in keinem der zu belegenden Fälle erwähnt (Djer, Den, Semerchet).

Komplikationen bei der Nachfolge hat es möglicherweise bereits zu Ende der 1. Dynastie gegeben, denn auf einigen Steingefäßen ist der Name Adj-ib ausgeschmirgelt und durch den des Semerchet ersetzt (Petrie, RT I, Taf. VI, Nr. 9-11). Sehr auffällig ist in der 2. Dynastie die Verwendung eines Seth-Titels durch Per-ib-sen und eines Horus- und Seth-Titels durch Chasechemwj, anstelle des bis dahin gebräuchlichen Horustitels. Eine exakte Erklärung für diesen Wechsel der Gottheit, mit der der Herrscher sich identifiziert, gibt es bis jetzt nicht. Sie wird dadurch erschwert, daß es gerade Per-ib-sen und Chasechemwj sind, die sich in der Herrschernekropole der 1. Dynastie in Abydos bestatten ließen, also ganz offensichtlich eine Übereinstimmung mit den Traditionen ihrer Vorgänger aus der 1. Dynastie demonstrieren wollten. Die Inschriften auf Steingefäßen und Siegelverschlüssen zeigen, daß beide offenbar keine weiteren grundsätzlichen Neuerungen, etwa in Bezug auf ihre kultischen Aktivitäten, eingeführt haben.

Insgesamt ergibt sich aus den im Vorstehenden vorgestellten Belegen folgender Befund:

In der 1. und 2. Dynastie, d.h. bis zum Ende des untersuchten Zeitraumes, wird die Position der Herrscher primär durch die Identifizierung mit einer Gottheit charakterisiert. In dieser Eigenschaft genießen die Herrscher nicht nur selbst göttliche Verehrung, sondern sie hatten auch die Aufgabe, kultische Handlungen zugunsten anderer Götter durchzuführen, wobei vermutlich die Vorstellung von ihrer eigenen Göttlichkeit die Wirksamkeit dieser Handlungen erhöhen sollte. Die Herrscher spielten dadurch gewissermaßen eine Art Vermittlerrolle zwischen den Menschen und den überirdischen Mächten, denen gegenüber sie die Menschen zu vertreten hatten. Durch ihre Existenz und ihr kultisch-magisches Wirken gewährleisteten sie den Bestand der natürlichen Weltordnung und sicherten damit die Existenzbedingungen für die Menschen. Aus dieser Vorstellung von den übernatürlichen magischen Kräften der Herrscher ergab sich auch ihre Rolle bei der Sicherung der Produktionsbedingungen, die in der Durchführung der Aussaatzeremonie und des Apislaufes zu belegen ist. Wahrscheinlich gab es noch eine Reihe ähnlicher Feierlichkeiten. Mit der Organisation der konkreten Produktionsbedingungen, etwa der Schaffung eines Bewässerungssystems, hatten die Herrscher nichts zu tun. Auch als Leiter der Produktion sind sie nicht zu belegen, sie scheinen in diesem Bereich keine Aufgaben besessen zu haben.

Die zweite, aus den Quellen belegbare Funktion der Herrscher steht in enger Verbindung mit ihrer kultisch-magischen Wirksamkeit, wobei nicht mehr feststellbar ist, ob nicht sie die historisch zuerst entstandene ist; sie leiteten, zumindest ideell, die militärischen Auseinandersetzungen mit den Feinden Ägyptens. Dabei repräsentieren sie zunächst und primär die Oberägypter. Dieser Tatbestand wird z.B. auf der Narmerpalette dokumentiert, auf der Auseinandersetzungen mit unterägyptischen Stämmen dargestellt sind.

Ein dritter Funktionsbereich der Heerscher wird mit der Einführung des *nswt-bjt*-Titels durch Den deutlich: Der Herrscher ist zum Repräsentanten der beiden Landesteile Ober- und Unterägypten geworden. Welche konkreten neuen Qualitäten in Bezug auf seinen Status damit verbunden waren, läßt sich aus dem vorhandenen Material nicht direkt erkennen. Da der *nswt-bjt*-Titel jedoch genau der Bestandteil der späteren fünfteiligen Titelfolge ist, der den Herrscher als Repräsentanten des Staates ausweist, muß seine Einführung wahrscheinlich als äußerliches Merkmal dafür gewertet werden, daß der Prozeß der Staatsentstehung in ein akutes Stadium einzutreten begann.

Noch sprechen keinerlei Anzeichen dafür, daß bereits unter Den die alten dorfgemeinschaftlichen Strukturen in Oberägypten zerstört worden sind. Dagegen ist für Unterägypten anzunehmen, daß zumindest am westlichen und östlichen Deltarand durch die Neugründung von Ansiedlungen, die sicher zunächst primär der militärischen Sicherung des Gebietes dienten, Herrschaftsstrukturen, die mit festen Steuerverpflichtungen verbunden waren, eingeführt wurden.

5. Die Institutionen

Seit Narmer sind, zunächst vorwiegend durch Siegelverschlüsse, später auch aus anderen Quellen, eine Reihe von Bezeichnungen bekannt, bei denen es sich wegen der als Symbole verwendeten Darstellungen von Gebäudegrundrissen, Mauervierecken u.ä. nicht um Personennamen handeln kann, sondern um Institutionen, die mit Aktivitäten der Herrscher verbunden waren.
Einige der Bezeichnungen lassen sich mehr oder weniger eindeutig als Kultstätten identifizieren, bei anderen ist mit einiger Berechtigung zu vermuten, daß es sich um Verwaltungs- bzw. Wirtschaftsinstanzen handelte. Insbesondere die zweite Gruppe ist für das vorliegende Thema von besonderem Interesse, auch wenn dabei berücksichtigt werden muß, daß das vorhandene Material nicht aus Siedlungen sondern aus Grabanlagen stammt, und bestimmte Verwaltungen in ihrer Wirksamkeit möglicherweise ausschließlich auf die Organisation von Bau, Ausstattung und Versorgung der Grabanlagen beschränkt gewesen sein können.
Zunächst lassen sich auf Grund des äußeren Erscheinungsbildes in den Inschriften zwei Arten von Institutionen erkennen:

1. Institutionen, die einen eigenen Namen führten, der auf jeden Herrscher neu ausgestellt wurde. Dabei handelt es sich um die sog. „Domäne“ und die „Götterfestung“.
2. Institutionen, die keinen eigenen Namen, sondern eine mehr oder weniger sachliche, durch ihre Funktion geprägte Bezeichnung trugen und über einen längeren Zeitraum mit dieser Bezeichnung zu belegen sind. Dazu gehören die sog. „Zeltverwaltung“, das „Schatzhaus“, „Scheunen“ und „Krugmagazine“ usw.

Eine gewisse Zwischenstellung nehmen die beiden *ḥwt*-Anlagen *P-Ḥr-msn* und *Sꜣ-ḥꜣ-nb* ein, die zwar einen vollständigen Eigennamen führten, aber nicht unter jedem Herrscher neu benannt wurden.
Leider ist es gegenwärtig noch nicht möglich, ein auch nur annähernd vollständiges Bild von den verschiedenen Institutionen der Frühzeit zu erhalten. Aber bei näherer Betrachtung wird doch wenigstens das eine oder andere Detail sichtbar.

5.1. Die „Zeltverwaltung“

Bereits unter den ältesten Siegeln aus der Narmerzeit sind einige Verschlüsse der sog. „Zeltverwaltung“ vertreten. Sie bestand also schon unter Narmer, und ihre Anfänge lassen sich nicht weiter zurückverfolgen, da sie nur auf Siegeln belegt sind. Die jüngsten Belege der „Zeltverwaltung“ kommen aus der Mastaba Sakkara 3506, die in die frühe Periode des Den zu datieren ist. Man kann also annehmen, daß sie etwa zu diesem Zeitpunkt oder etwas früher abgelöst, abgeschafft oder in einer anderen Institution aufgegangen ist. Aus dem Zeitraum von Narmer bis Den sind insgesamt 42 verschiedene Siegelmuster der „Zeltverwaltung“ bekannt (davon sind 38 bei Kaplony 1963: Abb. 137-174 als Zeichnung gegeben, vier sind dort nicht abgebildet, weil zu fragmentarisch, werden aber an verschiedenen Stellen in Bd. 1 erwähnt). In diesen Siegelabdrücken wird die „Zeltverwaltung" durch ein ganz eigenartiges Gebäude symbolisiert, das wohl eine Hütte mit rechteckigem Grundriß und einem tonnenförmig gewölbten Dach wiedergeben soll. An der rechten Schmalseite ist oben am Dach ein tierschwanzähnliches Gebilde befestigt, dadurch wirkt das ganze wie ein Elefantenkörper. Links vor dem Gebäude liegt ein Löwe, in dessen Rücken mehrere, zumeist drei Stäbe stecken. Bei vollständig erhaltenen Mustern tritt zu diesen Symbolen obligatorisch ein hieroglyphischer Vermerk, gelegentlich auch zwei bis vier Vermerke (zur Musteraufteilung vgl. Kaplony 1963: 14-15). Kaplony nimmt an, daß dieser eine obligatorische Vermerk ein Name ist. Das bedeutet, daß alle erhaltenen Siegel der „Zeltverwaltung" Beamtensiegel sind. Damit stimmt überein, daß im Siegelmuster niemals ein Herrschername vorkommt. Für den konkreten Aufgabenbereich der „Zeltverwaltung" gibt es nur wenige Anhaltspunkte. Bemerkenswert ist, daß Verschlüsse der „Zeltverwaltung" seit Aha nicht nur in Abydos, sondern auch in Sakkara vorkommen, auch in der großen Negade-Mastaba (Zeit Aha) sind sie vertreten. In Abydos sind sie unter Djet nicht mehr zu belegen, in Sakkara werden sie dagegen bis in die frühe Zeit des Den weitergeführt. In den Siegelinventaren der Gräber in Abydos, Negade und Sakkara nehmen die Verschlüsse der „Zeltverwaltung" niemals einen überragenden Platz ein, d.h. sie kommen vor, aber jeweils immer nur in einigen Exemplaren. Dieser Befund scheint – mit aller Vorsicht – zwei Schlußfolgerungen zu erlauben:

1. Die „Zeltverwaltung" war eine Institution von nicht nur lokal eng begrenzter Bedeutung,
2. Ihre Aufgaben bestanden nicht ausschließlich in der Versorgung der Gräber, sie waren aber an der Ausstattung der Gräber beteiligt.

Die Siegelinschriften der „Zeltverwaltung" enthalten keine direkte Angabe über die von ihnen verschlossenen Produkte. Solche Hinweise sind auf den frühdynastischen Siegeln im allgemeinen außerordentlich selten. Eine Durchsicht der Siegelträger, d.h. der Lehmverschlüsse, auf Größe und Form (um damit die dazugehörigen Gefäße und eventuell den Gefäßinhalt zu bestimmen) ergibt folgendes Bild:
Von den 42 erhaltenen Siegelmustern scheiden zunächst sieben Muster aus, weil

- zwei Muster auf Original-Zylindersiegeln erhalten sind (Abb. 142 u. 149),
- zwei Muster auf unklaren Verschlußtypen vorkommen,
- zu drei Mustern der Verschlußtyp nicht angegeben ist.

Die verbleibenden 35 Siegelmuster gliedern sich in folgende Verschlußtypen auf (Typenangabe nach Kaplony 1963: 49-55, sowie jeweils im Siegelinventar der einzelnen Gräber, Bd. 1: 60-175):

Typ I	große hohe Verschlüsse aus gelbem Lehm für große Vorratsgefäße mit Bier, Wein oder Korn.	= 9 Muster
Typ II	große konische Verschlüsse, gelber Lehm, für große Vorratsgefäße mit Bier, Wein oder Korn.	= 11 Muster

Typ III	flache, fladenförmige Verschlüsse für große, schlanke, rundbodige Vorratsgefäße. Krüge mit Siegeln dieses Typs wurden zusammen mit intakten gesiegelten Gefäßen von Typ II gefunden, was auf einen gleichartigen Inhalt schließen läßt (Emery 1938: 10: Taf. 10b u. 27). Dagegen verweist Kaplony (1963: 713) darauf, daß die Verschlüsse von Typ III auf der Unterseite statt eines Deckels Abdrücke von parallel gelegten Bastfasern besitzen, was einen von Typ I u. II verschiedenen Inhalt wahrscheinlich macht. Die im Hemaka-Grab, Magazin D, in situ gefundenen Gefäße scheinen leer gewesen zu sein, zumindest gibt es a.a.O. keinen Hinweis auf einen Inhalt.	= 4 Muster
Typ IV	große kegelstumpfförmige Verschlüsse aus grauem Lehm für weithalsige Gefäße mit Öl, Fett odgl.	= 3 Muster
Typ V	große ovale Beutelverschlüsse aus gelbem Lehm für Säckchen, zur Aufbewahrung von Korn, Trockenfrüchten udgl., aber gelegentlich auch von Kostbarkeiten, wie Feuerstein- und Kupfergeräten, Spielsteinen, evtl. Minerale, Schmuck, vgl. Kaplony 1963: 713.	= 5 Muster
Typ VI	kleine runde bis ovale Beutelverschlüsse aus grauem, feingeschlemmtem Lehm für Säckchen mit Inhalt wie Typ V.	= 2 Muster
Typ VIIA	walzenförmige Schnurverschlüsse aus grauem, feingeschlemmtem Lehm für Beutel oder andere Behälter, die mittels einer Schnur verschlossen werden können.	= 1 Muster

Der überwiegende Teil der Verschlüsse der „Zeltverwaltung" (Typ I, II, III, V u. VI = insgesamt 30 Muster) diente also zum Verschließen von Behältern, die Bier, Wein, Korn und Trockenfrüchte enthielten (nur für Typ IV ist ein solcher Inhalt mit Wahrscheinlichkeit auszuschließen), das sind jedoch Produkte, von denen man eigentlich eher annimmt, daß sie als Abgaben an den Hof geschickt werden, als daß sie von dort als Beitrag oder Ehrengeschenk des Herrschers für die Grabausstattung eines verdienten Würdenträgers gespendet werden.

Auf Aufgaben im Bereich der Abgabenerfassung lassen auch einige Siegelmuster direkt schließen. So enthalten die Siegelmuster Abb. 144 und Abb. 160 (Zeit des Aha) den Vermerk: „Einkünfte (oder Abgaben) Unterägyptens", Abb. 161 (Zeit des Aha): „Einkünfte Oberägyptens"; alle drei Muster befinden sich auf Verschlüssen von Typ I. Siegelmuster Abb. 148 (Zeit des Djer) auf einem Verschluß von Typ III zeigt den Zusatz: „östliches Unterägypten". Möglicherweise gehört hierher auch das leider stark zerstörte Muster Abb. 156 (Zeit des Djer), das neben dem Symbol der „Zeltverwaltung" und einigen nicht ganz verständlichen Zeichen

auch ein Stadtdeterminativ zeigt, aber kein Zeichen für „Einkünfte“ odgl. Da das Stadtdeterminativ jedoch auf keinem anderen Siegel der „Zeltverwaltung“ vorkommt, kann es eigentlich nur Teil der Herkunftsangabe der versiegelten Produkte sein, im vorliegenden Fall auf Grund des Siegeltyps IV, wahrscheinlich Fett, Öl o.ä.
Von den beiden Original-Siegelzylindern, die in den Gräbern des Talfriedhofes von Djer gefunden wurden, ist Abb. 142 besonders interessant, da er das Symbol der „Zeltverwaltung“ mit den Motiven der Tiersiegel verbindet.
Es wird angenommen, daß die Tiersiegel von niederen Beamten benutzt wurden, die nicht das Recht hatten, ein auf ihren Namen ausgestelltes Siegel zu führen (vgl. Exkurs 5). Die Kombination von Tiermotiven und Symbol der „Zeltverwaltung“ könnte also bedeuten, daß der Inhaber des Siegels einen unteren Rang im Rahmen der „Zeltverwaltung“ innehatte. Damit würde auch sein Begräbnisplatz, nicht an der eigentlichen Hauptanlage, sondern im Talfriedhof des Djer in Abydos, übereinstimmen.
Insgesamt gesehen ist es also recht wahrscheinlich, daß die „Zeltverwaltung“ eine Instanz war, die mit dem Einziehen und der Verwaltung der Abgaben für den Herrscher befaßt war. Die Behälter mit den Siegeln dieser Verwaltung könnten dann auf dem Wege der normalen Versorgung, die vom Hofe aus vorgenommen wurde, in die Gräber der Würdenträger gelangt sein. Eine ähnliche Auffassung vertritt auch Helck, der in der „Zeltverwaltung“ „die älteste Wirtschaftsverwaltung“ sieht, „die vielleicht noch mobil war und mit dem König im Lande umherzog“ (Helck 1975: 26). Seine Ansicht, daß sie unter Djer endet, ist jedoch anhand des Materials nicht aufrecht zu erhalten, ebenso unwahrscheinlich ist, daß die Herrscher bis Djer noch im Lande umherzogen, d.h. keine feste Residenz besaßen. Die offensichtlich auch von ihm angenommene Mobilität der „Zeltverwaltung“ ist wahrscheinlich primär auf die Mobilität der Beamten zurückzuführen, die mit der Abgabenerfassung beschäftigt waren.
Da die letzten Verschlüsse der „Zeltverwaltung“ aus den ersten Jahren des Den stammen, und sie bereits unter Djet nicht mehr im Herrschergrab in Abydos zu belegen sind, könnte der Zeitpunkt ihrer Auflösung etwa in die Zeit des Djet zu fixieren sein. Unter Djet und Merit-Neith sind, wie noch zu zeigen ist, eine Reihe neuer Instanzen erkennbar, die durchaus an die Stelle der „Zeltverwaltung“ getreten sein und ihre Aufgaben übernommen haben könnten. Wahrscheinlich kommen hier, wenngleich für uns noch nicht recht faßbar, Tendenzen zum Ausdruck, die bei Den schließlich zur Annahme des *nswt-bjt*-Titels geführt haben. Im Grab des *Sḫm-kꜣ-sḏ* (Sakkara 3504, erste Jahre des Den) ist ein leider beschädigtes Verschlußmuster belegt, (Abb. 197), das den Namen *Sḫm-kꜣ-sḏ* im Wechsel mit den beiden Palast- oder Tempelgrundrissen und zeigt. Dieses Muster könnte ein Hinweis darauf sein, daß das Löwenmotiv der „Zeltverwaltung“ im Anschluß an ihre Auflösung als Kultsymbol weitergeführt wurde (zum erneuten Auftreten des Löwensymbols in Titeln der 3. Dyn. vgl. Emery 1939: 26; Helck 1954: 75-77).

5.2. Die „Paläste"

Bereits seit Narmer kommen in den schriftlichen Zeugnissen länglich-hohe Vierecke vor, in die hieroglyphische Zeichen eingeschrieben sind. Dabei handelt es sich wohl um die Darstellung von Gebäudegrundrissen, für die seit dem Alten Reich der Lautwert „*ḥwt*" feststeht (WB III: 1; Gardiner 1969: 493). Es gibt keinen Grund, daran zu zweifeln, daß diese Lesung auch bereits für die Frühzeit anzunehmen ist. Schwierigkeiten bereitet dagegen die Übersetzung, da das Wort „*ḥwt*" primär wohl nur „größeres Gebäude" bedeutet.
Im konkreten Einzelfall ist daher die Zweckbestimmung des Gebäudes als „Palast", „Haus eines Gottes" oder als „Zentrum einer größeren Ansiedlung" für die Übersetzung ausschlaggebend. Gerade diese Zweckbestimmung ist jedoch aus den mit wenigen Zeichen nur knapp formulierten Vermerken der Frühzeit sehr schwer zu ermitteln.
Dem Versuch, das Material über die *ḥwt*-Anlagen der frühdynastischen Zeit sachlich zu gliedern, sind insofern enge Grenzen gesetzt, da es im Wesentlichen nur aus Namen besteht, die an sich nicht sehr aussagekräftig sind. Formal lassen sie sich jedoch in zwei Gruppen einteilen:

1. Anlagen, deren Bezeichnungen mit dem Namen und/oder dem Titel des jeweiligen amtierenden Herrschers gebildet sind bzw. durch den Zusatz *pr-nswt* qualifiziert werden,
2. Anlagen, deren Bezeichnungen keinen direkten Bezug auf den Herrscher ausdrücken. Diese Namen lassen sich zumeist schwer übersetzen, und es entsteht daher der Eindruck, daß diese Gruppe recht heterogen ist.

Die spärlichen Informationen über Funktion und Aufgaben der *ḥwt*-Anlagen sind nur recht mühsam zu ermitteln. Deshalb sollen die vorhandenen Belege zunächst erst einmal chronologisch nach den Herrschern geordnet vorgesellt und diskutiert werden.

Für Narmer lassen sich

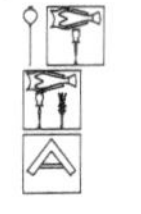

ḥwt-ḥḏ des Narmer (Siegelmuster Abb. 34)
„Ähren"-Palast des Narmer (Siegelmuster Abb. 35A-B)
ḥwt-ḏbꜣ – „Schmuckhaus" (Narmerpalette, Napfseite)

belegen,

für Aha:

ḥwt-nswt(?) des Horus Aha (Siegelmuster, Abb. 36)

Diese Zeichen symbolisieren wohl Gebäude oder Gebäudekomplexe, die mit der Person oder den Aktivitäten der Herrscher in Verbindung standen, ohne daß sich jedoch eine konkrete Zweckbestimmung oder ihre geographische Lage erkennen läßt. Ihr Name ist noch eindeutig auf die Herrscher Narmer oder Aha bezogen.

Djer

Ähnlich sind wohl auch die Bezeichnungen für zwei Gebäude (Paläste?) des Djer zu verstehen. Das Annalentäfelchen Djer b nennt im obersten Register (vgl. Exkurs 6), und auf einem Elfenbeinfragment aus dem Grabe des Djer in Abydos ist ein des Horus Djer belegt (RT II, Taf. V,2).

Helck ist der Auffassung, daß in beiden Fällen der aus anderen Quellen erstmalig für den späteren Herrscher Adj-ib erwähnte Palastname „*P-Ḥr-msn*“ gemeint ist (Helck 1954a: 32, Anm. 33), aber überzeugend ist diese Ansicht deshalb nicht, weil das Zeichen sicher kein „*p*“ (□) ist, wie Helck anzunehmen scheint, sondern sicherlich „*ḏr*“. Das Zeichen für „*p*“ kommt auf dem Annalentäfelchen Djer b ebenfalls vor, zeigt aber immer exakte Seitenbegrenzungen. Soweit sich erkennen läßt, tragen die beiden o.g. Anlagen Namen, die mit dem Bestandteil „Horus Djer“ gebildet sind, wobei der Beleg RT II, Taf. V,2 mit „*jb*“ erweitert wurde. Mit dem späteren Palastnamen „*P-Ḥr-msn*“ haben beide Belege nur den Horusfalken gemeinsam – eine etwas schmale Basis für eine Gleichsetzung.

Unter den von Amélineau publizierten Funden aus dem Djer-Friedhof in Abydos befinden sich jedoch eine Schieferschale mit der Ritzinschrift „*P-Ḥr-msn*“ (Amélineau 1904: Taf. 21,12), sowie eine Alabasterschale mit der Ritzinschrift „*S3-ḥ3-nb*“ (Amélineau 1904: Taf. 20,6). Das würde für die Existenz beider Paläste schon unter Djer sprechen. Aber beide Objekte sind nicht durch den Herrschernamen datiert, und es besteht daher zu recht der Verdacht, daß sie durch Grabräuber aus anderen Anlagen verschleppt oder von Amélineau nicht korrekt eingeordnet worden sind (zu den beiden Gefäßfunden vgl. auch Kaplony 1963: 193, Anm. 1249, 1252, 1255). Insgesamt scheint es deshalb recht zweifelhaft, daß die Existenz der Anlage „*P-Ḥr-msn*“ bereits unter Djer angenommen werden kann. Für „*S3-ḥ3-nb*“ gibt es ohnehin offenbar keinen Zweifel, daß sie erst unter Adj-ib gegründet worden ist (Helck 1975: 27).[3]

Neben den auf Djer b und auf dem Elfenbeinfragment RT II, Taf. V,2 genannten Anlagen des Djer ist auf dem Bruchstück des Annalentäfelchens Djer f eine weitere Anlage des Djer, ein belegt. Genauere Informationen über die Zweckbestimmung der Anlage lassen sich jedoch nicht gewinnen.

Für die Zeit des Djet sind die Anlagen *P-Ḥr-msn* oder *S3-ḥ3-nb* nicht zu belegen. Auf dem Bruchstück eines Steingefäßes aus Serpentin könnte nach den erhaltenen Spuren durchaus ein Palastname gestanden haben, aber außer der Seitenbegrenzung ist davon nichts mehr erhalten (vgl. Exkurs 4).

Auch auf den Zeugnissen der *Merit-Neith* sind die Anlagen *P-Ḥr-msn* und *S3-ḥ3-nb* nicht erwähnt. Aus ihrem Grab in Abydos stammen die Siegelmuster eines Beamten *Sḫ3-k3*, der offenbar sowohl eine Tätigkeit am (Abb. 115) als auch an einem (Abb. 241) ausgeübt hat (zu den weiteren Aufgaben des *Sḫ3-k3* vgl. Exkurs 5), so-

[3] Zu „*S3-ḥ3-Ḥr*“ als Bezeichnung des Grabbezirks des Adj-ib in Sakkara vgl. R. Stadelmann: Vom Ziegelbau zum Weltwunder, Mainz, 2. Aufl. 1991: 23-24.

wie Verschlüsse des aus der „Domänen"-Verwaltung gut bekannten *ˁm-kꜣ*, durch die dieser als *ˁḏ-mr* von [hieroglyph] ausgewiesen wird (Abb. 118; Exkurs 5). Während sich die beiden *ḥwt*, an denen *Sḫꜣ-kꜣ* tätig gewesen ist, nicht weiter definieren lassen, ist *ḥwt-jḫt* durchaus zu lokalisieren und scheint nach allgemeiner Auffassung eine Siedlung am Westdeltarand gewesen zu sein, die in späterer Zeit Hauptort des 3. unterägyptischen Gaues war (vgl. Kaplony 1963: 778-80; Anm. 672; dort ist auch die vorhandene Literatur zu *ḥwt-jḫt* diskutiert). Das Siegelmuster Abb. 118 des *ˁḏ-mr* von *ḥwt-jḫt*, namens *ˁm-kꜣ* wurde auf den Verschlüssen im Merit-Neith-Grab zusammen mit dem *ḫrp-ḥrj-jb*-Amtssiegel der „Domäne" des Den (Abb. 198) abgerollt (Kaplony 1963: 91).

Beide Siegel kommen einzeln noch einmal auf Verschlüssen im Grab Abu Roasch 6 vor (Kaplony 1963: 134). Sowohl im Merit-Neith-Grab als auch in Abu Roasch scheinen sie ausschließlich auf Verschlüssen von Typ II zu stehen, die zu den großen und mittelgroßen Vorratsgefäßen gehören. Die Verbindung des Beamtensiegels des *ˁḏ-mr* namens *ˁm-kꜣ* von *ḥwt-jḫt* (Abb. 118) mit dem Amtssiegel eines „*ḫrp-ḥrj-jb* der Domäne" (Abb. 198) auf einem gemeinsamen Verschluß von Typ II zeigt, daß eine als „*ḥwt*" bezeichnete Instanz, die fernab von der in dieser Zeit in Memphis anzunehmenden Residenz lag, mit der Zulieferung landwirtschaftlicher Produkte an die „Domäne" befaßt sein konnte, ohne daß diese Aufgabenstellung in ihrem Namen irgendwie zum Ausdruck kommt. Es ist durchaus möglich, daß auch andere *ḥwwt* solche Aufgaben besessen haben. Das gilt vor allem für solche Aufgaben, deren konkrete Funktion sich bisher anderweitig nicht definieren läßt, die jedoch alle fast ausschließlich nur durch ihre Siegelmuster auf Lehmverschlüssen von Behältern zu belegen sind. Möglicherweise deuten sich hier bereits Verhältnisse an, die dann später, zu Beginn der 3. Dynastie unter Djoser etwas klarer zu erkennen sind, nämlich daß die *ḥwt*-Anlagen das Zentrum der Abgabenerfassung seines bestimmten Gebietes darstellen (Helck 1975: 35).

Für Den ist, ebenso wie für Aha, ein „*ḥwt-nswt*" zu belegen, ohne daß jedoch ein konkreter Eigenname dafür angegeben ist (Exkurs 6, Den a). Sowohl für Aha als auch für Den scheint damit die Residenz des Herrschers bezeichnet worden zu sein.

„Leiter (*ḫrp*) des *pr-nswt*" des Djet war der Inhaber der Privatstele Nr. 8 aus Abydos, namens *St-kꜣ* (vgl. Kap. 3.5.4.2.). Die Anlage „*P-Ḥr-msn*" kommt zwar in der Verbindung mit dem Herrschernamen Den als Ritzinschrift auf einem der Steingefäße vor, dabei handelt es sich jedoch um eine Inschrift, die die gesamte Herrscherfolge von Den bis Qa nennt, und der Vermerk „*P-Ḥr-msn*, Krugmagazin" ist deshalb aller Wahrscheinlichkeit nach eher auf Qa zu beziehen als auf Den (vgl. Exkurs 4). Aus der Grabanlage des Den in Abydos ist ein Amtssiegel des Den für ein [hieroglyph] *ḥwt-ḫt-ḫrw* (Abb. 249) bekannt. Nach Meinung von Kaplony ist der „*ḫt-ḫrw*" mit dem „*nḫt-ḫrw* der „Scheune" aus dem AR identisch, der für den richtigen Eingang der Ernteerträge zu sorgen hat (Kaplony 1963: 126). Damit würde sich auch für das *ḥwt-ẖt-ẖrw* eine Verbindung zu Aufgaben im Bereich der Abgabenerfassung herstellen lassen. In dieser Hinsicht ebenfalls sehr interessant sind die vier Siegelmuster des Würdenträgers *St-kꜣ* aus der Zeit des Den (Vgl. Exkurs 5), die alle aus dem Grab 3506 in Sakkara stammen. Durch das Verschlußmuster Abb. 182 wird *St-kꜣ* als *ꜥḏ-mr* des „*ḥwt-zmtj-gstjw*" ausgewiesen, Abb. 185 nennt seinen Namen in Verbindung mit einem „*ḥwt-sbꜣt*(?)", ohne jedoch einen Titel zu erwähnen. Abb. 184 belegt für *St-kꜣ* den Titel 𓋹-*ḥqꜣ*, den in der 3. Dynastie die Verwalter von Gütern führten (Helck 1975: 35), und Abb. 183 gibt schließlich den wahrscheinlich höchsten Titel seiner aktiven Laufbahn als „*sḏꜣwtj-bjtj* – Siegler des Königs von Unterägypten" an. Es ist nicht klar, ob *St-kꜣ* die mit den Titeln verbundenen Ämter gleichzeitig oder nacheinander ausgeübt hat, und wann er „Leiter des Palastes" (*ẖrp-ꜥḥ*) und „Leiter des Königshauses" (*pr-nswt*) wurde (wenn er überhaupt mit dem Inhaber der Privatstele Nr. 8 aus der Anlage des Den in Abydos identisch ist), aber sie lassen sich am sinnvollsten dann miteinander verbinden, wenn man für ihn eine Tätigkeit im Bereich der Abgabenerfassung annimmt. Leider läßt sich nicht genau feststellen, welche Produkte *St-kꜣ* versiegelt hat, da alle vier Muster auf Verschlüssen von Typ III stehen, für die der dazugehörige Gefäßtyp nicht näher zu bestimmen ist. Sicher ist nur, daß mit dem Verschlußtyp III Gefäße mit relativ weiter Öffnung verschlossen wurden. Innerhalb der „Domäne" scheint *St-kꜣ* nach Ausweis der Siegelmuster keine Funktion bekleidet zu haben.

Für Adj-ib ist die Anlage *P-Ḥr-msn* dann eindeutig zu belegen. Das Siegelmuster Abb. 246 besteht aus der Inschrift „*ḥwt-P-Ḥr-msn* des *nswt-bjt Mr-p-bjꜣ*, Krugmagazin für Schweinefleisch". Ähnlich lautet Abb. 250, „*ḥwt-P-Ḥr-msn* des *Mr-p-bjꜣ*" mit dem Zusatz „[Hieroglyphen]". Ein „*ḥwt* des [zerstört] *Mr-p-bjꜣ*" nennt auch der leider stark fragmentarische Verschluß Abb. 735. Durch ein weiteres Siegelmuster (Abb. 251) ist für Adj-ib noch ein Amtssiegel des [Hieroglyphe] belegt, das Kaplony mit „Hof der Lederarbeiter" übersetzt. Es ist aber auch gut möglich, daß es sich hierbei nicht um eine Werkstätte, sondern um eine der *ḥwt*-Anlagen handelt, die bereits schon für die Vorgänger des Adj-ib bezeugt sind, und die wahrscheinlich mit der Abgabenerfassung in Verbindung stehen. Der Verschluß stammt aus der Mastaba Sakkara 3038 (Emery 1949: 82), und es existieren keine Informationen über den Verschlußtyp, gleichzeitige Verwendung anderer Siegel usw.

Durch Ritzinschriften auf Steingefäßen ist für Adj-ib auch das „*ḥwt-Sꜣ-ḥꜣ-Ḥr*" belegt. Offenbar besaß diese Anlage eine gewisse Bedeutung, denn sie wird, allerdings ausschließlich, in Ritzinschriften auf Steingefäßen, auch für einige der folgenden Herrscher genannt.

Für Semerchet gibt es wahrscheinlich 3 Verschlußmuster, die seinen offiziellen Residenzplatz nennen: Abb. 229, ein Amtssiegel des Horus Semerchet für das „*ḥwt-P-Ḥr* des *Jrj-nbtj*", zeigt die Verbindung zum Palastnamen „*ḥwt-P-Ḥr-msn*" am deutlichsten. Abb. 210, ebenfalls ein Amtssiegel des Horus Semerchet, ist leider in den entscheidenden Teilen stark fragmentarisch. Eindeutig zu erkennen sind nur die Gruppen „*ḥwt nswt-bjt* ▨ Goldrind"; eine weitere Gruppe nennt ein „Krugmagazin ▨". Auf dem 3. Beleg (Abb. 236) ist der eigentliche Palastname ebenfalls nur als „*ḥwt nswt-bjt* ▨ Goldrind" zu erkennen, auch hier ist noch ein „Krugmagazin" erwähnt.

Für Qa ist der Palast „*P-Ḥr-msn*" mit den Zusätzen „*pr-nswt*" und „Krugmagazin" dann wieder eindeutig durch Ritzinschriften auf Steingefäßen zu belegen (vgl. Exkurs 4). Ebenfalls in Steingefäßinschriften kommt der Palastname *S3-ḥ3-nb* vor, gleichermaßen mit den Zusätzen „*pr-nswt*" und „Krugmagazin" versehen (Exkurs 4). Sabef, der Inhaber einer der beiden ausführlichen Privatstelen aus der Zeit des Qa, nennt als seine wichtigste Funktion die eines „*ẖrp* des Palastes *S3-ḥ3-nb*", der als „*pr-nswt*" charakterisiert ist. Sabef gibt erst an zweiter Stelle den Titel eines „*ẖrp* von *P-Ḥr-msn*" an, war also wahrscheinlich stärker mit *S3-ḥ3-nb* verbunden (vgl. Kap. 3.5.4.2.).

Aus den Siegelmustern ist für Qa weiterhin ein ▯ (Abb. 260) zu erkennen, ohne daß sich jedoch für diese Institution nähere Einzelheiten ergeben.

Auch in der 2. Dynastie werden die Anlagen „*P-Ḥr-msn*" und „*S3-ḥ3-nb*" weitergeführt. Beide sind für *Hetep-Sechemwj* auf Steingefäßen belegt. Dagegen erwähnen die Siegelmuster nur ein „*ḥwt* des *nswt-bjt* Hetep-nebtj", ohne jedoch den Namen der Anlage zu nennen (Exkurs 5).

Auch für *Ra-neb* ist durch Steingefäßinschriften die Existenz von „*P-Ḥr-msn*" und „*S3-ḥ3-nb*" zu sichern. Für „*P-Ḥr-msn*" gibt es darüber hinaus auch ein Amtssiegel des Horus Ra-neb, mit dem zusätzlichen Vermerk *jrj-jẖt* (Exkurs 5, Abb. 295). Ein weiteres Amtssiegel des Horus Ra-neb ist für einen *ẖrp-nbj* des „*ḥwt-ẖt-ḫrw*" ausgestellt (Abb. 264). *Ḫrp-nbj* ist eine Funktion innerhalb der „Domänen"-Verwaltung. Das *ḥwt-ẖt-ḫrw* war bereits in der 1. Dynastie durch ein Amtssiegel des Herrschers Den zu belegen (Abb. 249). Die Verbindung des *ẖrp-nbj*-Amtes der „Domäne" mit dem *ẖt-ḫrw* auf dem Siegelmuster Abb. 264 unterstützt die weiter vorn geäußerte Vermutung, daß das *ẖt-ḫrw* zu den Institutionen gehörte, die Aufgaben im Bereich der Abgabenerfassung zu erfüllen hatten.

Die Steingefäßinschriften des *Nj-netjer* belegen nur die allgemeine Bezeichnung „*pr-nswt*", einmal zusammen mit der Instanz „Krugmagazin" und einmal mit der Instanz „*js-ḏf3*" (vgl. Exkurs 4), ohne daß der Name „*P-Ḥr-msn*" oder „*S3-ḥ3-nb*" erwähnt wird. Die Existenz der Anlage *P-Ḥr-msn* wird jedoch auch für Nj-netjer durch das Siegelmuster Abb. 748 bestätigt, auf dem sie zusammen mit den ihr untergeordneten Instanzen „Schatzhaus" (*pr-dšr*) und „Weingärten" von *Grgt-Nḫbt*" vorkommt. Wahrscheinlich sind analog dazu auch die nur fragmentarisch erhaltenen Siegelmuster Abb. 246 u. 247 zu ergänzen.

Für Sechem-ib und Per-ib-sen sind die Anlagen „*P-Ḥr-msn*" und „*S3-ḥ3-nb*" weder durch Steingefäßinschriften noch durch Siegelmuster zu belegen. Die erhaltenen Siegelmuster geben zwar das „Schatzhaus" (*pr-ḥḏ*) und das *js-ḏf3* an, erwähnen

aber nicht die dem *pr-ḥḏ* übergeordnete Instanz. Auf einem Amtssiegel des Per-ib-sen (Abb. 758) wird ein „*ḥwt* ???“ (nach Kaplony 1963, Bd. II: 1187-88 „*ḥwt-ḥrj-stj* ?“) genannt, aber konkretere Informationen enthält der Verschluß nicht.
In den Steingefäßinschriften des *Chasechemwj* kommt weder die Anlage „*P-Ḥr-msn*“ noch die Anlage „*S3-ḥ3-nb*“ vor. Für „*S3-ḥ3-nb*“, das bereits seit Ra-neb nicht mehr zu belegen ist, liegt dadurch der Verdacht nahe, daß es als eigenständige Anlage oder Instanz möglicherweise bereits von Ra-neb oder seinem Nachfolger aufgegeben worden ist. „*P-Ḥr-msn*“ ist dagegen mit Sicherheit weitergeführt worden, denn es existiert ein fragmentarisch erhaltenes Amtssiegel des Chasechemwj für das „*ḥwt P-Ḥr-msn*“ (Abb. 767), dessen zusätzliche Vermerke jedoch leider zerstört sind. Ein weiteres Amtssiegel des Chasechemwj (Abb. 764) enthält als Bezeichnung für die oberste Instanz der nachgeordneten Verwaltung „*pr-dšr*“ und „Weingarten“ nur den allgemeinen Ausdruck „*pr-nswt*“.
Sehr interessant sind die Siegelmuster-Abbildungen 309, 310, 311 und 312. Alle vier sind Amtssiegel des Chasechemwj für „Weingärten“. Abb. 309 ist der Abdruck des Siegels für den „Weingarten *Grgt-Nḫbt*“ und nennt die übergeordneten Instanzen „*js-ḏf3*“ und „*pr-dšr*“. Abb. 310 nennt nur die Instanz „*js-ḏf3*“ (nicht das „*pr-dšr*“), den Vermerk „Weingärten“ und möglicherweise als nähere geographische Bestimmung der „Weingärten“, aber in einer getrennten Gruppe „*jnbw-ḥḏ*“ (Memphis). Ebenso wie Abb. 310 sind auch die Abb. 311 und 312 gegliedert. Sie tragen die Vermerke „*js-ḏf3*“, „Weingärten“ und in einer weiteren gesonderten Gruppe die Zeichen [hieroglyphs].
Für Abb. 312 sind im Gegensatz zu den Mustern 309, 310 und 311 möglicherweise noch Reste einer senkrechten Begrenzung für die Gruppe mit dem Ortsnamen zu erkennen. Weill interpretierte diese Gruppe mit „*P-Ḥr-msn*“ (Weill 1908: 158). Dieser Auffassung folgten auch Helck (1954a: 32, Anm. 33; 1975: 26, Anm. 35) und Kaplony (1963: 859). Daß es sich bei der fraglichen Gruppe tatsächlich um eine Ortsbezeichnung handelt, wird nicht nur durch die gleichartigen Verschlüsse Abb. 309 und 310 nahegelegt, sondern auch durch Verschlußmuster des Djoser für „Weingärten“ (Abb. 316-318), die nach dem gleichen Schema wie die „Weingarten“-Siegel des Chasechemwj gegliedert sind. Abb. 316 nennt als Ortsbezeichnung eine nicht ganz identifizierbare Gruppe von Zeichen, Abb. 317 enthält den Vermerk „*jnbw-ḥḏ*“ – Memphis (in der gleichen Schreibung wie Abb. 310 für Chasechemwj) und Abb. 318 schließlich gibt die Zeichen [hieroglyphs], d.h. nach der Lesung von Weill ist Abb. 318 das Siegel der „Weingartenanlage *P-Ḥr-msn*“, die durch das Stadtdeterminativ klar als Ansiedlung ausgewiesen wird. Das muß jedoch nicht bedeuten, daß der „Weingarten *P-Ḥr-msn*“ mit der noch für Chasechemwj nachzuweisenden Palastanlage „*P-Ḥr-msn*“ identisch ist. Auch die „Weingärten von *jnbw-ḥḏ*“ befanden sich zwar möglicherweise im Gebiet von Memphis, sind aber gewiß nicht mit der hauptstädtischen Ansiedlung Memphis gleichzusetzen. Daß ein ehemaliger Palast zu einer „Weingartenanlage“ umfunktioniert werden kann, ist in der Praxis sicher nur in Ausnahmefällen möglich, da beide jeweils ganz unterschiedliche Ansprüche

an die Geländebedingungen stellen. Auch wenn im Ägypten der damaligen Zeit Wein nicht an Berghängen, sondern, wie die Darstellungen zeigen, an laubenförmigen Gerüsten gezogen wurde, so waren doch auch damals für den Weinbau bestimmte Bodenqualitäten erforderlich. Die Benennung eines „Weingartens“ nach einem Palast könnte jedoch darauf hinweisen, daß seine Erträge vorzugsweise oder ausschließlich für diesen Palast bestimmt waren, sagt aber im Grunde nichts über dessen Lokalisierung aus.

Insgesamt läßt sich aus der vorstehenden Diskussion für die *ḥwt*-Anlagen der frühdynastischen Zeit folgendes erkennen: Die Anlagen, deren Bezeichnung mit dem Namen und dem Titel des jeweiligen Herrschers verbunden ist, bilden nicht nur formal, sondern auch inhaltlich eine zusammengehörige Gruppe. Die folgende, kurz gefaßte Zusammenstellung soll das noch einmal verdeutlichen:

Herrschername	Anlage	Quelle
Narmer	*ḥwt-ḥḏ* des Narmer	Siegelmuster Abb. 34
	ḥwt-„Ähre“(?) des Narmer	Siegelm. Abb. 35A u. B
Aha	*ḥwt-nswt* des Aha	Siegelm. Abb. 36
Djer	*ḥwt* „Horus Djer“	Annalenpl. Djer b
	ḥwt „Horus Djer *jb*“	Elfenbeinfragm. RT II, Taf. V,2
Djet	*pr-nswt ẖrp ꜥḥ*	Stele 8 Abydos (*St-kꜣ*)
Merit-Neith	–	
Den	*ḥwt-nswt* (ohne Herrschernamen)	Annalentäf. Den a
Adj-ib	*hwt „P-Hr-msn“* des *nswt-bjt*	Siegelm. Abb. 246, 250
	ḥwt-Mr-p-bjꜣ	Siegelm. Abb. 735
	ḥwt „Sꜣ-ḥꜣ-nb “	Ritzinschr.
Semerchet	*ḥwt „P-Ḥr“* des *Jrj-nbtj*	Siegelm. Abb. 229
	ḥwt nswt-bjt	Siegelm. Abb. 210, 236
Qa	*ḥwt „P-Ḥr-msn“*, *pr-nswt*	Ritzinschr., Stele d. Sabef
	ḥwt „Sꜣ-ḥꜣ-nb“, *pr-nswt*	Ritzinschr., Stele d. Sabef
Hetep-Sechemwj	*ḥwt-nswt-bjt*, *Ḥtp-nbtj*	Siegelm. Abb. 281, 282
Ra-neb	*ḥwt „P-Ḥr-msn“*, *js-ḏfꜣ*, „Krugmagazin“	Ritzinschr., Siegelm. Abb. 295
	ḥwt „Sꜣ-ḥꜣ-nb“	Ritzinschrift
Nj-netjer	*ḥwt „P-Ḥr-msn“*, *pr-dšr* „Weingärten *Grgt-Nḫbt*“	Siegelm. Abb. 748
	pr-nswt, *js-ḏfꜣ*	Ritzinschr.
	pr-nswt, „Krugmagazin“	Ritzinschr.
Sechem-ib/ Per-ib-sen	–	
Chasechemwj	*ḥwt „P-Ḥr-msn“*	Siegelm. Abb. 767
	pr-nswt, *pr-dšr*, „Weingarten“	Siegelm. Abb. 764

Für das *ḥwt* des jeweiligen amtierenden Herrschers ist seit Den die allgemeine Kurzbezeichnung „*pr-nswt*" zu belegen. Dadurch ist eindeutig geklärt, daß es sich um den offiziellen Palast des Herrschers handelt. Als „*pr-nswt*" werden seit Adj-ib zwei Anlagen mit unterschiedlichen Eigenamen bezeichnet: „*P-Ḥr-msn*" und „*Sꜣ-ḥꜣ-nb*".

Beide Anlagen waren mit Sicherheit nicht miteinander identisch; ein Sachverhalt, der u.a. durch die Stele des Sabef zu sichern ist, der unter Qa an beiden Palästen Funktionen bekleidet hat. Wahrscheinlich war „*P-Ḥr-msn*" der bedeutendere der beiden Paläste, denn nur er wird als „*ḥwt* des *nswt-bjt*" und „*pr-nswt*" bezeichnet, während für „*Sꜣ-ḥꜣ-nb*", nur der qualifizierende Zusatz „*pr-nswt*" zu belegen ist. Darüber hinaus hat „*Sꜣ-ḥꜣ-nb*", auch nur bis einschließlich Ra-neb existiert und scheint entweder von ihm oder von seinem Nachfolger aufgegeben worden zu sein, während „*P-Ḥr-msn*" noch bis Chasechemwj vorkommt.

Der *pr-nswt* war sowohl die Residenz, d.h. Wohn- und Aufenthaltsort des Herrschers als auch die übergeordnete Verwaltungsinstanz für das „Schatzhaus" (*pr-ḥḏ* bzw. *pr-dšr*) und das „Krugmagazin". Seine Bedeutung wird u.a. dadurch unterstrichen, daß er durch vier unterschiedliche „Textgattungen" zu belegen ist: Ritzinschriften, Siegelmuster, Annalenplättchen und Stelen.

Schwierigkeiten bereitet vorerst noch die Lokalisierung der Herrscherpaläste. Wegen der seit Adj-ib feststehenden Eigennamen möchte man annehmen, daß auch die Anlagen örtlich fest fixiert waren und nicht unter jedem neuen Herrscher an einem anderen Ort eingerichtet wurden. Nach den archäologischen Befunden zu urteilen, kann sich die offizielle Residenz der frühzeitlichen Herrscher nur im Raum von Memphis befunden haben. Kein anderer Ort des ägyptischen Niltals weist eine derartig hohe Konzentration von Gräbern der 1. und 2. Dynastie auf. Aus diesem Grunde sollte man meinen, daß auf jeden Fall „*P-Ḥr-msn*", der sicherlich bedeutendere der beiden Paläste, im Gebiet vom Memphis gelegen haben muß, möglicherweise hat sich auch „*Sꜣ-ḥꜣ-nb*" in diesem Raum befunden.

Helck, der davon ausgegangen war, daß die durch das oberste Register des Annalentäfelchens Djer b belegte Anlage „*Ḥr* Djer" mit dem späteren „*P-Ḥr-msn*" identisch sei, hält es dagegen für möglich, daß der Palast „*P-Ḥr-msn*" im Gebiet von Buto zu lokalisieren ist (Helck 1954: 32; 1975: 26). Er mußte zu dieser Auffassung gelangen, weil im oberen Register von Djer b in direktem Zusammenhang mit dem Palastnamen der Vermerk „Aufenthalt in Pe" steht, macht jedoch diesen Lokalisierungsvorschlag offensichtlich nur mit gewissen Vorbehalten. Kaplony folgte jedoch der Auffassung von Helck konsequent, und er bezeichnete die Anlage „*P-Ḥr-msn*" durchgängig als „butischen" Palast (Kaplony 1963 passim). Da nun aber, wie weiter vorn ausgeführt, der Name dieser Anlage nicht als „*P-Ḥr-msn*", sondern als „*Ḥr* Djer" zu lesen ist, und andere Indizien zur Lokalisierung von „*P-Ḥr-msn*" nicht existieren, gibt es keinen Grund mehr für die Auffassung, daß sich „*P-Ḥr-msn*" bei Buto befunden habe. Nach den inschriftlichen Zeugnissen deutet alles darauf hin, daß „*P-Ḥr-msn*" der offizielle Herrscherpalast war, und es erscheint daher logisch begründet, ihn im Gebiet von Memphis zu lokalisieren, als Zentrum der nach der hohen Zahl der vorhandenen Gräber mittlerer und niederer Würdenträger recht ausgedehnten frühzeitlichen Ansiedlung.

Für die örtliche Ansetzung von „*S3-ḥ3-nb*" gibt es überhaupt keine Hinweise. Allerdings glaubt Kaplony, diese Anlage im Raum Memphis annehmen zu können (Kaplony 1963: 820, Anm. 813) und bezeichnet daher „*S3-ḥ3-nb*" durchgängig als „memphitischen" Palast (Kaplony 1963 passim).

Für die anderen, eingangs als Gruppe 2 bezeichneten *ḥwt*-Anlagen lassen sich gemeinsame sachliche Kriterien, die auf ihre Aufgabenstellung Rückschlüsse erlauben könnten, schwer finden. Überwiegend sind diese Anlagen auf Siegelmustern belegt, gelegentlich als Bestandteil von Amtssiegeln (z.B. Abb. 85 für Djet; Abb. 249 für Den; Abb. 251 für Adj-ib; Abb. 260 für Qa; Abb. 264 für Ra-neb; Abb. 758 für Per-ib-sen), sonst als Komponente von Beamtensiegeln. Mit diesen Siegeln wurden immer Gefäße und Behälter für die Grabausstattungen der Herrscher bzw. ihrer Würdenträger verschlossen. Bei den versiegelten Produkten handelte es sich in jedem Fall im Mehrprodukt, das der allmählich entstehenden Oberschicht zur Verfügung stand und in ihrem Interesse ersatzlos verbraucht wurde. Da in der 3. Dynastie die Zentren der Abgabenerfassung für ein bestimmtes Gebiet als *ḥwt* bezeichnet wurden, ist es durchaus denkbar, daß dafür schon eine sehr alte Tradition vorlag und *ḥwt*-Anlagen, deren Zweckbestimmung anderweitig nicht erklärt werden kann, schon in der 1. Hälfte der 1. Dynastie als Sammelpunkt der Abgaben eines bestimmten Gebietes dienten. Eindeutig nachweisen lassen sich diese Aufgaben zwar nicht, aber mit Sicherheit ist zu erkennen, daß die *ḥwwt* Produkte für die Grabausstattungen beisteuerten, und durch die Existenz der Amtssiegel ist zu belegen, daß zumindest einige von ihnen in direktem Auftrag des Herrschers tätig waren.

5.3. Das „Schatzhaus"

Eine der dem *pr-nswt* unterstellten Instanzen war das „Schatzhaus". Bereits unter den ältesten Siegelmustern ist ein „*ḥwt-ḥḏ* des Narmer" belegt (Siegelmuster Abb. 34, vgl. auch Kap. 5.2.). Der Verschluß stammt aus dem Grab Tarkhan 414 und ist einer der Belege für die ältesten nachweisbaren *ḥwt*-Anlagen der Herrscher. Eine Zweckbestimmung im Sinne von „Schatzhaus" ist dafür nicht zu erkennen. Kaplony möchte dieses „*ḥwt-ḥḏ*" daher als Bezeichnung für den memphitischen Palast des Narmer auffassen und schlägt die Bedeutung „Palast der weißen Krone" oder „Palast der weißen *ḥḏ*-Keule" vor (Kaplony 1963: 683-84, Anm. 24). Für diese Auffassung von Kaplony spricht, daß ein *ḥwt-ḥḏ* für die Nachfolger des Narmer, Aha und Djer, nicht zu belegen ist und das „Schatzhaus" zumeist als „*pr*" und nur selten als „*ḥwt*" bezeichnet wird. Der Begriff „*pr-ḥḏ*" kommt erstmalig auf einem Beamtensiegel aus der frühen Zeit des Djer vor (Grab Sakkara 3507). Der Verschluß ist leider stark zerstört, die Zeichen „*pr-ḥḏ*" sind jedoch mehrfach deutlich zu erkennen. Obgleich aus diesem Beleg eine direkte Unterstellung des „*pr-ḥḏ*" unter den Palast noch nicht abgeleitet werden kann, so ist doch anzunehmen, daß sie existiert hat, und der Palast bereits zu dieser Zeit ressortmäßig aufgeteilte Unterabteilungen besessen hat. Eine andere Verwaltungsinstanz, die durch ein Amtssiegel des Djer belegt ist, das *„pr-p-ʿnḫ"* (Abb. 85) wird von Kaplony als „Sammelname für alle Versorgungsinstanzen des archaischen Palastes" interpretiert, zu denen er das Krughaus, das Speisezelt und die Schlachtbank zählt (Kaplony 1963: 1051, Anm. 1783). Etwas häufiger ist das *„pr-ḥḏ"* dann im Grab der Merit-Neith in Abydos nachzuweisen. Dort sind zwei Verschlüsse mit verschiedenen Amtssiegeln des Den für das *„pr-ḥḏ"* gefunden worden, der eine Verschluß (Abb. 177) zeigt die Erweiterung „Natronhaus", der andere (Abb. 121) den Zusatz „Osten". Dazu kommen zwei Abdrücke von Beamtensiegeln eines [Hieroglyphe], namens *Ḥtp-sḏ* (Abb. 106) und eines [Hieroglyphe] Den-*3ḫ* (Abb. 194). Das *pr-ḥḏ* ist im Merit-Neith-Grab weiterhin als Ritzinschrift auf dem Fragment eines Gefäßes aus Schiefer belegt, hier ist es mit dem Zusatz *„ḫntj"* – „Krugmagazin" verbunden (vgl. Exkurs 4).

Zwei weitere Verschlüsse mit Siegeln des *„pr-ḥḏ"* aus der Zeit des Den stammen aus Sakkara, ein stark fragmentarisches Amtssiegel des „Horus [Hieroglyphe]" für das *„pr-ḥḏ"* mit dem Zusatz [Hieroglyphe] aus der Mastaba 3506 (Abb. 178) und ein ebenfalls fragmentarisches Siegel eines *„pr-ḥḏ"*-Beamten *Jnpw-ḥtp* mit der Erweiterung [Hieroglyphe] aus der Mastaba 3507 (Emery 1958: 97,7).

In mehrfacher Hinsicht sehr bemerkenswert ist das Verschlußmuster Abb. 213 aus der Zeit des Adj-ib (vgl. Exkurs 5). Zum einen ist es der erste Beleg dafür, daß das „Schatzhaus" seit Adj-ib nicht mehr „weißes" sondern „rotes" Haus (*pr-dšr*) genannt wird. Die Gründe für die Umbenennung sind noch unklar, im allgemeinen wird angenommen, daß darin ein verstärkter unterägyptischer Einfluß sichtbar wird (vgl. Helck 1954: 59). Zum zweiten ist dieses Siegelmuster, ein Amtssiegel des Adj-ib für das *pr-dšr*, mit dem Vermerk „königlicher Weingarten" erweitert, d.h. der „Weingarten" unterstand dem „Schatzhaus". Drittens wurde dieses Siegel um die Basis von Verschlüssen gerollt, die zuvor mit zwei verschiedenen Amtssiegeln der sogenannten „Domäne" versiegelt worden waren, d.h. diese Verschlüsse zeigen, daß das „Schatzhaus" zumindest seit Adj-ib die oberste Verwaltungsinstanz für die Einkünfte des Herrschers darstellte.

Auch unter Qa wird die Bezeichnung *pr-dšr* für das „Schatzhaus" weitergeführt und die beiden erhaltenen Amtssiegel des Qa für das *pr-dšr* enthalten einmal den „Domänen"-Titel *ḫrp-ḥrj-jb* (Abb. 209) und einmal den Namen der „Domäne" des Qa *„Ḥr-nb-ḫt"* (Abb. 738).

Sie bezeugen dadurch auch für Qa die enge Verbindung zwischen „Schatzhaus" und „Domäne". Im Grab Sakkara 3504, dessen unterirdische Grabkammer teilweise unter Qa restauriert worden ist, fanden sich eine Reihe von in Tinte beschrifteten hölzernen Etiketten, die wahrscheinlich als Anhänger für Ölgefäße dienten (Emery 1954: 106-107, Fig. 113-124). Davon zeigen die Etiketten Fig. 115-120 u. Fig. 123 die Zeichen *„pr-ḥḏ"*, die Zeichenspuren auf dem etwas größeren Anhänger Fig. 124 scheinen sich zu *„pr-dšr"* ergänzen zu lassen. Man würde daher annehmen, daß die mit „*pr-ḥḏ*“ gezeichneten Etiketten zum ursprünglichen Bestand des Grabes, der mit „*pr-dšr*“ gezeichnete Anhänger zu den von Qa neu gestifteten Objekten der Grabausstattung gehörte. Leider befindet sich der einzige, auf dieser Gruppe von Etiketten vorhandene Herrschername, der Horusname Qa, auf einem Anhänger, der ganz deutlich die Bezeichnung „*pr-ḥḏ*“ trägt (Fig. 123). Das ist sehr merkwürdig, weil man in Verbindung mit Qa die Bezeichnung „*pr-dšr*“ erwartete, und läßt sich bis jetzt nicht befriedigend erklären, wenn nicht der etwas zerstörte Herrschername im Serech doch zu Djet ( ) und nicht zu Qa zu ergänzen ist, wie auf der Zeichnung bei Emery geschehen.

Soweit zu erkennen ist, läßt sich das „Schatzhaus“ in der 2. Dynastie erst wieder unter Nj-netjer belegen, und zwar als „*pr-dšr*“. Das Siegelmuster Abb. 748 (Exkurs 5) ist ein Amtssiegel des Nj-netjer für die „Weingärten *Grgt-Nḫbt*“ und trägt die Zusätze „Palast *P-Ḥr-msn*“ und „*pr-dšr*“. Dadurch werden die Unterstellungsverhältnisse dieser Zeit sehr gut verdeutlicht: Oberste Instanz ist der Palast „*P-Ḥr-msn*“, ihm untersteht das „Schatzhaus“, dem seinerseits die „Weingärten *Grgt-Nḫbt*“ zuliefern. Die bereits für Adj-ib aus der 2. Hälfte der 1. Dynastie belegte Verbindung „Schatzhaus-Domäne“ ergibt sich auch für die Zeit des Nj-netjer aus dem, leider stark zerstörten, Siegelmuster Abb. 746 durch die Erwähnung der „Domänen“-Titel *ḫrp-nbj* und *ḫrp-ḥrj-jb* und die Bezeichnungen „Palast , *pr-dšr*“.

Die Siegelverschlüsse aus dem Grab des Per-ib-sen in Abydos zeigen, daß unter Per-ib-sen und Sechem-ib das „Schatzhaus“ wieder „*pr-ḥḏ*“ genannt wird. Alle erhaltenen Siegelmuster des *pr-ḥḏ* befanden sich auf kleinen grauen Beutelverschlüssen des Typs VI und sind daher zumeist stark fragmentarisch. Die beiden Muster Abb. 759 und 762 sind Amtssiegel des Per-ib-sen für das „*pr-ḥḏ*“, die möglicherweise ebenso wie die Abb. 757 und 760 mit „*js-ḏfꜣ*“ – „Lebensmittelamt“ erweitert waren. Das „*pr-ḥḏ*“ und seine Unterabteilung „*js-ḏfꜣ*“ zeigen auch die beiden Amtssiegel Abb. 751 und 753 des Sechem-ib.

Unter *Chasechemwj* ist dann wieder das „*pr-dšr*“ belegt. Auf dem Amtssiegel Abb. 771 wird als die dem *pr-dšr* übergeordnete Instanz das *pr-nswt*, d.h. der Palast mit seiner eigentlichen Bezeichnung als „Haus des Königs“ genannt und nicht mit seinem Namen, wie unter Nj-netjer. Das Amtssiegel Abb. 309 für den „Weingarten *Grgt-Nḫbt*“ nennt die dem „Weingarten“ übergeordneten Instanzen *js-ḏfꜣ* und *pr-dšr*. Daß die Instanzen nicht immer vollständig aufgeführt sein müssen, zeigt das Amtssiegel Abb. 765 für den gleichen „Weingarten *Grgt-Nḫbt*“, auf dem als übergeordnete Instanz nur das „*pr-dšr*“ erwähnt ist.

Auch unter Djoser scheint sich die Bezeichnung „*pr-dšr*“ noch erhalten zu haben, wie das Amtssiegel Abb. 318 mit der Nennung von „*pr-nswt*, *pr-dšr*, Weingärten“ zeigt. Unter seinen Nachfolgern ist dann jedoch die Bezeichnung „*pr-dšr*“ für das „Schatzhaus“ endgültig verschwunden und durch „*pr-ḥḏ*“ bzw. „die beiden weißen Häuser“ ersetzt worden (Helck 1954: 59). Den Verschlüssen anderer Instanzen sind die Verschlüsse des „Schatzhauses“ im Siegelbestand der einzelnen Gräber zahlenmäßig absolut unterlegen. Daraus könnte der Eindruck entstehen, daß das

„Schatzhaus“ in der Frühzeit nur eine geringe Rolle gespielt hat. Dieser Eindruck ist aber sicherlich nur in Bezug auf die Belieferung der Gräber mit Naturalprodukten berechtigt, an der das „Schatzhaus“ vor allem in der 1. Dynastie tatsächlich nur in ganz geringem Umfang, fast möchte man sagen, zufällig, beteiligt gewesen zu sein scheint. Nach den erhaltenen Überresten der ursprünglichen Grabausstattungen zu urteilen, stellten die Gefäße mit Naturalprodukten aber nur einen kleinen Teil der Beigaben in den Gräbern dar. Welche Instanz nun für den übrigen Teil der Ausstattung an Mobiliar, Leinen und anderen Handwerkserzeugnissen verantwortlich zeichnete, ist heute nicht mehr mit Sicherheit zu belegen, aber aus den im Grab Sakkara 3504 erhaltenen Etiketten möchte man doch das „Schatzhaus“ als dafür zuständige Instanz erkennen. Aber auch aus den verhältnismäßig wenigen Zeugnissen, die das „Schatzhaus“ ausdrücklich nennen, wird durch die vielen Querverbindungen, die sich daraus zu anderen Instanzen ergeben, klar, daß es eine sehr wichtige Rolle am Hofe der frühdynastischen Herrscher gespielt haben muß, denn es gibt keine andere Institution, aus deren Belegen sich so viele Bezüge zu anderen Instanzen ergeben, wie gerade aus denen des „Schatzhauses“.

Es ist möglicherweise nicht zufällig, daß das „Schatzhaus“ unter Djet und Merit-Neith erstmalig etwas deutlicher in Erscheinung tritt, d.h. zu einem Zeitpunkt, als die Einführung des „*nswt-bjt*“-Titels für die Herrscher unmittelbar bevorstand und die Belege für die bis dahin existierende „Zeltverwaltung“ allmählich aufhören. Eine direkte Ablösung der „Zeltverwaltung“ durch das „Schatzhaus“ läßt sich jedoch nicht nachweisen. Wahrscheinlich ist auch eher eine allgemeine Umorganisation der Hofverwaltungen unter Djet, Merit-Neith und Den anzunehmen. Ob damit auch eine Reorganisation der Abgabenerfassung verbunden war, läßt sich nicht erkennen, ist aber eigentlich wahrscheinlich. In der Zeit des Den war bereits eine gewisse innere Struktur des „Schatzhauses“ vorhanden, denn es lassen sich zwei Leute belegen, die die Funktion eines „[hieroglyph] des Schatzhauses“ innehatten (Abb. 106 u. 194). Für die Zeit des Adj-ib ist ein *tpj-tm*-Beamter des „Schatzhauses“ erwähnt (Abb. 213). Hinweise auf Ressorts oder Zuständigkeitsbereiche innerhalb des „Schatzhauses“ geben für die Zeit des Den die Siegelmuster Abb. 177 mit der Erwähnung des „Natronhauses“, die Abb. 121 mit dem Vermerk „Osten“ und die Abb. 178 mit dem nicht zu deutenden Zusatz [hieroglyph].

Seit Adj-ib ist dann eine Verbindung des „Schatzhauses“ zur sog. „Domäne“ zu belegen, die zunächst nur durch die Abrollung des Amtssiegels des Adj-ib für das „*pr-dšr*“, „Zuständigkeitsbereich kgl. Weingarten“ auf den zuvor mit Siegeln der „Domänen“-Verwaltung versiegelten Verschlüssen ausgedrückt wird (Abb. 213), aber seit Qa dann durch die Aufnahme der aus der „Domänen“-Verwaltung bekannten Titel „*ḫrp* der Domäne“ (Abb. 738) und „*ḫrp-ḥrj-jb*“ (Abb. 209) in die Siegelmuster des „*pr-dšr*“ ganz eindeutig als Unterstellungsverhältnis der „Domäne“ unter das „Schatzhaus“ identifiziert wird.

5.4. Die „Scheune“

Die „Scheune“ oder der „Kornspeicher“, eine der wenigen Institutionen, deren Zweckbestimmung eindeutig aus ihrem Symbol erkennbar ist, läßt sich seit Djet auf Siegelabdrücken nachweisen (Abb. 459 u. GT II: 122, Fig. 175; beide aus dem Grab Sakkara 3504). Zwei weitere Siegelmuster stammen aus dem Grab der Merit-Neith in Abydos (Abb. 73 u. 130), je ein Verschluß aus der Zeit des Den (Abb. 217, Grab Sakkara 3506) und der Zeit des Qa (Abb. 366, Sakkara 3505). Dazu kommt ein Originalzylinder von drei „Scheunen“-Beamten, der im Handel gekauft wurde (Abb. 634-635) und das Fragment eines Verschlusses unbekannter Herkunft.
Auffällig ist, daß es sich bei allen acht Mustern um Beamtensiegel handelt, d.h. es existiert kein Amtssiegel der „Scheunen“-Verwaltung.[4] Das könnte dafür sprechen, daß die „Scheune“ bzw. der „Kornspeicher“ keine selbständige Verwaltungsinstanz war, sondern die Unterabteilung einer übergeordneten Institution. Für eine enge Verbindung der „Scheune“ mit dem „Schatzhaus“ spricht, daß der in Abb. 73 genannte „Scheunen“-Beamte *Ḥtp-sḏ* aller Wahrscheinlichkeit nach mit dem *ẖrj-ʿ* des „Schatzhauses“ *Ḥtp-sḏ* (Abb. 106) identisch ist. Ob hier verschiedene Stationen einer Laufbahn ausgedrückt werden, oder ob die Aufgaben in „Schatzhaus“ und „Scheune“ gleichzeitig ausgeübt wurden, ist jedoch nicht festzustellen.
Aus der 2. Dynastie scheinen Verschlüsse mit Siegeln von „Scheunen“-Beamten nicht mehr erhalten zu sein, aber der Titel *ḥm-šnwt* (Diener der „Scheune“) ist einmal auf dem Bruchstück eines Alabastergefäßes des weitgehend unbekannten Herrschers Horus Senefer-ka aus der 2. Dynastie erwähnt (vgl. Exkurs 4).

5.5. Das „*js-ḏfꜣ*“

Das „*js-ḏfꜣ*“, die „Abteilung der Speisen“, „Lebensmittelmagazin“ (Helck 1954: 59) oder „Lebensmittelamt“ (Kaplony 1963: 158) ist erstmals unter Nj-netjer als Ritzinschrift auf zwei Steingefäßen genannt (vgl. Exkurs 4). Seit Per-ib-sen und Sechemib ist es dann auch auf Siegeln belegt. Die dem „*js-ḏfꜣ*“ direkt übergeordnete Instanz war das „Schatzhaus“. Das „Lebensmittelmagazin“ scheint in der Mitte der 2. Dynastie die Instanz gewesen zu sein, die für die Verwaltung der Naturalabgaben verantwortlich war. Möglicherweise hängen seine Aufgaben mit der auf den Annalenfragmenten seit Nj-netjer belegten Neuregelung der Abgaben als „Zählung“ zusammen (vgl. Kap. 3.6.). Die Siegelmuster des „*js-ḏfꜣ*“ bestehen fast ausschließlich aus Amtssiegeln und sind zumeist auf Beutelverschlüssen, oft auf Typ VI, erhalten, daher aber häufig fragmentarisch, so daß nur ein Teil des Gesamtmusters zu erkennen ist. Das ist besonders deshalb bedauerlich, weil viele Verschlüsse des „*js-ḏfꜣ*“ zusätzliche Vermerke enthalten, die Hinweise sowohl auf die innere Struktur dieser Instanz als auch auf die Herkunft der gesiegelten Produkte geben können.

---

[4] Bei der Durchsicht des Manuskriptes zur Publikation zeigte sich, dass Abb. 366 tatsächlich ein Amtssiegel ist.

So enthalten die Amtssiegel der Per-ib-sen für das „*js-ḏfꜣ*“ den Zusatz „*jn-mḥw*“ – „Abgaben Unterägyptens“, auf Abb. 288 sind Reste der Zeichen [hieroglyphs] - „Urkunden“ zu erkennen und Abb. 757 trägt den zusätzlichen Vermerk [hieroglyphs] - „*ḥwt-ḥkrw*“, d.h. eine der *ḥwt*-Anlagen.
Für Chasechemwj ist auf einem Verschlußtyp IV (typisch für Ölgefäße) ein „Siegler aller fettigen Dinge des Palastes (*pr-nswt*), *js-ḏfꜣ*“ belegt (Abb. 214), sowie auf Beutelverschlüssen von Typ V die Amtssiegel des „*js-ḏfꜣ*“ für den „Weingarten von *Grgt-Nḫbt*“ (Abb. 309), den „Weingarten von *jnbw-ḥḏ* (Memphis)“ (Abb. 310) und den „Weingarten von [hieroglyphs]“ (Abb. 311-12).
Auch für Djoser sind noch Amtssiegel des „*js-ḏfꜣ*“ belegt: für den „Weingarten von Memphis“ (Abb. 317), den „Weingarten von *Ḏr*(?)“ (Abb. 316) und für den „Weingarten von [hieroglyphs]“(Abb. 318).
An Funktionen lassen sich innerhalb des „*js-ḏfꜣ*“ aus Amtssiegeln des Sechem-ib ein „*ḫrj-tp-nswt*“ (Abb. 267) und ein Schreiber (Abb. 268) erkennen.

5.6. Das „Krugmagazin“

Seit Djer sind auf Steingefäßen und Siegelabdrücken sog. „Krugmagazine“ belegt. Auffällig, aber möglicherweise durch Zufall zustande gekommen ist dabei, daß auf Gefäßen das „Krugmagazin“ nur als Ritzinschrift und mit Ausnahme der Keramikgefäße von Semerchet, nur auf Steingefäßen vorkommt. Die ältesten Belege auf Steingefäßen stammen aus der Anlage der Djer in Abydos (Amélineau 1904: Taf. 23,6 u. Taf. 25,27). Die stellen, wie auch in allen weiteren Gefäßvermerken der 1. und 2. Dynastie das „Krugmagazin“ durch das Zeichen [hieroglyph] dar, nennen aber keine übergeordnete Instanz. Dagegen ist auf dem Bruchstück einer Schieferschale der Merit-Neith als die dem „Krugmagazin“ übergeordnete Verwaltung das „*pr-ḥḏ*“ angegeben (vgl. Exkurs 4). Auf Siegeln scheint das „Krugmagazin“ völlig anders geschrieben zu werden. Aus dem Grab Sakkara 3503 (Zeit des Djer) ist ein Abdruck mit den Zeichen [hieroglyphs] „die beiden Krughäuser“ erhalten und aus dem Grab der Merit-Neith sind zwei Siegelmuster bekannt, die [hieroglyph] (Abb. 110) bzw. [hieroglyph] (Abb. 179) zeigen und sicherlich ebenfalls „Krughaus“ bedeuten.
Für Adj-ib ist auf einem Verschluß ein „Krugmagazin für Schweinefleisch am Palast *P-Ḥr-msn*“ belegt (Abb. 246; Exkurs 5; dabei handelt es sich erfreulicherweise um einen Verschluß von Typ IV, der für Gefäße mit Fett und Öl charakteristisch ist), für Semerchet ein „Krugmagazin der Weberei (?)“ (Abb. 243). Von Ra-neb gibt es ein Amtssiegel „Krugmagazin, Gold“ (Abb. 294) und ein weiteres „Abteilung der Vorratskrüge“ (Abb. 296).
Die einzigen *ḫntj*-Vermerke auf Keramikgefäßen stammen von Semerchet und tragen die Inschrift „Domäne der Semerchet, Krugmagazin“ (vgl. Exkurs 4). Von Qa sind eine Reihe von Steingefäßscherben erhalten, die „Palast *P-Ḥr-msn*, *pr-nswt*, Krugmagazin“ bzw. „Palast *Sꜣ-ḥꜣ-nb*“, *pr-nswt*, Krugmagazin“ angeben (vgl. Exkurs 4). Auch für Senefer-ka ist auf einem Steinfragment ein „Krugmagazin des Pa-

lastes *P-Ḥr-msn*“ belegt. Von Hetep-sechemwj existiert ein Basaltnapf mit dem Vermerk „*ꜥꜣ-ḫntj*“, jedoch ohne Angabe der übergeordneten Instanz und von Nj-netjer ein Steingefäß, durch das das „Krugmagazin am *pr-nswt*“ belegt wird.
Diese Zusammenstellung zeigt, daß es „Krugmagazine“ wohl an allen Verwaltungs-instanzen gab, die mit der Versorgung des Hofes und dadurch mit der Magazinie-rung von Naturalien befaßt waren. Die „Krugmagazine“ waren also die Lagerhäuser für die in Krügen aufbewahrten Vorräte. Es ist durchaus denkbar, daß sie auch für die Bereitstellung der Gefäße verantwortlich waren. Dann wären sie möglicherwei-se diejenigen Instanzen, an denen die Werkstätten für die Herstellung der Stein- und Keramikgefäße zu lokalisieren sind. Leider gibt es bis jetzt keine direkten Be-weise für eine solche Annahme, aber die große Zahl der erhaltenen Gefäße zeigt, daß ausgedehnte Werkstätten vorhanden gewesen sein müssen, die, da sie keine Belege über eine eigenständige Verwaltung hinterlassen haben, am sinnvollsten als nachgeordnete Abteilungen der „Krugmagazine“ denkbar sind.

5.7. Die „Domäne“

Die Verschlußinventare der Gräber in Abydos und Sakkara zeigen, daß die in den vorstehenden Abschnitten mit einiger Ausführlichkeit dargestellten Instanzen nur einen Teil der erhaltenen Lehmverschlüsse gesiegelt haben. Der andere Teil, in der 1. Dynastie sogar der wesentlich größere, wurde dagegen von einer Institution durchgeführt, die heute allgemein als „Domäne“ bezeichnet wird. Das ist jedoch nur eine Arbeitsübersetzung. Der Ausdruck „Domäne“ wird deshalb im folgenden Text in Anführungsstriche gesetzt. Das Symbol der „Domäne“, ein senkrechtes oder waagerechtes Oval mit zumeist sorgfältig markierten Vorsprüngen an der Außen-seite scheint eine Umfassungsmauer darzustellen. In das Innere des Ovals ist der Name der Anlage eingeschrieben.
Die zahlenmäßige Überlegenheit der erhaltenen „Domänen“-Vverschlüsse über die Verschlüsse der anderen Instanzen macht deutlich, daß die „Domäne“ eine hervor-ragende Rolle bei der Belieferung der Gräber gespielt hat. Da ihre Siegel fast aus-schließlich auf den Krugverschlüssen Typ I-III und dem Beutelverschluß Typ V zu belegen sind, kann mit großer Wahrscheinlichkeit angenommen werden, daß sie vor allem für die Belieferung der Gräber mit Getreide und Trockenfrüchten sowie deren Verarbeitungsprodukten Bier, Wein und Gebäck zuständig gewesen ist.
Daraus ergibt sich die Frage: Was waren diese „Domänen“? Gegen die von Sethe vorgeschlagene Erklärung als „Weinberge“ (in Garstang 1902: 21) hatte Helck be-reits vor einiger Zeit Bedenken vorgetragen, mit dem Hinweis darauf, daß „Wein-berge“ in den Siegelmustern durchaus als solche gekennzeichnet werden. Er hatte damals (Helck 1954: 84) die Möglichkeit erwogen, daß es sich um Arbeitersiedlun-gen handeln könnte, „in denen Nahrungsmittel für den königlichen Hof und zum passenden Zeitpunkt für das königliche Grab zubereitet und konserviert wurden“. Später präzisierte er diese Auffassung durch die Feststellung, daß es sich dabei

um eine „eigene Wirtschaftsanlage für den Palast“ handele, „die jedoch für den König persönlich bestimmt ist, d.h. sie besteht auch nach seinem Tode weiter und beliefert ihn auch im Grab“ (Helck 1975: 26). Zu ähnlichen Ergebnissen war Kaplony bei seinen Untersuchungen gekommen, in dem er formulierte: „die Domäne ist das königliche *pr-šnꜥ*“ (Kaplony 1963: 126).

Ein *pr-šnꜥ*, an dem der Prinz (*sꜣ-nswt*) *Prj-nb* ein Amt bekleidet hat, ist jedoch durch das Siegelmuster 367 bereits für die Zeit des Herrschers Ra-neb aus der 2. Dynastie belegt. Da unter den Nachfolgern des Ra-neb bis einschließlich Djoser „Domänen“ noch existieren und namentlich bekannt sind, können „Domäne“ und *pr-šnꜥ* kaum identisch gewesen sein. Dennoch bleibt als Faktum bestehen, daß die „Domäne“ Behälter mit Agrarprodukten für die Grabausstattungen von Herrschern und hohen Würdenträgern geliefert hat, und nach der Darstellung durch ein Maueroval möchte man auch annehmen, daß sie nicht nur eine symbolische Einrichtung gewesen ist, sondern eine ganz konkrete Anlage. Helck und Kaplony waren wohl bei ihrer Definition „Domäne“ von der Vorstellung ausgegangen, daß zu den Verarbeitungsanlagen auch Flächen gehörten, auf denen die später verarbeiteten Agrarprodukte zunächst angebaut wurden. An sich würde die Idee von einem besonderen Stück der Anbaufläche, dessen Erträge ausschließlich für die Versorgung des Herrschers und seiner Würdenträger bestimmt war, gut in das Bild von den Verhältnissen der Frühzeit passen. Gegen diese Auffassung spricht, daß für jeden Herrscher neue eigene Anlagen gegründet wurden, daß, zumindest in der ersten Zeit, Vorgängeranlagen noch weitergeführt wurden, sowie der Umstand, daß die Bedeutung der „Domäne“ bereits in der 2. Hälfte der 1. Dynastie zurückgeht, in der 2. Dynastie weiter abnimmt und zu Beginn der 3. Dynastie schließlich ganz außer Gebrauch kommt.

Die erste „Domäne“ scheint unter Djer gegründet worden zu sein, denn in den zahlreichen Siegelmustern seiner Vorgänger Aha und Narmer sind „Domänen“ noch nicht belegt. Sie führte den Namen „*Ḥr-sḫntj-ḏw*“, wurde unter Djet weitergeführt und bestand noch in der ersten Zeit der Amtsperiode des Den. Unter Djer und Djet sind von der Anlage „*Ḥr-sḫntj-ḏw*“ noch keine Amtssiegel überliefert, sondern sie ist nur durch Beamtensiegel belegt. Anstelle des Amtssiegels wurde für die Gegensiegelung das Königssiegel des jeweils amtierenden Herrschers verwendet. Eigene Amtssiegel für „*Ḥr-sḫntj-ḏw*“ sind wohl erst unter Den angefertigt worden (Exkurs 5). Der Nachfolger des Djer gründete eine eigene neue Anlage mit dem Namen „*Wꜣḏ-Ḥr*“, für die das bisher älteste Amtssiegel einer „Domäne“ zu belegen ist (Abb. 84). Es zeigt jedoch im Gegensatz zu den Beamtensiegeln noch keine Titel (und damit auch keine innere Untergliederung in Ressorts), sondern gibt nur das Symbol von „*Wꜣḏ-Ḥr*“, verbunden mit dem Horus-Serech-Symbol von Djet.

Der nachfolgende Herrscher Den führte zunächst die beiden Anlagen „*Ḥr-sḫntj-ḏw*“ und „*Wꜣḏ-Ḥr*“ seiner Vorgänger weiter und stattete sie mit neuen, auf seinen eigenen Namen ausgestellten Amtssiegeln aus. Er gründete jedoch auch eine neue, eigene Anlage „*Ḥr-tpj-ẖt*", deren Verschlüsse erstmals im Grab der Merit-Neith in Abydos zu belegen sind.

Die „Domäne" des nächsten Herrschers Adj-ib trägt den Namen „*Ḥr-sbꜣ-ẖt*". Sehr bemerkenswert ist der Umstand, daß „*Ḥr-sbꜣ-ẖt*" allem Anschein nach bereits unter Den gegründet worden zu sein scheint, denn im Grab 3111 in Sakkara hat Emery im Magazinraum A der unterirdischen Grabkammer u.a. insgesamt 71 Keramikgefäße mit Verschlüssen von Typ I und II gefunden, die das Siegel des „*ꜥḏ-mr* Sab der „Domäne *Ḥr-sbꜣ-ẖt*" (des auch unter Adj-ib einzig belegbaren Verwalters von „*Ḥr-sbꜣ-ẖt*") zusammen mit dem Siegel des Den zeigen (Emery 1949: 95 u. 98). In anderen Gräbern aus der Amtsperiode des Den sowie im Herrschergrab selbst wurden diese Verschlüsse jedoch nicht aufgefunden.

Unter Adj-ib ist dann die Sitte der Weiterführung von Vorgänger-Anlagen aufgegeben worden, für ihn ist nur noch die eine „Domäne *Ḥr-sbꜣ-ẖt*" zu belegen. Auch unter seinen Nachfolgern bis zum Ende der 2. Dynastie existierte jeweils nur eine Anlage.

Die „Domäne" des Herrschers Semerchet hieß: „*Ḥr-dšr-nwb*". Sie ist die einzige Anlage, die außer auf Siegelverschlüssen auch noch als Ritzinschrift auf Keramikgefäßen vorkommt. Dort ist sie jedoch nicht mit ihrem eigentlichen Namen, sondern nur als „Ovalanlage Horus Semerchet" bezeichnet, einige Male auch mit dem zusätzlichen Vermerk „Krugmagazin" (vgl. Exkurs 4).

Für die 2. Dynastie sind die „Domänen" weit weniger gut belegt als für die 1. Dynastie. Das hängt zunächst sicher mit der insgesamt geringeren Anzahl gesiegelter Verschlüsse aus der 2. Dynastie zusammen, die u.a. auf das Fehlen der meisten Herrschergräber dieser Zeit zurückzuführen ist. Aber eine Durchsicht der vorhandenen Verschlußmuster zeigt auch, daß die „Domäne" in der 2. Dynastie offenbar nicht mehr die bedeutende Rolle gespielt hat, wie in der 1. Dynastie. Es sind nicht einmal die Namen für die Anlagen aller Herrscher der 2. Dynastie zu ermitteln (vgl. Kap. 3.3.). Es zeigt sich, daß fast alle Eigennamen der „Domänen" der 1. und 2. Dynastie durch den Bestandteil „Horus" mit einem Zusatz, der seine göttlichen Qualitäten bestimmt, gebildet wurden. Eine Ausnahme davon bildet nur die Anlage „*Jtj-wjꜣw*" (Herrscher der Schiffe) von Per-ib-sen, der den Namen seiner „Domäne" wahrscheinlich deswegen nicht mit „Horus" gebildet hat, weil er selbst einen Seth-Titel führte. Dagegen verwendete Chasechemwj, der einen Horus-Seth-Titel trug, wieder den Bestandteil „Horus" für den Eigennamen seiner „Domäne". Die Formulierung dieser Namen läßt auf eine große Bedeutung der „Domäne" im kultisch-magischen Bereich schließen, die sich ausschließlich auf den als Horus identifizierten Herrscher richtete. Verbindungen zum *nswt-bjt*-Titel des Herrschers sind nicht zu belegen. Das ist immerhin recht auffällig, wenn man an eine Interpretation der „Domäne" als Wirtschaftsanlage denkt.

Bereits für die Anlage „*Ḥr-sẖntj-ḏw*" des Djer werden durch die Beamtensiegel der *ꜥm-kꜣ* mehrere unterschiedliche Titel innerhalb der „Domäne" belegt, die eigentlich nur als Bezeichnung für unterschiedliche Funktionen oder Teilbereiche aufgefaßt werden können. Jedoch hat sich, nach den Siegelmustern zu urteilen, die innere Struktur der „Domäne" erst allmählich herausgebildet, bis sie unter Den mit der Einführung des *ḫrp*-Titels ihre im wesentlichen endgültige Ausprägung erhalten hat.

Zum ranghöchsten Titel innerhalb der „Domänen"-Verwaltung entwickelte sich die Bezeichnung *ꜥḏ-mr* (). Sie ist unter dem Herrscher Djer für die Anlage *„Ḥr-sḫntj-ḏw"* noch nicht zu belegen.

ꜥm-kꜣ, der einzige bekannte „Domänen"-Beamte dieser Zeit führte die Titel *„ꜥm-kꜣ* von *Ḥr-sḫntj-ḏw"* (Abb. 22 u. 126), *ꜥm-kꜣ* (Abb. 43), *ꜥm-kꜣ* (Abb. 96-97), *ꜥm-kꜣ nbj* (Abb. 21). Erst sein Nachfolger *Sḫm-kꜣ-sḏ* nennt sich *„ꜥḏ-mr Sḫm-kꜣ-sḏ, Sḫm-kꜣ-sḏ* von , *Sḫm-kꜣ-sḏ* von *Ḥr-sḫntj-ḏw, Sḫm-kꜣ-sḏ nbj"* (Abb. 189) oder einfach nur *„ꜥḏ-mr Sḫm-kꜣ-sḏ"* (Abb. 45A-B), oder *„Sḫm-kꜣ-sḏ"* (Abb. 98), oder *„Sḫm-kꜣ-sḏ* von *wꜣḏ-Ḥr"* (Abb. 99A-B).

Die Reorganisation der „Domänen"-Verwaltung unter dem Herrscher Den, der zeitweilig drei Anlagen in Betrieb hatte, erbrachte dann folgende Veränderungen:

- beibehalten wurden
  - der unter Djet eingeführte Titel *„ꜥḏ-mr"*,
  - der bereits seit Djer zu belegende Titel *„nbj"*
- außer Gebrauch kamen
  - (*ḥrj-nḫnw*)
  - od. (*Nḫn*)
  - (*Nḫb*)

Für diese an sich recht unverständlichen Zeichengruppen, von denen nur *Nḫb* ziemlich eindeutig als Ortschaft oder Siedlung zu erkennen ist, hat Kaplony die o.a. Lesungen vorgeschlagen. Er faßt die drei bzw. vier Balken als Wiedergabe des Lautwertes *„nḫ"* auf und kommt so zu den Lesungen *Nḫn* = Hierakonpolis, *Nḫb* = El-Kab, und *ḥrj-nḫnw* = „Vorsteher der Festungen" (Kaplony 1963: 104-106).

Diese Titel werden unter dem Herrscher Den aufgegeben. Neu eingeführt wurden unter Den:

- die Teilbereiche *ḥrj-jb* (); *ḥrj-wḏꜣ* ()
- sowie der Titel *ḫrp* = Leiter,

so daß nun die Leitung der „Domäne" folgendermaßen strukturiert war:

- *ꜥḏ-mr* als ranghöchster Titel
- *ḫrp der „Domäne".* Dieser Titel ersetzt auf Beamtensiegeln die vor Den übliche, einfachere Bezeichnung „Name (des Beamten) + Name der Anlage".
- *ḫrp-nbj*. Dieser älteste, schon unter Djer belegte Teilbereich der „Domäne" blieb erhalten und wurde in die neuorganisierte „Domänen"-Verwaltung übernommen. Die Lesung *„nbj"* für den Schwimmer, der sich auf, neben oder in der Wasserfläche befinden kann, scheint gesichert (vgl. Kaplony 1963: 803-4, Anm. 711). Dagegen ist die Bedeutung sehr unklar. Helck hatte recht zweifelnd die Bedeutung „Erzarbeiter(?)" dafür vorgeschlagen (Helck 1954: 84). Kaplony versuchte eine Gedankenverbindung zwischen „Metallschmelzen" und „Gießen" herzustellen und kam so zu der Übersetzung „Leiter des Einfüllens" bzw. „Leiter der Einfüller"

von Bier, Wein, Getreide udgl. in Krüge (Kaplony 1963: 126-27). Recht befriedigend und überzeugend ist dieser Vorschlag nicht, aber z.Zt. gibt es keine bessere Variante. Die andere sich anbietende Möglichkeit, eine Verbindung zu „schwimmen" (Wb II: 236); scheint noch weniger sinnvoll zu sein. Mit Sicherheit ist aber anzunehmen, daß es sich um einen sehr wichtigen, essentiellen Teilbereich der „Domäne" gehandelt hat.

- *ḫrp-ḥrj-jb.* Auch hier ist die Lesung eindeutig, die Bedeutung dagegen unklar. Es scheint, daß in diesen unter Den neu geschaffenen Teilbereich die bis dahin üblichen Bezeichnungen *„ḥrj-nḫnw"*, *„Nḫn"* und *„Nḫb"* eingegangen sind. Das könnte im Hinblick auf vielleicht darauf schließen lassen, daß *„ḥrj-jb"* eine mehr globale zusammenfassendere Ortsbezeichnung ist. In der Übersetzung bedeutet *„ḥrj-jb"* eigentlich nur „Mitte, Mittelpunkt, Zentrum" (Wb III: 136-37). Nach unserer bisherigen Kenntnis gibt es nur zwei Plätze, für die eine Bezeichnung „Mittelpunkt" oder „Zentrum" ohne weitere Spezifizierung möglich ist. Das wäre die Residenz oder das Grab. Für die Residenz, d.h. den Herrscherpalast des Den, konnte weiter vorn (Kap. 5.2.) bereits der Ausdruck *„pr-nswt"* belegt werden. Damit bliebe eigentlich nur das Grab übrig. Gerade für den Herrscher Den sind auch bedeutende Veränderungen bei der Anlage des Grabes in Abydos festzustellen (erstmaliger Einbau einer Treppe, die die Abdeckung des Grabes noch vor der erfolgten Bestattung ermöglichte, Verlegung eines Granitfußbodens in der zentralen Grabkammer; vgl. Exkurs 3). Daraus würde sich schon die Annahme rechtfertigen lassen, daß unter Den eine eigene Verwaltung für die Durchführung dieser Arbeiten geschaffen wurde. Andererseits würde man aber doch eher erwarten, daß es sich dann um eine wirklich eigenständige Instanz handelt und nicht um einen Teilbereich innerhalb einer übergeordneten Institution.

  Kaplony faßt *„ḥrj-jb"* eindeutig als „Residenz" auf (Kaplony 1963: 109 u. 768-69, Anm. 639), wobei er annimmt, daß unter Den die bis dahin in Hierakonpolis (*Nḫn*) befindliche Residenz verlagert und der neue, vielleicht nicht einmal ortsfeste Platz der Residenz mit dem allgemeinen Ausdruck *„ḥrj-jb"* bezeichnet wurde. Eine solche Annahme ist aber schwer mit den übrigen Befunden aus der Zeit des Den in Übereinstimmung zu bringen. Bereits seit Aha lassen sich die Gräber der höchsten Würdenträger in Sakkara nachweisen, und die auf dem gegenüberliegenden Nilufer bei Heluan befindliche Nekropole der mittleren und niederen Würdenträger (Beamte u. Handwerker) scheint zeitlich noch weiter zurückzureichen. Die Existenz dieser Anlagen ist aber nur dadurch zu erklären, daß sich im Raum Memphis die Residenz des Herrschers befunden hat, für die sich spätestens seit Adj-ib, dem Nachfolger des Den, auch die Palastnamen *„P-Ḥr-msn"* und *„Sꜣ-ḥꜣ-nb"* belegen lassen. Die endgültige Aufgabe von Hierakonpolis (*Nḫn*) als Herrscherresidenz unter Den ist durchaus möglich, aber nur wahrscheinlich, wenn man gleichzeitig annimmt, daß sie ortsfest nach Memphis verlagert wurde, wo sich sicherlich spätestens seit Aha bereits ein Herrscherpalast befunden hat.

- *ḫrp-ḥrj-wḏ3* (). Dieser Titel ist ebenfalls neu unter Den eingeführt worden. Die Lesung „*wḏ3*“ wurde von Kaplony (1963: 122) wahrscheinlich gemacht und mit „Magazin“ übersetzt. Daß es sich dabei tatsächlich um den Teilbereich „Speicher“ oder „Lagerräume“ der „Domäne“ handelt, wird durch das Siegelmuster Abb. 218 für „*Ḥr-sḫntj-ḏw*“ gezeigt, auf dem die Gruppe „*ḥrj-wḏ3*“ durch zwei Krüge determiniert wird. Noch deutlicher geht dieser Sachverhalt aus dem Amtssiegel Abb. 306A-B hervor, das in einer Gruppe „*Ḥr-sḫntj-ḏw* – Krugmagazin“ und in einer weiteren Gruppe den Teilbereich (oder die Funktion) „*ḥrj-wḏ3*“ nennt.

Die unter dem Herrscher Den durchgeführte Umstrukturierung der „Domänen“-Verwaltung scheint sich bis zur endgültigen Aufgabe der „Domäne“ durch Djoser im wesentlichen gehalten zu haben. Im Anschluß an Den wurden keine neuen Ämter mehr in die „Domänen“-Verwaltung eingeführt und, soweit die in der 2. Dynastie spärlicher werdenden Belege erkennen lassen, wird der unter Den erreichte Bestand an Unterabteilungen auch in der 2. Dynastie zumindest bis einschließlich Per-ib-sen gehalten. Unter Chasechemwj ist dann jedoch nur noch der *ˁḏ-mr-* und der *ḥrj-wḏ3*-Titel zu belegen.
Auffällig ist, daß innerhalb der „Domänen“-Verwaltung nach Adj-ib die Beamtensiegel außer Gebrauch kommen, die Siegelungen offensichtlich nur noch mit verschiedenen Amtssiegeln durchgeführt werden und nicht mehr, wie bis dahin, mit Amts- und Beamtensiegeln. Dadurch ist für die dem Herrscher Adj-ib folgende Zeit auch nicht mehr zu erkennen, welche Leute die führenden Positionen in der „Domänen“-Verwaltung besetzten. Für die Zeit bis einschließlich Adj-ib sind die „Domänen“-Verwalter dagegen gut zu belegen. Unter dem Herrscher Djer war es der Würdenträger *ˁm-k3*, der alle zur Verfügung stehenden Ämter innerhalb der „Domäne“ „*Ḥr-sḫntj-ḏw*“ innehatte.

Unter Djet sind insgesamt vier „Domänen“-Beamte namentlich bekannt:

- *ˁm-k3*, der aber nur noch mit dem Titel (*ḥrj-nḫnw*) vorkommt (Abb. 44)
- *Sḫm-k3-sḏ*, der als *ˁḏ-mr* von „*Ḥr-sḫntj-ḏw*, *Nḫb nbj*“ (Abb.189) sowie für „*Nḫn*“ (Abb. 98) auftritt,
- *Ḥtm-sḫmwj*, der als *ˁḏ-mr* ohne Angabe der „Domäne“ (Abb. 45A-B) und *ḥrj-nḫnw* (Abb. 46A-B) erscheint,
- *Jrj-ˁ3wj*, der ohne Titel für „*w3ḏ-Ḥr*“ belegt ist (Abb. 176).

Unter Den ist die Anzahl der namentlich bekannten „Domänen“-Verwalter dann auf sieben angestiegen:

- *ˁm-k3* erscheint als *ˁḏ-mr* ohne Angabe der „Domäne“ (Abb. 127 u. 242), und als *ḫrp-nbj* ebenfalls ohne Angabe der „Domäne“ (Abb. 116).
- *Sḫm-k3-sḏ* ist ohne Titel für die Anlage „*w3ḏ-Ḥr*“ (Abb. 99A-B) belegt.

- *ʿnḫ-kꜣ* ist durch das kombinierte Amts- und Beamtensiegel der Anlage „*Ḥr-sḫntj-ḏw*" (Abb. 276) als: „*ʿḏ-mr*, *ḫrp* der „Domäne", *ḫrp-ḥrj-jb*, *ḫrp-nbj*, *ḫrp-wḏꜣ*" und Beamtensiegel von „*Ḥr-tpj-ḫt*" als „*ʿḏ-mr*" (Abb. 731) ausgewiesen. Seine Tätigkeit in der „Domäne" *Ḥr-sḫntj-ḏw*, als *ʿḏ-mr* und Leiter (*ḫrp*) von Teilbereichen wird auch durch die Siegelmuster Abb. 220, 221, 234, 235, 298 bezeugt.
- Hemaka war *ʿḏ-mr* und Leiter von Teilbereichen an der Anlage „*Ḥr-sḫntj-ḏw*" (Abb. 215, 216, 218 und Emery 1958: Taf. 72,50) sowie *ʿḏ-mr* und Leiter von Teilbereichen für „*Ḥr-tpj-ḫt*" (Abb. 233, 305, 732).
- *Mḏd-kꜣ* ist für „*Ḥr-sḫntj-ḏw*" zu belegen und hatte dort die Funktion eines *ʿḏ-mr* sowie die Leitung von Teilbereichen (Abb. 219, 230, 231).
- *Stjw* besaß ein kombiniertes Amts- und Beamtensiegel, für „*Ḥr-sḫntj-ḏw*", auf dem er als *ʿḏ-mr*, *ḫrp* der „Domäne", *ḫrp-ḥrj-jb*, *ḫrp-nbj* und *ḫrp-wḏꜣ* bezeichnet ist (Abb. 227).
- *Mꜣ-sw* ist nur als *ʿḏ-mr* der Anlage „*Ḥr-tpj-ḫt*" belegt (Abb. 273) und war wohl an „*Ḥr-sḫntj-ḏw*" nicht tätig.

Die vorstehende Zusammenstellung zeigt, daß *ʿḏ-mr* den Rang der „Domänen"-Verwalter bezeichnete, während die Dienststellung, d.h. die konkret ausgeübte Funktion durch die Bezeichnung „Leiter (*ḫrp*) eines Teilbereiches" ausgedrückt wurde. Mit anderen Worten: Alle Leiter von Teilbereichen waren *ʿḏ-mr*, aber nicht für alle *ʿḏ-mr* läßt sich gleichermaßen die Leitung aller Teilbereiche erkennen. Mit dieser Feststellung stimmt auch überein, daß in den Siegelmustern der Name des Siegelinhabers besonders eng mit dem Titel *ʿḏ-mr* verbunden ist, während die Zeichengruppe „Leiter des Teilbereiches" zumeist ein eigenes besonderes Glied innerhalb des Siegelmusters bildet.
Zur Zeit des Den führten mindestens vier Leute den Titel „*ʿḏ-mr* von *Ḥr-sḫntj-ḏw*": *ʿnḫ-kꜣ*, Hemaka, *Mḏd-kꜣ* und *Stjw*. *ʿm-kꜣ* und *Sḫm-kꜣ-sḏ* besaßen zwar diese Titel in den Amtsperioden der vorangegangenen Herrscher Djer und Djet, unter Den ist jedoch für sie eine Tätigkeit an „*Ḥr-sḫntj-ḏw*" nicht mehr zu belegen. Für *Sḫm-kꜣ-sḏ*, den Inhaber der Mastaba 3504, ist anzunehmen, daß er in den ersten Jahren der Amtsperiode des Den gestorben ist. Die Grabanlage von *ʿm-kꜣ*, der bei Amtsantritt des Herrschers Den ebenfalls bereits hochbetagt gewesen sein muß, wird sich aller Wahrscheinlichkeit nach auch in Sakkara befunden haben, war aber bis jetzt nicht zu identifizieren. Für ihn ist zwar noch eines der neuen, von Den eingeführten „*ḫrp*-Siegel" zu belegen (Abb. 116), aber er wird wohl ebenfalls in der 1. Hälfte der Amtsperiode des Den verstorben sein.
Nach der Anzahl der erhaltenen Verschlüsse zu urteilen, die die der Anlagen „*wꜣḏ-Ḥr*" und „*Ḥr-tpj-ḫt*" bei weitem übertrifft, war „*Ḥr-sḫntj-ḏw*" auch unter Den noch die bedeutendste der „Domänen".
Mit dem Amtsantritt von Adj-ib verschwinden schlagartig nicht nur die Namen aller früheren „Domänen", sondern auch die Namen aller bisherigen „Domänen"-Beamten. Auffälligerweise scheint jedoch die „Domäne" des Adj-ib „*Ḥr-sbꜣ-ḫt*" be-

reits unter Den begründet worden zu sein (vgl. weiter vorn). Sie ist jedoch die einzige Anlage, die unter Adj-ib existiert zu haben scheint, und ihr *ꜥḏ-mr* namens Sab ist der einzige „Domänen“-Verwalter, der unter Adj-ib nachzuweisen ist. Alle unter Den eingeführten Funktionen innerhalb der „Domäne“ sind für ihn zu belegen. Er ist jedoch der letzte, der ein Beamtensiegel mit den Titeln der „Domäne“ geführt hat. Unter den Nachfolgern des Adj-ib werden die Verschlüsse der „Domäne“ nur noch mit Amtssiegeln gesiegelt.

Betrachtet man die Beziehungen, die zwischen der „Domäne“ und den anderen Institutionen der frühdynastischen Zeit bestanden haben, zeigt sich, daß solche Verbindungen unter den Herrschern Djer, Djet und Den sehr schwer aufzuspüren sind. Die Siegelverschlüsse dieser Zeit vermitteln den Eindruck, daß die „Domäne“ eine relativ selbständige Institution war, die im Auftrage des Herrschers ausschließlich für seine Bedürfnisse tätig war und kaum Beziehungen zu anderen Institutionen unterhält. Zeitlich überschneidet sich die Phase der Gründung der „Domäne“ unter Djer mit der Phase der Auflösung der „Zeltverwaltung“ unter Djet. Wie aus Exkurs 3 ersichtlich ist, sind die Grabanlagen des Djer und des Djet in Abydos mit ihren ausgedehnten Friedhöfen und den zusätzlichen „Taltempeln“ bei weitem aufwendiger gebaut, als die Anlage des Aha, des unmittelbaren Vorgängers des Djer. Es ist daher durchaus wahrscheinlich, daß ein Zusammenhang zwischen Gründung der „Domäne“ und Vergrößerung der Grabanlage des Djer bestanden hat, d.h. der erhöhte Aufwand, der für die Errichtung der Grabanlage des Herrschers getrieben werden konnte, war dann die Auswirkung der Existenz einer „Domäne“ und vielleicht auch die eigentliche Ursache für ihre Gründung. Damit ergibt sich auch die weitere Präzisierung der Aufgaben der „Domänen“: Sie waren Institutionen, die, unter unmittelbarem Bezug auf den Herrscher, für ein erhöhtes Aufkommen an Agrarprodukten zuständig waren.
Die aus dem Merit-Neith-Grab in Abydos belegte gemeinsame Verwendung des Beamtensiegels des *ꜥm-kꜣ* als *ꜥḏ-mr* von *ḥwt-jẖt* (Abb. 181) mit einem *ḫrp-ḥrj-jb*-Amtssiegel einer „Domäne“ (ohne Angabe des Eigennamens der Anlage, Abb. 198) ist als Hinweis darauf zu werten, denn sie zeigt, daß Agrarprodukte eines bestimmten Gebietes an die „Domäne“ geliefert wurden.
Läßt sich für die „Domänen“ bis Den noch eine direkte Unterstellung unter den jeweils amtierenden Herrscher ohne Zwischenschaltung einer anderen Instanz schlußfolgern, so ändern sich diese Verhältnisse unter Adj-ib. Neben den wie bisher durch Amts- und Beamtensiegel der „Domäne“ gesiegelten Verschlüssen wurden im Grab des Adj-ib in Abydos zwei Verschlüsse gefunden, die neben dem „*ḫrp-ḥrj-jb*“-Amtssiegel (Abb. 94) und dem Beamtensiegel des *ꜥḏ-mr* Sab von „*Ḥr-sbꜣ-ẖt*“ (Abb. 300B) noch ein drittes Siegel zeigen, das Amtssiegel „königlicher Weingarten, Schatzhaus (*pr-dšr*) *tpj-tm*-Beamter“ (Abb. 213). Dieses dritte Siegel ist um die Basis der Verschlüsse abgerollt, also offenbar als letztes und als Siegel der obersten Instanz. Hier scheint sich bereits ein, zumindest teilweises Unterstellungsver-

hältnis der „Domäne" unter das „Schatzhaus" anzudeuten, das seinerseits durch den „Weingarten" beliefert wurde.
Für Semerchet sind insgesamt zwei „Domänen"-Siegel belegt (Abb. 252-253). Auf ihnen wird das „Schatzhaus" nicht erwähnt. Der Grund für den seltenen Gebrauch von „Domänen"-Siegeln unter Semerchet ist nicht zu erkennen. Er kann kaum in einer vorübergehenden Einschränkung der Tätigkeit der „Domäne" bestanden haben, denn zahlreiche Keramikgefäße tragen, offenbar anstelle der Siegelung, die Ritzinschrift „Ovalanlage des Semerchet" (Vgl. Exkurs 4). Beginnend mit dem Herrscher Qa sind dann neben den bis dahin üblichen normalen Amtssiegeln der „Domäne" auch weitere „Domänen"-Siegel belegt.

Für Qa ist das einzige leider nur fragmentarisch erhaltene „*ḫrp* der Domäne *Ḥr-nwb-ḫt*"-Amtssiegel mit „*pr-dšr*" erweitert, und von den vier Amtssiegeln „*ḫrp-ḥrj-jb*" (Abb. 254A-B, 255, 209 u. 737) zeigt Abb. 209 eine Erweiterung mit „*pr-dšr*" und Abb. 737 eine Erweiterung mit „*ḥwt(P-Ḥr)-msn*".
Für Hetep-Sechemwj ist das einzige erhaltene Amtssiegel „*ḫrp* der Domäne" (Abb. 281) und das einzige „*ḫrp-nbj*"-Amtssiegel (Abb. 282) mit „*ḥwt-nswt-bjt Ḥtp-nbtj*" erweitert.
Für Ra-neb zeigt das einzige erhaltene Amtssiegel „*ḫrp-nbj*" (Abb. 264) die Erweiterung „*ḫt-ḫrw*", ein „*ḥwt*", das bereits früher unter Den auf einem Siegelmuster erwähnt worden ist (vgl. weiter vorn Kap. 5.2.).
Für Nj-netjer erhält eines der beiden erhaltenen „*ḫrp-nbj*"-Amtssiegel (Abb. 743) die Erweiterung „*ḥwt* ▨", das andere, ein kombiniertes „*ḫrp-ḥrj-jb*, *ḫrp-nbj*"-Amtssiegel, ist mit „*pr-dšr*" erweitert.
Für Per-ib-sen ist das Amtssiegel „*ḫrp* der Domäne *Jtj-wjȝw*" (Abb. 285) mit dem Namen der Siedlung „*ʿfnwt*" und das „*ḫrp-ḥrj-jb*"-Amtssiegel (Abb. 284) mit dem Namen der Siedlung „*Šrj-š*"(?) zu belegen.
Für Chasechemwj ist dann nur noch das Amtssiegel „*ʿḏ-mr* der Domäne *Ḥr-sbȝ-bȝw*" (Abb. 291) und das Amtssiegel „*ḥrj-wḏȝ* der Domäne *Ḥr-sbȝ-bȝw*" (Abb. 303) bekannt.
Von Djoser ist ein „*ḫrp-wḏȝ*"-Amtssiegel erhalten (Abb. 304), das ganz offensichtlich die Existenz von zwei Anlagen bezeugt, „*Ḥr-sbȝ-ḫntj-pt*" und „*Ḥr-sbȝ-ḫntj-pt*, die zweite (*snw*)", wobei jedoch der Name der zweiten Anlage recht merkwürdig geschrieben ist.

Darüber hinaus sind ein „Domänen"-Siegel des Hetep-Sechemwj, zwei des Per-ib-sen und alle „Domänen"-Siegel des Chasechemwj und des Djoser mit der Darstellung und dem Namen des sog. „Domänenschutzgottes *ȝš*" erweitert. Diese Zusätze interessieren jedoch für die vorliegende Arbeit weniger. Die übrigen Erweiterungen lassen sich im wesentlichen in zwei Gruppen einteilen:

1. Erweiterungen durch den Zusatz „*pr-dšr*" („Schatzhaus") oder den Palast des Herrschers („*P-Ḥr-msn*" bzw. „*ḥwt-nswt-bjt Ḥtp-nbtj*"). Sie sind ganz zweifellos die

obersten, für die Verwaltung von Produkten des Herrscherbedarfes zuständigen Instanzen und ihre Erwähnung auf den „Domänen“-Siegeln kann nur als Hinweis auf ein Unterstellungsverhältnis der „Domäne“ unter diese Instanzen gewertet werden.

2. Erweiterungen, die auf die Herkunft der gesiegelten Produkte hindeuten, das sind die Zusätze mit Namen von Ansiedlungen bzw. von *„ḥwt“*-Anlagen. Dazu gehören nicht die „Weingärten“. Sie unterstanden ganz eindeutig dem „Schatzhaus“, wie bereits das *„ḥrj-wḏ3*-Siegel“ (Abb. 213) für Adj-ib zeigt. Auch die späteren „Weingarten“-Siegel unter Nj-netjer, Chasechemwj und Djoser enthalten zwar eindeutige Hinweise auf die übergeordneten Instanzen *„js-ḏf3“* und „Schatzhaus“, aber niemals auf die „Domäne“. Sie kommen auch nicht gemeinsam mit „Domänen“-Siegeln auf den gleichen Verschlüssen vor. Es ist daher sicherlich nicht möglich, die „Weingarten“-Siegel zu den Zeugnissen der „Domäne“ zu zählen.

Für die Gesamteinschätzung von Rolle, Bedeutung und Aufgaben der „Domäne“ läßt sich aus dem Vorstehenden folgendes erkennen:

1. Die „Domänen“ waren reale, lokalisierbare Anlagen, auch wenn sich ihr konkreter Standort bisher nicht ermitteln ließ. Für diese Schlußfolgerung spricht,
- daß das Symbol der „Domäne“ eine ovale Festungsmauer wiedergibt, die eine auffallende Ähnlichkeit mit Siedlungen, Festungen odgl. aufweist, die auf den Annalenplättchen dargestellt sind,
- daß der unter Djet eingeführte *ˁḏ-mr*-Titel auch als höchster Titel für andere reale Anlagen wie *„ḥwt-jḫt“* und *„ḥwt-zmtj-gstjw“* zu belegen ist,
- daß an der „Domäne“ ein „Krugmagazin“ etabliert war, das seit Den einen eigenen Teilbereich der „Domäne“ bildete und von einer solchen Bedeutung war, daß es noch auf dem letzten vorhandenen Siegelmuster der „Domäne“ unter Chasechemwj und Djoser neben dem *ˁḏ-mr*-Rangtitel als einziger Teilbereich belegt ist.

2. Die Eigennamen der „Domänen“, die sich, mit Ausnahme der Anlage des Per-ibsen, alle auf die göttlichen Qualitäten des Herrschers als Horus beziehen, sind eigentlich für einfache Wirtschaftsanlagen zu großartig. Sie lassen eher eine kultisch-magische Bedeutung der „Domänen“ vermuten. Eine mehr sachliche, für den verwaltungstechnischen Gebrauch einsetzbare Bezeichnung, wie sie auf den Keramikgefäßen des Semerchet verwendet wurden, ist weder vorher noch nachher wieder zu belegen. Im Gegensatz dazu wurden selbst die Herrscherpaläste in ihrer Eigenschaft als oberste Verwaltungsinstanz schon seit Aha einfach als *„ḥwt-nswt“* bzw. *„pr-nswt“* bezeichnet und so wichtige Instanzen, wie z.B. das „Schatzhaus“, besaßen überhaupt keinen Eigennamen. Gegen eine Interpretation der „Domänen“ als Wirtschaftsbetriebe spricht auch der Umstand, daß jeweils die höchsten Wür-

denträger des Herrschers mit ihrer Leitung beauftragt waren, wie auch durch die bis einschließlich Adj-ib vorkommenden Beamtensiegel der „Domäne" belegt wird.

3. Soweit sich das aus den Siegelmustern erkennen läßt, waren die „Domänen" in der 1. Hälfte der 1. Dynastie in direktem Auftrag des Herrschers tätig und keiner anderen Instanz unterstellt. Seit Adj-ib zeigen sich jedoch direkte Verbindungen zum „Schatzhaus", die sich dann durch die seit Qa üblichen Erweiterungen einiger Amtssiegel der „Domäne" mit dem Vermerk „*pr-dšr*" als Unterstellungsverhältnis der „Domäne" unter das „Schatzhaus" definieren lassen. Ein solches Unterstellungsverhältnis muß jedoch nicht gleichbedeutend damit gewesen sein, daß die „Domäne" Produkte an das „Schatzhaus" bzw. den Palast zu liefern hatte, wie das Helck und Kaplony annehmen. Gegen diese Auffassung spricht auch, daß die „Domäne" auf den erhaltenen Siegelverschlüssen niemals mit dem „*js-ḏfꜣ*", dem unter Nj-netjer eingeführten Lebensmittelmagazin des „Schatzhauses", verbunden wurde, wie das z.T. bei den „Weingärten" der Fall war.

4. Die „Domänen" siegelten Keramikgefäße und Beutelverschlüsse für Behälter mit Getreide, Trockenobst und deren Verarbeitungsprodukten. Soweit sich erkennen läßt, belieferten sie damit die Gräber des Herrschers und einiger hochgestellter Würdenträger. Von Lieferungen an den Palast ist nichts zu erkennen. Alle Siegel stammen ausschließlich aus Gräbern.
Die Herkunft der gesiegelten Produkte ist weitgehend unklar. Anhaltspunkte für eine landwirtschaftliche Eigenproduktion der „Domäne" gibt es nicht. Die spärlichen vorhandenen Hinweise zeigen im Gegenteil die „Domäne" als empfangende Instanz für die Produkte anderer Instanzen bzw. anderer geographischer Einheiten (Ansiedlungen).

Da eine Reihe von Argumenten eher gegen als für eine Deutung der „Domäne" als profane Wirtschaftsanlage des Palastes sprechen, scheint es, daß ihre Wirksamkeit sich im wesentlichen auf das Grab des Herrschers und seiner höchsten Würdenträger konzentrierte. Schon ihre Gründung unter Djer fällt sicherlich nicht zufällig mit der Vergrößerung seiner Grabanlage und damit mit einer erheblichen Steigerung des materiellen Aufwandes für das Grab dieses Herrschers zusammen. Wenn man nun annimmt, daß die „Domäne" eine Institution war, die spezielle direkt für das Herrscherbegräbnis bestimmte Abgaben verwaltete, die vielleicht zunächst in Form einer Sonderabgabe erhoben wurden, dann wird auch ihre, in der ersten Zeit auffällig geringe Verbindung zu den Palastinstanzen erklärlich. Mit der zunehmenden Bedeutung des „Schatzhauses" als oberste Abgabeninstanz in der 2. Hälfte der 1. Dynastie, die wahrscheinlich mit Neufestlegungen des Abgabensystems verbunden war, kam auch die „Domäne" in ein Unterstellungsverhältnis zum „Schatzhaus", ohne daß sich jedoch ihre Aufgaben veränderten. Als möglicherweise rein verwaltungstechnische Vereinfachung wurde zu dieser Zeit unter Adj-ib die bis dahin übliche Weiterführung der Vorgänger-Anlagen aufgegeben.

Wenn die „Domäne“ eine Einrichtung war, die mit der Bereitstellung von Agrarprodukten für den Bau, für die Ausstattung und wahrscheinlich auch für die späteren Totenopfer des Herrschergrabes befaßt war, dann wird ihr eindruckvoller, für jeden Herrscher neu ausgestellter Eigenname verständlich, sowie die Tatsache, daß die höchsten Würdenträger des Landes an ihr tätig waren und an ihren Einkünften in Form von Beiträgen für ihr eigenes Begräbnis partizipierten. Durch eine solche Interpretation der „Domäne“ läßt sich auch erklären, warum in der 2. Dynastie die Anzahl der „Domänen“-Verschlüsse so auffällig zurückgeht: Da die Abgabenverwaltung in zunehmendem Maße eine Angelegenheit des „Schatzhauses“ geworden war, gab es für die Aktivitäten der „Domäne“ nur noch geringen Spielraum. Dennoch wurde sie als traditionelle Einrichtung weitergeführt, vielleicht mit entsprechenden Festlegungen für die Herkunft ihrer Produkte aus den Abgaben ganz bestimmter Ansiedlungen. Unter Djoser war sie dann offensichtlich zur völligen Bedeutungslosigkeit herabgesunken. Ihre Aufgaben hatte bereits im wesentlichen das „Schatzhaus“ übernommen, wenn auch der einzige, neben dem „*ˁḏ-mr*“-Rangtitel zu belegende Teilbereich „*ḥrj-wḏꜣ*“ noch auf die Existenz eines „Magazins“ verweist. Der anteilmäßig starke Rückgang der „Domänen“-Siegel in der 2. Dynastie läßt sich durch eine Interpretation der „Domäne“ als Wirtschaftsanlage oder Gutsbetrieb kaum befriedigend erklären, wird aber verständlich, wenn die Aufgaben der „Domäne“ ursprünglich mit der Abgabenerfassung für das Herrscherbegräbnis zusammenhingen und im Laufe der Zeit durch eine vom „Schatzhaus“ ausgehende konzentrierte Form der Abgabenerfassung ersetzt wurden. Daß zu Beginn der 3. Dynastie die ursprüngliche Bedeutung der „Domäne“ nicht mehr verstanden wurde, scheint das Siegelmuster Abb. 304 zu zeigen, das für Djoser zwei „Domänen“ gleichen Namens belegt. Nach Djoser wurde dann die „Domäne“ als Institution aufgegeben und existierte wohl nur noch in dem *ˁḏ-mr*-Rangtitel weiter.

5.8. Die „Götterfestungen“

Außer der „Domäne“ gibt es noch eine weitere Anlage, deren Name wahrscheinlich für jeden Herrscher neu ausgestellt wurde: die sog. „Götterfestung“, wenn auch nicht für jeden Herrscher der Name seiner „Götterfestung“ erhalten ist. Ihr Symbol ist ein viereckiger Gebäudegrundriß, in den der mit dem Bestandteil „Götter“ gebildete Name der Anlage eingeschrieben ist.

Erhalten sind die Namen:

smr-nṯrw (Gefährte der Götter) für die Anlage des Djer (Palermo-Stein Zeile 2,7; Fragment Kairo 1, Zeile 2,4 u. 2,8; Steingefäßinschr. Exkurs 4

jswt-nṯrw (Sitze der Götter) für die Anlage des Den (Palermo-Stein Zeile 3,6)

qꜣw-nṯrw (Hügel der Götter) für die Anlage des Qa und des Senefer-ka (Steingefäßinschr. Exkurs 4) *nṯrj-nṯrw* (Natronhaus der Götter) für die Anlage des Nj-netjer (Siegelverschluß Exkurs 5 = Kaplony 1963: Abb. 749)

mn-nṯrw (*mn* der Götter) für die Anlage des Neb-ka (Palermo-Stein Zeile 5,2)

qbḥ-nṯrw (Libation der Götter) für die Anlage des Djoser (Palermo-Stein Zeile 5,11)

Dazu kommt noch:

nmt-nṯrw (Prozession der Götter) für einen namentlich nicht genannten Herrscher (Kaplony 1963: Abb. 872; Ritzinschrift auf Schieferschale)[5]

Kaplony, der sich näher mit den „Götterfestungen" beschäftigt hat (Kaplony 1962: 5-16, vgl. auch dort die vorh. Literatur), kam zu dem Ergebnis, daß es sich um eine Anlage mit kultischer Bedeutung handelte, der Ort, „an dem die Götter als Körperschaft mit jedem König als dem sich manifestierenden irdischen Gott einen neuen Bund eingehen". Über die Lage der „Götterfestung" gibt die Ritzinschrift (Kaplony 1963, Abb. 872) Auskunft, die den zusätzlichen Vermerk „Öffnen des Sees, memphitischer Gau" trägt.

Offensichtlich waren die „Götterfestungen" sehr bedeutende Kultanlagen der Frühzeit. Dafür spricht ihre Erwähnung auf den Annalensteinen, die doch wohl voraussetzt, daß sich die Kenntnis von ihnen über einen längeren Zeitraum hinweg gehalten hatte. In den zeitgenössischen Belegen kommen die „Götterfestungen" vorwiegend als Ritzinschriften auf Steingefäßen vor, was mit der Deutung als wichtige Kultanlage gut übereinstimmt.

5.9. Zusammenfassung

Die im Vorstehenden dargestellten Institutionen und Instanzen sind ausnahmslos mit den Aktivitäten der Herrscher verbunden. Hinweise auf von den Herrschern unabhängige Einrichtungen gibt es nicht. Leider gestattet das vorhandene Material nur in Ausnahmefällen Rückschlüsse auf die Wirksamkeit der einzelnen Institutionen, und wahrscheinlich ist auch durch den Umstand, daß alles vorhandene Material aus Gräbern stammt, das entstandene Bild in nicht unbeträchtlichem Maße verzerrt. So ist z.B. recht zweifelhaft, ob die „Domäne" wirklich die überragende Rolle gespielt hat, die aus der eindrucksvollen Zahl ihrer Siegelverschlüsse deutlich zu werden scheint. Aber auch das insgesamt lückenhafte und im einzelnen wenig aussagekräftige Material zeigt, daß einige, zeitweilig durchaus bedeutende Institutionen nach einer gewissen Blütezeit völlig außer Gebrauch kamen, weil sie wahrscheinlich den inzwischen entstandenen Bedingungen nicht mehr entsprachen. Zu ihnen gehörte die „Zeltverwaltung", die ihre Tätigkeit etwa unter Djet eingestellt haben muß, und die „Domäne", die unter Djer erstmalig vorkommt, unter Djet und Den ihren Höhepunkt erreicht hatte und dann allmählich ihre Bedeutung verlor, aber bis zum Ende der 2. bzw. dem Beginn der 3. Dynastie als Institution nachweisbar ist.

[5] Gehört entweder in das Ende der 2. Dynastie (wegen ausführlicher Schreibung) oder in die 3. Dynastie, denn ab Snofru gibt es keine „Götterfestungen" mehr.

Dagegen entstanden andere Instanzen, die sich allmählich zu funktionstüchtigen Organen der Zentralgewalt entwickelten: das „*pr-nswt*“ als oberste Verwaltungsinstanz und das ihm unterstellte „Schatzhaus“ (*pr-ḥḏ* bzw. *pr-dšr*), das bis zum Ende der 2. Dynastie zur obersten Instanz für die Abgabenerfassung geworden war.
Auch aus der vorstehenden Darstellung der Institutionen wird daher deutlich, daß der Zeitraum von Djer bis Adj-ib eine wichtige Periode für die Entstehung des altägyptischen Staates gewesen sein muß. Seit Djer sind erstmalig Amtssiegel zu belegen, die allmählich die bis dahin üblichen Königssiegel ersetzen, unter Djet, Den und Adj-ib profilieren sich allmählich der „Palast“ und das ihm untergeordnete „Schatzhaus“.
Es ist auffällig, aber wahrscheinlich aus der Art des überlieferten Materials zu erklären, daß einige Institutionen bzw. Instanzen, deren Existenz eigentlich auch bereits zu Beginn der 1. Dynastie vorauszusetzen ist, überhaupt nicht belegt werden können. Dabei handelt es sich um die Einrichtungen der öffentlichen Gewalt bzw. der Repression. Aber diese Institutionen siegelten keine Behälter mit Grabbeigaben, kamen nicht als Absender oder Empfänger für Steingefäße infrage und wurden auch nicht auf den Annalentäfelchen erwähnt. Aus diesem Grunde ist verständlich, daß Belege über ihre Tätigkeit nicht überliefert sind.
Andererseits ist das völlige Fehlen aller Titel aus diesem Bereich immerhin beachtenswert. Auch wenn man annimmt, daß die öffentliche Gewalt bis zum Ende der 2. Dynastie noch weitgehend von den örtlichen Gemeinschaften ausgeübt wurde und die mit dem Einzug der verschiedenen Abgaben beauftragten Institutionen Verweigerung von Abgabeleistungen selbständig bestraften und dazu keine besondere Institution benötigten, so scheint doch immerhin aus den Belegen über die Herrscher hervorzugehen, daß zu ihren Aufgaben die Leitung militärischer Aktionen gehörte. Eigentlich sollte man daher, vor allem bei den sehr hohen Würdenträgern erwarten, daß sie auch Titel aus diesem Bereich führten. Solche Titel sind jedoch nicht zu belegen.
Damit scheint recht deutlich zu werden, daß die aus den Gräbern überlieferten Zeugnisse nicht unbedingt ein exaktes Spiegelbild der Gesamtheit der Verhältnisse der Frühzeit darstellen, sondern nur einen Ausschnitt wiedergeben, der durch den Zweck der Objekte als Ausstattungsstücke eines Grabes geprägt ist.

6. Die mit den Herrschern verbundene Oberschicht

Schon auf den ältesten bildlichen Zeugnissen ist dargestellt, daß die Herrscher von Personen umgeben waren, die sie direkt oder indirekt bei ihren Aktivitäten unterstützten. Die bestehenden sozialen Unterschiede zwischen Herrscher, Gefolge bzw. Würdenträgern und den übrigen Personen werden dabei durch die Größenunterschiede zwischen den dargestellten Personen ausgedrückt. So zeigt der Keulenkopf des „Skorpion" den Herrscher selbst als größte Figur und Mittelpunkt der dargestellten kultischen Handlung. Von wesentlich kleinerer Gestalt sind die Personen seiner unmittelbaren Umgebung, die ihm assistieren, und noch kleiner sind die Standartenträger und die beiden im unteren Register mit landwirtschaftlichen Arbeiten beschäftigten Personen wiedergegeben. Ähnliche Größenunterschiede zeigen auch die Reliefs der Palette und der Keule des Narmer. Auf diese Weise wird mit sehr einfachen Mitteln die Differenz im sozialen Status der dargestellten Personen deutlich gemacht. Gleichzeitig geht daraus aber auch hervor, daß nicht nur der Herrscher seine Zeitgenossen weit überragte und, wenn auch in wesentlich geringerem Maße, sein Gefolge einen ebenfalls erhöhten Status besaß, sondern daß auch innerhalb dieser besonderen, hervorgehobenen Gruppe bereits deutliche Unterschiede vorhanden waren.

6.1. Die Gräber

Mit diesem, aus den frühesten bildlichen Darstellungen abzuleitenden Befund stimmen auch archäologische Zeugnisse in Gestalt der Grabanlagen überein. Ihre geographische Verteilung im ägyptischen Niltal zeigt, daß die Autorität der Herrscher spätestens unter Narmer überregionale Bedeutung erlangt haben muß. Die gleiche Schlußfolgerung hatte sich bereits aus der Verteilung der noch früheren Keramikgefäße mit dem Horus-Serech-Symbol als wahrscheinlich ergeben (Kap. 3.2.). Die Verteilung der Würdenträger-Gräber läßt ganz bestimmte Konzentrationspunkte erkennen:

1. Der erste dieser Konzentrationspunkte ist Abydos, wo sich spätestens seit Ka, möglicherweise schon früher, die eigentliche Herrschernekropole befunden hat (vgl. auch Kap. 3.1.). Seit Aha sind dort auch sehr bescheidene Gräber des Herrschergefolges nachzuweisen, deren Zahl von 36 Gräbern der Aha-Anlage aus ungeklärten Gründen für die Anlage des Djer auf mindestens 316 ansteigt, für Djet dann auf 174, für Merit-Neith auf 41, für Den auf 133 und für Adj-ib auf 64 Reihengräber zurückgeht. Für Semerchet und Qa wurden keine separaten Reihengräber mehr angelegt. Einige dieser Reihengräber besaßen sehr einfache Grabsteine, auf denen gelegentlich auch Titel genannt werden (vgl. Kap. 3.5.4.2.). Soweit daraus Schlüsse gezogen werden können, scheint es sich bei den Inhabern der Reihengräber um Leute zu handeln, die in einem sehr engen persönlichen Dienstverhältnis zum

Herrscher standen, d.h. mit der Organisierung seines persönlichen Lebens befaßt waren (Palastverwalter), zu seinem Harim gehörten (vgl. die große Anzahl an Frauenstelen ohne Titel) sowie seiner Unterhaltung dienten (Zwergen- und Hundestelen).

2. Der zweite Konzentrationspunkt befand sich in Memphis. Der auf dem Ostufer des Nils gelegene Friedhof von Heluan geht, nach den Inschriften der dort gefundenen Objekte zu urteilen, mindestens bis in die Zeit des Narmer zurück. Leider ist er so summarisch publiziert (Saad 1947, 1951 u. 1969), daß es nicht möglich ist, die insgesamt 10 258 freigelegten Gräber systematisch auf die einzelnen Herrscher aufzuteilen. Damit bleibt auch völlig unklar, wie viele Gräber in die älteste Zeit gehören und welche Namen und Titel ihre Inhaber führten. Zeitlich reicht er wohl bis in den Beginn der 3. Dynastie. Es scheint auf diesem Friedhof sowohl recht kleine und ärmliche, als auch durchschnittliche und sogar sehr große und reich ausgestattete Gräber gegeben zu haben, einige von den letzteren im Mastaba-Stil. Obgleich die unzureichenden Publikationen einen detaillierten Nachweis nicht gestatten, vermitteln sie doch als Gesamteindruck die Erkenntnis, daß sich in Heluan der eigentliche Residenzfriedhof befunden hat, auf dem niedere, mittlere und hohe Angehörige des Herrschergefolges bestattet wurden, die an der Residenz in Memphis tätig waren. Dazu müßten dann die Handwerker, Künstler und Baumeister sowie die Beamten des „Schatzhauses“ und anderer Verwaltungsinstanzen und wahrscheinlich auch Priester gehören.

Auf dem westlichen Nilufer, ebenfalls in Reichweite von Memphis befand sich im Nordteil von Sakkara bei Abusir ein weiterer, jedoch wesentlich kleinerer Friedhof, der aus 18 unterschiedlich großen Mastaba-Gräbern bestand. Hier scheinen die höchsten Würdenträger des Herrschergefolges, möglicherweise nahe Verwandte des Herrschers, bestattet worden zu sein. Die Anlagen setzen jedoch erst mit der Mastaba 3357 aus der Zeit des Aha ein. Emery hielt diese Mastaba für die Begräbnisstätte des Herrschers Aha selbst (Emery 1939 u. 1961). Da als Herrschernekropole jedoch eindeutig nur Abydos infrage kommt, muß das Grab 3357 einem anderen Inhaber gehört haben. Etiketten und Ritzinschriften wurden dort bei der Ausgrabung nicht gefunden, aber nach der Analyse der Siegelinschriften hält Kaplony einen Sohn des Aha, namens *Sꜣ-jst* als Grabinhaber für möglich (Kaplony 1963: 70).

Die Anlagen bei Abusir reichen zeitlich bis zum Ende der 1. Dynastie. Leider lassen sich nur wenige Grabinhaber namentlich feststellen, aber da, wo es gelungen ist, zeigt sich, daß sie wirklich den höchsten, auch aus den Siegelinschriften bekannten Würdenträgern zugeordnet werden können. Zeitlich verteilen sich die Anlagen von Sakkara/Abusir folgendermaßen:

Zeit des Aha
Mastaba 3357 Grabinhaber: möglicherweise *Sꜣ-jst*, Sohn des Aha

Zeit des Djer

Mastaba 3503 Grabinhaber unbekannt
Mastaba 2185 Grabinhaber unbekannt
Mastaba 3471 Grabinhaber unbekannt

Zeit des Djet

Keine Anlage nachweisbar. Dieser Befund stimmt auffallend mit der Aussage von Z. Saad überein, derzufolge auch in Heluan keine Zeugnisse von Djet gefunden wurden (Saad 1969: 82). Nach der Rekonstruktion der Annalensteine durch Kaiser umfaßte die Amtsperiode des Djet etwa 11 Jahre (Kaiser 1961: 43), was kein so kurzer Zeitraum ist, daß sich dadurch das völlige Fehlen von Würdenträger-Gräbern erklären läßt. Tatsächlich gibt es auch große Mastaba-Anlagen aus der Zeit des Djet in Giza (Mastaba 5; Petrie 1907: 2-7) und in Tarkhan (Mastaba 1060; Petrie 1913: 13-20). Warum sie in Sakkara/Abusir fehlen, ist ungeklärt.

Zeit des Den

Mastaba 3504 Grabinhaber: *Sḫm-kꜣ-sḏ* (Kaplony 1963: 85-89)
Mastaba 3507 Grabinhaber unbekannt
Mastaba 3506 Grabinhaber: möglicherweise *St-kꜣ* (Kaplony 1963: 129-30)
Mastaba 3035 Grabinhaber: Hemaka
Mastaba 3036 Grabinhaber: *ꜥnḫ-kꜣ* (Kaplony 1963: 136, hält die Zuweisung Emery's für unsicher, weil die Siegel aus der 4. Zeitstufe des *ꜥnḫ-kꜣ* als „Domänen"-Verwalter fehlen.)

Zeit des Adj-ib

Mastaba 3038 Grabinhaber unbekannt
Mastaba 3111 Grabinhaber: Sab (Kaplony 1963: 141, hält die Zuweisung Emery's für unwahrscheinlich, weil im Siegelbestand des Grabes keine Siegel des Sab aus seiner Tätigkeit als „Domänen"-Verwalter des Adj-ib vorhanden sind.)

Zeit des Semerchet

Keine Anlage nachweisbar. Semerchet kommt aber auf Zeugnissen von Heluan vor (Saad 1969: 82).

Zeit des Qa

Mastaba 3505 Grabinhaber: *Mrj-kꜣ* (Kaplony 1963: 148)
Mastaba 3500 Grabinhaber unbekannt
Mastaba 3120 Grabinhaber unbekannt
Mastaba 3131 Grabinhaber unbekannt

3. Ein dritter Konzentrationspunkt großer Grabanlagen befand sich bei Tarkhan, südlich von Memphis, etwa auf der Höhe des Fayum. Die datierbaren Anlagen gehen bis auf Narmer zurück (Mastaba 414).

4. Eine einzelne große Ziegelmastaba wurde bei Negade gefunden (Borchardt 1898). Sie galt zunächst als Grab des Menes, wurde später der Neith-hotep, der Frau des Narmer zugewiesen (Emery 1961: 47) und schließlich von Kaplony auf Grund einer Analyse der Siegel- und Steingefäßinschriften als Grabstätte des *Rḫjjt*, eines Sohnes von Narmer und Neith-hotep identifiziert (Kaplony 1963: 68 u. 558-61). Nach den Angaben bei Borchardt scheint sich in der Nähe dieser Mastaba noch eine weitere Mastaba befunden zu haben (Borchardt 1898: 104, Anm. 4), und möglicherweise würde eine gezielte Grabung in diesem Gebiet auch die Überreste weiterer Anlagen erbringen, die vielleicht sogar aus der Zeit vor Narmer stammen.

Die Verteilung dieser Grabanlagen läßt recht deutliche Prinzipien erkennen:
- Personen, die zum persönlichen Gefolge oder zur Bedienung des Herrschers gehörten, wurden in unmittelbarer Nähe der Grabanlage des Herrschers bestattet, dem sie zu Lebzeiten dienten,
- Personen, die mehr an die Residenz als an Institutionen gebunden waren (Verwalter von Sachen, Handwerker,) ließen sich in Heluan bestatten,
- Personen, die einen besonders hohen Status besaßen, wurden in Sakkara begraben. Bei insgesamt 16 Gräbern, die von Aha bis zum Ende der 1. Dynastie zu belegen sind, kann es sich wirklich nur um einen sehr ausgewählten Personenkreis gehandelt haben, vielleicht potentielle, aber nicht zum Einsatz gekommene Amtsnachfolger o.ä.

Interessant ist, daß die höchsten Würdenträger ihr Grab nicht in unmittelbarer Nähe des Herrschers, sondern bei der Residenz hatten. Da die Mastabas in Sakkara erst offenbar mit Aha einsetzten, Mastaba-Anlagen aber mindestens seit Narmer gebaut wurden, erhebt sich die Frage: Wo waren solche Leute vor der Zeit des Aha begraben? Die Variante, daß sich ihre Grabstätten in Heluan befanden, wo auch aus dieser frühen Zeit bereits Mastaba-Anlagen bekannt sind, läßt sich auf Grund der unzureichenden Publikation der Heluan-Grabungen nicht bekräftigen. Es ist aber durchaus möglich, daß die Gräber der prominentesten Würdenträger erst unter Aha im memphitischen Raum angelegt wurden, während sie sich vorher in Tarkhan oder bei Negade befanden. Das könnte unter Umständen ein Hinweis auf den ungefähren Zeitpunkt der Einrichtung des offiziellen Herrscherpalastes in Memphis sein. Noch eine weitere Schlußfolgerung läßt sich aus der Standortverteilung der Würdenträger-Gräber ziehen: Sie waren nicht an lokale Gemeinschaften der unmittelbaren landwirtschaftlichen Produzenten sondern an die Orte gebunden, die in Beziehung zu den Aktivitäten der Herrscher standen, d.h. entweder an sein Grab oder an seine Residenz.

Helck hatte wahrscheinlich gemacht, daß die höchsten Würdenträger in der Frühzeit sehr nahe leibliche Verwandte des Herrschers waren (Helck 1954: 12). Daß für solche Funktionen tatsächlich nur „Prinzen", d.h. leibliche Söhne des Herrschers infrage kamen, ist sicher nicht allzu wörtlich aufzufassen. So war z.B. *Sḫm-kꜣ-sḏ*, der Inhaber von Sakkara 3504, unter Djer und Djet sicher einer der höchsten, wenn nicht der höchste Würdenträger, kann aber unmöglich der Sohn beider Herrscher gewesen sein. Helck hatte seine Ansicht damit begründet, daß nur die Herrschersöhne in der Lage waren, die „Machtladung" des Herrschers gefahrlos zu ertragen. An sich ist diese Vorstellung recht einleuchtend. Sie scheint sich aber nur auf den lebenden Herrscher bezogen zu haben. Die aus den Siegelinschriften, Annalentäfelchen und den sonstigen Zeugnissen bekannten höchsten Würdenträger scheinen alle weitab von der Grabanlage des Herrschers bestattet worden zu sein.

6.2. Die Titel

Die inhaltliche Untersuchung der erhaltenen Titel bereitet erhebliche Schwierigkeiten, weil für viele Titel nicht zu klären ist, ob sich dahinter ein Rang oder ein konkreter Aufgabenbereich verbirgt. Am ehesten geeignet sind für ein solches Vorhaben noch diejenigen Titel, die sich mit einer Institution verbinden. Aber auch hier sind der Erkenntnis recht enge Grenzen gesetzt, weil die Informationen über die Aufgaben der Institutionen nicht ausreichen. Das zeigen die vorangegangenen Darlegungen, in die, dort wo es sinnvoll erschien, die vorhandenen Titel jeweils mit in die Betrachtung einbezogen worden sind. Eingehende Untersuchungen über die Titel der Frühzeit liegen bisher von Helck (1954) und Kaplony (1963: insbes. 364-376 u. 1201-1218) vor.

Dabei geht Helck vorwiegend vom Material des Alten Reiches aus und versucht, einzelne Titel, soweit wie möglich auch in Bezug auf ihren Inhalt, zurückzuverfolgen, während Kaplony das eigentlich frühzeitliche Inschriftenmaterial zu Grunde legt. In beiden Darstellungen wird deutlich, daß der Bestand an frühzeitlichen Titeln, soweit er inhaltlich überhaupt erschlossen werden kann, drei große Bedeutungsbereiche umfaßt, die jedoch im einzelnen schwer von einander zu trennen sind und in den meisten Fällen ineinander übergehen.

1. Titel, deren Träger in enger persönlicher Beziehung zum Herrscher standen. Die soziale Stellung der Titelinhaber ergab sich entweder aus einem nahen Verwandtschaftsverhältnis zum Herrscher oder daraus, daß sie in irgendeiner Form mit der Organisation des persönlichen Lebens des Herrschers befaßt waren.
2. Titel, deren Träger Funktionen inne hatten, die sich entweder aus den Aufgaben des Herrschers ergaben oder zur Sicherung der Erfüllung dieser Aufgaben dienten. Hierzu gehören auch alle Funktionen im Bereich der Abgabenerfassung und -verwaltung.
3. Titel, deren Bedeutung ausschließlich im kultischen Bereich lag.

Eine systematische Darstellung aller aus der Frühzeit bekannten Titel ist im Rahmen der vorliegenden Arbeit nicht möglich. Deshalb soll im folgenden nur auf diejenigen Titel eingegangen werden, die von besonderer Wichtigkeit sind, bei denen sich eventuell neue Aspekte ergeben, oder solche, die in den vorliegenden Abschnitten bereits teilweise behandelt wurden, aber auf Grund des vorhandenen Materials vollständiger dargestellt werden können. Leider ist jedoch in den meisten Fällen bei weitem zu wenig Material vorhanden, um wenigstens die essentielle Substanz der Titel und der dazugehörenden Aufgaben zu ermitteln.

ꜣṯt – Erzieher (Kees 1957) ist neben dem, durch eine Rosette von unklarem Lautwert bezeichneten Sandalenträger (offenbar einem persönlichen Bediensteten) der älteste belegbare Titel aus dem Gefolge des frühzeitlichen Herrschers. Zu den bisher aus dem Keulenkopf und der Palette des Narmer bekannten Belegen hat Kaplony auf dem Siegelmuster Abb. 17, das aus der Djer-Anlage in Abydos stammt, einen weiteren *ꜣṯt*, namens *Wꜣs-rẖjt* gefunden. Weitere Belege für dieses Amt sind jedoch bis jetzt nicht bekannt.

rpꜥt – „Stellvertreter des Königs“ (Helck 1954: 56-57). Helck nimmt an, daß es sich hierbei um einen Prinzentitel handelt. Soweit zu erkennen ist, ist dieser Titel erstmals auf dem Siegel Abb. 190, des *Sẖꜣ-kꜣ* aus dem Grab der Merit-Neith in Abydos und aus der Mastaba Sakkara 3507 (frühe Zeit des Den) belegt. Der Inhaber von Sakkara 3507 ist unbekannt. *Sẖꜣ-kꜣ* führt zwar auf seinen weiteren Siegeln noch sehr hohe Titel (Abb. 105: „*ḥꜣtj-ꜥ*“; Abb. 191: „*sm*“; Abb. 241: „*smr*“, sowie Abb. 110, 115; vgl. Exkurs 5), aber nach Ausweis des Siegels Abb. 190 ist er der Sohn von *Jt*, also nicht etwa ein Sohn des Herrschers Djet. Auffallenderweise bezieht sich *Sẖꜣ-kꜣ* in keinem seiner Siegel direkt auf einen Herrscher. Einen zweiten, sehr frühen Beleg für den Titel „*rpꜥt*“ stellt der Türsturz zum Eingang der Grabkammer Sakkara 3506 dar (Emery 1958: 60). Auf ihm sind sehr roh die Titel „*rpꜥt*“, „*sḏtj-nswt*“ (Königszögling), „*ḥꜣtj*“ (ohne 2. Bestandteil), jedoch ohne Namen des Grabinhabers, dargestellt. Möglicherweise kann Sakkara 3506 dem *St-kꜣ* zugewiesen werden (Kaplony 1963: 129-30). Auf jeden Fall gehört die Mastaba in die Zeit des Den. *St-kꜣ* ist auf Grund seiner Siegel (Abb. 182-85) als „*ꜥḏ-mr* von *ḥwt-zmtj-gstjw*“, als „*sḏꜣwtj-bjtj*“ und als „*sẖn-ꜣẖ*“ zu belegen (vgl. Exkurs 5), aber durch die Erwähnung auf Abb. 183-185 scheint sein Vater *Msn* festzustehen, d.h. auch er ist nicht der Sohn eines Herrschers. Wenn *St-kꜣ* der Inhaber von Sakkara 3506 ist, ist er wahrscheinlich nicht mit dem Inhaber der Stele 8 aus dem Reihengrab Z 8 der Djet-Anlage in Abydos identisch, dessen Titel „Leiter des Palastes“ (*ẖrp-ꜥḥ*) und „Leiter des Königshauses“ (*ẖrp-pr-nswt*) lautet (vgl. auch weiter vorn Kap. 3.5.4.2.), und der zu den persönlichen Bediensteten des Herrschers zu zählen ist.
Durch die bis jetzt frühesten Belege scheint sich die Vermutung von Helck, daß „*rpꜥt*“ ein Prinzentitel sei, nicht zu bestätigen.

Als „*rpˁt*“ bezeichnet sich auch *Mrj-k3* aus der Zeit des Qa auf der Stele in seinem Grab Sakkara 3505 (vgl. weiter vorn Kap. 3.5.4.2.), der neben den auf der Stele genannten Titeln auch durch das Siegel Abb. 322 und einige Steingefäßinschriften (Emery 1958: Taf. 38, Nr. 8, 36 u. 43) als „*sm*“ belegt ist. Die Angabe eines Vatersnamens findet sich für ihn nicht. Das gleiche trifft auch für die zeitlich nächsten belegbaren Träger des „*rpˁt*“-Titels zu, die jedoch erst aus dem Beginn der 3. Dynastie stammen (Anch, Siegel Abb. 324, aus Grab Bet-Khallaf 5, Zeit des Djoser, vgl. Exkurs 5; und *Jj-m-ḥtp*, Sockel einer Djoser-Statue, Gunn 1926: 194).

sm – *„ältester Königssohn und designierter Nachfolger des Herrschers“* (Helck 1954: 17). Der älteste belegbare Träger des *sm*-Titels ist der bereits als *rpˁt* beschriebene *Sẖ3-k3* aus der frühen Zeit des Den. Wenn die Definition stimmt, müßte er ein Sohn des Djet sein, der auf Grund besonderer Umstände nicht zum Einsatz kam. Aber der Vater des *Sẖ3-k3* scheint *Jṯ* gewesen zu sein. Als „*sm*“ bezeichnet sich auch der ebenfalls schon erwähnte *Mrj-k3* aus der Zeit des Qa. Die Inschrift „*sm nbtj*-Qa“ fand sich auf zwei Bruchstücken von Steingefäßen im Grab des Qa in Abydos. Kaplony (1963: 539) nimmt an, daß es sich hierbei um Zeugnisse aus der „Kronprinzenzeit“ des Qa handelt.
Aus der 2. Dynastie sind „*sm*“-Titel nicht belegt, sie kommen erst wieder am Beginn der 3. Dynastie unter Djoser vor (Siegel, Abb. 369 für Anch, Bet-Khallaf 5 und das Amtssiegel Abb. 369 Bet-Khallaf 1, dazu kommen dann noch einige Steingefäßinschriften aus der Stufenpyramide des Djoser).

ḥ3tj-ˁ – *„Prinzentitel“* (Helck 1954: 20-21). Helck nimmt an, daß hier zwei Aufgabenbereiche vorliegen: zum einen verwalteten die *ḥ3tj-ˁ* im Auftrage des Herrschers, ihres Vaters, die Unterhäuptlingstümer im Lande, zum anderen waren sie am Palast für das Funktionieren des gesamten Wirtschaftsganges verantwortlich (Helck a.a.O.: 20). Eine solche Bedeutung läßt sich aus den frühesten Belegen jedoch noch nicht erschließen. Der Titel kommt erstmals in der Zeit des Den vor und zwar auf dem bereits genannten Türsturz aus Grab 3506 als „*ḥ3tj*“ (ohne 2. Bestandteil), als letztes Glied einer Titelfolge, die mit *rpˁt* beginnt, sowie auf dem Siegel Abb. 105 des *Sẖ3-k3*, der auch noch die Titel „*sm*“, „*smr*“ und einige weitere Titel führt. Es zeigt sich, daß sowohl der unbekannte Inhaber von Grab 3507 (möglicherweise *St-k3*) als auch *Sẖ3-k3* eine sehr hohe soziale Position besessen haben müssen. Ein „*ḥ3tj-sḥ*“ (nach Kaplony 1963: 494 des „Speisezeltes“) ist auch als Ritzinschrift zusammen mit dem Namen Merith-Neith aus dem Bruchstück eines Schiefergefäßes in Abydos gefunden worden, kommt aber sonst nicht weiter vor. Es scheint, daß der Bestandteil „*ḥ3tj*“ mit unterschiedlichen Komponenten verwendet werden konnte. Leider gibt es nach Den über eine längere Zeit keine Belege mehr für ihn und er tritt erst wieder zu Beginn der 3. Dynastie auf. „*ḥ3tj-jnw*“ – „Einzieher der Abgaben“ ist einer der Titel des *Ḥsj-Rˁ* (Quibell 1913: Taf. 31) und *ḥ3tj-ˁ* ist auch einer der Titel des Anch, der ebenfalls als *rpˁt* und als *sm* belegt ist, wie seine Vorgänger aus der Den-Zeit

(Abb. 324, vgl. Exkurs 5). Kaplony bringt den Titel *ḥ3tj-ꜥ* sicher zu recht mit Aufgaben bei der Abgabenerfassung zusammen (Kaplony 1963: 808, Anm. 755), aber Abgaben als Verwalter von Unterhäuptlingstümern, wie Helck angenommen hatte, lassen sich aus den Belegen der ersten beiden Dynastien nicht erschließen. Das Zusammentreffen der Titel „*rpꜥt*", „*sm*" und „*ḥ3tj-ꜥ*" jeweils für eine Person zeigt, daß es sich bei diesen Leuten um sehr hochrangige Würdenträger gehandelt haben muß, auch wenn sich ein direktes Vater-Sohn-Verhältnis zum Herrscher nicht beweisen läßt. Bezeichnungen, die ein Verwandtschaftsverhältnis zum Herrscher ausdrücken, sind erst für das Ende der 1. Dynastie zu belegen. Unter den, wohl zumeist aus Heluan, bzw. der memphitischen Region stammenden Grabplatten mit Speisetischszenen befinden sich einige, auf denen der Inhaber den Titel „*s3-nswt*" – „Sohn des Königs" führt. Nach den von Kaplony durch stilkritische Untersuchungen gewonnenen Kriterien lassen sich die Speisetischszenen des „*s3-nswt Ḫnm-Ptḥ*" (Heluan Grab 175, H8), des „*s3-nswt Nswt-Ḥkt*" (Heluan Grab 964, H8), der „*s3t-nswt s3t-Ḫnm*" (Heluan Grab 1241, H9), des „*s3-nswt Sj-ḥfnr*" (Quibell 1923: Taf. 27), des „*s3-nswt Šps(t)-jpt*" (Smith 1958: Taf. 14) und des „*s3-nswt Ḫww-j3ḫtj*" (Hassan 1944: 87,13) in das Ende der 1. Dynastie datieren (Kaplony 1963: 229-41 u. 343-54). Auf den Siegelabdrücken kommt ein *s3-nswt* erstmalig zu Beginn der 2. Dynastie vor (*s3-nswt Prj-nb*, Abb. 367, vgl. Exkurs 5). Auch die Bezeichnung „*mwt-nswt*" – „Königsmutter" ist verhältnismäßig spät, erst am Übergang von der 2. zur 3. Dynastie zu belegen (Siegel, Abb. 325 für *Nj-ḥp-M3ꜥt* „*mwt-msw-mswt*" „Mutter der Königskinder", Abb. 326 für *Nj-ḥp-M3ꜥt* als „*mwt nswt-bjt*" und auf einer Granitschale (Kaplony 1963: Abb. 866) *Nj-ḥp-M3ꜥt* als „*mwt-nswt*" und „*ḥmt-nswt*" – „Königsmutter und Königsgemahlin").

Das relativ späte Auftreten des Titels „Königsmutter" ist insofern bemerkenswert, als nach der Überlieferung der Annalensteine die Mütter der Herrscher offenbar eine sehr wichtige Rolle bei der Legitimierung der Erbfolge gespielt haben und auch aus den zeitgenössischen Belegen der 1. Dynastie mindestens zwei Frauen bekannt sind, die eine hervorragende Bedeutung besessen haben, nämlich Hetep-Neith in der Zeit des Narmer und des Aha und Merit-Neith in der Zeit des Djet und des Den. Von beiden sind recht zahlreiche Zeugnisse erhalten, aber auf keinem findet sich ein direkter Hinweis auf ihre Stellung als „Mutter" oder „Gemahlin" des Herrschers. Es ist daher sehr wahrscheinlich, daß diese Titel erst verhältnismäßig spät aufkamen.

Zu den Leuten, die ihre Stellung aus dem direkten persönlichen Umgang mit dem Herrscher ableiteten, gehören auch die persönlichen Bediensteten, von denen die Palastleiter (*ḫrp-ꜥḥ* bzw. *ḫrp-pr-nswt*) wohl die ranghöchsten waren, die „Leiter der Speisehalle" (*ḫrp-ꜥḥ*), „Aufwärter" (*wdpw*) und die Angehörigen des Harims, die auf den Abydosstelen zumeist ohne Titel, nur mit ihrem Namen genannt werden.

Die zweite große Gruppe von Titeln verweist mehr auf Verwaltungsaufgaben ihrer Inhaber. Zu ihr gehören:

sḏ3wtj – *„Siegler“*. Dieser Titel zeigt bereits in seiner Formulierung, daß mit ihm verwaltungsmäßig-organisatorische Aufgaben verbunden waren. Siegel mit hieroglyphischen Zeichen waren mindestens seit Narmer, wahrscheinlich aber bereits unter Ka im Gebrauch (Vgl. Einleitung zu Exkurs 5). Die große Zahl an Königs-, Verwaltungs- und Amtssiegeln legt nahe, daß die Funktion eines „Sieglers“ schon relativ früh bestanden haben muß. Soweit jetzt zu erkennen ist, läßt sich der Titel aber frühestens unter Djet/Den belegen.

Zu den bis jetzt ältesten Zeugnissen gehören zweifellos die beiden Fragmente von Beutelverschlüssen aus dem Grab Sakkara 3504 (Inhaber wahrscheinl. *Sḫm-k3-sḏ*, Zeit des Djet und erste Jahre des Den), auf denen noch die Zeichen „Siegler *St-k3*“ zu erkennen sind (Emery 1954: 118, 18; vgl. auch Exkurs 5). Als „Siegler“ ohne weitere Zusätze bezeichnet sich auch ein sonst nicht weiter bekannter *K3-sn* aus der Zeit des Den (vgl. Exkurs 5). Aber schon in der Zeit des Den tritt der Titel „Siegler“ auch bereits spezifiziert auf. Auf dem Stelenfragment Abydos 164 (Petrie 1902: Taf. 13) sind die Zeichen *„sḏ3wtj ḥwt“* zu erkennen, die, weil das dazugehörige Grab eines der Reihengräber der Den-Anlage ist, in diesem Zusammenhang möglicherweise als „Siegler des Palastes“ übersetzt werden können (vgl. Kaplony 1963: 370). Noch recht unklar ist die Bedeutung eines anderen mit *„sḏ3wtj“* zusammengesetzten Titels, der ebenfalls erstmals unter Den zu belegen ist, und der bereits von Kaplony mit anderen ähnlichen Siegelmustern zu einer Gruppe zusammengefaßt wurde, die sich folgendermaßen darstellt:

Abb. 362	*sḥḏ* (Titel?) Min-*k3.f*	(*sḏ3wtj-ḥrj-nb*) Sakk. 3506, Zeit des Den
Abb. 355	*ḥrj-sšt3* Min-*nb.f*	(*sḏ3wtj-ḫrt-š*) Grab d. Qa, Abydos
Abb. 463	*Snb-k3-Nt*	(*sḏ3wtj-ḫrj-š-nb*) Originalsiegelzylinder
Abb. 477	*Stj-w3ḏ*	(*sḏ3wtj-ḫrj-š-nb*) Originalsiegelzylinder
Abb. 484	*Ḥm-n-Nt/ Ḥn-Nt* (?)	Originalsiegelzylinder

Kaplony schlägt vor, diesen Titel als „Siegler all dessen, was an Besitz im *„š“* (Seegebiet) liegt“ zu übersetzen und verweist auf eine mögliche Beziehung zu dem Ausdruck *„ḫntj-š“*, der sich erstmalig auf dem Siegelmuster Abb. 182 des *St-k3* (Zeit des Den) belegen läßt (Kaplony 1963: 420-21).

Ein „Siegler des Goldes“ (*sḏ3wtj nwb*) läßt sich erstmals unter Qa nachweisen (Abb. 460) und dann erst wieder im Grab des Per-ib-sen in Abydos (Abb. 368), aber in der 2. Dynastie kommen Sieglertitel insgesamt häufiger vor. Ebenfalls aus dem Per-ib-sen-Grab ist auch der Titel „Siegler der *jnw-mḥw*“ (der unterägyptischen Einkünfte) (Abb. 289) bekannt.

Eine recht hervorragende Rolle scheint der *„sḏ3wtj-bjtj“* gespielt zu haben, der sich erstmals seit Den für einige der prominentesten Würdenträger belegen läßt. Es besteht ganz sicher ein Zusammenhang mit dem von Den eingeführten Herrschertitel *„nswt-bjtj“*. Nach der allgemeinen Auffassung ist der *„sḏ3wtj-bjtj“* der Siegler für die

„unterägyptischen Einkünfte“. Ein *„sḏ3wtj-mḥw“*, d.h. ein Siegler für die „oberägyptischen Einkünfte“ scheint es jedoch nicht gegeben zu haben. Daß der *„sḏ3wtj-bjtj“* aber tatsächlich mit Unterägypten in Verbindung gebracht werden kann, geht aus drei Amtssiegeln des Den hervor, von denen Abb. 238 und 239 im Merit-Neith-Grab in Abydos, Abb. 240 im Merit-Neith-Grab und in Sakkara 3035 (Hemaka) gefunden wurden. Abb. 238 ist das Amtssiegel für die „Weinkelter(?) der Neith, Unterägypten, östliche Gaue“, Abb. 239 ist das Amtssiegel für die „Weinkelter(?) der Neith, Unterägypten, westliche Gaue“. Das ganz genau in der gleichen Art geschnittene Siegel Abb. 240 ist das Amtssiegel des *„sḏ3wtj-bjtj* für die Weinkelter(?) der Neith“, hier jedoch ohne die Angabe „Unterägypten“.

Den Titel *„sḏ3wtj-bjtj“* trägt der bereits aus der „Domänen“-Verwaltung bekannte Hemaka, dem aller Wahrscheinlichkeit nach auch das in seinem Grab gefundene Amtssiegel Abb. 240 gehörte. Sonst ist er jedoch bemerkenswerterweise in seiner Funktion als *„sḏ3wtj-bjtj“* nicht auf Siegeln belegt, sondern nur auf dem Annalenplättchen Den a (vgl. Exkurs 6). Auf dem Annalenplättchen Den b sind nur noch Überreste der Zeichen *sḏ3wtj-bjtj* erhalten, der dazugehörige Name ist leider zerstört.

Ein weiterer Träger des *sḏ3wtj-bjtj*-Titels in der Zeit des Den ist der bereits als *„ʿḏ-mr* von *ḥwt-zmtj-gstjw“* sowie in der Eigenschaft als möglicher Eigentümer der Mastaba Sakkara 3506 mit den Titeln *„rpʿt, sḏtj-nswt“* und *„ḥ3tj“* zu belegende *St-k3* (Abb. 183). Ein *„sḏ3wtj-bjtj“* war auch auf dem Annalentäfelchen Adj-ib a genannt, aber von dem Titel sind nur noch Überreste erhalten, und der Name ist weggebrochen.

Als *„sḏ3wtj-bjtj“*, *„smr“* und *„sš“* bezeichnet sich weiterhin der Inhaber des Stelenfragmentes UQ43 (RT, Taf. 31) aus der Zeit des Semerchet oder Qa. Aus der Anordnung der Zeichen auf der Stele wird nicht ganz klar, ob der Steleninhaber nun *„sḏ3wtj-bjtj“ und* „Schreiber“ oder „Schreiber *des* *sḏ3wtj-bjtj“* war. Kaplony bevorzugte die zweite Variante, weil er annimmt, daß der einfache Schreibertitel zu gering für einen *„sḏ3wtj-bjtj“* sei (Kaplony 1963: 37). In der 1. Dynastie ist aber, im Gegensatz zur 2. Dynastie, die Bezeichnung „Schreiber“ noch sehr selten und daher vielleicht besonders hochrangig. Viel auffälliger ist jedoch, daß ein *sḏ3wtj-bjtj*, der durch die Erwähnung auf Annalentäfelchen immerhin als sozial recht hochstehend anzusehen ist, in einem Nebengrab auf dem Abydos-Friedhof bestattet worden sein soll. Andererseits weist der Titel *„smr“* den Steleninhaber wohl als die Person aus, die zum unmittelbaren persönlichen Gefolge des Herrschers gehörte. Aber über die Verhältnisse am Ende der 1. Dynastie ist zu wenig bekannt, als daß eine einigermaßen gesicherte Entscheidung gefällt werden kann, ob nicht zu dieser Zeit ein *„sḏ3wtj-bjtj“* gleichzeitig *„smr“* und „Schreiber“ sein konnte.

In der 2. Dynastie ist der *„sḏ3wtj-bjtj“*-Titel nicht zu belegen. Er kommt erst wieder zu Beginn der 3. Dynastie auf einem Amtssiegel aus der Djoser-Pyramide vor, zusammen mit den Titeln *„mḏḥ-Nḫn“* und *„ḫrj-tp-nswt“* (Abb. 292), sowie auf dem Sockel einer Djoserstatue des *Jj-m-ḥtp*.

mḏḥ – *„Zimmermann"* (WB II, 190). Die bis ins Neue Reich gut belegte Grundbedeutung des Wortes ist eine Berufsbezeichnung für jemanden, der mit dem -Gerät arbeitet. Dieses Werkzeug ist ein Beil mit Holzgriff und Metallklinge (Kupfer), in der Art, wie sie schon aus dem prädynastischen Material bekannt ist (vgl. Exkurs 2, Kap. 2.3.1.). Das Zeichen mit dem Lautwert *mḏḥ* muß aber in der Frühzeit auch die Bedeutung von „Vorsteher" o.ä. besessen haben. Diese Bezeichnung wird dann von dem in der 2. Dynastie aufkommenden Titel *„jmj-r3"* allmählich verdrängt, aber *Ḥsj-Rꜥ* bezeichnet sich am Beginn der 3. Dynastie noch u.a. als *„mḏḥ sš-nswt"* – „Vorsteher der königlichen Schreiber", auch der Siegelabdruck Abb. 292 aus der Djoser-Pyramide nennt neben den Titeln *„sḏ3wtj-bjtj"* und *„ḥrj-tp-nswt"* die Funktion – *„mḏḥ-Nḫn"*, was sicherlich nicht „Zimmermann" von Nechen, sondern „Vorsteher" von Nechen bedeutete (zur Bedeutung von *„mḏḥ"* – „Vorsteher" vgl. auch Helck 1954: 75; Kaplony 1963: 621).

Das Zeichen *mḏḥ* tritt in Titeln der 1. Dynastie auf, und zwar ausschließlich auf Annalenplättchen. Erstmalig findet sich ein solcher Titel auf dem Annalenplättchen Den a, auf der linken Seite zwischen der Bezeichnung *„ḥwt-nswt"* und dem Ölvermerk, in der Form .

Die Lesung *„mḏḥ-mḏḥw-nswt"* mit der Bedeutung „Hervorragendster der Zimmerleute des Königs" ist dafür wohl allgemein akzeptiert (Helck 1954: 144; Kaplony 1963: 1207). Daß es sich hierbei tatsächlich um den Titel für eine einzige Person handelt, wird aus dem Täfelchen Semerchet a deutlich, wo der Name des Titelinhabers als *„Ḥnw-k3"* angegeben ist. Die Zeichen *Ḥnw-k3* befinden sich auch auf dem Fragment des Täfelchens Qa d, leider ist der dazugehörige Titel nicht erhalten, ein weiterer *mḏḥ-mḏḥw-nswt* wird auf dem Täfelchen Qa a mit seinem Namen *„Nfr.f"* genannt. *Nfr.f* ist mit diesem Titel auch auf Qa e erwähnt. Auf Qa c ist nur der Rest der Zeichengruppe *mḏḥ-mḏḥw-nswt* erhalten, der untere Teil mit dem Namen ist weggebrochen. Da auf allen vollständigen Täfelchen der Titel *mḏḥ-mḏḥw-nswt* zusammen mit dem Namen des Titelinhabers vorkommt, wird es sich bei der Gruppe auf Den a auch um den Namen des *„mḏḥ-mḏḥw-nswt"* handeln.

„mḏḥ-mḏḥw-nswt" war also eindeutig der Titel eines Würdenträgers, der, allein durch den Umstand, daß er auf den Annalenplättchen erwähnt wird, einen ziemlich hohen Rang besessen haben muß. Auf dem Täfelchen Den a wird im linken Teil des Plättchens außer ihm nur noch der *sḏ3wtj-bjtj* Hemaka genannt, dessen Titel und Name sich direkt neben dem Horus-Serech-Symbol des Den befindet. Man könnte daher annehmen, daß der *sḏ3wtj-bjtj* ranghöher war als der *mḏḥ-mḏḥw-nswt*. Der Aufgabenbereich des *mḏḥ-mḏḥw-nswt* scheint sich aus der unmittelbaren Nachbarschaft zum Ölvermerk erschließen zu lassen. Auf Den a, Semerchet a, Qa a und Qa e steht er auch in direkter Verbindung mit der Palastdarstellung und dem dazugehörigen Gebäudegrundriß, in den ein, in einem Kessel o.ä. rührender Mann, eingezeichnet ist. Kaplony hat diese, offenbar zum Palast gehörende Werkstätte als „Ölmühle" interpretiert (Kaplony 1963: 289-99). Der *mḏḥ-mḏḥw-nswt* war also derjenige, der für die Bereitstellung des Opfer-Öls zuständig war. Nach den Ölnamen zu

urteilen, handelte es sich wohl in allen Fällen um Zubereitungen, bei denen eine fettige Grundsubstanz mit einer Duftkomponente verbunden wurde. Die den *mḏḥ-mḏḥw-nswt* unterstehenden Werkstätten waren wahrscheinlich weniger die Ölmühlen, als die „Salbenküchen". Es ist durchaus möglich, daß einer der wichtigsten Zusätze bei der Ölherstellung Fichten- bzw. Zedernharz war. Hier würde sich dann auch ein Bezug zu dem ursprünglichen Grundbestandteil des Titels *mḏḥ* – „Zimmermann" ergeben, denn die Hauptquelle für Zedern- und Fichtenharze war sicherlich der Libanon, und für die Beschaffung von Bauholz erforderliche Unternehmen könnten sich durchaus auch auf die Beschaffung von Harz erstreckt haben.

In den Täfelchen Qa a und Qa b steht im Annalenteil eine recht unverständliche Zeichengruppe [Hieroglyphen] *mḏḥ-bjtj-mḏḥ-bjtj*. Kaplony nimmt an, daß hier ein analog zu *mḏḥ-mḏḥw-nswt* gebildeter Titel *mḏḥ-mḏḥw-bjtj* vorliegt, der, weil im Annalenteil genannt, vermutlich ranghöher war, als der *mḏḥ-mḏḥw-nswt* (Kaplony 1963: 300).

Diese Interpretation ist etwas unwahrscheinlich, weil man im Annalenteil eigentlich die Beschreibung seiner Aktivität erwartet und weil der zum Titel gehörende Name fehlt. In Verbindung mit den auf Qa a zu erkennenden Zeichengruppen „*jn*" – „Gebrachtes" und „*šm*" – „kommen" sowie dem Vermerk „Zedern- und Akzien(?)-Holz" und der auf beiden Etiketten stehenden Angabe „6. Mal" könnte man vielleicht eher daran denken, daß hier die Unternehmung selbst genannt ist.

Vielleicht hatte der *mḏḥ-mḏḥw-nswt* auch etwas mit der Konstruktion der Grabanlage zu tun, denn im Alten Reich war *mḏḥt-nswt*" wohl ein Titel für königliche Architekten (Helck 1954: 104), aber derartige Aufgaben lassen sich aus den Belegen der Frühzeit nicht erschließen.

Wenn der *mḏḥ-mḏḥw-nswt* jedoch nicht nur für die Zubereitung und Bereitstellung des Opferöls verantwortlich war (wie aus den Darstellungen auf den Annalenplättchen zu entnehmen ist), sondern auch für die Beschaffung der dafür erforderlichen Substanzen (wie eventuell aus seinem Titel zu erschließen ist), dann muß er real einer der einflußreichsten Leute am Hofe der frühzeitlichen Herrscher gewesen sein. Umso auffälliger ist deshalb, daß er nur in einer einzigen Inschriftengruppe, den Annalenplättchen, vorkommt.

ꜥḏ-mr. Der Titel *ꜥḏ-mr* wurde bereits an verschiedenen Stellen im Zusammenhang mit der „Domänen"-Verwaltung behandelt. In dieser Verbindung kommt er in der 1. und 2. Dynastie auch weitaus am häufigsten vor. Es gibt aber noch einige wenige Belege, die ihn außerhalb der „Domänen"-Verwaltung zeigen. Das sind:

Siegelmuster	Abb. 118	*ꜥḏ-mr ꜥm-kꜣ* von „*ḥwt-jḫt*" (Zeit des Den)
	Abb. 182	*ꜥḏ-mr St-kꜣ* von „*ḥwt-zmtj-gstjw*" (Zeit des Den)
	Abb. 336	*ꜥḏ-mr Ḫrp-kꜣ* von [Hieroglyphe] (Zeit des Qa)
Stele des *Mrj-kꜣ* rechte Kolumne		- *ꜥḏ-mr* der Wüste ([Hieroglyphe])
		- *ꜥḏ-mr* von *ṯnj-rsj*

In Verbindung mit der „Domäne“ konnte festgestellt werden, daß *ꜥḏ-mr* offenbar eine Leitungsfunktion war, die mit Aufgaben bei der Abgabenerfassung in Verbindung steht. Durch die vorstehenden Belege kann diese Schlußfolgerung noch etwas präzisiert werden. Sie zeigen, daß der Abgabeneinzug jeweils ein bestimmtes geographisches Gebiet umfaßte, dessen Zentrum wahrscheinlich eine *ḥwt*-Anlage war.

Junker hatte bereits festgestellt, daß in der 3. Dynastie *ꜥḏ-mr* und *ḥkꜣ-ḥwt-ꜥꜣ.t* unterägyptische Gauverwaltertitel sind, denen *sšm-tꜣ* und *ḥkꜣ-spt* als oberägyptische Gauverwaltertitel gegenüber stehen (Junker 1939: 75). Direkt als Gauverwaltertitel läßt sich *ꜥḏ-mr* in der 1. Dynastie noch nicht definieren. Er wird aber der Leiter eines örtlichen Zentrums für die Abgabenerfassung gewesen sein, die sich, nach den vorhandenen Belegen zu urteilen, möglicherweise im Zusammenhang mit dem beim Bau der Herrschergräber gestiegenen Bedarf wesentlich profiliert hatte. Ein erhöhter Eingang an Mehrprodukt ist erstmals in der Zeit der Herrscher Aha und Djer zu erkennen und seit der Zeit des Djer ist auch der *ꜥḏ-mr*-Titel zu belegen. Eine ausschließliche Beschränkung des *ꜥḏ-mr*-Titels auf Unterägypten läßt sich aus dem Material der 1. und 2. Dynastie jedoch noch nicht nachweisen, wenn auch *ḥwt-jẖt* sicher im Westdelta lag. Dagegen ist die Lage von *ḥwt-zmtj-gstjw* und der anderen o.g. *ḥwt*-Anlagen noch unklar.

Durch das Fehlen der *ꜥḏ-mr*-Belege außerhalb der „Domänen“-Verwaltung in der 2. Dynastie läßt sich nicht verfolgen, ob die Verbindung *ꜥḏ-mr* und Unterägypten bereits von Anfang an vorhanden war, oder wie sie zustande gekommen ist. Der Titel *„ḥkꜣ“*, die andere von Junker als unterägyptischer Gauverwalter identifizierte Bezeichnung, tritt in der 1. Dynastie nur einmal für *St-kꜣ* (Siegelmuster, Abb. 184) auf, aber auch aus diesem Beleg ist noch kein Bezug auf Unterägypten zu erschließen.

Es ist jedoch in diesem Zusammenhang interessant, daß die drei, soweit bis jetzt bekannt, ältesten Belege für den Begriff *„spt“* – „Gau“ ausdrücklich für „Unterägypten“ gebraucht werden. Dabei handelt es sich um die Siegelmuster

Abb. 148	Siegel der „Zeltverwaltung“ mit dem Vermerk „Unterägypten“ östliche Gaue (Zeit d. Djer),
Abb. 238	Horus Den, Weinkelter, Unterägypten, östliche Gaue, (Zeit d. Den),
Abb. 239	Horus Den, Weinkelter, Unterägypten, westliche Gaue, (Zeit d. Den).

Die Bezeichnung „Gau“ wird hier im Plural gebraucht. Es ist daher nicht eindeutig, ob es sich dabei bereits um eine Verwaltungseinheit oder eher um eine Landschaftsbezeichnung handelt. Für Oberägypten ist, soweit zu erkennen ist, der Ausdruck „Gau“ in der 1. und 2. Dynastie wohl nicht zu belegen. Es ist aber durchaus denkbar, daß durch die militärische Besetzung der Deltaränder eine Aufteilung dieses Gebietes in Verwaltungsbezirke rascher vor sich ging als in Oberägypten.

Zur dritten großen Gruppe von Titeln, denen aus dem kultisch-magischen Bereich, gehören zunächst alle die Titel, die mit dem Begriff „*ḥm-nṯr*“ und den verschiedenen Götternamen gebildet sind und zumeist mit „Prophet des Gottes NN (bzw. der Göttin NN)“ übersetzt werden. Ein großer Teil dieser Bezeichnungen kommt erstmals auf den Siegeln und Steingefäßen aus dem Ende der 2. oder dem Beginn der 3. Dynastie vor. Daß jedoch der Begriff „*ḥm-nṯr*“ bereits in der 1. Dynastie existierte, zeigen das Siegelmuster Abb. 226 für den *ꜥḏ-mr* von [Hieroglyphe] namens *Ḥrp-kꜣ* aus der Zeit des Qa, auf dem er sich u.a. als [Hieroglyphen] (nach Kaplony 1963: 1138 „Prophet der Löwin“) bezeichnet, sowie die Stele des *Mrj-kꜣ*, ebenfalls aus der Zeit des Qa, mit dem Titel „*ḥm-nṯr* der Neith“. Bereits aus der Zeit des Den stammt das Beamtensiegel des *Dmꜣ-kꜣ*, Abb. 41, mit der Angabe „Haus des Min“ (*pr*-Min). Weitere Titel aus dem kultisch-magischen Bereich beziehen sich auch auf Anubis: Siegelmuster Abb. 42 für einen *Jrj-ḫrp-ḏfꜣ*, der sich „[Hieroglyphen] des *Jnpw*“ nennt (Sakkara 3504, frühe Zeit des Den). Der Titel „*sḥḏ-Jnpw*“ ist durch Siegelmuster Abb. 362 (aus Sakkara 3506, Zeit des Den) sowie für *Sꜣb.f* (Zeit des Qa) auf seiner Stele belegt. *Mrj-kꜣ* (Zeit des Qa) nennt auf seiner Stele u.a. den Titel „*skr-Jnpw*“. Ein „*js-Jnpw*“ (Arbeitstrupp des Anubis) ist auf einem Zeremonialsiegel (bemalter Holzzylinder) aus dem Grab des Qa in Abydos erwähnt.

Es ist durchaus anzunehmen, daß neben Anubis, dem als Totengott naturgemäß insbesondere in den Gräbern eine erhöhte Bedeutung zukam, sowie dem Gott Min und der Göttin Neith auch andere Götter in der 1. Dynastie bereits Kultstätten und Priester besaßen. Für die Herrscher selbst sind jedoch Priestertitel nicht zu belegen, sie waren selbst „göttlich“.

Ebenfalls in den kultisch-magischen Bereich gehört der Titel *sḫn-ꜣḫ* [Hieroglyphe] (WB III: 17; bei Kaplony 1963: insbes. 368-70, 1274 als *zḫn-ꜣḫ* gegeben). Der Titel erscheint erstmals auf verschiedenen Siegelmustern aus der Zeit des Djer, und zwar aus der Djer-Anlage in Abydos für den „Domänen“-Verwalter *ꜥm-kꜣ* (Abb. 101, 126, 128) und für einen sonst nicht weiter bekannten Mann, namens *Sḫn-Ḫnm* (Abb. 181) sowie auf dem Talfriedhof des Djer in Abydos für einen ebenfalls sonst unbekannten *Ḫꜣj-kꜣ* (Abb. 111). *ꜥm-kꜣ* kommt mit seinem *sḫn-ꜣḫ*-Titel auch noch im Grab des Djet in Abydos vor (Abb. 101, zusammen mit dem Königssiegel Abb. 32B), weiterhin im Grab der Merit-Neith (Abb. 101, 116, 118, 123 u. 129) sowie in Sakkara, Mastaba 3505 aus der Zeit des Den (Abb. 124). Im Merit-Neith-Grab in Abydos sind außer *ꜥm-kꜣ* auch noch zwei weitere *sḫn-kꜣ* namens *Jp* (Abb. 102) und *Stjw* (Abb. 103, 119) zu belegen.

Aus dem Grab des Den in Abydos sind auf Siegelmustern zwei Leute mit *sḫn-ꜣḫ*-Titeln erhalten: Min-*kꜣ* (Abb. 299) und *Wꜣs-jp* (Abb. 334). In Sakkara sind für die Zeit des Den aus der Mastaba 3504 ein *sḫn-ꜣḫ Jj-kꜣ* (Abb. 113) und ein *sḫn-ꜣḫ Wꜥ-sn* (Abb. 337) sowie aus der Mastaba 3506 ein *sḫn-ꜣḫ Mꜣ-ḥḏ-nb* (Abb. 435) sowie der bereits weiter vorn mehrfach erwähnte *St-kꜣ* (Abb. 183-184) zu belegen. In den Reihengräbern des Den-Friedhofes in Abydos ist *sḫn-ꜣḫ* dann auch erstmals auf Stelen für Männer und Frauen erhalten (Männerstelen: Nr. 141, 175, 176, 183, 194, 209,

242; Frauenstelen: 137, 161, 162, 179, 202, 204, 211; unklares Geschlecht der Steleninhaber: 139, 140, 184, 191, 193, 208, 242). Nach Den tritt der Titel *sḫn-ꜣḫ* seltener auf.

Aus den Nebengräbern des Semerchet ist eine Männerstele (RT I, Taf. 31,26) und aus den Nebengräbern von Semerchet oder Qa (bei Petrie als UQ verzeichnet, d.h. Semerchet oder Qa) ist eine Frauenstele (RT I, Taf. 31,29) erhalten, deren Inhaber den Titel *sḫn-ꜣḫ* führen. Aus dem Grab des Qa in Abydos ist ein Siegelmuster (Abb. 335) für einen *sḫn-ꜣḫ* Min-*nb.f* belegt. In der 2. Dynastie kommt der *sḫn-ꜣḫ*-Titel in dem Amtssiegel des Herrschers Hetep-Sechemwj (Abb. 262) und dem Amtssiegel des Herrschers Ra-neb (Abb. 296), beide Male zusammen mit dem „Domänen"-Titel „*ḫrp-ḥrj-jb*", vor. Darüber hinaus gibt es insgesamt vier Grabplatten mit Speisetischszenen, auf denen *sḫn-ꜣḫ* als Titel des jeweiligen Grabinhabers vermerkt ist. Nach der Zählung bei Kaplony (1963: 230-34) handelt es sich dabei um:

Grabplatte	Inhaber	
Nr. 2	*Mn-hkt*	Ende der 1. Dynastie
Nr. 13	*Mnḫ-m-dfꜣ*	Ende der 1. Dynastie
Nr. 34	*Jmtj*	2. Hälfte der 2. Dynastie
Nr. 37	*Nj-Stj*	Mitte der 2. Dynastie

Mit Ausnahme der beiden Amtssiegel aus der 2. Dynastie wird der *sḫn-ꜣḫ*-Titel also immer in Verbindung mit einem Namen gebraucht. Oft ist er als einziger Titel seines Inhabers genannt, gelegentlich erscheint er jedoch auch zusammen mit anderen Titeln. Dabei lassen sich folgende Verbindungen erkennen:

1. *sḫn-ꜣḫ* + „Domänen"-Titel: Von den Leuten, die Ämter innerhalb der „Domänen"-Verwaltung bekleidet haben, läßt sich der *sḫn-ꜣḫ*-Titel für *ꜥm-kꜣ* (Zeit Djer bis Den) durch die Siegelmuster Abb. 101, 116, 118, 123, 124, 126, 128, 129 und für *Stjw* (Zeit Merit-Neith bis Den) durch die Siegelmuster Abb. 103 und 119 nachweisen. Für alle übrigen „Domänen"-Verwalter gibt es keinerlei Hinweise darauf, daß sie den Titel *sḫn-kꜣ* geführt haben, obgleich verschiedene durch zahlreiche Siegelmuster und andere Zeugnisse recht gut zu belegen sind. Dennoch scheint eine besondere Beziehung zwischen „Domäne" und dem Titel *sḫn-ꜣḫ* bestanden zu haben, denn die beiden Amtssiegel aus der 2. Dynastie Hetep-Sechemwj (Abb. 262) und Ra-neb (Abb. 296) verbinden die Bezeichnung *sḫn-ꜣḫ* mit dem „Domänen"-Titel „*ḫrp-ḥrj-jb*".

2. *sḫn-ꜣḫ* + *ḥrj-sštꜣ*: Diese Verbindung ist insgesamt fünf Mal zu belegen:
- durch das Beamtensiegel Abb. 119 für den bekannten „Domänen"-Verwalter *Stjw*,
- durch ein Beamtensiegel Abb. 337 für einen sonst unbekannten Mann, namens *Wꜥ-sn*, aus der Zeit des Den,

- durch das Beamtensiegel Abb. 335 für den Siegler Min-*nb.f* aus der Zeit des Qa (vgl. auch weiter vorn),
- auf der Speisetischszene 34 für einen Mann namens *Jntj* aus der 2. Hälfte der 2. Dynastie,
- auf der Speisetischszene 37 für einen Mann namens *Nj-Stj* aus der Mitte der 2. Dynastie.

Helck (1954: 43) hatte den Titel *ḥrj-sšt3* als „Geheimrat", d.h. „als Bezeichnung für eine Gruppe von Männern, die die königlichen ‚Geheimnisse' kennen, weil sie dabei mit zugegen sind, sie aber auch gleichzeitig hüten", identifiziert, wobei die „Geheimnisse" im Essen, Trinken und Ankleiden des Herrschers, also in seiner „Aufladung mit magischer Kraft" bestanden. Kaplony hatte festgestellt, daß *ḥrj-sšt3* spätestens seit Djoser als Totenpriestertitel im engeren Sinne, d.h. für Personen, die mit dem Ankleiden des verstorbenen Herrschers befaßt waren, gebraucht wurde (Kaplony 1963: 369 u. 1058, Anm. 1811). Zu diesen Auffassungen ergeben sich aus den oben vorgestellten Belegen keine neuen Gesichtspunkte.

3. Weitere Titelverbindungen mit *sḫn-3ḫ*, die nur für jeweils eine Person zu belegen sind:

- Der auf dem Siegelmuster Abb. 102 aus dem Merit-Neith-Grab in Abydos genannte *sḫn-3ḫ* namens *Jp* ist wahrscheinlich mit dem gleichnamigen Inhaber der Stele 23 aus den Reihengräbern der Den-Anlage in Abydos (RT I, Taf. 31,23) identisch. Dort ist er als *ḫrp-ʿḥ* – Palastleiter, bezeichnet.
- Siegelmuster Abb. 299 aus dem Den-Grab in Abydos nennt einen „*sḫn-3ḫ* und Angehörigen der Residenzphyle *s3-ẖnw*" namens Min-*k3*.
- Ebenfalls aus dem Grab des Den in Abydos stammt das Beamtensiegel eines *W3s-jp* (Abb. 334), der sich als „*sḫn-3ḫ* und *ḫrp-tjw*(?)" (nach Kaplony 1963: 1138 „Leiter der Ölstampfer"(?)) bezeichnete.
- Aus dem Grab des Qa in Abydos kommt das Beamtensiegel Abb. 335 des Min-*nb.f*, dessen vollständige Titelfolge „*sḫn-3ḫ*, *ḥrj-sšt3*, *sḏ3wtj-ḥrjt-š-nb*" lautet.

Zusammenfassend läßt sich also folgendes feststellen:
Der seit der Zeit des Djer zu belegende Titel *sḫn-3ḫ* ist eine Bezeichnung, die ihren jeweiligen Trägern bereits zu deren Lebzeiten verliehen worden sein muß, das wird durch das Auftreten des *sḫn-3ḫ*-Titels auf den Beamtensiegeln deutlich.
Das Vorkommen des *sḫn-3ḫ*-Titels auf Grabplatten mit Speisetischszenen aus Heluan und Sakkara zeigt, daß die Bezeichnung *sḫn-3ḫ* geographisch nicht an Oberägypten gebunden war, d.h. nicht aus einem spezifisch oberägyptischen Grabkult zu erklären ist. Darauf hatte bereits Kaplony (1963: 369-70) aufmerksam gemacht.
Aus dem vorliegenden Material bieten sich daher zwei Varianten als Schlußfolgerungen für den Bedeutungsinhalt dieses Titels an:

1. *sḫn-3ḫ* ist die Bezeichnung für alle Personen, die zum Gefolge des toten Herrschers im Jenseits gehören sollten, unabhängig davon, wo und wann sie real

bestattet wurden. Dabei bleibt noch ungeklärt, ob alle Inhaber von Reihengräbern in Abydos automatisch, d.h. allein durch den Umstand ihrer Bestattung in unmittelbarer Nähe des Herrschergrabes, *sḫn-ꜣḫ* waren, oder ob diese Bezeichnung nur einem ganz bestimmten Personenkreis vorbehalten war, von dem niederrangige Bedienstete ausgeschlossen waren. Die Bestattungen von Personen mit *sḫn-ꜣḫ*-Titel außerhalb von Abydos wären dann mehr oder weniger zufällige Abweichungen von der Regel, die eigentlich eine Bestattung der *sḫn-ꜣḫ* in Abydos erforderte.

2. *sḫn-ꜣḫ* ist die Bezeichnung für alle Personen, die an der Errichtung und Ausstattung des Herrschergrabes direkt beteiligt waren bzw. bestimmte kultische Funktionen beim Tode und beim Begräbnis des Herrschers zu erfüllen hatten; Tätigkeiten, die möglicherweise mit gewissen Privilegien für die Träger des *sḫn-ꜣḫ*-Titels verbunden waren, aber nicht unbedingt ihre Bestattung auf dem Herrscherfriedhof in Abydos erforderten. Diese Variante würde sowohl die Grabanlagen von Inhabern des *sḫn-ꜣḫ*-Titels außerhalb von Abydos erklären, als auch den Umstand, daß sich nicht alle Inhaber von abydenischen Privatstelen als *sḫn-ꜣḫ* bezeichneten.

Bis jetzt lassen sich noch beide Varianten aus dem vorhandenen Material wahrscheinlich machen.

6.3. Zusammenfassung

Bereits in der Verbindung mit den ersten namentlich zu belegenden Herrschern ist aus einigen wenigen bildlichen Darstellungen und durch die Existenz ihrer Gräber eine zwischen dem Herrscher und den übrigen Mitgliedern der Gesellschaft stehende Gruppe von Menschen nachzuweisen, die auf Grund ihres privilegierten Status durchaus als Oberschicht bezeichnet werden kann. Diese zahlenmäßig zunächst noch recht kleine Gruppe war in sich durchaus differenziert. Sie umfaßte die Familienangehörigen des Herrschers, höhere und niedere Würdenträger seines Hofes, sowie Leute, die mit der Organisierung der materiellen Existenzbedingungen des Hofes und der persönlichen Bedienung des Herrschers befaßt waren. Die Angehörigen dieser Gruppe nahmen nicht an der unmittelbaren materiellen Produktion teil, besaßen aber nach Ausweis ihrer Titel auch keine Leitungsfunktionen innerhalb der Produktion bzw. bei der Schaffung von Produktionsvoraussetzungen (z.B. dem Bau von Bewässerungsanlagen). Ihr spezifisches Charakteristikum, aus dem sie ihre bevorzugte Stellung ableiteten, war das enge Verhältnis zum Herrscher. Eine unabhängige oder außerhalb dieses Aufgabenbereiches existierende Oberschicht läßt sich nicht nachweisen. Durch den „Dienst am Herrscher" war diese Gruppe von privilegierten Personen bereits von Anfang an kollektiv organisiert. Ihr Repräsentant war der Herrscher.

Etwa seit Djet werden auf den inschriftlichen Zeugnissen die Titel häufiger. Wenn auch das Material bei weitem nicht ausreichend ist, um die konkreten Aufgaben und Strukturen der einzelnen Ämter zu erkennen, so zeigt sich doch, daß vor allem die Abgabenverwaltung eine zunehmende Bedeutung erlangte. Die Erfassung und Verwertung der Abgaben sowie die Organisierung und Durchführung der kultischen Aktivitäten der Herrschers waren die hauptsächlichen Bereiche, innerhalb derer sich die Wirksamkeit der sich allmählich vergrößernden Oberschicht entfaltete. Das völlige Fehlen aller militärischen Titel und Ämter aus dem Bereich der Repressionsorgane ist sehr auffällig, scheint aber darauf hinzudeuten, daß der Herrscher und die sich allmählich festigende Oberschicht durch den von ihnen in Anspruch genommenen ständig größer werdenden Anteil am gesellschaftlichen Reichtum zwar objektiv im Gegensatz zu der noch in dorfgemeinschaftlichen Verhältnissen lebenden Gesellschaft stand, daß dieser Gegensatz aber subjektiv wahrscheinlich noch nicht erkannt wurde und daher Auseinandersetzungen zwischen der Oberschicht und den übrigen Mitgliedern der Gesellschaft um das Mehrprodukt zunächst noch keine wesentliche Rolle spielten.

Es gibt auch keine Anzeichen dafür, daß bereits während der 1. und 2. Dynastie von der Oberschicht die direkte Verfügungsgewalt über den Boden beansprucht wurde. Dennoch stellt diese Oberschicht die ersten erkennbaren Anfänge einer herrschenden, auf Ausbeutung beruhenden Klasse im Alten Ägypten dar, denn sie war eine kollektiv organisierte Gruppe von Menschen, die ein besonderes Verhältnis zu den Produktionsmitteln besaß. Noch verfügte sie zwar weder über das Hauptproduktionsmittel Boden, noch organisierte sie die Produktionsbedingungen, bestimmte aber bereits durch die Beanspruchung eines ständig größer werdenden Anteils am gesellschaftlichen Reichtum wesentlich das Produktionsziel. Auch wenn ihre Existenz von der Gesellschaft subjektiv als erforderlich angesehen wurde, befand sie sich objektiv bereits im Gegensatz zu ihr. Mit der zunehmenden Vergrößerung der Oberschicht, der Intensivierung der Abgaben und schließlich der Beseitigung der dorfgemeinschaftlichen Eigentumsverhältnisse am Boden in der 3. und 4. Dynastie (sog. innere Kolonisierung) entwickelte sich dieser Gegensatz zum objektiven, antagonistischen Widerspruch zwischen der herrschenden Klasse und den ausgebeuteten unmittelbaren Produzenten.

7. Die ökonomischen Ressourcen der frühdynastischen Herrscher

Zwar besteht die materielle Hinterlassenschaft der frühzeitlichen Herrscher und der mit ihnen verbundenen Oberschicht nur aus den Überresten der Grabanlagen und Teilen ihrer Ausstattungen, die nicht den Grabräubern der verschiedenen Epochen zum Opfer gefallen sind, Residenzen und Paläste sind überhaupt nicht erhalten. Aber auch der geringe Überrest ist bereits ausreichend, um zu erkennen, daß diesen Leuten ein beträchtlicher Teil des gesellschaftlichen Reichtums ihrer Zeit zur Verfügung gestanden haben muß. Da weder der Herrscher noch sein Gefolge direkt mit der Produktion verbunden war, kann es sich bei den von ihnen verbrauchten Subsistenzmitteln nur um Teile des Mehrproduktes gehandelt haben, das von den landwirtschaftlichen Produzenten erarbeitet und in Form von Abgaben und Arbeitsleistungen zur Verfügung gestellt wurde. Die Autorität des Herrschers gründete sich zunächst ausschließlich auf seine Wirksamkeit im kultisch-magischen Bereich. Seine Existenz und seine Aktivitäten wurden von den unmittelbaren, in Dorfgemeinschaften organisierten landwirtschaftlichen Produzenten als erforderlich für den Bestand ihrer Welt erachtet.

Deshalb ist es durchaus wahrscheinlich, daß Abgaben und Arbeitsleistungen zunächst noch mehr oder weniger freiwillig erfolgten. Bis weit in das Alte Reich hinein war der Herrscher seinem Gefolge gegenüber unterhaltsverpflichtet. Je größer und aufwendiger dieses sich allmählich zu einer Oberschicht entwickelnde Gefolge wurde, desto größer wurde auch der Teil des gesellschaftlichen Reichtums, der für ihre Bedürfnisse beansprucht wurde. Hierbei entstand aber sicherlich auch eine Wechselwirkung. Je größer die Menge der Abgaben wurde, umso mehr Leute mußten für die Einziehung, den Transport und die Verwaltung dieser Produkte eingesetzt werden.

Der Herrscherfriedhof in Abydos und die Gräber der Würdenträger in Sakkara und Memphis zeigen, daß vom Ende der prädynastischen Zeit, d.h. seit den Zeiten der Herrscher Ka und Narmer bis zum Ende der 2. Dynastie, das allein in den Grabstätten festgelegte, nicht wieder mobilisierbare Mehrprodukt erheblich zugenommen hatte. Da Herrscher und Oberschicht bis zum Ende der 2. Dynastie noch nicht das Privateigentum an Boden besaßen, muß im Verlaufe dieser Zeit das System der Abgaben intensiviert worden sein. Über dieses Abgabensystem gibt es leider nur sehr wenige, fast ausschließlich indirekte Angaben. In der ägyptologischen Literatur sind bisher drei seiner Erscheinungsformen behandelt.

7.1. Das „Horusgeleit“

Auf den aus der 5. Dynastie stammenden Annalenfragmenten ist bereits für Herrscher Aha und Djer aus dem Beginn der 1. Dynastie eine Aktivität vermerkt, die als „Horusgeleit“ (*šms-Ḥr*) bezeichnet wurde und alle zwei Jahre stattgefunden hat (vgl. weiter vorn Kap. 3.6.). Aus der Determinierung mit einem Schiff ist zu schließen, daß es sich dabei um eine regelmäßig durchgeführte Schiffsreise des Herrschers gehandelt hat. Für den Herrscher Nj-netjer (2. Dyn.) ist das „Horusgeleit" jedes Mal durch eine „Zählung" (*ṯnw*) ergänzt. Diese „Zählung" wird jedoch erst für den Herrscher Neb-ka (Beginn 3. Dyn.) durch die Angabe „Gold und Felder" spezifiziert. Für Snofru (Beginn 4. Dyn.) wird dann nur noch die „Zählung" genannt und das „Horusgeleit" wird von da an auf den Annalenfragmenten nicht mehr erwähnt. Dieser Tatbestand ermöglicht die Schlußfolgerung, daß das „Horusgeleit" im Verlauf der 2. Dynastie zunächst durch die „Zählung" ergänzt und im Verlauf der 3. Dynastie durch sie ersetzt worden ist. Das bedeutet, daß die „Zählung" in der 5. Dynastie als die qualitative Weiterentwicklung des „Horusgeleites" angesehen wurde und daß das „Horusgeleit" demzufolge eine Gelegenheit gewesen sein muß, bei der Abgaben eingezogen wurden. Zu dieser Auffassung war, im Gegensatz zu Sethe, bereits Borchardt unter Hinweis auf eine Textstelle aus dem Koptos-Dekret Pepj I. (6. Dyn.) gelangt (Borchardt 1917: 32, Anm. 1: „Mir scheint daher die Übersetzung ‚Königsdienst' im Sinne von Frondienst oder von Fronlieferung richtig"), und Kees (1927), Gardiner (1945), v. Beckerath (1956), Kaiser (1960) und Helck (1975) haben sich dieser Interpretation im wesentlichen angeschlossen.

Dabei betonen v. Beckerath (a.a.O.: 5-7), Kaiser (a.a.O.: 132) und Helck (a.a.O.: 22) jedoch die Möglichkeit, daß das „Horusgeleit" eine Schiffsreise des Herrschers durch das Land war, deren Zweck in der Kombination von kultischem Fest, Rechtsprechung und Abgabeneinzug bestanden haben kann.

Die zeitgenössischen Belege über das „Horusgeleit", die sich ausschließlich auf einigen Annalentäfelchen finden, geben über den konkreten Inhalt der Fahrt leider keine Auskunft. Die Wahrscheinlichkeit, daß das „Horusgeleit" auch noch anderen Zielen diente, als dem Einzug von Abgaben, ist jedoch sehr groß. Zumindest kann es nicht die einzige Gelegenheit gewesen sein, bei der von Seiten der landwirtschaftlichen Produzenten Abgaben für den Herrscher zu leisten waren, denn nach Ausweis der Annalenfragmente scheint es nur alle zwei Jahre stattgefunden zu haben, Abgaben an Naturalprodukten sind aber aller Erfahrung nach jeweils jährlich nach der Ernte fällig. Darüber hinaus ist es ziemlich unwahrscheinlich, daß die Speicher des Herrschers nur alle zwei Jahre neu aufgefüllt worden sein sollen.

7.2. Die „Domäne"

Soweit sich aus dem vorhandenen Material erkennen läßt, war die sog. „Domäne" keine Wirtschaftsanlage mit Feldern, die die Versorgung des Hofes mit Agrarprodukten sicherte, wie z.B. Helck (1975: 30) vorgeschlagen hat, sondern eine Institution, die die für den Bau und die Ausstattung der Gräber des Herrschers und einzelner bevorzugter Angehöriger der Oberschicht bestimmten Agrarprodukte als Abgaben von den landwirtschaftlichen Produzenten einzog, teilweise verarbeitete und ihrem Verwendungszweck zuführte, aber wahrscheinlich keine landwirtschaftliche Eigenproduktion besaß. Mit anderen Worten, die „Domäne" war eine zweckgebundene Abgabenverwaltung, deren Bedeutung jedoch von der Mitte der 1. Dynastie an allmählich in dem Maße zurückging, wie das „Schatzhaus“ zur zentralen Institution für die Abgabenerfassung wurde. Zum Ende der 2. Dynastie scheint die „Domäne“ nur noch als traditionelle Einrichtung bestanden zu haben, wurde zu Beginn der 3. Dynastie von den Nachfolgern des Djoser aufgegeben und existierte dann nur noch in dem Hofrangtitel eines *ꜥḏ-mr* weiter.

7.3. Die Ölsteuer

In Exkurs 4 werden u.a. auch eine Reihe von Tintenaufschriften auf Keramikgefäßen vorgestellt, durch die sich für die Herrscher von „Skorpion“ bis Den ganz eigenartige Vermerke belegen lassen. Eine Zusammenstellung dieser Inschriften ergibt folgendes Bild: (vg. Exkurs 4 für die hieroglyphischen Zeichen):

Herrscher	Vermerk	Gefäßtyp	Vermerk	Gefäßtyp
Skorpion	–	–	*ḥn-mḥw*	Zylinder, heller Wüstenton
Ka	*jp-šmꜥ*	Zylinder, Nilschlammton	*ḥn-mḥw*	Zylinder, Nilschlammton
Narmer	*ḏfꜣ-šmꜥ* *ḏḥꜣ-šmꜥ*	Zylinder ohne Materialangabe	▨ *-mḥw*	Zylinder ohne Materialangabe
Aha	*jn-šmꜥ*	Zylinder, Wüstenton	*jwt-mḥw*	Zylinder, Wüstenton
Djer	*(j)p-šmꜥ*	rundbodiges Vorratsgefäß, Nilschlammton (Emery, Typ F)	–	–
Djet	–	–	–	–
Den	*jn-šmꜥ*	rundbodiges Vorratsgefäß, Nilschlammton (Emery, Typ F)	*?-mḥw*	rundbodiges Vorratsgefäß, Nilschlammton

Charakteristisch ist, daß von den einzelnen Herrschern jeweils für Ober- und Unterägypten Gefäße von gleicher Form und gleichem Material belegt sind. Die verwendeten Gefäßtypen sind ausnahmslos als Behälter für Salböl bekannt. Der auf den Gefäßen angebrachte Tintenvermerk besteht (außer dem Horus-Serech-Symbol des Herrschers) aus jeweils zwei Komponenten:

- der Bezeichnung Ober- bzw. Unterägypten,
- und einem für Ober- und Unterägypten jeweils unterschiedlichen zweiten Bestandteil, der als

    ḥn – Auftrag
    jp – Zählung
    ḏfꜣ – Nahrung
    ḏḥꜣ – Abgabe

jn – Abgabe

jwt – Eingegangenes

übersetzt werden kann, d.h. alles Bezeichnungen, die zu dem Bedeutungsbereich „Abgaben“ oder „Einkünfte“ passen.

Kaplony kam deshalb zu der Schlußfolgerung, daß während der 1. Hälfte der 1. Dynastie Öl das einzige Produkt für die Steuerabgabe darstellte (Kaplony 1963: 292-297, insbes. 296). Das ist jedoch unwahrscheinlich, weil bereits die Siegelverschlüsse der „Zeltverwaltung“, aber auch die „Domänen-Siegel“ aus der Zeit des Djer und Djet zeigen, daß auch Getreide, Trockenfrüchte, Bier und Wein Abgabeprodukte waren. Darüber hinaus ist der Vermerk „Oberägypten“ bzw. „Unterägypten“ als Herkunftsangabe für einen Steuereingang bemerkenswert unkonkret. Man würde eine genauere Herkunftsbezeichnung erwarten. Aber Öl scheint tatsächlich eine große Rolle sowohl bei den kultischen Zeremonien als auch beim Begräbnis der frühen Herrscher gespielt zu haben. Davon zeugen die Ölvermerke auf den Annalentäfelchen, die zahlreichen erhaltenen Steingefäße, die sicher, zumindest zum Teil, als Behälter für Öl dienten, sowie der Grabungsbefund von Petrie, der am Eingang zur Grabkammer des Semerchet in Abydos festgestellt hatte, daß der Boden etwa 90 cm tief mit noch immer sehr stark duftendem Öl getränkt gewesen sein muß (vgl. Exkurs 3: 125). Deshalb ist durchaus anzunehmen, daß die einheimischen Ölsorten, wie Rhizinus-, Moringa- und wahrscheinlich auch Leinöl einen Teil der Abgabeprodukte ausmachten. Dieses aus Abgaben stammende Öl wurde jedoch aller Wahrscheinlichkeit nach nicht im Rohzustand verwendet, sondern zunächst in der „Salbenküche“ des Hofes aufbereitet, d.h. mit den entsprechenden Duftstoffen versetzt. Erst danach wurde es in die mit den Vermerken „Ober-“ und „Unterägypten“ beschrifteten Gefäße eingefüllt, wobei es nicht unbedingt erforderlich ist, anzunehmen, daß z.B. ein Gefäß mit der Bezeichnung „Unterägypten“ auch real aus Unterägypten stammendes Öl enthielt. Auf jeden Fall scheinen diese Ölgefäße für den kultischen Gebrauch bestimmt gewesen zu sein und wurden am Hofe vorbereitet. Für diese Annahme spricht auch die für die einzelnen Herrscher zu belegende Gleichartigkeit der Gefäße für „Unterägypten“ und „Oberägypten“. Als Indiz dafür, daß Öl das einzige Abgabeprodukt während der 1. Hälfte der 1. Dynastie darstellte, sind diese beschrifteten Gefäße jedoch sicher nicht zu werten.

7.4. Zusammenfassung

An konkreten Angaben über die Organisation der Abgaben läßt sich jedoch nur wenig ermitteln. Aus der prädynastischen Zeit gibt es dafür überhaupt keine Hinweise. Es ist jedoch anzunehmen, daß das „Horusgeleit“, bei dem der Herrscher mit seinem Gefolge auf den Fahrten durch das Land von der Bevölkerung der Orte, die er besuchte, verpflegt und beschenkt wurde, eine bereits in prädynastischer Zeit durchgeführte Einrichtung war. Bereits für „Skorpion“ und Ka sind die beschrifteten Ölgefäße zu belegen, die, wenn auch in mehr symbolischer Weise, auf die Existenz von Abgaben hinweisen. Ebenso bestand bereits unter Narmer die „Zeltverwaltung", die nach Ausweis ihrer Siegelmuster sicher Aufgaben in der Abgabenerfassung zu erfüllen hatte (vgl. weiter vorn Kap. 5.1.).

Eine stärkere Systematisierung und Intensivierung der Abgabentätigkeit zeichnet sich unter Djer mit der Einführung der „Domänen"-Verwaltung und seit Djet mit den Belegen des „Schatzhauses" ab. Als Zentren der Abgabenerfassung für ein bestimmtes Gebiet scheinen sich Mitte der 1. Dynastie die „*ḥwt*-Anlagen" identifizieren zu lassen, die jeweils von einem *ʿḏ-mr* geleitet wurden. Als zuständige Instanz für den Einzug und die Verwaltung der Naturalabgaben ist seit Nj-netjer (2. Dynastie) das dem „Schatzhaus" unterstehende „*js-ḏfꜣ*" zu erkennen. Wahrscheinlich besteht zwischen der Einrichtung des „*js-ḏfꜣ*" und der für Nj-netjer erstmalig zu belegenden „Zählung" (*ṯnw*) eine direkte Verbindung.

8. Zur Frage der Reichseinigung

„Reichseinigung“ und „Entstehung des altägyptischen Staates“ sind zwei Begriffe, die in der Ägyptologie mit wenigen Ausnahmen bis heute fast synonym verwendet werden. Die ursprüngliche Komponente dieser Verbindung, der „Reichseiniger Menes“ ist dagegen in den letzten Jahren etwas in den Hintergrund getreten. Einesteils bestehen erhebliche Schwierigkeiten, ihn mit einem der aus den zeitgenössischen Zeugnissen belegten Herrscher zu identifizieren – von „Skorpion“ bis Aha stehen dafür mindestens vier Personen zur Verfügung – andererseits schreiben weder die ägyptischen Quellen aus der späteren dynastischen Zeit, noch die griechischen Überlieferungen dem sagenhaften Menes die Tat der Reichseinigung ausdrücklich zu. Diese Überlegungen hatten auch W. Kaiser veranlaßt, die Verbindung „Reichseinigung“ und „Menes“ erneut zu untersuchen, wobei er zu dem Ergebnis gekommen ist, daß die Reichseinigung etwa 150 – 200 Jahre vor dem Beginn der 1. Dynastie, also etwa um 3100 v.Zr. angesetzt werden muß (Kaiser 1964: 118).

Damit trennte er nicht nur den „Reichseiniger Menes“ ziemlich rigoros von der Reichseinigung, sondern auch die Reichseinigung vom Beginn der 1. Dynastie. Die Verbindung Reichseinigung und Entstehung des altägyptischen Staates hielt er jedoch aufrecht. Die Reichseinigung ist für ihn ein politisches Ereignis, als dessen Folgeerscheinung der kulturelle Verschmelzungsprozeß zwischen den beiden Landesteilen Ober- und Unterägypten vollzogen wurde.

Ein prinzipiell ähnlicher Vorschlag ist bereits früher schon einmal von Breasted unterbreitet worden, der jedoch zwischen der Vereinigung der beiden Landesteile und dem Beginn der 1. Dynastie durch Menes den gewaltigen Zeitraum von etwa 1000 Jahren ansetzte (Breasted 1931: 723).

Einen Schritt weiter als Breasted und Kaiser ging Helck, indem er auch noch Reichseinigung und Staatsentstehung trennte. Nach seiner Auffassung stand am Beginn des Prozesses die Überlagerung der unterägyptischen Ackerbau-Bevölkerung durch eine oberägyptische, jägernomadisch geprägte Herrenschicht. Dieser Vorgang vollzog sich im Laufe einiger weniger Generationen und war mit dem Beginn der dynastischen Zeit abgeschlossen. Die Reichseinigung war nach seiner Meinung mehr ein gedanklicher Vorgang, der sich im Laufe der 1. Dynastie in den führenden Köpfen der Gesellschaft abgespielt hatte. Die eigentliche Staatsentstehung vollzog sich nach seiner Auffassung erst zu Ende der 2. Dynastie und später (dazu zuletzt Helck 1975: 31-33).

Das Problem konkretisiert sich also auf zwei Fragen: Zum einen: „War die Reichseinigung ein realer politischer Akt oder eine mehr theoretische Konstruktion, die einer bereits vollzogenen Entwicklung Rechnung trug?“ und zum anderen: „Wann ist die Reichseinigung zeitlich anzusetzen?“

Für die älteren Generationen von Ägyptologen stand außer Frage, daß die Reichseinigung ein realer politischer Vorgang war, durch den der ägyptische Einheitsstaat geschaffen wurde (Lepsius 1861: 16; Erman 1885: 63; Sethe 1905: 14; 1930: insbes. 171; Breasted 1911: insbes. 36). Mit Ausnahme von Sethe, dessen großartige, vorwiegend auf der Auswertung der Pyramidentexte beruhende Rekonstruktion der politischen Geschichte der prädynastischen Zeit leider in keiner Weise durch die archäologischen Befunde bestätigt werden konnte, kamen alle anderen Autoren recht schwer mit der Frage nach dem zweiten Partner bei dieser Vereinigung zurecht. Wenn jedoch die Vereinigung ein konkreter politischer Akt war, müssen an ihr zumindest zwei Parteien beteiligt gewesen sein. Die eine Seite läßt sich sehr eindeutig als oberägyptisch bestimmen. Aber wenn man auch annimmt, wie es das zeitgenössische Material nahelegt, daß von dieser Seite die Vereinigung stärker gewünscht und betrieben wurde, und von ihr die Initiative dazu ausging, während die andere, die unterägyptische Seite mehr passiv geblieben ist, sollte man doch einige Hinweise auf eine reale politische Macht Unterägyptens erwarten. Im allgemeinen wird das Fehlen dieser Hinweise mit der Fundleere des Deltagebietes erklärt. Die Denkmäler der sog. „Reichseinigungszeit", die im übrigen alle in Oberägypten gefunden wurden, sehen, nüchtern betrachtet, wie Zeugnisse siegreicher oberägyptischer Eroberer aus. Nur die Reliefs auf der „Skorpion"- und auf der Narmerkeule bilden davon eine Ausnahme, wobei die „Skorpion"-Keule als Hinweis darauf gilt, daß die Reichseinigung doch ein Vorgang gewesen sein muß, der sich über einige Generationen erstreckt habe, während die Darstellung auf der Narmerkeule, die gern als Wiedergabe der Siegesfeierlichkeiten interpretiert wird (Schott 1951: 23-24), wahrscheinlich eher die Zeremonien eines Hebsed-Festes zeigt (Kaiser 1964: 91).

Dennoch muß die Reichseinigung mehr als eine von Oberägypten mit militärischen Mitteln durchgeführte Gebietserweiterung gewesen sein, denn für die Alten Ägypter war sie offenbar ein wichtiger Vorgang, der bis zum Ende der dynastischen Zeit bei jedem Regierungsantritt eines neuen Pharaos zeremoniell wiederholt werden mußte und sich auch in der offiziellen Bezeichnung „Ober- u. Unterägypten" erhalten hat. Die Belege für den Terminus *„sm3 šmꜥ-mḥj"* (Vereinigung von Ober- und Unterägypten) setzen auffällig spät ein. Der älteste Hinweis ist eine Ritzinschrift auf einem Gefäßfragment des Adj-ib (vgl. Exkurs 4), danach kommt das Symbol *sm3-t3wj* erst wieder auf den Denkmälern des Chasechemwj vor (Gefäßfragment, Exkurs 4; Seitenwände des Throns der Statue des Chasechemwj). Der Vermerk *„sm3-šmꜥ-mḥj"* auf dem Palermostein (recto 2,3) für den Amtsantritt des Djer ist nicht sehr beweiskräftig, da aus der Sicht der 5. Dynastie die „Vereinigung der beiden Länder" mit Sicherheit zu den obligatorischen Krönungszeremonien gehörte und wahrscheinlich auch vermerkt worden ist, wenn keine zeitgenössischen schriftlichen Aufzeichnungen darüber vorgelegen haben sollten. Alles in allem bedeutet die Spärlichkeit dieser Belege, daß aus ihnen keine konkreten Hinweise auf eine Reichseinigung am

Beginn der dynastischen Zeit gewonnen werden können. Es scheint daher sinnvoll, das Problem einmal theoretisch zu betrachten.
Die erste Frage, die sich dabei ergibt, lautet: „Welche konkreten Erwartungen oder Ziele erfüllten sich für die Oberägypter durch eine Vereinigung mit Unterägypten?" Aus dem archäologischen Material ist zu erkennen, daß die Negade-Kultur bereits in der Zeitstufe Ic den 1. Katarakt erreicht hatte und seit der Zeitstufe IIab weiter nach Süden vorgedrungen war. Auch militärische Auseinandersetzungen mit dem Süden sind zumindest seit Aha zu belegen (Annalentäfelchen Aha d, vgl. Exkurs 6). Aber eine „Vereinigung" mit dem südlichen Nachbargebiet, das ganz offenbar ebenfalls nicht etwa unbesiedelt war, scheint keineswegs aktuell gewesen zu sein. Warum war also eine „Vereinigung" mit dem nördlichen Nachbargebiet attraktiv. Der zunächst naheliegendste Grund, ein gemeinsames Schutzbedürfnis, muß wohl ausscheiden, weil ein derartig mächtiger Feind, der überdies vor allem Oberägypten als den aktiven Partner bei der „Vereinigung" bedroht haben müßte, in der Nähe des ägyptischen Niltals zu dieser Zeit nicht zu erkennen oder zu erwarten ist. Auch ein verstärktes oberägyptisches Interesse an unterägyptischem Weide- und Ackerland ist aus mehreren Gründen kaum als eigentliche Ursache für eine Vereinigung anzunehmen; zum einen hätte diese Frage durch eine einfache Annexion des gewünschten Gebietes geklärt werden können, zum anderen war Oberägypten nach Ausweis der Friedhöfe zu dieser Zeit noch bei weitem nicht überbevölkert, und zum dritten erstreckten sich die Aktivitäten der 1. Dynastie, soweit zu erkennen ist, ausschließlich auf die Deltaränder und drangen erst allmählich von dort aus in das Deltainnere vor. Die eigentliche Nutzung des Deltainneren scheint wohl erst in der 3. Dynastie verstärkt betrieben worden zu sein. Wenn auch sicher eine Gebietsannexion mit der „Vereinigung" verbunden war, so ist sie doch wohl kaum die tiefere Ursache dafür gewesen. Ebenso wenig kann das Interesse an Bodenschätzen auf unterägyptischem Territorium ausschlaggebend gewesen sein, denn Salz und Natron waren auch in Oberägypten vorhanden. Und schließlich kommen auch Fragen, die evtl. mit der Nutzung des Nilwassers zusammenhängen, nicht in Betracht, weil die Oberägypter ohnehin stromaufwärts saßen und der Nil beim Stand der damaligen Produktivkräfte nicht zu manipulieren war.
Es gibt aber eine Begründung, die zwar aus den zeitgenössischen schriftlichen Zeugnissen nicht direkt zu belegen ist, aber ein recht erhebliches Interesse Oberägyptens an bestimmten Gebieten Unterägyptens sehr verständlich macht: Die Oberägypter verwendeten bereits seit dem Negade II in zunehmenden Maße Holz für Einbauten in den Gräbern, aber die Einbauten und Deckenkonstruktionen der Grabanlagen auf dem B-Friedhof in Abydos waren mit einheimischen Holzsorten nicht zu bewerkstelligen. Wieviel Holz dort verbaut wurde, läßt sich nicht mehr rekonstruieren, aber für die Anlagen ab Djer müssen es viele Hunderte von Raummetern gewesen sein, vor allem wenn man die damaligen Methoden der Brettergewinnung berücksichtigt. Dazu kommen die, wahrscheinlich doch zunächst aus Holz errichteten Konstruktionen der Talfriedhöfe in Abydos. Auch für die Mastaba-

Anlagen wurden erhebliche Mengen von Bauholz eingesetzt, wenngleich in wesentlich geringerem Maße als für die Herrschergräber in Abydos. Weiterhin erforderte der Schiffsbau beträchtliche Holzmengen. Wieviel Bauholz für Palast- und Tempelanlagen verwendet wurde, läßt sich, solange die Residenzen noch nicht archäologisch nachweisbar sind, nicht ermitteln. Dieses Holz konnte jedoch nur aus dem Libanon bezogen werden. Die Oberägypter waren deshalb auf den ungehinderten und kontinuierlich gesicherten Durchzug durch das unterägyptische Territorium angewiesen. Das gleiche gilt auch für den Rohstoff Kupfer. Um die Vorkommen auf dem Sinai zu erreichen, mußten sie unterägyptisches Gebiet passieren. Das Interesse Oberägyptens an Unterägypten bestand demzufolge primär in der Sicherung der Durchzugswege und weniger an Unterägypten selbst. Wenn man mit dieser Theorie die erhaltenen Zeugnisse vergleicht, paßt alles bedeutend besser zusammen, als es unter Zugrundelegung der Reichseinigungstheorie möglich ist. Bis zum Ende der prädynastischen Zeit hatten sich die Träger der Negade-Kultur allmählich ins Niltal nach Norden ausgebreitet und die Deltaspitze erreicht (vgl. Exkurs 1, Kap. 2.4). Folgerichtig hätte eine weitere Ausdehnung die militärische Eroberung und Besetzung des Deltagebietes bedeutet, was bei der Landschaftsstruktur Unterägyptens mit einem enormen Einsatz an Menschen verbunden gewesen wäre, wenn es sich, wie anzunehmen ist, um besiedeltes Gebiet gehandelt hat. Bei der damaligen Gesellschaftsstruktur Oberägyptens waren solche Kräfte sicher nur bei äußerstem Zwang aufzubringen. Wenn aber Oberägypten überhaupt nicht an einer Unterwerfung interessiert war, sondern nur an einer territorial begrenzten Sicherung der Durchzugswege an den Deltarändern, war das eine Aufgabe, die durchaus mit den zur Verfügung stehenden Kräften zu lösen war, aber Unterägypten aus der Sicht der Oberägypter – abgesehen von dem auffälligen landschaftlichen Gegensatz – einen ganz besonderen Status verlieh, auch ohne daß dieses Gebiet durch einen eigenen Herrscher repräsentiert worden sein muß. Eine allmähliche Einbeziehung des Deltagebietes, aus dem Aufstände noch unter Chasechemwj am Ende der 2. Dynastie belegt sind, sowohl mit friedlichen als auch mit militärischen Mitteln, ergab sich von den Deltarändern aus, im Zuge der sicher wiederholt erforderlichen Befriedungsaktionen.

Helck hat in anderem Zusammenhang wahrscheinlich gemacht, daß etwa um den Beginn der dynastischen Zeit der westliche Nilarm der einzige Nilarm war, in den man ohne Schwierigkeiten mit einem Schiff einlaufen konnte (Helck 1975: 19). Wenn dem so ist, muß der Wasserweg zum Libanon dort verlaufen sein. Dazu paßt gut, daß militärische Aktivitäten und Gründungen von befestigten Ansiedlungen durch die Herrscher aus dem Beginn der dynastischen Zeit gerade für das westliche Deltagebiet belegt sind (Städte- und Narmerpalette, vgl. weiter vorn Kap. 3.5.1.).

Die Funde an spätprädynastischen oberägyptischen bzw. frühdynastischen Objekten, die bisher im Deltagebiet gemacht wurden, hat Kaiser zusammengestellt (Kaiser (1964: 105-116). Daraus wird deutlich, daß tatsächlich alles Material aus dieser

Zeit aus Fundstellen am östlichen bzw. westlichen Deltarand bis zum Mittelmeer hin stammt, d.h. es ist auch von dieser Seite her wahrscheinlich zu machen, daß das oberägyptische Einflußgebiet sich zunächst entlang der Deltaränder bis zum Mittelmeer erstreckte und erst allmählich auch auf das Deltainnere übergriff.

Die bisherigen Darstellungen zeigen, daß es weitaus unkomplizierter ist, in der sog. Reichseinigung einen allmählich verlaufenden Prozeß zu sehen, der zwar weder durch das Aufeinandertreffen einer jägernomadisch geprägten Herrenschicht und einer friedlichen Ackerbaubevölkerung inauguriert wurde, noch zu Beginn der 1. Dynastie abgeschlossen war, sondern sich vom Ende der prädynastischen Zeit bis mindestens zum Ende der 2. Dynastie hinzog und sich als zwangsläufige Folgeerscheinung aus der Sicherung von Durchzugswegen ergab. Die andere Variante, in der Reichseinigung einen realen politischen Akt zu sehen, wirkt dagegen wesentlich schwerfälliger und konstruierter, weil sie ein, wenn auch vielleicht von oberägyptischer Seite zwangsweise herbeigeführtes, Bündnis zwischen zwei Partnern voraussetzt, dessen Ziele völlig unklar sind, dessen einer Partner nicht einmal schemenhaft zu erkennen ist, und das überdies erst im Verlaufe einiger Jahrhunderte wirksam wurde.

Aber wenn man auch den Prozeßcharakter der Reichseinigung als die wahrscheinlichere Erklärung akzeptiert, bleibt natürlich die Frage offen, warum dieser Vorgang bereits in der 1. Dynastie „Vereinigung von Ober- und Unterägypten" genannt und in den Rang eines kultischen Ereignisses erhoben wurde.

Die Bezeichnungen für Oberägypten (*šmꜥ*) und für Unterägypten (*mḥw*) sind auf Keramikgefäßen bereits für die Herrscher „Skorpion" und Ka zu belegen (vgl. Exkurs 4). Es ist daher durchaus möglich, daß zu dieser Zeit als „Unterägypten" noch vorübergehend das Gebiet um Memphis bezeichnet wurde. Das würde u.a. bedeuten, daß der Handlungsort der auf der „Skorpion"-Keule dargestellten Szene die memphitische Region ist, die zur Zeit von „Skorpion" wahrscheinlich bereits fest zum oberägyptischen Siedlungsgebiet gehörte.

Zeremonien, bei denen Ober- und Unterägypten eine bestimmte, wenn auch recht eigenartige und nicht eindeutig zu definierende Rolle spielten, sind für Aha und seinen Nachfolger Djer bezeugt. Auf den Annalentäfelchen Aha c und Djer a (vgl. Exkurs 6) befinden sich zwei fast gleichartige Darstellungen. Unter der Überschrift „Empfangen von Ober- und Unterägypten" (*šsp šmꜥ-mḥw*) hockt ein Mensch vor einem knienden Gefangenen, dessen Hände auf dem Rücken gefesselt sind, und scheint ihn mit einem langen spitzen Gegenstand in die Brust zu stechen, während er mit der anderen Hand einen Napf darunter hält. Was diese Szene auch immer bedeuten mag, offenbar war sie wichtiger oder alleiniger Bestandteil der Zeremonie „Empfangen von Ober- und Unterägypten", wie die Beischrift besagt.

Unter Den sind dann erstmalig die äußerlichen Attribute des Herrschers über ein vereinigtes Ägypten, die Doppelkrone und der *nswt-bjt*-Titel zu belegen. Deshalb möchte man annehmen, daß die Zeremonie „Vereinigen von Ober- und Unterägypten", die erstmals für Adj-ib bezeugt ist, bereits unter Den eingeführt worden sein könnte.

Der Begriff „vereinigen" (*smꜣ*) besitzt bis zur Zeit des Den schon eine gewisse Tradition, wenn auch nicht in der Verbindung mit „Ober- und Unterägypten". Bereits aus Funden auf dem B-Friedhof in Abydos ist ein Symbol „*smꜣ-nbwj*" bekannt. Die Objekte, ein zylindrisches Basaltgefäß (RT II, Taf. 2.8), ein zylindrisches Elfenbeingefäß (RT II, Taf. 2.9) und eine kleine Schale aus Bergkristall (Abydos I: 7, Taf. 4,1) befanden sich im Schutt über Grab B 15, was Petrie, der das Symbol für einen Herrschernamen hielt, veranlaßte, dieses Grab einem Herrscher „*Smꜣ*" zuzuschreiben (RT II, 4-5). „*smꜣ-nbwj*" ist noch auf weiteren elf Objekten belegt, die in Abydos (B-Friedhof, genauer Fundort unbekannt, Djer-Anlage, Djet-Anlage) und in Sakkara (Mastaba 3504 = *Sḫm-kꜣ-sḏ* und Mastaba 3507 = Inhaber unbekannt, beide aus der Zeit des Djet) zutage kamen (Auflistung der Funde bei Kaplony 1963: 612-13). Sethe eliminierte dann *Smꜣ* als Herrschernamen und schlug vor, „*smꜣ-nbwj*" als Variante des späteren Königinnentitels „*smꜣwt-nbtj*" zu lesen (Sethe 1905: 32). Seine Meinung erschien dadurch begründet, daß „*smꜣ-nbwj*" auf zwei Objekten (einem Elfenbeinstab und einem Elfenbeindeckel, RT II, Taf. 2, 10-11) zusammen mit dem Namen der Hetep-Neith vorkommt. Die Auffassung von Sethe erhielt sich verhältnismäßig lange, bis Helck (1954: 31) sie durch einen neuen Vorschlag anzweifelte. Er interpretierte „*smꜣ-nbwj*" als den Frauennamen „*smꜣ-nbtj*". Diesem Vorschlag schloß sich auch Kaplony an und erbrachte Belege für weitere, mit dem Bestandteil *-nbtj-* gebildete Namen (Kaplony 1963: 613; sowie 1977: Anm. 153). „*smꜣ-nbwj*" ist von Aha bis einschließlich Djet zu belegen, eine Zeitspanne, die es sehr unwahrscheinlich macht, daß es sich auf allen Zeugnissen um eine und dieselbe Person handelt.

Es gäbe noch eine weitere Variante, „*smꜣ-nbwj*" (oder *nbtj*) zu interpretieren, weder als Titel noch als Personennamen, sondern als Bezeichnung für eine Zeremonie, bei der die beiden Herren (oder die beiden Herrinnen) vielleicht schon als Repräsentanten Ober- und Unterägyptens „vereinigt" werden. Auf dem Annalentäfelchen Djer a, das im obersten Register eine der beiden Darstellungen der Szene „Empfangen von Ober- und Unterägypten" zeigt, wird das mittlere Register, das aller Wahrscheinlichkeit nach als Fortsetzung der im obersten Register abgebildeten Prozession zu verstehen ist, durch zwei auf einem Podest (oder Tragegestell) hockende, etwas unförmige Sitzfiguren abgeschlossen. Über der ersten steht der Vermerk . Es ist gut möglich, daß wir hier eine Darstellung der „beiden Herren" (oder Herrinnen) vor uns haben. Ob der Zusammenhang mit der Szene „Empfangen von Ober- und Unterägypten" zeitlicher, örtlicher oder inhaltlicher Natur ist, ist mit Sicherheit nicht zu belegen. Vielleicht handelt es sich auch um verschiedene Ereignisse, die nur wegen ihrer großen Bedeutung zufällig auf dem gleichen Plättchen festgehalten wurden. Andererseits erscheint ein gewisser Zusammenhang nicht ausgeschlossen und gäbe die Möglichkeit, „Ober- und Unterägypten" mit „*smꜣ-nbwj*" zu verbinden. Da weder das "Empfangen von Ober- und Unterägypten" noch „*smꜣ-nbwj*" nach Djet belegt sind, könnte es durchaus möglich sein, daß beide Zeremonien unter Den in das „Vereinigen von Ober- und Unterägypten“ zusammengefaßt und dann erstmals auf einem Beleg von Adj-ib überliefert wurden, und vielleicht besteht – entgegen Helck und Kaplony – auch eine Verbindung zu dem Königinnentitel *„sm3-nbtj“* des Alten Reiches.

Die eingangs gestellten Fragen – war die Reichseinigung ein konkretes Ereignis, und wann hat sie stattgefunden – läßt sich nun zusammenfassend wie folgt beantworten:

1. Das überlieferte Material macht wahrscheinlich, daß ein, wie auch immer gearteter Akt der Vereinigung, im Sinne einer Übereinkunft zwischen zwei Partnern, von denen der eine, der stärkere, durch einen oberägyptischen Herrscher und der andere schwächere durch einen unterägyptischen Partner repräsentiert wurde, nicht stattgefunden hat, weder vor noch zu Beginn der dynastischen Zeit, sondern daß der Vorgang der Vereinigung ein Prozeß war, der – für uns sichtbar – zu Ende der prädynastischen Zeit in ein akutes Stadium eintrat und sicher nicht vor dem Ende der 2. Dynastie, aber wahrscheinlich noch später, abgeschlossen war. Dieser Prozeß war ursprünglich dadurch in Gang gesetzt worden, daß Oberägypten den kontinuierlichen Zugang zu den Rohstoffen Holz im Libanon und Kupfer auf dem Sinai mit militärischen Mitteln erzwang.
Zur Sicherung der militärischen Erfolge wurden zunächst auf einem begrenzten Territorium an den östlichen und westlichen Deltarändern bis zum Mittelmeer befestigte Stützpunkte und Ansiedlungen geschaffen, von denen aus dann die allmähliche Unterwerfung des Deltas mit friedlichen und kriegerischen Mitteln erfolgte.

2. Die Zeremonie „Vereinigen von Ober- und Unterägypten“ ist mit Sicherheit seit Adj-ib zu belegen. Es spricht jedoch alles für die Annahme, daß sie bereits unter Den eingeführt wurde, wobei eventuell Vorläufer dieser Feierlichkeiten als „Empfangen von Ober- und Unterägypten“ bereits unter Aha und Djer zu erkennen sind.

3. Es ist durchaus denkbar, daß als *„mḥj“* – Unterägypten – zunächst für das memphitische Gebiet galt, und der Begriff erst allmählich auch auf die eroberten Deltagebiete übertragen wurde. Die rote Krone scheint jedoch kein autochthones unterägyptischen Symbol zu sein, obgleich sie in der seit Den zu belegenden Doppelkrone wohl schon den unterägyptischen Bestandteil verkörperte. Aber die Verbindung der roten Krone mit Unterägypten und der weißen Krone mit Oberägypten ist sicherlich sekundär. Über ihre ursprüngliche Bedeutung ist jedoch nichts bekannt.

9. Zusammenfassung und wesentlichste Ergebnisse der Arbeit

Anliegen dieser Untersuchung war es, das aus dem Zeitraum etwa von der Mitte des 4. Jahrtausends bis ca. 2700 v.Zr., dem Ende der 2. Dynastie, überlieferte Material unter dem Aspekt der Entwicklung der Produktionsverhältnisse zu sichten, um daraus Hinweise auf die Ursachen und den Verlauf der Staatsentstehung im Alten Ägypten zu erhalten. Dabei mußte von vornherein damit gerechnet werden, daß eine vollständige Klärung aller mit diesem Problem verbundenen Fragen nicht möglich ist, da das vorhandene Material große Lücken aufweist, die auch auf dem Wege langwieriger Detailuntersuchungen nicht geschlossen werden konnten. Trotz dieser Schwierigkeiten war eine erneute Bearbeitung des Problemkomplexes gerechtfertigt, weil die bereits vorhandenen Auffassungen zur Entstehung des altägyptischen Staates insgesamt recht widersprüchlich sind.

Welche Ergebnisse konnten nun im Verlauf der vorliegenden Arbeit erreicht werden?

Das Niveau der Produktivkräfte in Landwirtschaft und Handwerk war in den prädynastischen Kulturen Ober- und Unterägyptens am Ende des 4. Jahrtausends etwa gleich hoch. Die Schlußfolgerung, daß der altägyptische Staat aus einer Überlagerung einer friedlichen unterägyptischen Ackerbaubevölkerung durch eine kriegerische, nomadisch geprägte Bevölkerung Oberägyptens entstanden sei, besitzt daher keine reale Basis.
In den Inventaren der Objekte der materiellen Kultur lassen sich aber durchaus für Ober- und Unterägypten jeweils charakteristische Merkmale in den Formen sowie in der Materialzusammensetzung und -behandlung erkennen. Sie gestatten den Schluß, daß die materielle Kultur der frühen dynastischen Zeit sich in ihren wesentlichen Bestandteilen aus den Typen und Formen des oberägyptischen Negade II entwickelt hat, das seinerseits die Fortsetzung des Negade I ist. Durch die Kontinuität ist auch die Auffassung von der Einwanderung einer staatsbildenden ausländischen Herrenrasse gegenstandslos geworden. Die an der Wende vom 4. zum 3. Jahrtausend erkennbaren vorderasiatischen Einflüsse lassen sich durchaus befriedigend durch Handelsbeziehungen zwischen beiden Gebieten erklären.

Am Beginn des 3. Jahrtausends scheinen die Dorfgemeinschaften noch weitgehend stabil gewesen zu sein, d.h. sie besaßen auch die Verfügungsgewalt über den von ihnen bearbeiteten Boden. Eine soziale Differenzierung war zweifellos vorhanden, aber Produktionsverhältnisse der Ausbeutung hatten sich noch nicht durchgesetzt. Der Handel scheint sich innerhalb des Landes in den Grenzen eines lokalen Tauschhandels vollzogen zu haben.

Aus dem Inventar der prädynastischen Friedhöfe ist zu schließen, daß in Oberägypten seit dem Negade I eine weitgehend homogene materielle Kultur existierte, die sich, ausgehend von einem ursprünglichen Kerngebiet in der nördlichen Thebais allmählich im Niltal verbreitet hatte und am Ende des Negade I südlich bis zum 1. Katarakt und nördlich bis Matmar im mittleren Oberägypten vorgedrungen war. In der 2. Hälfte des Negade II (Zeitstufe IIc/d) erreichte sie dann im Norden das Gebiet um den Fayumeingang (Gerzeh, Abusir el-Melek und Harageh) und im Süden das mittlere Unternubien (Seyala). Ein letzter Vorstoß ist kurz vor der Wende vom 4. zum 3. Jahrtausend im Norden bis zur Deltaspitze und im Süden bis zum 2. Katarakt festzuhalten. Diese offenbar ungestörte Ausbreitung der Negade-Kultur macht deutlich, daß bis zum Ende der prädynastischen Zeit noch genügend freier, anbaufähiger Boden in guter Qualität zur Verfügung stand. Es ist daher sehr unwahrscheinlich, daß Auseinandersetzungen um Boden bereits zu diesem Zeitpunkt zu einer ökonomischen Differenzierung der Gesellschaft geführt haben sollten. Es gibt aber auch gleichermaßen keinen Grund zu der Annahme, daß eine Bodenknappheit eine intensivere Nutzung der vorhandenen Anbaufläche und damit die Einführung eines großräumigen Systems der Felderbewässerung erfordert hätte.

Der Schwerpunkt der gesellschaftlichen Entwicklung scheint am Ende des 4. Jahrtausends in Oberägypten gelegen zu haben. Zwar ist die Feststellung einer gemeinsamen materiellen Kultur allein nicht ausreichend, um daraus bereits auch auf gemeinsame gesamtgesellschaftliche Organisationsformen zu schließen, die auch bis jetzt durch nichts zu belegen sind, sie gestattet aber immerhin die Annahme, daß die Bewohner Oberägyptens gemeinsame oder zumindest weitgehend ähnliche geistige Anschauungen und Traditionen (vorzugsweise im Bereich des Totenwesens feststellbar) besaßen.

Im Rahmen der Negade-Kultur der Zeitstufe III treten am Ende des 4. Jahrtausends erstmals Personen von außergewöhnlich hoher sozialer Stellung aus der Anonymität der urgesellschaftlichen Institutionen hervor. Die schriftliche Darstellung ihres Titels erfolgte durch ein eindeutig identifizierbares Zeichen, das den Horusfalken auf dem Serech zeigt. Dieses Horus-Serech-Symbol ist mit eingeschriebenem Herrschernamen später in dynastischer Zeit der älteste Bestandteil der dann fünfteiligen Titelfolge der ägyptischen Pharaonen. Zunächst ist das Horus-Serech-Symbol nur als Ritzzeichnung auf Keramikgefäßen von spätprädynastischem Typ zu belegen. Ihre geographische Verbreitung im Niltal zeigt jedoch, daß die Träger des Horustitels bereits zu dieser Zeit eine überregionale Bedeutung besaßen. Etwas später sind dann die Inhaber des Horustitels in menschlicher Gestalt auf zwei Zeremonialkeulen und einer Schminkpalette aus Stein dargestellt, wie sie, umgeben von ihrem Gefolge, kultische Handlungen vollziehen und, zumindest ideell, militärische Aktionen leiten.

Als Sitz dieser Autoritäten kommen am ehesten die beiden großen negadezeitlichen Siedlungen Hierakonpolis und Ombos infrage, wenngleich sichere Beweise für diese Annahme auf Grund fehlender Ausgrabungen noch nicht vorliegen. Ebenso wenig ist es bisher gelungen, den Begräbnisplatz der frühesten Träger des Horustitels zu ermitteln, obgleich seit dem Ende des vorigen Jahrhunderts zahlreiche große Friedhöfe mit insgesamt mehreren tausend Gräbern in Oberägypten freigelegt worden sind. Ihre Grabstätten lassen sich erst ab Ka auf dem B-Friedhof in Abydos feststellen. Es ist jedoch nicht ausgeschlossen, daß sich nordöstlich vom B-Friedhof noch zeitlich weiter zurückreichende Anlagen befunden haben, die jedoch durch ihre bescheidenen Ausmaße nicht als Herrschergräber identifiziert worden sind.
An der Residenz der Träger des Horustitels muß sich spätestens zu Ende der prädynastischen Zeit eine Art Hofhaltung herausgebildet haben, zu der möglicherweise auch besondere Werkstätten gehörten.
Es ist durchaus wahrscheinlich, daß diese Residenz das Zentrum war, über das die Handelsbeziehungen mit Vorderasien realisiert wurden. Im Rahmen des Hofes, möglicherweise für seine wirtschaftlichen Belange, wurde auch die Schrift entwickelt, denn die ältesten schriftlichen Zeugnisse sind ausschließlich auf die Herrscher und die Personen ihrer unmittelbaren Umgebung beschränkt. Namen von Würdenträgern und Beamten des Hofes sind als Gefäßinschriften und in Siegelmustern seit Narmer zu belegen.

Die ältesten identifizierbaren Träger des Horustitels scheinen ihre Autorität aus zwei Funktionen bezogen zu haben: ihrer Wirksamkeit im kultisch-magischen Bereich und ihrer Bedeutung als Repräsentanten der durch die Träger der Negade-Kultur gebildeten Gemeinschaft nach außen. Diese zweite Funktion äußert sich konkret in der zumindest nominell zu belegenden Leitung kriegerischer Aktionen. Direkte organisatorische Aufgaben in der Leitung der Produktion oder bei der Schaffung der Produktionsbedingungen scheinen sie nicht besessen zu haben. Ihr für die Anschauungen der damaligen Gesellschaft jedoch höchst notwendiger Anteil daran bestand in der Durchführung von Fruchtbarkeitszeremonien sowie ähnlichen kultischen Handlungen.

Soweit aus dem frühzeitlichen Material und gestützt auf die Befunde des frühen Alten Reiches zu erkennen ist, waren auch die frühesten Herrscher sowohl für die materielle Sicherung der von ihnen durchgeführten Aktivitäten als auch für den Unterhalt der Angehörigen ihres Hofes verantwortlich. Die dafür erforderlichen Mittel erhielten sie durch zunächst wahrscheinlich noch mehr oder weniger freiwillige Abhaben (und Arbeitsleistungen) aus dem von den unmittelbaren Produzenten erarbeiteten Mehrprodukt. Eine Institution, die sicher mit der Erfassung und Verwaltung der Abgaben befaßt war, war die bereits unter Narmer existierende „Zeltverwaltung". Der vom Herrscher und seinem Hof in Anspruch genommene Anteil am ge-

sellschaftlichen Reichtum muß allmählich vergrößert worden sein. Bereits seit Aha erhöht sich der für die Anlage der Herrschergräber und der Gräber der prominenten Mitglieder des Hofes eingesetzte materielle Aufwand deutlich sichtbar. Offenbar bestand auch eine Wechselwirkung zwischen den gesteigerten Abgabeleistungen und der für die Erfassung und Verwaltung der Abgaben erforderlichen Anzahl an Beamten und Würdenträgern, die ihrerseits aus diesen Einnahmen unterhalten werden mußten. Es ist anzunehmen, daß unter dem Herrscher Den oder einem seiner unmittelbaren Vorgänger eine Neuregelung des Abgabensystems erfolgte. Von der Mitte der 1. Dynastie an lassen sich die im Lande befindlichen „*ḥwt*"-Anlagen, die durch einen Würdenträger mit dem Titel „*ʿḏ-mr*" geleitet wurden, mit Aufgaben aus dem Bereich der Abgabenerfassung in Verbindung bringen. Wahrscheinlich fungierten sie als Zentren für den Einzug von Abgaben für jeweils ein bestimmtes Gebiet. Inwieweit ihre Existenz ausschließlich auf die inzwischen bereits unterworfenen Deltagebiete beschränkt war, läßt sich nicht erkennen.
Seit Den profilierte sich das „Schatzhaus" allmählich zur zentralen Institution für die Abgabenerfassung und -verwaltung. Unter Nj-netjer (2. Dyn.) tritt dann erstmalig das „*js-ḏf3*" als Unterabteilung des „Schatzhauses" für die Erfassung der Abgaben an Naturalprodukten in Erscheinung. Wahrscheinlich besteht ein Zusammenhang zu der ebenfalls für Nj-netjer zum ersten Mal zu belegenden und sicher als Abgabenerfassung zu interpretierenden „Zählung".
Die seit Djer existierenden „Domänen" mit ihren anspruchsvollen, aus den Qualitäten des Herrschers als Gott Horus gebildeten Namen und der Besetzung ihrer Leitungsfunktion durch sehr hochrangige Würdenträger, waren sicher kein profaner Gutsbetrieb des Palastes mit einer eigenen Felderwirtschaft, sondern eine, für jeden Herrscher neu gegründete Institution zur Versorgung seines Grabes, durch die teilweise auch die Gräber hoher Würdenträger beliefert wurden. Die „Domäne" ist deshalb nicht als ältestes Beispiel für das Auftreten von Privateigentum am Boden anzusehen. Besondere Landesanteile, deren Produktion ausschließlich durch die Bedürfnisse des Herrschers bestimmt wurde, könnten aber die seit Adj-ib zu belegenden „Weingärten" gewesen sein, die dem „Schatzhaus" unterstanden. Inwieweit diese wenigen und flächenmäßig sicher kleinen Plantagen bereits objektiv den Tatbestand von „Privateigentum am Boden" erfüllten, läßt sich aus den spärlichen Angaben schwer abschätzen, aber ganz sicher standen sie außerhalb der Verfügungsgewalt von Dorfgemeinschaften und stellten durch ihre eng spezialisierte, ausschließlich auf die Bedürfnisse des Herrschers gerichtete Produktion eine Art „institutionelles" Eigentum dar.

Im Verlauf der ersten beiden Dynastien bildete sich aus den Familienmitgliedern des Herrschers, den Würdenträgern und Beamten des frühdynastischen Hofes eine zahlenmäßig zunächst noch sehr kleine aber in ihrer sozialen und ökonomischen Stellung deutlich hervorgehobene Oberschicht. Die Basis dieser Position waren die Beziehungen zum bzw. die Abhängigkeit vom Herrscher. Durch sie wurde auch der höhere oder niedere Status der einzelnen Angehörigen dieser Gruppe bestimmt, d.h. soweit sie sich auf den Denkmälern zurückverfolgen läßt, war diese Oberschicht formiert und in sich differenziert. Personen von hoher sozialer oder bevorzugter ökonomischer Stellung, die außerhalb der um den Herrscher neu formierten Oberschicht standen, sind nicht nachzuweisen. Mit anderen Worten: Ausschließlich die Zugehörigkeit zu dem Personenkreis um den Herrscher sicherte eine privilegierte Stellung außerhalb des eigentlichen Produktionsprozesses und einen, nicht mit Aufgaben in der materiellen Produktion verbundenen Anteil am gesellschaftlichen Mehrprodukt.

Bis zum Ende der 2. Dynastie gibt es keine Anzeichen dafür, daß die Dorfgemeinschaften zerstört worden seien. Dieser Prozeß scheint erst während der 3. und 4. Dynastie im Verlauf der sog. „inneren Kolonisierung" vollzogen worden zu sein, als die Bevölkerung teilweise umgesiedelt und zu neuen Abgabeeinheiten, sog. „Gutsbezirken", zusammengefaßt wurde. Dadurch wurden auch die bis dahin noch existierenden, historisch gewachsenen Gemeinschaften zerstört, und die Verfügungsgewalt über den Boden ging an den Herrscher und die mit ihm verbundene Oberschicht über. Durch den zunehmenden Abgabenzwang während der 1. und 2. Dynastie müssen die Dorfgemeinschaften jedoch in ihrer Wirksamkeit bereits stark beeinträchtigt worden sein.

Herrscher und Oberschicht besaßen zwar in dieser Zeit noch keine erkennbaren Leitungsaufgaben in der landwirtschaftlichen Produktion und waren an der Organisierung der Produktionsbedingungen nur ideell durch die Durchführung kultischer Handlungen beteiligt, bestimmten jedoch durch die Forderung nach Abgaben in zunehmenden Maße das Produktionsziel. Der Pyramidenbezirk des Djoser in Sakkara, die bis zu dieser Zeit großartigste und aufwendigste Grabanlage eines altägyptischen Herrschers, für die erstmalig an Stelle der bis dahin üblichen Nilschlammziegel Quader aus Kalkstein als Baumaterial verwendet wurden, zeigt, daß zu Beginn der 3. Dynastie der Herrscher die Verfügungsgewalt über einen erheblichen, wahrscheinlich den größten Teil des gesellschaftlichen Reichtums seiner Zeit erlangt hatte. Mit anderen Worten: Bis zum Beginn der 3. Dynastie hatten sich die Produktionsverhältnisse der Ausbeutung so weitgehend durchgesetzt, daß den unmittelbaren Produzenten der überwiegende Teil des von ihnen erarbeiteten Mehrproduktes entzogen werden konnte.

Die Gesellschaft zerfiel damit in zwei Gruppen: in die Masse der unmittelbaren Produzenten, deren traditionelle Organisationsform, die Dorfgemeinschaften, durch den ständig zunehmenden Zwang zu Abgaben und Arbeitsleitungen bereits stark geschwächt war, und eine kleine, um den Herrscher als ihren Repräsentanten formierte Oberschicht, die im Begriff stand, den unmittelbaren Produzenten die Verfügungsgewalt über das hauptsächliche Produktionsmittel Boden zu entziehen. Beide Gruppen unterschieden sich wesentlich in ihrer Stellung zu den Produktionsmitteln und in der Art der Erlangung und der Größe des Anteils am gesellschaftlichen Reichtum.

Der Prozeß der Staatsentstehung, der in der Mitte der 1. Dynastie in ein akutes Stadium eingetreten war, hatte zum Ende der 2. Dynastie bereits einen gewissen Reifegrad erreicht, war aber noch nicht abgeschlossen. Die Merkmale des Staates waren erst in recht unterschiedlichem Maße ausgeprägt.

- Es existierte eine kleine, politisch organisierte Oberschicht, die ihren Anteil am gesellschaftlichen Reichtum durch Ausbeutung der Masse der unmittelbaren Produzenten realisierte.
- Die Masse der unmittelbaren landwirtschaftlichen Produzenten war aber noch nicht vollständig vom Boden getrennt. Ein Privateigentum am Boden hatte sich noch nicht herausgebildet. Es ging auch zunächst nur um die Verfügungsgewalt über ihn, die im Namen des Herrschers von der Oberschicht kollektiv beansprucht und in der 3. und 4. Dynastie auch durchgesetzt wurde. Bereits während des frühen Alten Reiches lassen sich jedoch die Versuche einiger Familien erkennen, diese Verfügungsgewalt zu individualisieren und erblich zu machen. Solche Versuche waren teilweise für eine gewisse Zeit erfolgreich. Es entstanden starke Gaufürstengeschlechter, die den größten Teil des Mehrproduktes ihres Gebietes für sich selbst verbrauchten, wodurch am Ende des Alten Reiches die Zentralgewalt so stark geschwächt wurde, daß sie zur Bedeutungslosigkeit herabsank und schließlich zugrunde ging. Aber insgesamt gesehen setzte sich individuelles Eigentum am Boden erst in sehr viel späterer Zeit allmählich durch.
- Auch die Staatsorgane waren in ganz unterschiedlichem Maße entwickelt. Aus dem vorhandenem Material lassen sich im wesentlichen nur die Organe der Abgabenverwaltung belegen, wobei seit der Mitte der 1. Dynastie das „Schatzhaus" eine ständig zunehmende Rolle spielt. Das ist sicher kein Zufall, denn auch in den späteren Phasen der dynastischen Zeit nehmen die Zeugnisse von Aktivitäten über die Erfassung, den Transport und die Verwaltung von Abgaben und die Titel der damit befaßten Personen gegenüber den Belegen von der Tätigkeit anderer Organe des Staates einen sehr breiten Raum ein. Auffällig ist, daß sich im Material der frühdynastischen Zeit keine Hinweise auf spezielle Organe der inneren und äußeren Repression finden lassen. Entweder ist das Fehlen dieser Zeugnisse mehr oder weniger zufällig und durch die Art des überlieferten Materials zustande gekommen, oder solche besonderen Organe hatten sich tatsächlich noch nicht herausgebildet, und ihre Aufgaben wurden im Rahmen der „Schatzhaus"-Verwaltung durchgeführt.

  Diese zweite Variante ist insofern recht wahrscheinlich, als der Gegensatz zwischen den unmittelbaren Produzenten und der Oberschicht mit dem Herrscher an der Spitze sich erst allmählich verschärfte und vorwiegend ökonomischer, aber sicherlich keineswegs politischer Natur war und daher subjektiv von der Masse der Produzenten nicht als Widerspruch empfunden wurde.
- Kodifiziertes Recht gab es zu dieser Zeit noch nicht. Auch in der späteren dynastischen Zeit bestanden die Grundlagen für die Rechtsprechung aller Wahrscheinlichkeit nach weit eher in Sammlungen von konkreten Rechtsfällen und ih-

ren Entscheidungen als in abstrakten Gesetzen. Willensäußerungen des Herrschers wurden in Dekreten niedergelegt, wobei es jedoch weitgehend im Belieben seiner Nachfolger stand, sie zu befolgen oder zu ignorieren. Solche schriftlichen Dekrete sind aus der Frühzeit noch nicht überliefert. Ihre Existenz ist aber anzunehmen. Als höchste, richterliche Autorität sind die Herrscher der Frühzeit noch nicht direkt zu belegen, wenngleich sie eine solche Funktion bei ihren Fahrten durch das Land durchaus ausgeübt haben können.

- Die Leitung gesamtgesellschaftlicher Angelegenheiten scheint sich in der Frühzeit zunächst im wesentlichen auf die Durchführung von kultischen Zeremonien, die dem Wohl des gesamten Landes dienten, und auf die Repräsentanz der Gemeinschaft durch den Herrscher nach Außen beschränkt zu haben. Die Existenz eines Wezirs, als höchstem für Verwaltungs- und Rechtsangelegenheiten zuständigen Beamten der Zentralgewalt, läßt sich erst für die 4. Dynastie belegen. Soweit zu erkennen ist, wurde die Sicherung der materiellen Existenz des Herrschers zur Gewährleistung seiner vollen Wirksamkeit im kultisch-magischen Bereich im Verlauf der Frühzeit zur wichtigsten, gesamtgesellschaftlichen Aufgabe. Dazu gehörte dann auch der Bau und die Ausstattung des Herrschergrabes. Im Verlauf der Realisierung dieser Aufgabe entwickelte sich die Oberschicht. Indem sie einen zunehmend größer werdenden Anteil des gesellschaftlichen Reichtums zunächst für diese Aufgaben mobilisierte und an ihm teilhatte, vergrößerte sie sich zahlenmäßig und zwang dadurch wiederum die unmittelbaren Produzenten zu weiteren erhöhten Abgaben. In der Folge entstanden kollektive Ausbeutungsverhältnisse, die die traditionellen Organisationsformen der Produktion stark schwächten und schließlich zu ihrer Beseitigung führten. Die zunehmende Mobilisierung, vor allem des landwirtschaftlichen Mehrproduktes, erforderte aber auch die Herausbildung effektiver Organe für den Einzug, die Verwaltung und letztlich auch für die Organisation seines Verbrauches.

Als eine der wesentlichsten Ursachen, die zur Herausbildung des altägyptischen Staates geführt haben, läßt sich damit die Auseinandersetzung um die Verteilung des Mehrproduktes erkennen. Dabei zeigt sich, daß im Prozeß der Differenzierung der Gesellschaft die Ideologie eine ganz wesentliche Rolle gespielt hat. Unter den besonderen geographischen und klimatischen Bedingungen des ägyptischen Niltals, bei einem Stand der Produktivkräfte, der eine grundsätzliche Beeinflussung und Sicherung der Produktionsbedingungen noch nicht ermöglichte, entstand die Anschauung von einer kultisch-magischen Autorität, die durch ihre Existenz und ihre Wirksamkeit die überirdischen Mächte günstig beeinflussen konnte. Diese Anschauungen wurden allmählich zu einem ganzen System von Vorstellungen ausgearbeitet, das die Göttlichkeit des Herrschers im Leben und nach seinem Tode fixierte, durch die der „Bestand der Weltordnung", das „Kommen und Gehen des Nils zu seiner Zeit", die Fruchtbarkeit der Äcker und Herden und damit die Existenzgrundlage der gesamten Gemeinschaft garantiert wurde.

Mit Hilfe dieser Ideologie war es möglich, den Anteil am landwirtschaftlichen Mehrprodukt, der ursprünglich sicherlich als mehr oder weniger freiwillige Abgabe der unmittelbaren Produzenten für die Sicherung der Produktionsbedingungen geleistet wurde, zu vergrößern, allmählich faktische Ausbeutungsverhältnisse zu etablieren, die es dann gestatteten, die unmittelbaren Produzenten ihrer Verfügungsgewalt über den Boden zu berauben und damit die Bedingungen für die Existenz des Staates zu schaffen.

Exkurs 1

Die Fundstellen der prädynastischen Zeit in Ägypten und ihre Datierungen

Zweifellos war das Niltal mit den angrenzenden Höhen der libyschen und arabischen Wüste bereits im Paläolithikum integraler Bestandteil des nordafrikanischen Verbreitungsgebietes altsteinzeitlicher Horden und Gruppen. Das wird durch zahlreiche Fundplätze mit Steinwerkzeugen aus dieser Periode belegt (Eine gründliche Zusammenfassung dazu bei Hayes 1965: 43-90).
Wie aber die erste Ansiedlung des Menschen im Niltal konkret vor sich ging, ob sich der Übergang zum seßhaften Ackerbau im Niltal selbst vollzog oder ob Menschengruppen, die dieses Stadium bereits erreicht hatten, von außerhalb des Niltals kamen und dort seßhaft wurden, läßt sich bis jetzt auf Grund fehlender archäologischer Zeugnisse noch nicht feststellen. Zeugnisse eines frühneolithischen präkeramischen Stadiums, die sich sinnvoll mit späteren neolithischen Plätzen verbinden lassen und ein kulturelles Kontinuum bezeugen könnten, sind bisher weder in Unterägypten noch in Oberägypten gefunden worden. Die von Caton-Thompson am Nordrand des Fayum entdeckten und unter der Bezeichnung Fayum B bekannt gewordenen Überreste mesolithischer Lagerstätten mußten zwar nach ihrer Theorie vom Steigen und Fallen des Fayum-Sees als Nachfolger des neolithischen Fayum A, und damit als Rückfall in ein präkeramisches Stadium ohne Ackerbau angesehen werden, konnten aber von Wendorf (Said et al. 1972) auch in der zeitlichen Abfolge eindeutig als früheres mesolithisches Stadium identifiziert werden. Eine kulturelle Kontinuität zwischen diesen Überresten und dem Fayum A läßt sich nach Wendorfs Auffassung nicht etablieren, obgleich nach den C14-Datierungen beide nur durch einen Zeitraum von etwa 1000 Jahren getrennt sind (Wendorf 1970a), so daß die diesbezüglich von Arkell und Ucko geäußerte Idee leider nicht zum tragen kommt (Arkell/Ucko 1965). Damit bleibt der für die historische Forschung recht unbefriedigende Zustand weiter bestehen, daß uns die neolithischen Kulturen im Niltal insgesamt erst in einer Entwicklungsphase sichtbar werden, in der bereits Keramik und seßhafter Ackerbau vorhanden ist.

1. Die unterägyptischen prädynastischen Kulturen

Die archäologischen Zeugnisse der vordynastischen Vergangenheit Unterägyptens konzentrieren sich bisher ausschließlich am Südrand des Deltas (*Merimde*: Junker 1928, 1929, 1930, 1932, 1933, 1934, 1940; *Omari*: Debono 1946, 1948, 1956; *Maadi*: Bovier-Lapierre 1924; Menghin-Amer 1931, 1932, 1933, 1934, 1936, sowie 1948 u. 1953) und am Nordrand des Fayum (Caton-Thompson/Gardner 1934; Said et al. 1972). Im Bereich des mittleren und nördlichen Deltas wurden prädynastische Fundplätze bisher nicht entdeckt. Das muß jedoch nicht darauf zurückzuführen sein, daß das Delta in dieser Zeit unbewohnt war. Butzer schreibt dazu: „It is not surprising, that there is no predynastic record from the Delta, since 10 m of alluvium were deposited in the last 6000 years and watertables are everywhere high" (Butzer 1974: 1043). Damit entfallen jedoch die archäologischen Hinweise auf die uralten unterägyptischen Kultstätten von Sais und Buto sowie auf die blühenden vordynastischen Handelsrouten des Westdeltas (zuletzt dazu Helck 1975: 19 u. 21) und die Theorien über die Herausbildung eines eigenständigen unterägyptischen Staatswesens bleiben ohne konkrete archäologische Absicherung.
Bei der Betrachtung der unterägyptischen Kulturen muß berücksichtigt werden, daß sie durch ihre geographische Lage als Randgebiete gegenüber Einflüssen aus anderen Kulturbereichen, z.B. hinsichtlich der Übernahme von technischen Verfahren sowie von Geräte-, Waffen- und Keramikformen relativ offen waren. Die Existenz von Erzeugnissen, die

sich eindeutig mit dem libyschen bzw. vorderasiatischen Kulturbereich verbinden lassen, kann daher nicht überraschen und sollte nicht voreilig dazu dienen, die unterägyptischen Kulturen einschließlich ihrer Träger auf eine außerägyptische Herkunft zurückzuführen, bevor nicht ihr Zusammenhang und ihr Verhältnis zu kulturellen Prozessen, die im Deltainneren vor sich gegangen sein könnten, geklärt ist. Nach übereinstimmender Auffassung besteht ein innerer kultureller Zusammenhang zwischen den vordynastischen Fundplätzen Unterägyptens, der besonders deutlich wird im Vergleich zu den oberägyptischen Kulturen, und es existieren auch Vorstellungen über eine zeitliche Abfolge der unterägyptischen Fundplätze, wobei das zeitliche Verhältnis zu den vordynastischen Kulturen Oberägyptens noch nicht in jedem Fall eindeutig fixiert werden kann.

1.1. Fayum

Die älteste bisher bekannte neolithische Kultur Unterägyptens wurde am Nordrand des Fayum, einer 110 km südwestlich von Kairo und 28 km vom Nil entfernt gelegenen Depression in der libyschen Wüste mit einer Ausdehnung von 65 km in Nord-Süd- und 90 km in Ost-West-Richtung entdeckt. Das Fayum ist durch den natürlich entstandenen Hawara-Kanal mit dem Nil verbunden, und die zeitweise Versandung des Kanals bewirkte verschiedentlich eine vollständige oder teilweise Austrocknung des Fayum-Sees (Hayes 1965: 16-18; Arnold 1975). G. Caton-Thompson und E.W. Gardner hatten während ihrer drei Kampagnen umfassenden Grabungen von 1924-28 am Nordrand des Fayum die Überreste von zwei verschiedenen steinzeitlichen Kulturen festgestellt (Caton-Thompson/ Gardner 1934).

Die eine, als *Fayum A* bezeichnet, wird durch mehrere Siedlungsplätze repräsentiert, unter denen Kom W mit einer Ausdehnung von 183 m x 152,3 m und einer Höhe von 4,80 m und Kom K mit einer Fläche von 121 m x 61 m und einer Höhe von 1,50 m sowie die etwa 900 m von Kom K entfernten beiden Speichergruppen mit insgesamt 183 runden Vorratsgruben am eindrucksvollsten sind. Sorgfältige Schichtengrabungen der bis zu 1,50 m dicken Kulturschicht des Kom W erbrachten 248 in- und übereinander gelegte Herdgruben. Der Kom W, dessen Kulturschicht auf Grund starker Winderosion bis auf 0,40 m dezimiert war, enthielt 16 Herdgruben. Die Speicher, mit einem Durchmesser von durchschnittlich 0,90 m – 1,20 m und einer Tiefe von ca. 0,60 m – 0,90 m waren z.T. mit Stroh verkleidet, das zu einer Art Strick gedreht war, ausgehend von der Bodenmitte, in engen kreisförmigen Windungen Boden und Wände des Speichers bedeckte und zum besseren Halt in einem Bett aus Lehm lagerte. Funde von identifizierbaren Körnern in der Strohverkleidung zeigten, daß die Anlagen zur Aufbewahrung von Getreide dienten. Die sowohl in den Speichern als auch in der Kulturschicht der Koms gefundenen Stein- und Keramikobjekte ließen eine solche Übereinstimmung in Material, Formen und Bearbeitung erkennen, daß sie mit Sicherheit ein und derselben Kultur zugeschrieben werden konnten. Nach den Befunden dieser Überreste der materiellen Kultur ist das Fayum A obwohl weder die Überreste von Häusern oder Unterkünften, noch Friedhöfen entdeckt werden konnten, eine neolithische Kultur mit seßhaftem Ackerbau und Keramik. Die Haltung von domestizierten Tieren konnte nicht eindeutig nachgewiesen werden, ebenso scheint die Verwendung von Metall noch unbekannt gewesen zu sein.

Weit weniger eindeutig läßt sich das sogenannte Fayum B erfassen. An verschiedenen Plätzen des Fayum-Nordrandes wurden als Oberflächenfunde Konzentrationen von Steinwerkzeugen eindeutig mesolithischen Typs gefunden: Mikrolithen, einseitig bearbeitete größere Steinwerkzeuge, sogenannte pebble-butted und pebble-backed Messer und Schaber sowie mehr oder weniger grob und unregelmäßig bearbeitete Pfeilspitzen mit Befestigungszapfen. Jedoch sind diese Plätze nie ganz frei von Werkzeugen und Waffen, die durch gleichzeitige Funde in den Koms und Speichern eindeutig als zum Fayum A gehörig identifiziert wurden, und andererseits haben sich auch unter den Steingefäßen in den

Koms und Speichern einige wenige Exemplare des sogenannten Fayum-B-Typs gefunden, müssen also z.Zt. des Fayum A noch in Gebrauch gewesen sein. Nur ein einziger Platz des Fayum B, die Feuerstelle „site Z", wurde ausgegraben, die anderen Plätze „site M", „the G-creek" und „Moeris I" sind ausschließlich durch Oberflächenfunde repräsentiert. „Site Z" besteht aus zwei übereinander liegenden Feuerstellen, die durch eine 0,30 m dicke Flugsandschicht voneinander getrennt waren. Aber auch die unterste Feuerstelle enthielt noch zwei sorgfältig gearbeitete Pfeilspitzen mit konkaver Basis und langen Flügeln, die eigentlich für das Fayum A charakteristisch sein sollten. Sichelschneiden wurden nur in geringer Zahl, Keramik überhaupt nicht an den mehr oder weniger eindeutigen Fayum-B-Plätzen gefunden.
Caton-Thompson und Gardner kamen auf Grund von Untersuchungen der alten Uferlinien, die sich z.T. deutlich an dem nicht kultivierten Nordufer des Fayum-Sees markierten, zu dem Schluß, daß nach dem (wie Überreste der alten Seefauna zeigen, nicht notwendigerweise vollständigen) Austrocknen des pleistozänen Fayum-Sees, mit einer ursprünglichen Maximalhöhe von 40 m über Meeresspiegel, durch starke Regenfälle und eine erneute Verbindung des Sees zum Nil ein neolithischer Fayum-See mit einer Höhe von ca. 18 m über Meeresspiegel entstanden war. Dieser See verdunstete wiederum allmählich, und seinem fallenden Wasserspiegel zogen die neolithischen Bewohner des Fayum nach. Auf einem Niveau zwischen ca. 14 m und 11 m über Meeresspiegel konzentrierten sich die Funde der Fayum-A-Kultur am deutlichsten und zeigen die geringsten Beimengungen von Geräten des Fayum-B-Typs. Auf einem Niveau zwischen 11 m und 5 m verstärkt sich nicht nur der Anteil der Fayum-B-Elemente, sondern die für das Fayum A typischen Steinwerkzeuge, vor allem Pfeilspitzen und Sichelschneiden, treten in verkleinerter Form auf und sind von geringerer handwerklicher Qualität, als in den weiter oben befindlichen Niveaus. Von etwa 5 m – 2 m über Meeresspiegel treten Werkzeuge und Waffen des Fayum A nur noch ganz vereinzelt auf und beim 2 m-Niveau verschwinden schließlich die Überreste beider Kulturen völlig.
Aus diesen Beobachtungen, basierend auf der Annahme eines stetig fallenden, neolithischen Fayum-Sees, konnten Caton-Thompson und Gardner nur eine einzige Schlußfolgerung ziehen, daß nämlich die Fayum-A-Kultur, deren Herkunft und Entstehung nicht geklärt werden konnte, von einer, nach dem Befund ihrer Steingeräte mesolithischen Bevölkerungsgruppe überlagert und allmählich assimiliert wurde, wobei Keramik, Getreideanbau und wahrscheinlich auch Seßhaftigkeit langsam zugunsten von Jagd und Fischfang wieder aufgegeben wurden. Bei der Formulierung dieser Auffassung betonen Caton-Thompson und Gardner jedoch ausdrücklich, daß nicht der langsam sinkende Fayum-See zur schließlichen Einstellung der landwirtschaftlichen Aktivitäten geführt haben könne, denn auch bei einem 2 m-Niveau des Sees habe noch genügend kultivierbares Land zur Verfügung gestanden.
Zu etwas anderen Ergebnissen kam Fred Wendorf (Wendorf et al. 1970; Said et al. 1972), der im Auftrage der Southern Methodist University und der Polnischen Akademie der Wissenschaften 1968/69 mit einer Gruppe von amerikanischen, polnischen und ägyptischen Wissenschaftlern den Nordrand des Fayum zwischen Qasr el-Sagha und Aushin nochmals untersuchte. Anhand der Resultate von acht kleineren Grabungen und mehreren geologischen Sondierungen kam er zu dem Schluß, daß vier verschiedene Seen oder zumindest vier unterschiedliche Stadien des Fayum-Sees anzunehmen sind.

- Die älteste Stufe, der *Paläomoeris*, erreichte um 7000 v.Zr. eine Höhe von mindestens 11 m über Meeresspiegel. Artefakte menschlichen Wirkens haben sich in seinen Ablagerungen nicht gefunden.
- Der ihm folgende *Prämoeris* erreichte um 6100 v.Zr. eine Höhe von mehr als 17 m.
- Ihm schloß sich der *Protomoeris* an, der um ca. 5200 v.Zr. eine Höhe von etwa 19 m über Meeresspiegel besaß.

- Die jüngste Stufe dieser Folge, der *Moerissee* der dynastischen Zeit, kam im Alten Reich mit einer Höhe von 22 m – 24 m über Meeresspiegel und einer zehnmal größeren Wasserfläche als heute auf seinen maximalen Stand.

Prämoeris und Protomoeris sind mit Lagerplätzen des Endpaläolithikums (in der europäischen Literatur wird diese Phase auch als Mesolithikum bezeichnet) verbunden, die in ihrem Inventar an Steingeräten etwa dem mesolithischen Bestandteil des Fayum B entsprechen. Dazu kommen Mahlsteine (site E 29 H 1) sowie einfache Knochenspitzen und Harpunen aus Kieferknochen des Wels (site E 29 G3). Die von Caton-Thompson als Fayum B bezeichnete Kultur ist nach Auffassung Wendorfs und seiner Mitarbeiter eine zufällige Mischung aus mesolithischen und neolithischen Geräten, die durch die sehr starke Erosion der oberen Kulturschichten zustande gekommen ist. Die neolithische Kultur des Fayum A mit Keramik und Getreidebau verbindet Wendorf dann mit dem Ansteigen des eigentlichen Moeris. Nicht ganz deutlich wird bei Wendorf, wie er die von Caton-Thompson festgestellten Übergangsformen verschiedener Steingeräte, die von ihr als Rückentwicklung zu Mikrolithen angesehen werden, wertet, ob er sie eindeutig dem neolithischen Bestand zuordnet oder ob er sie gleichfalls als Übergangsformen zwischen dem zeitlich früheren Mesolithikum und dem späteren Neolithikum betrachtet.

Am Schluß des Aufsatzes von Said (1972) findet sich eine nachträgliche Zufügung der Autoren vom Juni 1972, daß eine nochmalige Überprüfung der Grabungsergebnisse einige leichte Veränderungen der Schlußfolgerungen ermöglicht haben. Leider wird nicht angegeben, welcher Teil der Resultate davon betroffen ist.

In einem wesentlichen Punkt scheinen Caton-Thompson und Wendorf jedoch völlig übereinzustimmen – die Existenz einer neolithischen Kultur am Nordrand des Fayum, deren Träger grobe Keramik erzeugten, seßhaften Ackerbau betrieben und Steingeräte in typisch neolithischer Weise durch Abschlagen, Schmirgeln und anschließendes Polieren bzw. Druckretusche herstellten. Jagd und Fischfang spielten in dieser Kultur noch eine große Rolle. Hinweise auf Domestikation von Tieren, Bestattungen und Behausungen hat wohl auch die von Wendorf durchgeführte Kampagne nicht erbringen können.

1.2. Merimde/Beni-Salame

Etwa 90 km Luftlinie entfernt in nördlicher Richtung von den Plätzen des neolithischen Fayum befindet sich am Südwestrand des Deltas die große neolithische Siedlung von Merimde. Durch ihre günstige Position in der Niederwüste, etwa 30 m über dem heutigen Kulturland und durch den Umstand, daß der Rosetta-Arm des Nils, der wohl in neolithischer Zeit viel näher an der Siedlung vorbeifloß, später sein Bett etwas in nordöstlicher Richtung verlagerte, ist sie sowohl der Überlagerung durch Nilschlamm als auch einer späteren Zerstörung durch landwirtschaftliche Aktivitäten, Friedhöfe oder Siedlungen entgangen.

Mit einer Ausdehnung von mindestens 600 m x 400 m (Junker 1929: 158; 1930: 28), einer Kulturschicht von durchschnittlich mindestens 2,20 m (Junker 1929: 172) und einer Besiedlungsdauer von mindestens 600 Jahren (Larsen 1958: 51) ist Merimde einer der bedeutendsten neolithischen Siedlungsplätze Ägyptens. Hermann Junker, der im Auftrag der Österreichischen Akademie der Wissenschaften von 1929 – 1939 in sieben Kampagnen einen kleineren Teil der Ansiedlung freilegte, publizierte seine Grabungsergebnisse nur in Vorberichten, aus denen zwar der Fortgang der Arbeiten und der jeweilige Erkenntniszuwachs jeder Kampagne zu entnehmen ist, aber eine Gesamteinschätzung der Befunde nur mit Schwierigkeiten gewonnen werden kann. Eine Endpublikation kam durch den Abbruch der Feldarbeiten infolge des 2. Weltkrieges nicht zustande. Beides, sowohl der Abbruch der Grabungen als auch das Fehlen einer Gesamtpublikation ist außerordentlich bedauerlich, weil zum einen eine Reihe von wichtigen Schlußfolgerungen, z.B. die Existenz von drei aufeinanderfolgenden Kulturschichten, die sich sowohl rein äußerlich in der unterschiedlichen Färbung der Schichten als auch im Inventar der materiellen Kultur niederschlägt, erst in der letzten Kampagne eindeutig gezogen werden konnten und daher in den ersten Grabungsberichten noch keine Berücksichtigung finden konnten, und weil zum zweiten tatsächlich nur ein kleinerer Teil des mutmaßlichen Siedlungsareals freigelegt werden konnte, nach der Abb. 1 bei Larsen, 72 von insgesamt 420 Planquadraten (Larsen 1958: 3).

Die erste (d.h. älteste) Schicht von Merimde ist von der gleichen gelblichen Färbung, wie die darunter liegenden Schichten reinen Wüstensandes und unterscheidet sich von letzteren nur durch die Einschlüsse von Siedlungsüberresten und Feuerstellen. In dieser untersten Siedlungsschicht konnten, genau wie im Fayum, keine Spuren von Unterkünften oder Häusern nachgewiesen werden. Offenbar lebten die Bewohner des ältesten Merimde, obwohl sie bereits seßhaften Ackerbau betrieben, was durch Funde an Triticum dicc. in einem der Feuerlöcher belegt wird, in sehr leichten zelt- oder windschutzähnlichen Behausungen an Feuerstellen, die relativ weit voneinander entfernt waren. Weder die zeitweilig in diesem Gebiet auftretenden sehr schweren Sandanwehungen (unter denen im übrigen auch die Mitarbeiter des Grabungsteams sehr zu leiden hatten) noch die, durch die heftigen Regenfälle des neolithischen Subpluvials verursachten Geröllanspülungen, die von den Abhängen der libyschen Wüste gelegentlich auf dem Siedlungsplatz niedergingen und deren Spuren in der Schicht 1 nachweisbar sind, hatten die Ansiedler des ältesten Merimde veranlaßt, diesen Platz aufzugeben.

Schicht 2 ist von schmutzig grauer Färbung. In ihr sind erstmalig Wohnbauten nachweisbar, die aus ovalen, z.T. recht tiefen Wohngruben bestanden. Zur Erleichterung des Einstiegs befand sich an der Innenseite des Eingangs eine Stufe, für die meist ein Nilpferdknochen Verwendung fand. Spuren von Pfostenlöchern deuten darauf hin, daß der überirdische Teil der Wände aus lehmverputzten Flechtwänden bestand. Ein Pfostenloch in der Mitte der Anlage enthält wahrscheinlich den Überrest eines Balkens zum Stützen des Daches. Zu dieser mittleren Schicht gehören runde, relativ flache Vertiefungen mit einem Durchmesser bis zu 4 m, die mit Spiralmattenwerk ausgekleidet waren und durch die in ihnen gefundenen Getreidekörner mit Wahrscheinlichkeit als Dreschplätze identifiziert wurden, sowie große, von außen mit einer Lehmschicht überzogene Körbe, die in den Boden versenkt waren und als Getreidespeicher dienten. Die Maße, die in den Vorberichten angegeben werden, variieren zwischen 0,60 m x 2,40 m Durchmesser und 0,30 m x 0,60 m Tiefe (Junker 1929: 212-13; 1932: 53). Anders als im Fayum lagen die Speicher von Merimde nicht konzentriert außerhalb, sondern verstreut innerhalb der Siedlung, nahe den Tennen und Wohnbauten. Auch die 2. Schicht enthielt noch beträchtliche Spuren starker Sandanwehungen, von denen die Ansiedlung offenbar häufig heimgesucht worden war.

Die 3. (oberste) dunkelgrau bis schwarz gefärbte Schicht enthält dagegen kaum noch Treibsand. Da eine dauerhafte äußere Umwallung der Ansiedlung aus Erde oder dergleichen nicht nachzuweisen war, gab es entweder am Rande der Siedlung einen Windschutz aus sehr leicht vergänglichem Material, oder es war die Geschlossenheit der Siedlung selbst, die einen spürbaren Niederschlag von Treibsand in ihrem Inneren verhinderte. Es ist sehr wahrscheinlich, daß die 3. Schicht durch Winderosion stark abgetragen worden ist, denn an ihrer Oberfläche wurden Unterkanten von Ovalbauten festgestellt, die etwa 1,40 m in das Erdreich eingetieft sein sollten. Die Wohnbauten der 3. Schicht sind entlang einer auf 80 m festgestellten, s-förmig gewundenen, schmalen Straße angelegt worden (Junker 1933: 57; 1934: 121).
Die Seitenwände der Wohnbauten waren zumeist aus in der Nähe anstehendem Lehm in übereinandergelegten Ringwülsten oder aus Lehmpatzen errichtet. Im oberen Teil der Schicht 3 wurden Überreste von sehr großen Vorratskrügen festgestellt, die entweder ne-

ben oder anstelle der bis dahin üblichen lehmverschmierten Körbe zur Aufbewahrung des Getreides dienten.
Die Wohnbauten der Schicht 2 und vor allem der Schicht 3 waren von Windschutzen umgeben, unter denen sich die Arbeitsplätze befunden haben könnten. Im Grabungsbericht von 1932 werden die Überreste eines 7,5 m langen Zaunes aus sehr langem Schilfrohr erwähnt (Junker 1932: 53, Taf. 3b), dessen Höhe nicht mehr zu bestimmen ist, da zwar der untere Teil mit den Bindungen vollständig existiert, der Rest jedoch etwa in Höhe der oberen Querbindung, von der nur noch Spuren erhalten sind, zerstört ist. Leider wird auch seine Beziehung zu den Anlagen der Umgebung aus dem Vorbericht nicht deutlich.
Neben oder unter den Wohnbauten fanden sich Bestattungen von Erwachsenen beiderlei Geschlechts sowie von Kindern. Fötusbestattungen, wie sie später in Maadi vorhanden sind, wurden nicht festgestellt. Die Beigaben in den Gräbern waren außerordentlich spärlich. Aus den Wohnbauten, Feuerstellen, Werkplätzen, Speichern sowie aus dem Siedlungsschutt konnten jedoch intakte und zerbrochene Keramikgefäße, Steingefäße und Waffen, Getreidekörner und Tierknochen geborgen werden. Schmuck wurde nur sehr wenig gefunden, Anzeichen für eine Verwendung von Kupfer gab es nicht.

1.3. Omari

Auf dem Ostufer des Nils, etwa 3 km nordöstlich von Heluan, wurden an dem Ausgang des Wadi Hof drei verschiedene prädynastische Siedlungen entdeckt, die von ihrem ersten Ausgräber Pierre Bovier-Lapierre, nach seinem früh verstorbenen Schüler, el-Omari, benannt wurden. Grabungen wurden hier 1924 zunächst von Ahmer el-Omari, 1925 von Piere Bovier-Lapierre (Bovier-Lapierre 1926) und 1943/44, 1948, 1952 von Fernand Debono (Debono 1946, 1949, 1956) durchgeführt. Leider wurden sie bisher nur unzureichend in Vorberichten publiziert, und bei einer Reihe offener Fragen ist nicht klar, ob das vorhandene Material zu ihrer Beantwortung nicht ausreichte, oder ob nur die in den Vorberichten gegebenen Informationen zu summarisch sind. Die größte Siedlung liegt auf einer Kiesterrasse im Südwesten des Wadieinganges. Über eine „sehr große“ Fläche verstreut wurden über 100 runde, in den Boden eingetiefte Gruben festgestellt, einige davon so dicht zusammen, daß sie ineinander übergingen, wobei die inneren zumeist tiefer lagen: Nilschlammverputztes Flechtwerk, mit dem die Wände der Gruben verkleidet waren und die Überreste hölzerner Pfosten lassen die Bauweise des überirdischen Teils der Wände erkennen. Von der Dachkonstruktion war nichts erhalten. Im Zentrum der Hütten befanden sich die in den Fußboden eingesenkten Feuerstellen. Ähnliche kleinere Bauten, die aber, anders als im Fayum A, offenbar nicht an einem gemeinsamen Platz konzentriert waren, dienten wohl als Speicher. Darüber hinaus wurden, in der Siedlung verstreut, auch die Überreste ebenerdiger ovaler Hütten gefunden, deren Wände aus an Holzpfosten befestigten Matten bestanden. Sehr interessant sind Reste von Zäunen aus Ried und niedrige Wälle aus Nilschlamm. Leider gibt es keinen Plan der Siedlung, so daß ihre Beziehung zu den Wohn- und Speicheranlagen unklar ist. Der Inhalt der Gruben selbst bestand aus zwei übereinanderliegenden Schichten, von denen die untere gelblich, die obere schwärzlich gefärbt war. Man schließt daraus auf zwei aufeinanderfolgende Etappen in der Besiedlung. Da jedoch die in beiden Schichten enthaltenen Steinwerkzeuge und Geräte gleich sind, können zwischen diesen beiden Perioden kaum tiefgreifende Veränderungen vor sich gegangen sein.
Neben und unter den Wohnbauten wurden Bestattungen festgestellt. Die Gräber bestanden zumeist aus einfachen runden Gruben, eines besaß eine Verstärkung der Seitenwände durch rohe Steinblöcke. Die Toten waren in Matten, Felle oder Leinentücher gehüllt, oder auch gelegentlich durch eine Matte, die durch Äste gestützt war, vor der darauffallenden Erde geschützt. Fast in jedem Grab befand sich vor dem in Hockerstellung liegenden Toten ein einfaches Keramikgefäß, vom gleichen Typ, wie es auch in den Wohnbauten

gefunden wurde, einmal ein Strauß von Pulcaria undulata Kostel. Sehr bemerkenswert ist ein Grab, in dem ein offenbar männlicher Toter, wie üblich in Hockerstellung auf der linken Seite liegend, einen 35 cm langen, oben mit einem verzierten Knauf versehenen Holzstab in der Hand hielt, der nach Auffassung von Debono Ähnlichkeit mit dem aus dynastischer Zeit bekannten Ames-Zepter aufweist (Debono 1946: 51). Außer Werkzeugen, Geräten und Waffen aus Stein und Keramik wurden in den Wohnbauten, Speichern und im Siedlungsschutt Schmuck aus durchbohrten Muscheln vom Roten Meer, Straußeneierschalen, Tierknochen, Fischgräten und Stein, Stücke von Leinengewebe, feingearbeitete Körbe, Matten und Stricke gefunden. Von den landwirtschaftlichen Aktivitäten der Omari-Leute zeugen Körner und Ähren von Weizen (Trit. dicocc.) und Gerste (Hord. vulg.), Samenkörner der Futterwicke (Vicia sativa), Kapseln des Leinensamens (Linum usitatissimum) sowie Reste von Früchten der Dattelpalme (phoenix dactylifera) und der Sykomorenfeige. Ganz besonders auffällig sind Funde von wildem Zuckerrohr (saccharum spontaneum) (Debono 1948: 568), das anderweitig nicht aus Ägypten bekannt ist.
Die Knochen von Schweinen, Ziegen und einer Bovidenart sowie die Überreste von Fell und Wolle des Schafes zeigen, daß diese Tiere nicht unbekannt waren. Da die Spezies nicht angegeben wird, kann nicht gesagt werden, ob es sich um wilde, gehaltene oder bereits domestizierte Tiere handelte.
Eine zweite kleine Siedlung der Omari-Kultur wurde am Nordrand der Wadimündung auf einer der höchsten Terrassen des Gebel Hof entdeckt. Nach Ausweis der Funde der materiellen Kultur muß sie etwa zeitgleich mit der Siedlung am Südrand sein. Das Verhältnis zwischen beiden Plätzen ist völlig unklar. Es kann sich aber nicht nur um einen temporär bewohnten Außenposten der größeren Siedlung gehandelt haben. Gegen diese Annahme spricht die Existenz von Gräbern, die wie in der größeren Siedlung unter oder neben den Wohnbauten angelegt sind.
Eine dritte, wahrscheinlich zeitlich spätere Siedlung befindet sich in einem Seitental der Wadimündung. Zu ihr gehören zwei Friedhöfe, die 1925 teilweise von Bovier-Lapierre ausgegraben worden waren. Die Siedlung war bereits stark von Sebakhgräbern heimgesucht. Die Überreste der Wohnanlagen bestanden aus kleinen runden Pfostenlöchern. Die Speicher waren als Gruben angelegt. Die Verbindung zu den beiden ersten und älteren Siedlungsplätzen wird durch die Keramik hergestellt, die der älteren Omari-Keramik ähnlich und wahrscheinlich aus ihr entstanden sein soll (Hayes 1965: 121). Dagegen zeigen Steinwerkzeuge und Waffen völlig unterschiedliche Typen. Innerhalb der Siedlung scheinen keine Bestattungen gefunden worden zu sein. Die Gräber auf den südlich und westlich an die Siedlung grenzenden Friedhöfen bestehen aus nahezu runden Tumuli aus Stein, unter denen die Toten in Tücher oder Matten gehüllt in flachen Gruben lagen. Gelegentlich sind Mehrfachbegräbnisse (Erwachsene und Kinder) belegt. Die Beigaben, mit denen wohl nicht alle Gräber versehen waren, bestanden jeweils aus einem Keramikgefäß, gelegentlich Schneckenhäusern oder Muscheln, einigen Achatperlen, kleinen Feuersteinklingen, etwas Holzkohle und einer „braunen organischen Masse“. Anzeichen für Verwendung von Kupfer sind weder für die ältere noch für die jüngere Omari-Kultur zu erkennen.

1.4. Maadi

Der für die Rekonstruktion der späten prädynastischen Verhältnisse in Unterägypten interessanteste Ort ist zweifellos die Siedlung von Maadi, die sich zwischen dem Wadi el-Tih und dem Wadi el-Tura auf einem Plateau der Niederwüste etwa 7 km nordwestlich von Omari und 10 km südlich von Kairo auf dem Ostufer des Nils befindet. Er wurde 1930 bis 1952 in insgesamt elf Kampagnen im Auftrage der Cairo University freigelegt. Leider gibt es auch von Maadi noch keine Gesamtpublikation, und nur die Vorberichte über die ersten fünf Kampagnen sind einigermaßen ausführlich (Menghin/Amer 1931; 1932, Amer 1933;

1935; 1936), während von den Kampagnen 6 bis 11 im wesentlichen nur bekanntgegeben wurde, daß sie stattgefunden haben (CdE 45/46, 1948: 46-48; CdE 56, 1953: 280). Das gesamte Siedlungsareal von Maadi hatte eine Ausdehnung von 1500 m in Ost-Westrichtung und 100 m Nord-Südrichtung (Menghin 1932: 143). Die schmale, sehr langgestreckte Form der Ansiedlung wird dadurch erklärt, daß sie allmählich von Westen her in das Wadi el-Tih hineingewachsen ist. Diese Annahme ergibt sich aus Rückschlüssen über die Keramikformen (Menghin 1934: 112). Ursprünglich war eine Kulturschicht mit einem Maximum von 1,60 m Mächtigkeit, die in Richtung auf die Außenränder der Siedlung stark abnahm, festgestellt worden. Nähere Untersuchungen ergaben aber noch während der ersten Kampagne eine deutliche Untergliederung in zwei Teile: einen unteren Teil, der den organisch gewachsenen Horizont der alten Ansiedlung darstellte, und einen oberen, der seine Entstehung den Aktivitäten der Sebakhgräber, von denen der Ort an mehreren Stellen angegangen worden war, verdankte und aus den von ihnen ausgesiebten festen Materialien, wie Keramikscherben, Stein, Knochen und dergleichen bestand. Aus dieser oberen Schicht konnten von den Ausgräbern eine Vielzahl sehr aufschlußreicher Zeugnisse geborgen werden. Die untere, eigentliche Kulturschicht besaß eine Stärke von etwas mehr als 50 cm (Menghin 1931: 143) und war völlig einheitlich, d.h. sie ließ sich weder nach Färbung noch nach unterschiedlichen Fundtypen in weitere Horizonte untergliedern, obgleich feine, horizontal verlaufende Ascheschichten festgestellt wurden. Daraus ergaben sich große Probleme für die Rekonstruktion exakter Hausgrundrisse, obwohl, oder vielleicht gerade weil, der Boden mit zahllosen Pfostenlöchern durchsetzt war, die aber alle bis auf den anstehenden natürlichen Grund herabgeführt waren. Tatsächlich gelang eine Rekonstruktion nur an solchen Stellen, wo nicht im Verlaufe der Besiedlung Wohnbauten in- und übereinander errichtet worden waren. Die identifizierten Grundrisse lassen auf ovale, wahrscheinlich ebenerdige Hütten als vorherrschenden Haustyp schließen. Die Wände bestanden aus nilschlammverputztem Flechtwerk von Tamariskenzweigen und waren an hölzernen Pfosten befestigt, deren Überreste z.T. noch 0,50 m hoch nachgewiesen werden konnten (Menghin/Amer 1931: 15-16; Menghin 1931: 144). Überreste der Dachkonstruktionen waren nicht erhalten. Innerhalb der Hütten befand sich eine Feuerstelle. Auf dem Siedlungsgelände konnten vier unterschiedliche Arten von Feuerstellen identifiziert werden:

- einfache, in den Boden gegrabene Löcher, die mit verbrannten Holzstücken gefüllt waren,
- flache Herdgruben, die mit stark verbrannten Steinen umstellt waren,
- große Feuerstellen (50 cm Ø), die mit Lehm ausgeschmiert und von einer etwa 20 cm hohen Mauer umgeben waren,
- kleine Feuerstellen (25 cm Ø), mit rundem Boden und kleinen Mauern (Menghin/Amer 1931: 18)

In der Nähe der Feuerstellen befanden sich oft mächtige, in den Boden eingelassene Tonkrüge sowie Speichergruben, mit einem Durchmesser von 1 m – 2 m und einer Tiefe von selten mehr als 1 m. Deckel oder Verschlußkonstruktionen wurden nicht gefunden (Menghin/Amer 1931: 19). Da der Boden offenbar mehrfach überbaut worden ist und daher von einer Vielzahl von Pfostenlöchern, Herdstellen, Speicherkrügen und -gruben durchsetzt war, ist es wohl nicht gelungen, auch nur eines der Anwesen exakt zu rekonstruieren (vgl. Badawi 1954: 17-19, 23).

Irgendeine sinnvolle Anordnung der Anlagen, etwa in Form einer Straße wie in Merimde, ließ sich nicht nachweisen. An einer Stelle wurden im anstehenden Boden (Breccia) drei 15 cm – 20 cm breite verfärbte Streifen gefunden, von denen zwei im Abstand von 0,5 m über eine Länge von 2,9 m parallel zueinander in Ost-West-Richtung verliefen.

Der dritte Streifen war auf einer Länge von 2,5 m in Nord-Süd-Richtung erkennbar und traf im rechten Winkel auf die beiden ersten, so daß eine Ecke entstand (Menghin/Amer 1931:

16). Die Ausgräber halten diese Konstruktion für die Überreste der untersten Lage eines „Blockhauses". Der Fund ist aber offenbar einmalig und die Anlage wurde in einer späteren Periode durch Ovalbauten überbaut. Sehr bemerkenswert sind die auffälligen Konzentrationen von Speichergruben am Südrand (Menghin 1931: 144; Menghin/Amer 1931: 20) und von Speicherkrügen am Nordrand der Siedlung (Menghin 1932: 150), obwohl die gleichen Arten von Vorratsbehältern auch im Inneren der Siedlung in deutlicher Beziehung zu den Feuerstellen gefunden wurden.

Aus den Speichern am Rande der Siedlung, aus dem eigentlichen Wohnbereich und aus den durch die Sebakhgräber angelegten Schichten konnten große Mengen an Keramik, Steingeräten und -waffen sowie andere Zeugnisse der materiellen Kultur geborgen werden, die einen guten Überblick über den Entwicklungsstand der Produktivkräfte vermitteln. Erstmalig in einer unterägyptischen Siedlung aus prädynastischer Zeit wurde der Gebrauch und die Bearbeitung von Kupfer nachgewiesen. An vielen Stellen wurden Spuren von grünlichem Kupferoxyd festgestellt, wahrscheinlich die Überreste ehemaliger Kupfergegenstände. Bei den gefundenen Kupferobjekten handelt es sich ausschließlich um kleines, zierliches Gerät: Angelhaken, Ahlen, kleine Meißel, Nadeln, Stücke von Draht. Reibesteine mit grünlichen Farbspuren werden als Zeugnisse für das Schärfen von Kupferwerkzeugen gedeutet. An größeren, massiven Kupfergegenständen ist nur ein Beil erhalten. Daß aber Kupferäxte in Gebrauch gewesen sein müssen, zeigen auch einige der erhaltenen Hüttenpfosten, die z.T. an ihrer unteren, in den Boden hineingetriebenen Seite, so gut und spitz zugehauen sind, wie es nur durch den Gebrauch von Metallwerkzeugen möglich ist. In Maadi wurden aber nicht nur Kupfergeräte verwendet, sondern auch Kupfer geschmolzen und bearbeitet. Das zeigen kleinere Konzentrationen von Kupfererzen. Funde von Manganerz lassen auf den westlichen Sinai als Herkunftsort schließen (Menghin/ Amer 1931: 48; Menghin 1931: 145; Menghin 1932: 151; Menghin 1934: 115).

Durch das Wadi el-Tih bestand eine recht gute Möglichkeit der Verkehrsverbindung zum Sinai. Der Transport könnte möglicherweise mit Eseln, die erstmals in Unterägypten in Maadi belegt sind (Menghin 1934: 117), durchgeführt worden sein. Jedoch ist bemerkenswert, daß die Maadileute im Gegensatz zu den Gepflogenheiten des späteren dynastischen Ägyptens, das Erz transportiert haben und nicht das an Ort und Stelle ausgeschmolzene Rohkupfer. Der Fund einer Herdstelle mit geschwärzten Steinen, die viel größer als die sonst üblichen ist, und kleinen Kupferklumpen sowie einem Gußklumpen aus einer Form (Dittmann 1936: 158-159) machen deutlich, daß in Maadi tatsächlich Kupfer bearbeitet wurde. Ein weiterer sehr großer runder Feuerplatz mit starkem Unterbau, leider ohne Überreste des Oberbaus, wurde als Töpferofen identifiziert (Menghin 1934: 112). Die gehäuften Funde von Keramik an anderer Stelle lassen eventuell auf den Arbeitsplatz eines Töpfers schließen (Dittmann 1936: 158). Von den landwirtschaftlichen Aktivitäten der Maadi-Bevölkerung zeugen die Funde großer Mengen an Emmer und Gerste (Menghin 1931: 147) sowie an Knochen von Rind, Schwein, Schaf, Ziege, Esel (Menghin 1931: 147; 1934: 117 – aber ohne Angabe der genauen Spezies). Neben oder unter den Hütten wurden in Maadi wohl nur Fehlgeburten und sehr junge Säuglinge bestattet (Menghin 1932: 157; 1934: 112). Nur einmal wird das Begräbnis einer Frau erwähnt, die wohl unter der Geburt gestorben war. Andere vollständige Skelette erwachsener Menschen wurden nicht gefunden, dagegen einzelne Schädelknochen Erwachsener, deren exakte Herkunft jedoch ungeklärt ist.

Generell wurden die Toten auf einem der drei Friedhöfe bestattet, die in der Umgebung der Siedlung erstens auf einem niedrigen Plateau am Eingang des Wadi el-Tih, zweitens am Fuße des Plateaus, auf dem sich die Sieldung selbst befand, und drittens südöstlich der Siedlung auf einer Erhebung im Wadi Digla gefunden, zumindest teilweise freigelegt, aber noch ungenügender publiziert wurden als die Siedlung selbst (vgl. Hayes 1965: 131-132, 145).

2. Die oberägyptischen prädynastischen Kulturen

Die Kenntnis der prädynastischen Kulturen Oberägyptens gründet sich im Unterschied zu denen Unterägyptens fast ausschließlich auf die Ergebnisse der Freilegung riesiger Friedhöfe, die am Rande des Fruchtlandes auf den Niederwüsten vor dem aufsteigenden Plateau der libyschen bzw. arabischen Wüste angelegt worden waren.
Im Verlaufe von etwa 40 Jahren fruchtbarer archäologischer Aktivitäten, die 1937 mit der Publikation der letzten großen Grabung bei Armant durch R. Mond und O.H. Myers ihren vorläufigen Abschluß gefunden hatten, wurden im oberägyptischen Niltal bis zum 1. Katarakt etwa 40 z.T. riesige Gräberfelder mit tausenden von einzelnen Anlagen ausgegraben. Besonders in neuerer Zeit ist zurecht bedauert worden, daß die wenigen nachweislich vorhandenen großen Siedlungsplätze Oberägyptens aus dieser Zeit so wenig Beachtung gefunden haben. Zu erklären ist dieser Tatbestand nur durch den relativ frühen Zeitpunkt der Grabungen, der Friedhöfe in das Zentrum der Aufmerksamkeit stellte. Für ihre archäologische Bearbeitung war ein geringerer Aufwand erforderlich und sie erbrachten ansehnlichere Objekte als die mühevolle Schichtengrabung einer Siedlung. Zudem galten Friedhöfe auch als charakteristisch für die oberägyptischen prädynastischen Kulturen, was durch die wenig eindrucksvollen Ergebnisse der gelegentlich dabei mit freigelegten Siedlungsüberreste bestätigt zu werden schien (vgl. Junker 1930: 28-30). Die große Bedeutung von Siedlungsgrabungen ist gelegentlich erst in den letzten Jahrzehnten richtig klar gefunden.

2.1. Tasa

Im Jahre 1928 hatte G. Brunton auf dem Ostufer des Nils auf einem sehr engen Raum etwa 40 Gräber und 13 Plätze mit Siedlungsschutt freigelegt (Brunton 1937; 1948). Er bezeichnete die dabei zutage gekommenen archäologischen Zeugnisse auf Grund ihrer offensichtlich engen Zusammengehörigkeit mit einem eigenen Namen als „Tasa-Kultur", stufte sie aber selbst als „frühe Form des Badari" ein. Aus den Publikationen wird leider nicht ganz deutlich, wie die Anlage des Fundplatzes einzuschätzen ist, ob es sich hierbei um eine Siedlung mit dazwischen liegenden Gräbern oder mehr um einen für die geringe Zahl der Gräber relativ weiträumigen Friedhof mit Überresten von Siedlungsschutt handelt. Zumindest ist von Holzkohleresten, Asche und Keramik die Rede. Überreste von Wohnbauten werden nicht erwähnt. In den 1 m tiefen, runden, gelegentlich mit Hölzern oder Zweigen ausgekleideten Gräbern lagen die Toten in Hockerstellung, in Matten oder Felle gehüllt, des öfteren mit einer Art Kissen unter dem Kopf. Als Beigaben dienten normalerweise ein, je zweimal zwei bzw. drei Keramikgefäße. Daß vielleicht doch eher an einen Siedlungsplatz zu denken ist, zeigen reichliche Funde an Weizen (als „wahrscheinlich Triticum dicoccum") und Gerste (als „wahrscheinlich Hordeum vulgare" identifiziert) in runden Bodenlöchern von etwa 30 cm Tiefe und in den Boden eingelassenen Keramikgefäßen von 0,30 m – 0,40 m Durchmesser und 0,50 m Tiefe. Allerdings können Behälter mit einem derartig kleinen Fassungsvermögen wohl kaum als die eigentlichen Getreidespeicher angesehen werden, auch wenn Getreide in ihnen gefunden wurde. Nach ihren Standorten zu urteilen, haben sie sich dezentralisiert in der Nähe der Feuerlöcher und Gräber, also vermutlich auch in der Nähe der nicht mehr erhaltenen Unterkünfte befunden. Weder die in einigen Gräbern, vermutlich ursprünglich mit ihrem Fleisch, als Beigaben verwendeten tierischen Blatt- und Schenkelknochen, noch die Knochen aus den Abfallhaufen wurden wirklich untersucht, dem Anschein nach hat es sich bei einigen um Rinderknochen gehandelt. Der Gebrauch von Kupfer wurde nicht nachgewiesen. Aber reichliche Funde an Keramik, Stein- und Knochengeräten, Flechtwerk aus Ried, Streifen von Leinenzeug, die teils aus dem Siedlungsschutt, teils aus den Gräbern geborgen wurden, geben einen recht anschaulichen Überblick über das Inventar der materiellen Kultur.

Nach Brunton wird die Tasa-Kultur gekennzeichnet durch:
- einfache, undekorierte Keramik mit flachen Böden und winklig ansetzenden Seitenwänden,
- sog. „Tasa-Becher", das sind hohe, zylindrische Gefäße mit ausgebogenem Rand, aus schwärzlicher Keramik, deren mehr oder weniger polierte Außenseite ebenso wie die Oberseite der ausgebogenen Ränder mit Bändern aus eingeritzten, nach dem Brand weiß ausgefüllten Dreiecken und Zickzackmustern verziert ist,
- gut gearbeitete Äxte aus hartem Kalkstein,
- rechteckige Schminkpaletten aus Schiefer, Kalkstein und Alabaster.

Am auffälligsten sind die sog. „Tasa-Becher", die weder in ihrer Form noch in der Art ihrer Oberflächenbehandlung mit der übrigen Tasa-Keramik übereinstimmen. Da auch ihre Fundumstände in keinem Fall eindeutig eine Gleichzeitigkeit mit dem anderen Tasa-Material sichern, hat Baumgartel sie zu Recht einer späteren Periode zugeordnet (Baumgartel 1965: 11-12).

2.2. Badari

Ebenfalls auf dem Ostufer des Nils, aber über ein weitaus größeres Gebiet als die Tasa-Kultur verbreitet, wurden von G. Brunton in den Jahren 1923 – 1931 Friedhöfe und Siedlungsplätze einer weiteren prädynastischen Kultur Oberägyptens festgestellt. Er benannte sie nach ihrem ersten Fundort, der kleinen 40 km südöstlich von Assiut auf dem Ostufer des Nils gelegenen Stadt Badari (Brunton 1928).

Die Fundstätten des Badari konzentrieren sich am eindeutigsten zwischen Tasa im Norden und Qau el-Kebir im Süden, wobei das Gebiet der Tasa-Kultur mit eingeschlossen wird. Über das Gebiet von Tasa scheint die Badari-Kultur nach Norden nicht hinausgegangen zu sein, aber nach Süden sind Fundorte des Badari bei Armant, im Bassin des Wadi Hammamat und bis nach Nubien belegt. Alles in allem sind etwa 1000 Badari-Gräber bekannt, die bedeutendsten Friedhöfe liegen bei der Stadt Badari und bei Mostagedda, jeweils mit etwa 300 Anlagen.

Die einzelnen Gräber sind ovale bis nahezu runde Gruben mit einer Tiefe von 0,90 – 1,00 m und einer Länge von etwa 1,35 m für Erwachsene. In Qualität und Quantität der Grabausstattungen sind Unterschiede erkennbar. Ganze Friedhöfe oder Teile von Friedhöfen enthalten kleinere, mit weniger Beigaben versehene Gräber. Interessanterweise sind auch auf den ärmeren Friedhöfen durchweg die Gräber von Frauen größer und besser ausgestattet als die der Männer. Eine weitere interessante Beobachtung ist die Feststellung ganzer Areale auf den Friedhöfen, die ausschließlich männliche Grabinhaber zeigen, während reine „Frauenabteilungen" auf den Friedhöfen nicht vorkommen (Brunton 1928: 19-20). Die Grabwände waren nicht verkleidet. Die Toten lagen in loser *Hockerstellung auf Matten und Fellen*, waren bekleidet und zugedeckt. Die Befunde sprechen dafür, daß über den Toten mit dünnen hölzernen Pfosten, Matten und Fellen eine Art niedriger Baldachin errichtet war, vermutlich, um sie gegen die herabfallende Erde zu schützen. Oberbauten der Gräber ließen sich nicht erkennen, da aber kein Beispiel bekannt ist, daß auf den immerhin recht ausgedehnten Badari-Friedhöfen zwei Gräber ineinander gebaut worden sind, muß es doch wohl eine Art Kennzeichnung an der Oberfläche gegeben haben.

Obgleich es in den Grabungsberichten vielfache Hinweise auf Siedlungsüberreste gibt, gelang es bisher nicht, im Gebiet des ägyptischen Niltales eine einigermaßen aussagekräftige Badari-Siedlung zu finden. Bei Mostagedda entdeckte Brunton die Überreste eines Siedlungsplatzes, der nach seiner Auffassung noch in das Badari gehört (Brunton 1936: 15). Um ein Lager aus Asche, mit einer teilweisen Stärke von 0,36 m, waren in einem unregelmäßigen Kreis Vorratsgruben angeordnet. In der Asche standen Gruppen von Keramiktöpfen. Direkte Beziehungen zwischen einzelnen Feuerstellen und Speichern ließen

sich nicht herstellen. Identifizierbare Überreste von Wohnbauten wurden wohl an keiner der Badari-Fundstellen entdeckt.
Ungeachtet dieses Mangels haben aber Gräber und Siedlungsplätze gemeinsam soviel archäologisches Material erbracht, daß sich die wesentlichen Grundzüge der materiellen Kultur des Badari durchaus erkennen lassen.

2.3. Negade I

Das Negade wurde als erste der prädynastischen Kulturen Ägyptens bereits in den letzten Jahren des vorigen Jahrhunderts bekannt, etwa 30 Jahre vor der Entdeckung des Tasa und Badari und der unterägyptischen Kulturen. Petrie hatte das Negade in drei aufeinanderfolgende Zeitstufen – Amratien, Gerzeen und Semaineen – unterteilt, Bezeichnungen, die nicht so sehr glücklich gewählt waren, weil sie grundsätzliche Zusammengehörigkeit der Negade-Stufen außer Acht ließen. Die ursprünglich von Petrie in Verbindung mit der Aufstellung seines Systems der Staffeldaten eingeführten Benennungen Negade I und Negade II wurden dem kulturellen Zusammenhang besser gerecht. Nachdem zunächst H. Kantor gezeigt hatte, daß das Semaineen als eigene Kulturstufe keine Berechtigung besitzt, da es die materiellen Zeugnisse der proto- und frühdynastischen Periode umfaßt (Kantor 1944, dagegen mit leichtem Einspruch Trigger 1968: 67), hatte W. Kaiser anhand einer gründlichen Durcharbeitung und Überprüfung der Keramiktypen das System der Staffeldaten einer kompletten Revision unterzogen (Kaiser 1957) und war zu einer zwar weniger klangvollen, dafür aber wesentlich genaueren Einteilung der Negade-Kultur in folgende Zeitstufen gekommen:

Zeitstufe Ia-c	SD 30 – 38	Negade I
Zeitstufe IIa-b	SD 38 – 40/45	Negade II
Zeitstufe IIc-d	SD 40/45 – 63	Negade II
Zeitstufe IIIa-b	SD 63 – 80	Übergang zur dynastischen Zeit

Anhand dieser sehr viel differenzierteren Untergliederung gelang es auch, die zeitliche und räumliche Verbreitung des Negade durchsichtiger zu machen.
Das Negade I ist in nördlicher Richtung bis Tasa nachzuweisen, darin gleicht es dem vorhergehenden Badari. Aus diesem Befund jedoch eine wie auch immer geartete interne, innerägyptische Grenze ableiten zu wollen, wäre sicher voreilig. Wie Kaiser im Ergebnis eines im Jahre 1958 durchgeführten Surveys feststellte, zeigen die Wüstenränder, d.h. der als Niederwüste bezeichnete Übergang vom Fruchtland zu den Hochplateaus der libyschen und arabischen Wüste, gegenüber den wahrscheinlich in prädynastischer Zeit existierenden Verhältnissen erhebliche Veränderungen. Zum Teil sind sie durch Anwehungen von Wüstensand oder Absturz von Kalkstein, zum Teil auch durch menschliche Aktivitäten (Ausweitung des Fruchtlandes, Anlage von Friedhöfen usw.) zerstört worden, so daß Überreste prädynastischer Kulturen hier nicht mehr auffindbar sind (Kaiser 1961; Butzer 1961). Die bisher südlichste Fundstelle des Negade I liegt wenige Kilometer südlich von Assuan bei Bahan. Das eigentliche Kerngebiet des Negade I konzentrierte sich jedoch, wie Kaiser gezeigt hat, in dem Nilbogen von Abydos im Norden bis Gebelen im Süden (Kaiser 1957: 74), wo es sich auf den großen Friedhöfen von Negade, Diospolis parva, Amrah, Abydos sehr eindrucksvoll darstellt. Bemerkenswert ist, daß Negade I offenbar in seinem ältesten Stadium (Ia) ausschließlich auf dem Westufer vorkommt und erst die Stadien Ib und Ic auch auf dem Ostufer belegt sind (vgl. die Karte bei Kaiser 1957: 108).
Die zu Friedhöfen von zum Teil bedeutendem Ausmaß zusammengefaßten Grabanlagen des Negade I sind, ähnlich denen des Badari, runde oder ovale Gruben, zumeist mit den Maßen 1,05 x 0,75 x 0,75 m (Kaiser 1957: 70-71). Die Beigaben sind spärlich: ein oder zwei Keramikgefäße bzw. andere Gegenstände des Alltagsbedarfes. Die *Innenausstattung*

der Gräber ähnelt der des Badari, die bekleideten, in Matten und Felle gehüllten Toten wurden von einem zeltartigen Überbau aus Matten und Fellen vor der direkten Berührung mit der Erde geschützt. Im Gegensatz zum Badari sind im Negade I Mehrfachbestattungen (Erwachsene beiderlei Geschlechts und Kinder) durchaus belegt. Nicht nachweisen ließ sich die im Badari beobachtete Separierung von Männergräbern. Auch für das Negade I waren Oberbauten von Gräbern nicht zu erkennen, aber ineinander gebaute Gräber scheinen ebenfalls nicht vorzukommen, was auch hier auf eine gewisse Oberflächenkennzeichnung der Gräber schließen läßt.

Weit ungenügender als die Friedhöfe sind die Siedlungen des Negade I bekannt. Die beiden bedeutendsten Zentren befinden sich, nach dem gegenwärtigen Stand der Informationen, wohl bei Negade (Ombos) und Hierakonpolis. Während der Ausgrabung der großen Friedhöfe von Negade und Ballas hatten Petrie und Quibell auch die Überreste einer Siedlung freigelegt, die eindeutig mit den Friedhöfen zu verbinden ist. Dabei kamen Gebäudereste, ein ziegelgepflasterter Hof (von Kaiser 1958: 192 als Kieselpflaster identifiziert) und die Ecke einer Stadtmauer zu Tage (Petrie 1896: 54, Taf. 1a u. 85). Die Anlagen gehören wohl im wesentlichen in das Negade II, aber anhand der Keramikfunde könnten sie durchaus in das Negade I zurückreichen. Diese von Petrie als South-town bezeichneten Anlagen sowie die von Quibell als North-town freigelegten Wohnbauten sind leider sehr unzureichend dokumentiert und publiziert. Bei der erneuten Besichtigung des Platzes stellte Kaiser fest, daß die Reste der Ziegelbauten Teile einer größeren Ansiedlung sind, die sich noch mehrere hundert Meter nach Süden und Osten ausbreitet und vor allem durch die von Sebakhgräbern ausgesiebten Keramikscherben bis in die erste Zeitstufe des Negade zurückdatiert werden kann. Durch die Aktivitäten der Sebakhgräber wurden im anstehenden Mergel eingetiefte Gruben sichtbar, die zweifellos Überreste von Wohn- und Speicheranlagen darstellen (Kaiser 1961: 14).

Fast noch weniger befriedigend ist unsere Kenntnis von der Siedlung bei Hierakonpolis. Hier wurden von Kaiser aus einer Fläche von etwa 900 m x 600 m unzählige eingetiefte Gruben unterschiedlicher Größe festgestellt, die er mit Sicherheit als die Überreste von Wohn- und Speicherbauten identifizierte. Das Siedlungsareal, dessen Oberflächengestaltung eventuell eine Einteilung in mehrere Siedlungsabschnitte oder Stadtviertel erkennen läßt, war ebenfalls bereits von Sebakhgräbern beeinträchtigt. Die von ihnen ausgesonderten Scherben lassen erkennen, daß der Beginn der Siedlung in das Negade I zurückreicht und der Platz nicht später als frühes Negade II aufgegeben worden sein muß (Kaiser 1961: 7-11), vielleicht im Zusammenhang mit dem Beginn einer jüngeren etwa 500 m nördlich gelegenen Siedlung. Massenhaft umherliegende, etwa faustgroße Sandsteinstücke werden im Nilschlammverband das Baumaterial für die Wände der älteren Anlage gebildet haben. In der Nähe dieser Siedlungen konnte Kaiser auch mehrere Friedhöfe ermitteln, von denen einer bereits so stark erodiert war, daß die Grabinhalte z.T. freilagen.

Die wenigen, sorgfältig ausgegrabenen Siedlungsüberreste wirken gegenüber diesen großen Plätzen von Negade und Hierakonpolis sehr kümmerlich. Dabei handelt es sich einmal um eine sehr kleine Ansiedlung bei Hemmamiye, die von G. Caton-Thompson in sehr sorgfältiger Schichtengrabung freigelegt und gut publiziert wurde (Caton-Thompson 1928, in: Brunton/Caton-Thompson 1928). Auf einer Fläche von 45 m x 45 m befanden sich neun, bis auf den anstehenden Boden herabgeführte ringförmige Fundamente aus Nilschlammbruch und mit Kalksteinsplittern durchsetzt. Außen und innen waren sie mit Nilschlamm verputzt. Die auf diesen Fundamenten errichteten Wände bestanden wahrscheinlich aus Flechtwerk in Holzrahmen, von denen sich jedoch nichts erhalten hat. Die Durchmesser der Anlagen (der größte von 2,13 m, der kleinste von 0,91 m) zeigen, daß nicht alle Gebäude als Wohnungen dienten, nur zwei der neun Fundamentringe haben einen Durchmesser von über 2 m, bei vier ist er kleiner als 1,50 m. Der Boden der kleinsten Anlage war mit Ziegen- oder Schafsmist bedeckt, der mit Sicherheit contemporär mit den Bauten ist. Durch Keramikscherben wurde der Siedlungsplatz auf SD 35 – 45, d.h. in

die 2. Hälfte Negade I datiert. Ähnliche Überreste wurden auch von Brunton an einigen Stellen bei Badari freigelegt, waren jedoch so zerstört, daß ihr Durchmesser nicht mehr festgestellt werden konnte (Brunton 1928: 44).
Ein weiterer Siedlungsplatz wurde von Mond/Myers (1937: I, 163-258) in Schichtengrabungen freigelegt. Auch hier ist das Ergebnis wenig beeindruckend, keine Überreste von Wohnbauten, aber Feuerstellen mit Keramikgefäßen. Die kleine Siedlung von Mahasna schließlich wurde von Garstang anhand der Keramik in das mittlere Negade I datiert. Aus Friedhöfen und Siedlungsüberresten kam eine große Menge von Material zusammen, das einen guten Einblick in die materielle Kultur des Negade I vermittelt.

2.4. Negade II

Das Negade II ist die letzte große kulturelle Phase vor dem Beginn der dynastischen Zeit. Ihre exakte zeitliche Dauer läßt sich gegenwärtig noch nicht bestimmen. Mit dem vorangegangenen Negade I ist das Negade II auf vielfältige Weise verbunden. Siedlungen und Friedhöfe des Negade I werden durch das Negade II weitergeführt, wenn auch letzteres sich in einem größeren Raum verbreitet hat. Im Norden sind Friedhöfe des entwickelten Negade II (Stufe IIc-d) auf der Höhe des Fayum bei Harageh, Abusir el-Melek und Gerzeh gefunden worden. Auf Grund der bereits erwähnten natürlichen und künstlichen Veränderung der Niederwüsten im Gebiet von Mittelägypten bis zum Fayumeingang läßt sich nicht mehr genau feststellen, ob die Ausbreitung des Negade II nach Norden allmählich vor sich gegangen ist, oder ob sie schlagartig erst in der Endphase erfolgte. Die Ausbreitung nach Süden ging offenbar allmählich vor sich.
Ein Friedhof der Stufe IIa-b ist aus Dakka in Unternubien bekannt und ein Begräbnisplatz der Stufen IIc-d noch etwas weiter südlich bei Seyala im mittleren Unternubien (vgl. Kaiser 1956: 108, Abb. 5). Im allgemeinen läßt sich aus den Grabungsberichten erkennen, daß neue Friedhöfe des Negade II nur dort angelegt wurden, wo vorher keine Begräbnisplätze des Negade I existieren. Die Friedhöfe im Kerngebiet der Negade-Kultur enthalten daher Gräber, die vom Negade I bis in die ersten Phasen der dynastischen Zeit reichen. Das ist ein Befund, der entschieden gegen alle Auffassungen von einer Masseneinwanderung einer kulturell höher entwickelten Bevölkerung spricht, auf deren Aktivitäten die Herausbildung des Staates der dynastischen Zeit zurückzuführen sei.
Obgleich die meisten Ausgräber der prädynastischen Friedhöfe Oberägyptens nur ausgewählte Gräber voll dokumentierten und den weitaus größeren Teil ihrer Grabungen in zusammenfassenden, summarischen Beschreibungen vorlegten, gelang Kaiser der Nachweis, daß die Entwicklung der Grabformen kontinuierlich verlief und nirgendwo einen entscheidenden Bruch in den Begräbnissitten erkennen läßt (Kaiser 1957: 70-74). Die für das Negade I charakteristischen, relativ kleinen runden bis ovalen Gräber mit nur geringen Beigaben sind auch im frühen Negade II (Stufe IIa) zunächst die gebräuchlichsten Typen. Im Übergang zu Stufe IIb werden sie etwas größer und tiefer, und die Beigaben erhöhen sich auf drei bis fünf Tongefäße. Aber erst in Stufe IIc ist allmählich eine länglichrechteckige Form mit den durchschnittlichen Abmessungen von 1,60 m x 1,10 m x 1,10 m erreicht. Neben den jetzt fast durchweg üblichen fünf Keramikgefäßen kommen gelegentlich auch Steingefäße, steinerne Schminkpaletten und einfache Steinmesser vor. In einigen Objekten der Grabausstattung, z.B. erstes Auftreten von Wellenhenkelgefäßen, naturalistisch geformten Tiergefäßen, Ausgußkannen und Rollsiegeln zeigen sich deutlich vorderasiatische Einflüsse. In Stufe IId ist dann eine weitere Vergrößerung der Gräber auf durchschnittlich 1,80 m x 1,10 m x 1,65 m festzustellen, und in der Grabausstattung nehmen die Anzeichen eines weiteren Aufschwungs der Produktivkräfte zu, „wobei die im Material sichtbar werdenden Wandlungen über den Rahmen einer damit verbundenen allgemeinen Weiterentwicklung nicht hinausgehen“ (Kaiser 1957: 75).

Über eine Entwicklung der Ansiedlungen und Wohnbauten läßt sich auf Grund der unbefriedigenden Situation der oberägyptischen prädynastischen Siedlungsgrabungen keine Aussage machen. Einigermaßen klar ist nur, daß zumindest die großen Siedlungsplätze wie Negade (Ombos) und Hierakonpolis auch im Negade II bedeutende Zentren waren, was sowohl aus der großen Zahl der vermutlichen Wohnbauten als auch aus den z.T. riesigen Friedhöfen in ihrer Nachbarschaft zu schließen ist. Von anderen Friedhöfen mit teilweise erheblichen Ausdehnungen sind die dazugehörigen Siedlungsplätze ganz offenbar nicht mehr erhalten.

Zu Ende des Negade ist in der Stufe III, die in ihrer Endphase direkt in die dynastische Zeit überleitet, noch einmal eine Ausweitung nach Norden und nach Süden zu erkennen. Im Norden werden offenbar die Friedhöfe bei Tarkhan, Heluan, Tura und Giza neu angelegt. Damit ist die Südspitze des Deltas erreicht. Im Süden kommen die Friedhöfe von Sebua, Amada, Aniba, Masmas, Abu Simbel, Faras und Gemmai neu hinzu. Damit ist auch der 2. Katarakt überschritten.

2.5. El-Khatara

Nachdem mit der Entdeckung des Badari und des Tasa die Entwicklung der oberägyptischen prädynastischen Kulturen seit etwa 50 Jahren zumindest in sehr groben Umrissen festgelegt war, und die dringlichste Aufgabe in der Vermehrung der erforderlichen Detailinformationen zu bestehen schien, wurde vor kurzem klar, auf welch unsicherem Grund die Rekonstruktion einer geschichtlichen Epoche steht, die ihr Material im wesentlichen aus Friedhofsgrabungen bezieht. 1976 veröffentlichte T.R. Hays einen Vorbericht von Probegrabungen, die er im Gebiet südlich von Ballas bis südlich von Negade unternommen hatte. Dabei hatte er eine große Anzahl bisher nicht bekannter neolithischer Fundplätze entdeckt, von denen einige „ziemlich groß" sind und Siedlungsschutt bis zu einer Stärke von 1 m aufwiesen. Überreste von Wohnanlagen wurden wohl nicht festgestellt, dafür jedoch eine Menge anderer Zeugnisse der materiellen Kultur, die sich leider gar nicht gut mit den bisherigen Vorstellungen von der prädynastischen Entwicklung Oberägyptens verbinden lassen. Hays nannte seine Funde el-Khatara-Kultur, und es bleibt zu hoffen, daß bald ausführlichere Berichte über sie erscheinen werden.

3. Datierungen

Ganz ohne Zweifel ist eine fundierte Chronologie das Rückrat aller historischen Aussagen. Leider ist das Problem der absoluten Datierungen für die vordynastische Zeit Ägyptens bis heute fast ungelöst. Querverbindungen nach Vorderasien lassen sich zwar sowohl für das unterägyptische Maadi, als auch für das oberägyptische Negade II herstellen, erbringen aber keine, in absoluten Zahlen fixierbaren Daten (Frankfort 1944: 108-111; Kantor 1964: 4-7). Daher sind die relativen Chronologien, die aus den archäologischen Befunden vordynastischer Plätze und aus den vergleichenden Studien der Zeugnisse der materiellen Kulturen gewonnen werden, immer noch die einzige Möglichkeit, die historischen Abläufe in ihrem zeitlichen Verhältnis zueinander darzustellen. In den letzten knapp zwei Jahrzehnten wurde für diese Untersuchungen vor allem von den Vertretern der „new archaeology" und der „settlement archaeology", aber auch von einigen sowjetischen Wissenschaftlern, eine Reihe von Methoden entwickelt, die auf mathematisch-naturwissenschaftlicher Basis die Auswertung von Grabungsergebnissen nicht nur erleichtern und zuverlässiger machen, sondern eigentlich erst auf eine wissenschaftliche Grundlage stellen (ein guter Überblick dazu bei Klejn 1977). Eine besondere Bedeutung kommt dabei der mathematischen Statistik zu, die jedoch von einer sorgfältigen Dokumentation der durchgeführten Feldarbeiten abhängig ist. Dieser Anforderung genügt der überwiegende Teil der bisherigen Grabungen vordynastischer Plätze in Ägypten bei weitem nicht.

Bereits zu Beginn dieses Jahrhunderts hatte Petrie im Anschluß an seine Grabungen in Negade und Diospolis parva versucht, mit Hilfe der Statistik die bis dahin etwa 4000 freigelegten Gräber der Negade-Kultur zeitlich zu ordnen (Petrie 1901; 1920). Sein System der Staffeldaten basierte auf der Untersuchung der Keramik von 900 ausgewählten Gräbern, von denen jedes mindestens fünf verschiedene Gefäßtypen enthalten mußte. Die Entwicklung der Wellenhenkelgefäße, von fast runden Typen mit wellenförmigen seitlichen Griffen zu schlanken zylindrischen Formen mit nur noch ornamental angedeuteten Wellenhenkeln, die in den Gräbern aus dem Beginn der 1. Dynastie festgestellt wurden und daher die jüngeren sein mußten, wurde zum Bezugspunkt seines Ordnungssystems. Die übrige, nach Material, Form, Farbe und Dekoration klassifizierte Keramik wurde dann nach den durch die Wellenhenkelgefäße bestimmten Staffeldaten geordnet. So konnte eine Folge von SD 30 – SD 80 aufgestellt werden, wobei die Wellenhenkelgefäße bei SD 40 einsetzen. SD 1 – 29 wurde für noch zu findende frühere Kulturen oder Vorläufer des Negade freigehalten. Mit diesem System gelang es Petrie, eine im Grundsätzlichen noch heute richtige relative Chronologie der Negade-Entwicklung aufzustellen, auch wenn willkürliche oder unrichtige Einordnungen bestimmter Objekte die absolute Zuverlässigkeit des Systems für Einzelstücke in Frage stellen. Scharff hatte bereits 1926 darauf hingewiesen, daß das Petrie'sche System nicht gut bei der Datierung der Objekte aus Abusir el-Melek anzuwenden sei, und als absolut unmöglich erwies es sich, die unterägyptischen Kulturen danach zu datieren, ebenso wie das Badari und das Tasa nicht in das System eingeordnet werden konnten, obgleich die SD 1 – 29 für frühere Kulturen reserviert waren.

Die Ungenauigkeiten des Petrie'schen Systems der Staffeldaten werden bis heute zu Recht angemerkt, aber vielleicht gelegentlich auch zu schnell und zu absolut verurteilt. Sein grundsätzlicher Nachteil besteht aber nicht so sehr in den Fehlern und falschen Ansätzen, er besteht vor allem darin, daß es etwa 50 Jahre lang das einzige derartige System geblieben ist, und es nicht durch andere, ähnliche Untersuchungen ergänzt und berichtigt wurde. Seine allgemeinen Aussagen über den Ablauf der Negade-Entwicklungen haben bis heute ihre Gültigkeit behalten, im Gegensatz zu anderen Erkenntnissen, die oft schon in viel kürzerer Frist auch in ihrem Wesen völlig überholt waren. Baumgartel und Kaiser haben beide versucht, die offenkundigen Defekte des Systems der Staffeldaten zu kompensieren. Baumgartel, indem sie in sorgfältiger Kleinarbeit versuchte, die ungenügend oder gar nicht dokumentierten und inzwischen weit in den verschiedenen Sammlungen verstreuten Objekte der Petrie'schen Grabungen aufzuspüren und mit inzwischen verfeinerten Methoden neu zu datieren (Baumgartel 1947; 1960), und Kaiser, indem er anhand der gut dokumentierten Grabung von Armant (Mond/Myers 1937) unter Heranziehung des gesamten Grabinventars die Entwicklung der verschiedenen, während des Negade gebräuchlichen Keramiktypen neu überlegte und dabei zu der Aufstellung einer Folge von sehr differenzierten Zeitstufen kam (Kaiser 1957).

Das Stufensystem Kaisers stellt gegenüber den Petrie'schen Staffeldaten eine ganz bedeutende Weiterentwicklung dar, findet aber da seine Grenzen, wo zur feineren Durchdringung neues Material nötig ist. Kaiser war auf die alten Grabungspublikationen angewiesen, in denen oft nur wenige ausgewählte Gräber einigermaßen genau dokumentiert werden, häufig jedoch große Teile eines Friedhofes oder gar ganze Friedhöfe nur summarisch veröffentlicht worden sind. Dabei ist das Mißverhältnis zwischen den ordentlich dokumentierten und den in geraffter zusammenfassender Form publizierten Gräbern bedauerlich groß, wie die folgende Aufstellung zeigt:

Friedhof	ausgegrabene Gräber	dokumentierte Gräber
Tura	600	
Heluan	10 258	durchweg summarisch
Tarkhan	260	durchweg summarisch
Gerzeh	290	durchweg summarisch
Abusir el-Melek	850	durchweg summarisch
Harageh	60	60
Matmar	210	210
Mostagedda	476	476
Badari	361	361
Hemmamiye	74	74
Naga ed Der	635	635
Mahasna	600	135
Abydos	500	100
Amrah	1 000	150
Diospolis parva	1 000	durchweg summarisch
Negade und Ballas	3 000	durchweg summarisch
Armant	170	170

Eine gewisse Hilfe bei der absoluten zeitlichen Fixierung der vordynastischen Kulturen Ägyptens leistet die Radio-Carbon- oder C14-Methode. Vorläufig sind jedoch die durch sie ermittelten Jahreszahlen, wie sich aus Gegenproben mit eindeutig datierbarem Material aus dynastischer Zeit zeigt, noch so ungenau, daß sie nur als Anhaltspunkte und Unterstützung für eine relative zeitliche Abfolge der verschiedenen Fundplätze herangezogen werden können. Auch hier macht sich das Fehlen neuer Grabungen nachteilig bemerkbar, denn die für die C14-Tests ausgewählten Materialien hatten vorher durchweg jahrzehntelang in Museen gelagert, wodurch die Zuverlässigkeit der Untersuchungsergebnisse zweifellos negativ beeinflußt worden ist. Dazu kommt, daß die C14-Untersuchungen bisher immer nur an Einzelproben durchgeführt wurden. Solche isolierten C14-Daten sind jedoch, wie die Erfahrung zeigt, immer nur mit größter Zurückhaltung zu verwenden. Ihre Zuverlässigkeit erhöht sich jedoch sehr, wenn ganze Serien von Proben bereits auf der Grabung spezialverpackt und dann von einem anerkannten Labor untersucht werden. Alles in allem ergibt sich für die zeitliche Abfolge der vordynastischen Kulturen Ägyptens folgendes Bild:

3.1. Unterägypten

Eine Abfolge der prädynastischen Kulturen läßt sich für Unterägypten insofern schwer etablieren, als diese Kulturen, räumlich voneinander getrennt, an unterschiedlichen Plätzen gefunden wurden, nicht wie in Oberägypten, in nahezu gleichem Gebiet.

3.1.1. Fayum A

Die weit verbreitete Auffassung, daß das Fayum A die älteste der prädynastischen Kulturen Ägyptens ist, stützt sich vor allem auf die relativ einfache Keramik, das Fehlen von Wohnbauten und von Anzeichen für die Verwendung von Metall. Gegen eine so frühe zeitliche Ansetzung wandte sich vor allem Baumgartel, die in Bearbeitung und Formen der Feuersteingeräte des Fayum A die gleichen Typen sah, wie sie von Petrie in der sog. „South-town" von Negade gefunden wurden. Daher möchte sie das Fayum A zeitlich etwa mit dem Negade I gleichsetzen (Baumgartel 1965: 19). Gegen eine Anerkennung des Fayum A als älteste prädynastische Kultur Ägyptens hatte sich auch Larsen ausgesprochen. Anhand einer sehr gründlichen Untersuchung der Merimde-Keramik (Larsen 1957;

1958; 1962) kam er zu dem Ergebnis, daß die unteren Schichten von Merimde auf jeden Fall, die oberen Schichten wahrscheinlich, älter als Fayum A sind (Larsen 1958: 41). Die C14-Datierungen geben dagegen ein sehr hohes Alter für Fayum A an:
6095 ± 250 BP = 4144 v.Zr. und 6391 ± 180 BP = 4440 v.Zr. (Arnold/Libby 1951).
Wendorf hatte nun bei seiner erneuten Untersuchung des Fayum-Nordrandes (Said et al. 1972) u.a. folgende Befunde ermittelt:

Lagerplätze des Spätpaläolithikums (Mesolith.):
Site E 29H1 mit einem C14-Datum von 6120 ± 130 v.Zr.
Site E 29G1 mit einem C14-Datum von 5500 ± 125 v.Zr.

Alle Proben bestanden aus Holzkohle, Keramik wurde an diesen Plätzen nicht gefunden.

Siedlungsplätze des Fayum-Neolithikums (Fayum A):
Site E 29H2 am Fuße des Kom W zeigte in zwei Probegräben mindestens sechs aufeinanderfolgende, durch Sandanwehungen getrennte Siedlungsschichten mit der typischen Fayum-Keramik, Holzkohle der untersten Schicht ergab eine Datierung von 3860 ± 115 v.Zr.
Eine weitere Probegrabung E 29G3 (nach Caton-Thompson „site R") ergab mindestens zwei Siedlungsschichten, wobei die unterste 3910 ± 115 v.Zr., die oberste 3210 ± 110 v.Zr. datiert werden konnte. Beide Daten wurden aus Holzkohleproben gewonnen.

Wendorfs Datierungen, die aus frischem Material einer neuen Grabung gewonnen wurden, das ein erfahrener, mit modernen Methoden vertrauter Ausgräber zur Verfügung gestellt hat, verdienen stärkste Beachtung. Sie zeigen, daß für die Fayum-A-Kultur mit einer Dauer von etwa 700 Jahren gerechnet werden muß, und daß das Ende der neolithischen Besiedlung des Fayum-Nordrandes offenbar sehr nahe an die Datierungen der negadezeitlichen Friedhöfe von Gerzeh, Abusir el-Melek und Harageh am Fayum-Eingang heranrückt, wenn nicht sogar zeitlich mit ihnen zusammenfällt (nach Kaiser 1957: 74, Zeitstufe IIc-d).

3.1.2. Merimde

Caton-Thompson und Junker stellten neben einer Reihe von Unterschieden auch große Ähnlichkeiten zwischen den von ihnen ausgegrabenen Kulturen des neolithischen Fayum und Merimde fest (Junker 1929: 180-184; Caton-Thompson 1934: 91-92). Die Gemeinsamkeiten liegen vor allem im Bereich der Keramik und der Feuersteingeräte, die Unterschiede in der Kornspeicherung und der Bestattung. Da für Merimde durch die Mächtigkeit der Siedlungsschicht und durch die sichtbare Entwicklung der Keramik bereits damals eine sehr lange Besiedlungsdauer angenommen wurde, die für das Fayum erst durch die von Wendorf erbrachten Daten gesichert werden konnte und in der untersten Schicht von Merimde Wohnbauten ebenso wenig nachweisbar waren, wie für das Fayum A, setzte sich allmählich die Auffassung durch, daß die unterste Schicht von Merimde etwa zeitgleich mit dem Fayum A sei. Die späteren Phasen der Besiedlung von Merimde könnten dann etwa zeitlich mit dem Negade I zusammenfallen (Kantor 1955: 2). Dagegen vertrat Baumgartel die Auffassung, daß die Merimde-Siedlung anhand der Keramik und Steingeräte in den Zeitraum von Negade II bis in die Anfänge der dynastischen Zeit zu datieren sei. Sie räumte aber ein, daß es sich dabei um einen Wüstenstamm handeln könnte, der an der Schwelle zur Seßhaftigkeit ins Niltal eingewandert sei, dort jedoch alle guten Siedlungsplätze bereits durch die Ägypter besetzt vorfand und daher mit einem abseits liegenden Platz vorlieb nehmen mußte (Baumgartel 1965: 24). Gegen diese Annahme sprechen die Untersuchungsergebnisse von Larsen (1957; 1958; 1962), der die oberen Schichten von Merimde für etwa zeitgleich mit Fayum A, die unteren jedoch für wesentlich älter hält (Larsen 1958). Er belegt seine Resultate mit einigen C14-Datierungen, die jedoch den Nachteil haben, daß sie aus Holz-, Holzkohle- und Samenproben der Junker'schen Grabung stammen und bereits einige Jahrzehnte im Mittelmeer-Museum in Stockholm lagerten. Für die 1,80 m-Schicht gibt es zwei Datierungen: 5540 ± 110 v.Zr. und 5290 ± 110 v.Zr., für die 0,60 m-Schicht 4800 ± 100 v.Zr. und 5290 ± 100 v.Zr. (Larsen 1958: 50). Diese Zahlen berechtigen ihn, für die Besiedlung von Merimde eine Mindestdauer von 600 Jahren anzunehmen. Junker, der Ausgräber von Merimde, stimmt der auffällig frühen zeitlichen Ansetzung, wie auch der sich aus den Daten von Larsen ergebenden Besiedlungsdauer ausdrücklich zu (Junker 1961: 55). Andere C14-Daten, die ebenfalls nicht von frischen Proben stammen, sind jedoch nicht so hoch, sie geben für die unterste Schicht ein Alter von 4130 v.Zr., für die oberste 3530 v.Zr. an (Hayes 1965: 103). Etwa im gleichen Bereich liegen auch die von Flight verwendeten Zahlen: 4300 v.Zr. für die unterste und 3820 bzw. 3670 v.Zr. für die oberste Schicht (Flight 1973: 533), in der Besiedlungsdauer von mindestens 600 Jahren stimmen sie dagegen mit den Untersuchungen von Larsen überein.

3.1.3. Omari

Nach Ausweis der Zeugnisse seiner materiellen Kultur gehört das Omari entwicklungsgeschichtlich zwischen Merimde und Maadi (Larsen 1962: 14-15; Greiss 1953: 54, 227). Gegenteilige Meinungen zu dieser Auffassung sind wohl nicht laut geworden. Von Junker (1961: 56) wird ein C14-Datum 5256 ± 250 BP, 3296 ± 230 v.Zr. angegeben. Ein anderes wird bei Kantor (1954: 3) erwähnt: 3305 ± 230 v.Zr. Beide sind nahezu identisch und geben dadurch keinen Spielraum für die Ansetzung einer Besiedlungsdauer. Sie zeigen aber, für den Fall, daß sie zuverlässig sind, daß Omari tatsächlich bereits recht nahe an den Beginn der dynastischen Zeit herankommt.

3.1.4. Maadi

Die Meinungen über die zeitliche Ansetzung von Maadi sind recht kontrovers. Die Divergenzen reichen von der Auffassung der Ausgräber, „daß Maadi ungefähr gleichzeitig mit dem Gerzeen (Negade II) ist, wohl auch schon mit seinen Anfängen, und daß es in die 3. Negade-Stufe (Übergang zur dynast. Zeit) nicht mehr hineingereicht hat" (Menghin 1934: 118), bis zu der Ansicht von Baumgartel: „As far as could be ascertained the settlement was wholly dynastic" (Baumgartel 1965: 23). Eine ganze Reihe von Keramikgefäßen deuten in Typ und Dekoration auf das Negade II, ebenso wie einige Steingeräte Beziehungen zum Negade II erkennen lassen. Insgesamt aber zeigen die Maadi-Funde, sowohl in Bezug auf die Keramik, als auch auf die Steingeräte, durchaus eigenständige Typen, die sie vor allem mit den unterägyptischen Plätzen von Merimde und Fayum verbinden (Menghin/ Amer 1932: 21-25). In zwei dickbauchigen Wellenhenkelgefäßen aus fast weißlichem bzw. rötlich-weißem Ton mit tief angesetzten geraden Griffen (Menghin/Amer 1932: 26), einem Gefäß mit hohem zylindrischen Hals und dem Fragment eines Henkels an der Schulter, sowie zwei weiteren Gefäßen mit weiter Öffnung und runden Henkeln an einer Seite (Menghin/Amer 1932: 26) erkannte Kantor palästinensische Keramiktypen des Early Bronce I (Kantor 1954: 4-5, Fig. 1, 33-36) und schließt daraus auf eine „concentration of palestinian features at Maadi" (Kantor 1954: 7). Über die Besiedlungsdauer äußern sich Menghin/Amer (1932: 53) sehr zurückhaltend, daß sie „zumindest über verschiedene Jahrzehnte dauerte". C14-Datierungen scheint es von Maadi nicht zu geben, zumindest keine publizierten.

3.2. Oberägypten

3.2.1. Tasa

Die noch vor wenigen Jahrzehnten weit verbreitete Ansicht, daß Tasa die älteste nachweisbare prädynastische Kultur Oberägyptens sei (Junker 1961: 56), läßt sich durch archäologische Zeugnisse nicht stützen. Das Fehlen von Kupfer in Gräbern und Siedlungsüberresten kann durch den Zufall bedingt sein und muß nicht als Kennzeichen eines höheren Alters des Tasa gegenüber dem Badari gewertet werden, wo Kupfer, wenn auch nur in geringen Mengen, nachweisbar ist. Auf die Möglichkeit eines teilweisen Nebeneinanders des Tasa mit dem Badari hat Kaiser (1956: 97) aufmerksam gemacht und gleichzeitig auf Grund der scharfen Gegensätzlichkeit auf dem Gebiet der Keramik „vor einer allzu voreiligen Streichung des Tasa als selbständigem Kulturkomplex" gewarnt. Baumgartel, die eine solche Auffassung vertreten hatte (Baumgartel 1955: 20), korrigierte sich später insoweit, als sie formulierte: „... it is too early to speak of a ‚Tasa civilisation' as distinct from the Badarian" (Baumgartel 1965: 8). C14-Datierungen des Tasa sind wohl bis jetzt nicht vorgenommen worden.

3.2.2. Badari

Das Verhältnis des Badari zum Tasa kann, wie vorstehend bereits zitiert, durchaus das einer gewissen Gleichzeitigkeit gewesen sein, wenngleich der Raum um Tasa, in dem dann beide nebeneinander existiert haben müßten, recht eng ist. Das Ende des Badari fällt mit dem Auftreten von Negade I zusammen. Diese allgemein anerkannte Auffassung wird gestützt durch die Befunde der materiellen Kultur, die ein kurzes aber deutliches Übergangsstadium zwischen Badari und Negade I erkennen lassen (Brunton/Caton-Thompson 1928: 74; Baumgartel 1955: 14; Arkell 1975: 36). Dem widerspricht die gelegentlich als Einwand (Trigger 1968: 62; Arkell 1975: 36) interpretierte Meinung Kaisers im Grunde nicht, der eine teilweise Gleichzeitigkeit von Badari und frühem Negade I für möglich hält (Kaiser 1956: 96-97). Sein Hauptargument, das Auftreten von Badari- und Negade-I-Keramik unter einer Brecciaschicht in Hemmamiye (Brunton/Caton-Thompson 1928: 69-79) ist jedoch weniger überzeugend als sein Nachweis, daß Badari und frühes Negade I nicht die gleichen Friedhöfe benutzen, und daß die Negade-I-Gräber bei Matmar und Qau el-Kebir erst der Zeitstufe Ib, die bei Mostagedda, Badari und Hemmamiye erst der Stufe Ic angehören (Kaiser 1956: 108).

Somit gibt es im Gebiet von Matmar im Norden bis Qau el-Kebir im Süden keine Negadebegräbnisse aus der Stufe Ia. Stufe Ia kommt offenbar nur weiter südlich auf dem Westufer zwischen Abydos im Norden und Negade im Süden vor, von dem jedoch bis jetzt keine Badari-Funde bekannt sind. Allerdings wäre nach dieser Hypothese zu klären, wie die Existenz der noch weiter südlich auf dem Westufer bei Armant festgestellten Badari-Objekte zu interpretieren ist (Mond/Myers 1937: 1-2).

Die einzige, bis jetzt für Badari vorliegende C14-Datierung mit 3150 ± 160 v.Zr. ist wohl mit Sicherheit zu niedrig (Hayes 1965: 147). Neuere Thermoluminiescenz-Datierungen von Badari-Keramik (Caton-Thompson/Whittle 1975) gaben jedoch auffallend hohe Werte an: 5580 ± 420 v.Zr., 4360 ± 355 v.Zr. und 4450 ± 365 v.Zr.

3.2.3. Negade I

Über das Verhältnis zwischen Negade I und dem vorausgegangenen Badari wurde im vorstehenden Abschnitt bereits gesprochen. Für das Negade I liegen mehrere C14-Datierungen vor:

3790 ± 300 v.Zr. (Hayes 1965: 147),
5744 ± 300 BP (3784 v.Zr.; Junker 1961: 56),
3800 v.Zr. – 3600 v.Zr. (Braidwood 1957: 80),
3793 v.Zr. – 3626 v.Zr. (Butzer 1958: 40),

sowie ein Thermoluminiescenz-Datum von 3810 ± 310 v.Zr. (Arkell 1975: 36).

3.2.4. Negade II

Das Negade II war, nach den archäologischen Befunden zu urteilen, eine kontinuierliche friedliche Fortsetzung des Negade I. Bereits Petrie hatte die Staffeldaten 38 – 76 seiner relativen Chronologie dem Negade II zugeordnet, um die Vielfalt der sich vollziehenden Veränderungen dokumentieren zu können. Kaiser trug dem archäologischen Befund noch differenzierter Rechnung, indem er die Periode des Negade II in die Zeitstufen IIa, b, c, d1, d2 und den unmittelbaren Übergang in die dynastische Zeit in die Stufen IIIa1, a2 und IIIb untergliederte. Damit wird aber nur die Vielschichtigkeit der im Bereich der Produktivkräfte vor sich gehenden Prozesse ausgedrückt, keineswegs jedoch ihre zeitliche Dauer. Es ist sehr gut denkbar, sogar wahrscheinlich, daß das Negade eine Periode von mehreren Jahrhunderten umfaßte, und dann bruchlos in die dynastische Zeit überleitete. Der Beginn der dynastischen Zeit dürfte nach allgemeiner Auffassung etwa 3000 ± 100 v.Zr. anzusetzen sein. Hayes/Rawton/Stubbings (1962: 5) geben 3100 v.Zr., Otto (1958: 263) um 3000, Emery (1963: 38) nimmt für den Beginn der Reichseinigung 3400 v.Zr. an. Helck (1968: 26-28) gibt ca. 2925 an und Sellnow et al. (1977: 195) nimmt an, daß der Prozeß der Reichseinigung etwa 2985-2955 in der Regierungszeit des Hor Aha abgeschlossen worden ist.
Leider gibt es für die so bedeutsame Periode des Negade II offenbar keinen Versuch einer absoluten zeitlichen Fixierung durch C14-Daten. Die dem Ende des Negade am nächsten kommende C14-Datierung bezieht sich auf den Beginn der dynastischen Zeit, wurde an Material aus dem Grab des Hemaka, eines Würdenträgers aus der Regierungszeit des vierten Herrschers der 1. Dynastie Den gewonnnen und nennt ein Datum von 3010 ± 240 v.Zr. bzw. 2852 ± 260 v.Zr. (Libby 1952, zitiert nach Kantor 1954: 3).

3.2.5. El-Khatara

An Holzkohle, die Probegrabungen von zwei Plätzen bei Negade entstammt, sind C14-Datierungen vorgenommen worden, die auffallend niedrige Datierungen ergaben: 4941 ± 88 BP (= 2985 ± 88 v.Zr.) und 4970 ± 70 BP (– 2994 ± 70 v.Zr.). Die Tests wurden von zwei unterschiedlichen Labors gemacht, von denen der Ausgräber Hays betont, daß sie außerordentlich zuverlässig seien. Natürlich ist es insgesamt noch zu früh, sich zu diesen neuen Funden zu äußern, dazu müßten zunächst die Grabungsberichte abgewartet werden. Sollten jedoch weitere Untersuchungen die vorliegenden Datierungen bestätigen, würden sich eine Reihe von sehr bedeutsamen Schlußfolgerungen für die Darstellung der vor- und frühdynastischen Zeit Ägyptens daraus ergeben können.

Exkurs 2

Die Entwicklung der Produktivkräfte von der vordynastischen bis zum Beginn der dynastischen Zeit

Die Entwicklung der altorientalischen Klassengesellschaft und damit auch die Herausbildung des altägyptischen Staates war erst auf der Basis eines gesicherten landwirtschaftlichen Mehrproduktes möglich, das durch seßhaften Ackerbau erarbeitet wurde. Dadurch wird ein Zusammenhang zwischen dem Niveau der Produktivkräfte und dem Entwicklungsstand der gesellschaftlichen Verhältnisse deutlich, denn im Paläolithikum und im Mesolithikum, d.h. auf der Basis der aneignenden Wirtschaftsweise gab es noch keine Staatenbildung.

Da, wie in Kapitel 1 dargestellt, sowohl die Erfordernisse einer großräumigen Bewässerung, wie Auseinandersetzungen um eine begrenzte Anbaufläche, oder der Gegensatz zwischen Jägernomaden und seßhaften Ackerbauern als Impulse für die Herausbildung des altägyptischen Staates angesehen werden, scheint es zweckmäßig, einen Überblick über den Entwicklungsstand der Produktivkräfte in dem für die Staatsentstehung in Ägypten infrage kommenden Zeitabschnitt zu geben.

Für diesen Zweck wäre es wünschenswert, das Niveau aller damals vorhandenen Produktionszweige so vollständig wie möglich darzustellen. Aus Platzgründen muß jedoch im Rahmen der vorliegenden Arbeit eine Beschränkung auf die, für die gesellschaftliche Entwicklung wichtigsten und aussagekräftigsten Gebiete, wie Landwirtschaft, Keramik, Stein- und Metallbearbeitung, erfolgen. Auf die Darstellung anderer interessanter Bereiche, wie Knochen- und Lederbearbeitung, Weberei und Flechtarbeiten, mußte verzichtet werden, obgleich auch für sie Zeugnisse vorhanden sind und eine Einschätzung ihres Entwicklungszustandes ohne Frage zusätzliche Erkenntnisse vermitteln und das Bild abrunden könnte.

1. Landwirtschaft

1.1. Ackerbau

Die Bodenbewirtschaftung durch den Anbau von Nutzpflanzen, vor allem Getreide, fand im ägyptischen Niltal außerordentlich günstige Voraussetzungen. Regelmäßig begann der Nil im Juni anzusteigen, füllte allmählich sein Flußbett aus, und hatte im August solche Höhe erreicht, daß er die hohen Uferränder übersteigen und große Teile überschwemmen konnte. Ende September zog er sich dann allmählich wieder in sein Bett zurück und wurde immer schmaler und seichter. Im Tal und an den Uferrändern blieben große Flächen zurück, die gründlich gewässert, mit Nilschlamm frisch gedüngt und entsalzt waren und geradezu ideale Bedingungen für den Ackerbau boten. Für kurze Zeit, während die Bodenoberfläche nur leicht abgetrocknet war, ließ sie sich noch recht mühelos bearbeiten, dann wurde der Nilschlamm hart und verkrustete. Dazu kam, daß mit dem Einsetzen der neolithischen Feuchtigkeitsphase (neolith. Subpluvial) um etwa 5000 v.Zr. regelmäßige, nicht unbeträchtliche Niederschläge auftraten, die erst allmählich nachließen und schließlich um 2300 v.Zr. ganz aufhörten. Diese klimatischen Verhältnisse ermöglichten nicht nur einen reichen Pflanzenwuchs im Niltal und den angrenzenden Wadis, sondern verliehen der heute fast völlig trockenen libyschen und arabischen Wüste den Charakter einer Steppe mit stellenweise auftretenden Baumgruppen. Der Nilschlamm selbst ist zwar arm an Nitraten aber sonst durch seine organischen und mineralischen Bestandteile ein sehr guter Dünger, so daß die Fruchtbarkeit des Bodens recht hoch war. Nach den Angaben des Wilbourpapyrus aus dem 4. Jahr Ramses V. (20. Dyn.) erwartete man vom Hochland (*qꜣjt*)

5 Sack pro Arure als Ablieferungssoll (d.i. umgerechnet etwa 14 dz. pro ha), vom Niederland 7,5 Sack (d.i. fast 21 dz. pro ha) und vom Schwemmland 10 Sack (d.i. 28 dz. pro ha). Da es sich dabei um Ablieferungen und nicht um den gesamten Ernteertrag handelte, wird die Ertragsfähigkeit des Bodens wahrscheinlich etwas, wenn auch nicht viel, höher gelegen haben. Die Ernten der 20. Dynastie kamen im Prinzip mit den gleichen Produktionsinstrumenten und den gleichen Getreidesorten zustande, wie sie bereits in prädynastischer Zeit in Ägypten vorhanden waren. Die Ernteerträge der neolithischen Zeit können daher nicht viel unter denen der 20. Dynastie gelegen haben, zumal sie durch die Niederschläge des neolithischen Subpluvials sicherlich positiv beeinflußt wurden. Die für das Neue Reich anzunehmenden Fortschritte in der Bodenbewässerung (Bassinbewässerung) werden sich weniger auf die Erhöhung der Hektarerträge als auf die Vergrößerung und Stabilisierung der Anbaufläche ausgewirkt haben.

1.1.1. Kulturpflanzen

Im allgemeinen wird angenommen, daß das Getreide zusammen mit den ersten neolithischen Siedlern ins Niltal gekommen ist. Das vorderasiatische Zentrum für die Domestikation von Getreide und Nutzpflanzen (mit Ausnahme von hexaploidem Weizen) sowie von Tieren scheint sich um etwa 7000 v.Zr. von einem Gebiet des östlichen Mittelmeeres, das ungefähr die Orte Hacilar, Catal Huyuk, Amouq Ramad, Mallaha, Munkatta, Jericho, Natuf, Beidha umfaßte, über Cayonu, Sogut, Biris, Mureybit, Milefaat, Jarmo, Matarra bis Zawi Chemi, Shamidar, Karim Shakir, Palegawra, Tepe Sarab, Tepe Asiat, Ali Kosh, Tepe Sabz erstreckt zu haben (Harlan 1971). Im ägyptischen Niltal sind Emmerweizen und Gerste an den ältesten bis jetzt bekannten Siedlungsplätzen des mittleren Neolithikums belegt. Jedoch haben Wendorf und seine Mitarbeiter bei einer Untersuchung des ägyptischen Niltals von Assuan bis Luxor eine Reihe von spätpaläolithischen Lagerplätzen ermittelt, die neben Mahlsteinen auch flakes und blades aus Feuerstein enthielten. Ihre Schneiden zeigten einen glänzenden Schimmer, der dem Belag der Schneiden europäischer und vorderasiatischer Sichelklingen auffallend ähnlich ist und eine Verwendung dieser Steingeräte bei der Getreideernte annehmen läßt. Wendorf schloß daraus, daß, wie bereits früher für das sudanesische Nilland festgestellt, spätpaläolithische Gruppen auch im ägyptischen Niltal bereits daran gegangen waren, wildwachsende Gras- oder Getreidesamen zu ernten und als Nahrungsmittel zu gebrauchen.

Eine Gruppe von mindestens sechs dieser Lagerplätze wurde bei Esna im oberen Teil der Shahaba-Ablagerung festgestellt und durch C14-Untersuchungen auf etwa 10 550 ± 230 v.Zr. datiert. Mehr als 15% aller Steinwerkzeuge dieser Plätze zeigten Spuren eines Gebrauchs als Sichelsteine.

Eine jüngere Gruppe von Lagerplätzen, die mit dem Rückgang der oberen Ablagerungen der Shahaba-Formation verbunden und dadurch auf ca. 10 000 bis 8 000 v.Zr. datiert werden kann, wurde bei Edfu gefunden (Wendorf 1970a; 1970b; Said 1970). Bereits 1920 hatte E. Vignard im Kom-Ombo-Bassin auf dem Ostufer des Nils im südlichen Oberägypten die Lagerplätze von drei zeitlich aufeinanderfolgenden Stufen einer spätpaläolithischen Bevölkerung entdeckt, deren Abfallhaufen in den beiden älteren Lagerplätzen Sebil I und II, u.a. Mahlsteine, und im Sebil III auch kleine gezahnte Sichelschneiden aus Feuerstein enthielten (Hayes 1965: 59-62). Unter den typischen Mikrolithen der mesolithischen Lagerplätze bei Heluan wurden ebenfalls kleine, gezahnte Sichelschneiden aus Feuerstein gefunden. Leider gab es bis jetzt keine Funde, aus denen sich die Spezies des geernteten Getreides ermitteln ließ. Offenbar ist es entweder durch natürliche Mutation, durch Klimaveränderungen oder durch die seit dem mittleren Neolithikum belegten landwirtschaftlichen Aktivitäten und Viehzucht völlig ausgerottet. Bis jetzt gibt es jedenfalls keine Beweise dafür, ob es sich nicht doch um wildwachsende Arten von Emmer oder Gerste gehandelt hat. Funde einer wildwachsenden Spelzart (Triticum spelta var. Saharae), die von italieni-

schen Wissenschaftlern in Oasen der Sahara entdeckt wurde und von diesen als Urform der ägyptischen Sorten angesehen wird, zitiert Kees (1958: 36, Anm. 3). Es ist jedoch nicht auszuschließen, daß es sich bei diesen Funden um Pflanzen handelt, die von einer bereits kultivierten Form abstammen und sich zur Wildpflanze gewissermaßen „rückentwickelt" haben.
Bis jetzt gibt es also für die Herkunft des in Ägypten seit dem mittleren Neolithikum belegten Anbaugetreides Emmer und Gerste zwei Varianten: Entweder frühe neolithische Einwanderer, die bereits Ackerbauern waren, brachten es mit sich, oder die Bewohner des Niltales kamen auf irgendeine Weise in den Besitz des in Vorderasien kultivierten Getreides. Keine von beiden Varianten läßt sich bis jetzt beweisen, aber gegen die Annahme von frühen Einwanderern aus Vorderasien spricht zumindest, daß Keramik und Steingeräte nur gelegentliche Züge vorderasiatischer Beeinflussung aufweisen, die durchaus durch Handels- oder ähnliche Verbindungen zustande gekommen sein können. Perrot nimmt z.B. an, daß die Nomaden des Transjordangebietes, die mit ihren Herden am Rande der syrisch-arabischen Wüste umherzogen, einen gewissen Anteil an der Verbreitung des kultivierten Getreides und seiner Einführung nach Ägypten zu Anfang des 5. Jahrtausends hatten (zitiert nach Arkell 1975: 13). Wenn aber Weizen und Gerste wirklich bereits als Kulturpflanzen ins Niltal gekommen sind, dann müssen sie bei den dortigen Anwohnern zumindest auf einen Entwicklungsstand getroffen sein, bei dem Verständnis und Bedürfnis für Getreideanbau vorhanden war, so daß der landwirtschaftliche Gebrauch des Getreides ermöglicht wurde. Andernfalls wäre es entweder nicht beachtet oder ganz einfach verzehrt worden.
Bevor nun auf die Funde von Kultur- und Nutzpflanzen an den einzelnen prädynastischen Plätzen Ägyptens konkret eingegangen wird, sind vielleicht noch einige generelle Erläuterungen sinnvoll. Die Arten und Untergruppen von Weizen (Triticum) lassen sich am deutlichsten in Form der folgenden Tabelle darstellen:

	Einkornreihe (diploid)	Zweikornreihe (tetraploid)	Dinkelreihe (Hexaploid)
Wildform	Trit. boeticum	Trit. dicoccoides Trit. thimophuvi	–
Spelzform	Trit. monococcum (Einkorn)	Trit. dicoccum	Trit. spelta
Nacktform	–	Trit. turgidum (Rauhweizen) Trit. durum (Hartweizen)	Trit. compactum (Kolbenweizen Trit. aestivum (vulgare) (heutige, meistgebr. Weizenform

Von den beiden großen Formgruppen der Gerste (hordeum distichum und hordeum polistichum) ist in Ägypten nur Hordeum polistichum belegt, und zwar in zwei Arten: Hordeum hexastichum und Hordeum vulgare.

1.1.1.1. Fayum

Die sehr reichlichen Getreidefunde des Fayum A wurden durch mehrere Gutachten (Caton-Thompson 1934: 46-50) als im wesentlichen aus Triticum dicoccum und Hordeum vulgare bestehend identifiziert. Einige der Gutachter wollten auch Triticum vulgare erkannt haben. Eine nochmalige Überprüfung ergab dann, daß rezenter Brotweizen nicht mit Sicherheit bestimmt werden kann, sondern daß ein Teil der Weizenkörner einer Spezies angehört, die ihm sehr nahe kommt. Auch das zur Auskleidung der Speicher verwendete Weizenstroh scheint von dieser Sorte zu stammen.

Hellbaek (1959) wertet diese starken Mutationen als Hinweis auf die erst kurz zuvor erfolgte Einführung des Weizens ins Niltal. Das muß aber nicht unbedingt so sein, denn Anderson hat bei einer Untersuchung äthiopischer Hartweizenfelder eine außerordentliche Variabilität der Körner festgestellt. Tetraploider Hartweizen trat in vielfältigen Mutationen bis hin zum hexaploiden Brotweizen auf. Er schlußfolgerte daraus, daß der polyploide Brotweizen sich in Feldern von ebensolchen Hartweizenmixturen entwickelt haben muß (Andersen 1960: 76). Nach den Befunden in den Speichern des Fayum A wurden Gerste und Weizen in der Lagerung nicht getrennt. Ob der Anbau sortenrein erfolgte, ist nicht festzustellen.
Einen feingeflochtenen bootsförmigen Korb, der aus einem der oberen Speicher stammt (Caton-Thompson 1934: 44, Taf. 26, 29) hält Caton-Thompson für einen Behälter zur Aufnahme des Saatgutes und mehrere längere Stöcke (a.a.O.: 45, Taf. 26) für Instrumente zum Dreschen der Getreides. Zum Fassungsvermögen der Speicher machte Jackson (Caton-Thompson 1934: 48) einige interessante Angaben. Er berechnete den Inhalt des Speichers Nr. 12 der oberen Speichergruppe mit einem Durchmesser von ca. 1,12 m und einer Tiefe von ca. 0,70 m auf mehr als 8 cwts. Bei einem durchschnittlichen Ertrag von 3 cwts pro acre, den er analog zu den Erträgen von Gerste in Tunesien ansetzte, der etwa unter ähnlichen ökologischen Bedingungen wie der des neolithischen Fayum zustande gekommen sein könnte, waren zur Füllung des Speichern Nr. 12 mit Gerste etwa 2-3 acres (= 8 093,6 m² bis 12 140,4 m²), d.h. 1 ha ± ca. 200 m² erforderlich. Diese Berechnungen sind zwar rein hypothetisch, denn zum einen sind Ernteerträge von einer Vielzahl von Faktoren abhängig, zum anderen lagerten die Fayum-A-Leute Gerste zusammen mit Weizen, aber sie vermitteln zumindest einen groben Eindruck von dem Ausmaß des kultivierten Bodens, der zur Füllung der insgesamt 183 Speicher von der durchschnittlich gleichen Größe wie Speicher Nr. 12 erforderlich war.
Der Anbau und die Verbreitung von Flachs (Linum usitatinimum) wird durch Funde von Leinsamen (Caton-Thompson 1934: 49) und einem Stück Leinenzeug (a.a.O.: 46, Taf. 28) belegt.

1.1.1.2. Merimde

Seit dem Bestehen der Ansiedlung wurde Getreide angebaut. Das zeigen Körner von Triticum dicoccum in einer Feuerstelle der unteren Schicht (Junker 1940: 11). Reichliche Funde von Getreidekörnern wurden auch in den Tennen und Speichern gemacht. Im Vorbericht 1929 werden zwei Gutachten erwähnt, die unabhängig voneinander die Getreidekörner als Triticum dicoccum bestimmen. Auffälligerweise wird an keiner Stelle über Funde an Gerste berichtet, die eigentlich zu erwarten wären. Dafür konnte eine, unter den Fayum-Funden nicht vertretene Pflanzensorte Vicia sativa angustifolia (schmalblättrige Futterwicke) identifiziert werden (Junker 1930: 44, Anm. 2).
Funde an Leinsamen, Flachsfasern oder -gewebe werden nicht erwähnt, sollten aber eigentlich in Merimde vorkommen. Spinnwirtel waren im Gebrauch (Junker 1929: 241), können aber natürlich auch zur Verarbeitung von Wolle gedient haben.
Die Vorberichte geben keinen Hinweis darauf, daß spezielle Geräte zur Bodenbearbeitung gefunden wurden.

1.1.1.3. Omari

Die organischen Materialien der Omari-Grabungen wurden von V. Täckholm und E. Greiss, Botanikern an der Cairo-University, untersucht. Dabei wurde festgestellt, daß ein beträchtlicher Teil der gefundenen Körner der Spezies Triticum dicoccum angehört. Die untersuchte Gerste konnte als Hordeum vulgare L. identifiziert werden. Im Fayum wurde dagegen offenbar nur Hordeum hexastichum angebaut. Als sehr bemerkenswert

müssen Funde von Triticum monococcum L. angesehen werden (Debono 1948: 568). Zum einen, weil diese Art sonst nicht auf prädynastischen Fundplätzen in Ägypten vorkommt, zum anderen, weil sie in der späteren Literatur (Hayes 1965: 119; Krzyżaniak 1977: 99) offenbar irrtümlich als Triticum compactum, d.h. einer frühen Nacktform der Dinkelreihe zitiert wird, die nach Hayes (a.a.O.) erst Mitte des 2. Jahrtausends in Vorderasien und in Ägypten sogar erst in griechisch-römischer Zeit vorkommt. In Debonos Vorbericht wird dagegen eindeutig Triticum monococcum angegeben und sogar mit Abbildungen (Taf. VII,2) belegt. Das Vorkommen von Einkorn (Triticum monococcum) ist im Omari jedoch zeitlich durchaus möglich. Nach Harlan (1971: 496) wurde es zusammen mit Emmer in Vorderasien domestiziert.
Die Funde von Omari enthalten neben Getreide auch Samen der Futterwicke (Vicia sativa), die bereits aus Merimde belegt ist. Dazu kommt mindestens eine Kapsel des Leinsamens, Kerne der Dattelpalme (phoenix dactylifera L.) (Debono 1948: 568), deren Gebrauch anderweitig weder in prädynastischer noch in dynastischer Zeit belegt ist und als deren Heimat das tropische Asien gilt.

1.1.1.4. Maadi

In den Speicherregionen nördlich und südlich der Siedlung, in den Speichergefäßen innerhalb der Siedlung und im Siedlungsschutt selbst wurden beträchtliche Mengen an Getreide gefunden. Dabei handelt es sich um Triticum dicoccum und, wie im Fayum, um Hordeum hexastichum. Dazu kommt die bereits aus Merimde bekannte Vicia sativa (Futterwicke), sowie eine bisher nicht belegte Wickenart Vicia cracca, die vermischt mit Emmer und Gerstenkörnern gefunden wurde, sowie Samen des wilden Rhizinus (Ricinus communis).

1.1.1.5. Tasa

Nach den reichlichen Getreidefunden zu urteilen, scheint der Anbau von Getreide auch hier einen wesentlichen Teil der Nahrungsmittel erbracht zu haben. Die an mehreren Stellen innerhalb oder bei den Siedlungsüberresten entdeckten Vorratslöcher und Keramikgefäße enthielten Emmer (als wahrscheinlich Triticum dicoccum) und Gerste (als wahrscheinlich Hordeum vulgare bestimmt) (Brunton 1937: 33). Von anderen Anbauprodukten wird in der Grabungspublikation nichts berichtet. Es ist jedoch wahrscheinlich, daß auch Flachs kultiviert wurde, denn es gibt vor allem in den Gräbern eine Reihe von Fragmenten aus gewebtem Leinenstoff. Der Ausgräber Brunton hält es jedoch für möglich, daß es sich dabei um Import-Ware handelt. Leider ist die für die Toten als Kopfkissen verwendete fasrige Masse noch nie untersucht worden, aber es wäre immerhin möglich, daß es sich dabei um Flachsfasern handelt.

1.1.1.6. Badari

Die reichlichen Getreidefunde des Badari wurden als Triticum dicoccum und Hordeum vulgare identifiziert (Brunton 1937: 58-60). Der große Stellenwert, den Getreide in der Nahrung der Badari-Leute einnahm, wird durch Überreste an Brot, die in einer Reihe von Gräbern als Beigaben aufgefunden wurden, dokumentiert. Funde von Samen oder Fasern des Flachs wurden, soweit sich aus den Publikationen erkennen läßt, wohl nicht gemacht, aber das häufige Vorkommen von gut gewebtem Leinenstoff in den Gräbern (Brunton 1937: 61-62), sowie von Spinnwirteln aus Stein und Keramik im Siedlungsschutt (Brunton 1937: 54) sprechen dafür, daß Flachs zumindest lokal verarbeitet und wahrscheinlich auch angebaut wurde. Die Samen des wilden Rhizinusstrauches (Brunton 1937: 38) wurden vermutlich zur Herstellung von Öl verwendet.

1.1.1.7. Negade I und Negade II

Die bereits aus dem Tasa und Badari bekannten Anbauprodukte Triticum dicoccum, Hordeum vulgare und Linum usitatissimum sind auch im Negade belegt. Über den Gebrauch neuer Sorten von Kulturpflanzen wird nichts bekannt. Es wäre jedoch durchaus denkbar, daß durch neue Ausgrabungen von Siedlungsplätzen auch detailliertere Informationen über Anbauprodukte und -methoden zu erhalten sind.

1.1.1.8. El-Khatara

Unter den Funden der Probegrabungen treten neben Emmer und Gerste erstmals zwei bisher nicht bekannte Sorten eßbarer Grassamen auf: manisuris und panicum (Hays 1976). Aus dynastischer Zeit ist nicht bekannt, daß diese Körnerfrüchte in Ägypten verwendet wurden. Im Ergebnis weiterer Grabungen muß sich erweisen, ob es sich nicht nur um Zufallsfunde handelt, sondern der Gebrauch beider Samenarten als Nahrungsmittel belegt werden kann. Sowohl in den Korn- und Brotlisten der frühdynastischen Zeit (Kaplony 1963: 242-252, 263-271), wie auch in den Onomastica (Gardiner 1947: 221-233) gibt es eine ganze Reihe von vermutlichen Körnerfrüchten, die bis jetzt noch nicht identifiziert werden konnten. Möglich ist auch, daß beide als minderwertige Körnerfrüchte zumindest in den frühdynastischen Korn- und Brotlisten nicht auftauchen und schließlich könnten sie als Nahrungsmittel im Laufe der Zeit aufgegeben oder sehr stark zurückgetreten sein.

1.1.2. Bodenbearbeitung

Über die zur Bodenbearbeitung benutzten Geräte gibt es sehr wenig Anhaltspunkte. Das mag damit zusammenhängen, daß der Boden nach Ablaufen des Überschwemmungswassers für kurze Zeit sehr leicht zu bearbeiten ist und sowohl Emmer als auch Gerste nur eine geringe Pflanztiefe benötigen (3 cm bis max. 4 cm). Eine tiefe Auflockerung des Bodens ist wegen der jährlich erfolgenden Nilschlammablagerung nicht erforderlich und wegen der entstehenden Feuchtigkeitsverluste sogar schädlich. Bei der Bodenbestellung kam es im wesentlichen darauf an, das Saatgut zu bedecken, um es gegen Vogelfraß zu schützen. In dynastischer Zeit wurde das zumeist durch darüber getriebene Schaf- oder Schweineherden erreicht, die das Saatgut in den Boden eintraten. Nur um diesen Prozeß zu erleichtern, mußte der Boden vorher flach aufgelockert werden. Der hölzerne, von zwei Rindern gezogene Pflug ist seit frühdynastischer Zeit als Schriftzeichen belegt. Sein Gebrauch kann durchaus auf prädynastische Zeit zurückgehen. Er ist eigentlich nur eine vergrößerte Form der schweren hölzernen Hacke, die bereits in spätprädynastischer Zeit dargestellt ist (Städtepalette, Keulenkopf des „Skorpion“) und ohne Veränderungen auch in der dynastischen Zeit in Gebrauch war. Diese Hacke (sog. „mer-Hacke“) wird, wie bei Petrie dargestellt (1917: 46, Taf. 54), aus einem natürlich gewachsenen geraden Holzstück mit einem im spitzen Winkel verlaufenden Astansatz entwickelt worden sein. Funde der mer-Hacke aus prädynastischer Zeit sind mir nicht bekannt, aber zu Beginn der dynastischen Zeit war sie offenbar allgemein in Gebrauch.

Die von Caton-Thompson in einem Silo der unteren Speichergruppe des Fayum A entdeckten beiden Feuersteinbeile können neben verschiedenen anderen Verwendungsmöglichkeiten auch zum Zerkleinern größerer Erdschollen gedient haben, denen mit dem hölzernen Gerät nicht beizukommen war (Caton-Thompson 1934: Taf. 29, Abb. 13-14). Auch in dynastischer Zeit zerkleinerte man solche durch vorzeitige Abtrocknung der Oberfläche entstandenen Schollen mittels Steinen.

1.1.3. Erntegeräte

Das einzige Instrument, das in vor- und frühdynastischer Zeit für Erntearbeiten belegt ist, ist die Sichel. Im Fayum A wurde das Getreide mit Sicheln geerntet, die aus einem leicht auswärts gebogenen Schaft aus Tamariskenholz bestanden, in den drei beidseitig bearbeitete gezahnte Feuersteinklingen eingelassen und mit einem Kleber von nicht mehr feststellbarer Zusammensetzung befestigt waren. Je ein Exemplar dieser Sicheln wurde in den Speichern Nr. 57 und 52 gefunden, davon war eines vollständig, von dem anderen war nur der Sichelschaft vorhanden (Caton-Thompson 1934: 45). Einzelne Sichelklingen wurden in vielen Exemplaren sowohl aus den Speichern als auch aus dem Siedlungsschutt geborgen. Die zahlreichen in Merimde gefundenen Sichelklingen aus Feuerstein zeigen, daß zum Ernten der gleiche Sicheltyp wie im Fayum verwendet wurde, eine gerade, hölzerne Halterung mit drei eingesetzten, an den Schneiden feingezahnten Feuersteinklingen. Als technische Weiterentwicklung des Merimde gegenüber dem Fayum kann gelten, daß die drei Klingenteile in der Breite gut aufeinander abgestimmt waren und an den Berührungsstellen Verdünnungen aufweisen, die ein gutes Übereinandergreifen ermöglichten und damit eine fast nahtlose Arbeitsfläche bildeten (Junker 1932: 64-65).
Im Omari wurden offenbar zwei Typen von Sichelschneiden verwendet, die doppelseitig bearbeiteten dreiteiligen, an der Arbeitsfläche gezahnten Sichelsteine, wie sie bereits aus dem Fayum und Merimde bekannt sind, und ein neuer Typ einseitig bearbeiteter echter Klingen aus Feuerstein (Debono 1946: 52; 1948: 116). Im Maadi kommt der beidseitig bearbeitete gezahnte Typ der Sichelschneiden nicht mehr vor, sondern es werden scharfschneidige, aber ungezahnte längliche Klingenabschläge von einseitiger Bearbeitung verwendet (Menghin 1931: 145; 1932: 152; 1933: 90-91; 1934: 115). Über Form und Art der Halterungen läßt sich nichts sagen. Die aus Tasa belegten Sichelklingen sind, wie im Fayum, Merimde und teilweise Omari, gezahnt, beidseitig bearbeitet, aber im allgemeinen länger (Brunton 1937: 31; 1948: 4). Häufig laufen sie an einem, seltener an beiden Enden, flach aus. Da der größere Teil an einer Seite eine gerade Seitenkante besitzt, ist wohl auch für Oberägypten an geteilte Sichelklingen zu denken. Der gleiche Typ wie in Tasa wurde auch in Badari verwendet (Baumgartel 1960: 25). Über Form und Art der hölzernen Halterungen lassen sich keine Aussagen machen. Vielleicht kann aus einigen gezahnten Rippenknochen, die vermutlich ebenfalls als Sicheln dienten (Brunton 1937: 5), geschlossen werden, daß die hölzernen Halterungen für die Feuersteinklingen ebenfalls eine leicht nach innen gebogene Form besaßen. Das Negade I setzt die Tradition der beidseitig bearbeiteten, gezahnten Sichelsteine fort (Baumgartel 1965: 29). Die Sichelschneiden des Negade II besaßen dagegen zwar noch in etwa die Form und Größe der im Negade I verwendeten Steine und waren ebenfalls an der Arbeitsfläche gezahnt, wurden aber in der Technik der Klingenabschläge wie im Maadi hergestellt (Baumgartel 1960: 36).
Erst aus der 1. Dynastie sind wieder einigermaßen vollständige Sicheln erhalten (Emery 1938: Taf. 15). Es sind vier Exemplare, die aus einer nach innen gebogenen sichelförmigen Halterung mit angearbeitetem Handgriff bestehen, in die in drei Fällen je neun, in einem Fall fünf an der Arbeitsfläche gezahnte Feuersteinklingen von dem im Negade II gebräuchlichen Typ eingelassen waren. In anderen frühdynastischen Gräbern wurden zwar keine vollständigen Sicheln, aber einzelne Sichelsteine gefunden (Emery 1949: 64, *Grab Nr. 3471, 1 Stück*; 1954: 67, *Grab Nr. 3504, 84 Stück*; 1958: 15, *Grab Nr. 3505, 1 Stück*; 1958: 51, *Grab Nr. 3506, 4 Stück*; 1958: 85, *Grab Nr. 3507, 2 Stück*). Die aufgezählten Beispiele zeigen deutlich, daß die im Grab des Hemaka gefundenen vier Sicheln den in der 1. Dynastie gebräuchlichen Sicheltyp repräsentieren, der aller Wahrscheinlichkeit nach auch bereits für die Negade-Zeit anzunehmen ist. Die gleiche Sichelart ist dann unverändert mindestens bis ins Mittlere Reich verwendet worden (Petrie 1917: 46, Taf. 54).

1.1.4. Röstöfen

Die Körner der im prädynastischen Ägypten am häufigsten angebauten Weizensorte, Triticum dicoccum, sind, wie alle Spelzformen, sehr fest mit einem harten Häutchen, dem sog. Spelz, verbunden, das vor dem Verbrauch entfernt werden mußte. Das geschah offenbar durch Rösten des gedroschenen Getreides. Es wäre denkbar, daß der Prozeß der Karbonisierung, der bei den Körnern aus den Getreidespeichern des Fayum A in sehr ungleichmäßiger Form festgestellt wurde, durch das Rösten eingeleitet wurde. Für diese Annahme würde sprechen, daß ausnahmslos die Körner der dem Triticum vulgare ähnlichen Form verkohlt waren, d.h. der Sorte, die der Nacktform des Weizens angehört, nicht mit einem Spelz behaftet und daher gegen die beim Rösten entstehende Hitze wenig geschützt war (Caton-Thompson 1934: 46). Caton-Thompson selbst hat unter den Plätzen des Fayum A keine Röstanlagen festgestellt, aber Krzyżaniak hält „site M" für eine solche (Krzyżaniak 1977: 68). In der Beschreibung der Örtlichkeit (Caton-Thompson 1934: 54-56) findet sich jedoch kein Hinweis auf einen derartigen Zweck. Caton-Thompson hält „site M", der auf dem 210 – 220 ft-Level, also wesentlich höher als die anderen Plätze des Fayum A angelegt war, für die älteste nachweisbare Siedlung dieser Kultur. Es wurden einige 90 Feuerstellen mit zehn dicken, schlecht gebrannten Keramikgefäßen von 23 cm – 53 cm Durchmesser und 30 cm – 38 cm Höhe gefunden, die in der Form den Schüsseln von Kom W ähneln. In 67 Feuerstellen befand sich nur noch schwarz-rotes Pulver. Eines der Feuerlöcher enthielt ausschließlich Fischgräten, ein anderes Fischgräten, sechs Arten von Süßwassermuscheln sowie eine Sorte Meeresmuscheln. Außer einigen Mahlsteinen gibt es an diesem Platz nichts, was auf Getreideverarbeitung deuten könnte, weder Körner, Stroh oder andere organische Substanzen, noch Getreidespeicher in der Nähe. Von den Speichern des Kom K befindet sich „site M" etwa 23 km Luftlinie über den See hinweg entfernt. Der einzige Hinweis auf die Funktion des Platzes als Röstanlage besteht also in den Feuerstellen und Keramikgefäßen, dadurch ist die Zweckbestimmung etwas unsicher.
Auch für Merimde lassen sich spezielle Einrichtungen zum Rösten des Getreides nicht zweifelsfrei nachweisen. Junker erwägt zwar die Möglichkeit, daß die von ihm als „Stampfen" bezeichneten Nilschlammgebilde Röstöfen sein könnten, weist aber gleichzeitig auf die fehlenden Anzeichen von Feuerung hin.
Die Publikationen der Grabungsergebnisse von Omari und Maadi sind zu fragmentarisch, um daraus sichere Hinweise auf Röstanlagen zu entnehmen. Mit Sicherheit lassen sie sich aber im Negade II nachweisen, wobei es durchaus möglich ist, daß sie bereits im Negade I vorhanden waren.

1.2. Viehzucht

In den Siedlungsüberresten des Fayum A wurden eine Reihe von fragmentarischen Knochenfunden gemacht. Es wurden in fünf Fällen Schwein, in acht Fällen Schaf oder Ziege, in neuen Fällen Rind und in fünf Fällen Knochen eines Caniden (evtl. Hund?) festgestellt (Caton-Thompson 1934: 34). Es war jedoch nicht mit Sicherheit zu ermitteln, ob die Knochen von Wild- oder von Haustieren stammen. Leider sind sie inzwischen, wie Arkell (1965; 1977: 17) mitteilte, im British Museum (Natural History) verschwunden, nachdem sie zunächst von Prof. Watson untersucht worden waren.
Aus der Siedlung von Merimde soll eine große Anzahl von Tierknochen geborgen worden sein. Leider ist auch für sie keine abschließende Expertise publiziert worden. Neben Knochen von eindeutigen Wildtieren, wie Nilpferd, Krokodil, Iltis, Antilope und Schildkröte, wurde an Haustieren besonders häufig Schwein, mehrmals eine langhörnige Rinderrasse, verschiedentlich Schaf (und/oder Ziege) sowie dreimal Hund identifiziert (Junker 1929: 218). Angaben über die genaue Spezies der Tiere wurden nicht gemacht. Für Omari wurden Nilpferd, Krokodil, Strauß, Ente(?), Antilope, Schwein, Ziege und eine Rinderart belegt

(Debono 1946; 1948), die von Greiss untersuchten Materialien enthielten je eine Probe von Schafswolle und Schafsfell ohne Angabe der Spezies (Greiss 1953/54: 227).
In Maadi wurden Rind, Schaf, Ziege, Schwein und Esel festgestellt (Menghin 1934: 17), dazu kommen an Wildtieren: Vögel, Schildkröten, Steinbock und wahrscheinlich Biber (Menghin 1931: 147; 1933: 84). Exakte Untersuchungsergebnisse wurden für Omari und Maadi nicht veröffentlicht. Beinahe noch trauriger sieht es mit den oberägyptischen Funden aus. Die im Siedlungsschutt und in den Gräbern von Tasa festgestellten Tierknochen wurden wohl nicht untersucht. In vier Gräbern haben sich die Knochen von ganz jungen Kälbern gefunden (Brunton 1937: 30-31), deren genaue Spezies nicht angegeben wurde. Andere Gräber enthielten Blatt- und Schenkelknochen von Tieren, die wohl in Form von Fleischportionen als Beigaben gedacht waren. Auch ihre Art ist aus der Publikation nicht zu ersehen.
Die reichliche Verwendung von Fellen und Häuten von Rindern, Schafen und Ziegen für die Bekleidung der vor allem männlichen Toten, sowie als Matten für die Grabausstattung läßt darauf schließen, daß von den Badari-Leuten wohl größere Herden dieser Tiere gehalten wurden. Obgleich zwar festgestellt wurde, daß es sich um Rinder-, Ziegen- und Schafsfelle handelt, ist doch die genaue Spezies der Tiere nicht publiziert. Gelegentlich fanden sich auch die Begräbnisse von Rindern, Schafen und Ziegen, sowie von Hunden (Brunton 1928: 42). Jagdtiere waren Elefanten, Gazellen, Strauße, Nilpferde, Krokodile.
Für das Negade ist die Rinderzucht durch eine Figurengruppe aus Ton belegt, die an einer Krippe fressende Rinder darstellt (Randall/McIver/Mace 1902: Taf. 9,1). Während der Negade-Zeit (etwa 3400?) ist der Esel in Oberägypten domestiziert worden (Brunner-Traut 1975: 1122).
Die Probegrabungen von el-Khatara erbrachten Belege für: hornlose Schafe, Schwein, Rind, wahrscheinlich Ziegen und mittelgroße Caniden (Hund?) (Hays 1976).

1.3. Schlußfolgerungen

a) Die Kultivierung der Nutzpflanzen Gerste, Einkorn, Emmer, Erbsen, Linsen, Flachs, Wicken und Kichererbsen ist nach Harlan um etwa 7000 v.Zr. zusammen mit der Domestikation von Schaf, Ziege, Schwein und wahrscheinlich auch Rind in einem vorderasiatischen Kerngebiet erfolgt (Harlan 1971: 469). Es kann aber wohl als zweifelsfrei erwiesen gelten, daß sowohl in Ober- als auch in Unterägypten seit dem späten Paläolithikum wildwachsendes Getreide geerntet und als menschliche Nahrung verwendet wurde. Daß dieser Zweig des Nahrungsmittelerwerbs keinen zufälligen oder sporadischen Charakter besaß, davon zeugen die eigens für ihn entwickelten und hergestellten Werkzeuge, wie Sichelschneiden und Mahlsteine. Wenn Emmer und Gerste in Vorderasien domestiziert worden sind und sich von dort aus nach Ägypten verbreitet haben, dann trafen sie hier zumindest bereits auf eine sehr alte Tradition in der Getreideverwertung, die wenigstens um ca. 3000 Jahre weiter zurückreicht als die für etwa 7000 v.Zr. in Vorderasien angenommene Domestikation, sowie auf die Bereitschaft, zum Anbau von Getreide überzugehen.
Ähnliches könnte sinngemäß auch für die Viehzucht gelten. An der Existenz verschiedener Arten von Wildrindern und zumindest von je einer Art wilder Schafe und Schweine im paläolithischen Ägypten ist nicht zu zweifeln, auch nicht daran, daß sie den paläolithischen Bewohnern Ägyptens als Jagdbeute dienten. Die Domestikation von Schweinen im Delta und Eseln in Oberägypten wird mit einiger Sicherheit angenommen (Brunner-Traut 1975: 1122-1123).

b) Wie aus den Grabungsberichten deutlich wird, wurde bereits in den älteren bekannten neolithischen Kulturen des ägyptischen Niltals Ackerbau und Viehzucht betrieben, und zwar in Ober- und Unterägypten ziemlich gleichmäßig, ohne daß eine Vorherrschaft des einen oder anderen Landesteiles auf dem einen oder anderen Gebiet zu erkennen ist.

Sowohl in Oberägypten als auch in Unterägypten bildeten seßhafter Ackerbau und Viehzucht die materielle Grundlage für die Existenz der neolithischen Bevölkerung.

2. Handwerk

Nach allgemein akzeptierter Ansicht ist spezialisiertes Handwerk erst auf der Grundlage eines gesicherten landwirtschaftlichen Mehrproduktes möglich. In Ägypten war der Ernteertrag weitgehend von der Höhe der Nilflut, ihrem Gehalt an Nilschlamm und der Menge des bestellten Bodens abhängig, dazu kamen noch die Einhaltung der günstigen Aussaat- und Erntetermine, weil bei einer zu frühen oder späten Feldbestellung der Boden entweder noch zu naß oder bereits zu trocken und hart war, um die Saat einzubringen. Auch der Zeitpunkt der Ernte mußte genau abgepaßt werden, weil sonst unter dem Einfluß der Hitze das Getreide sehr schnell vertrocknete und ausfiel. Es gab also zwei Arbeitsspitzen für den Getreideanbau: die Aussaat Okt./Nov. und die Ernte etwa März/April. In dieser Zeit waren vermutlich alle verfügbaren Leute auf dem Feld beschäftigt. In den übrigen Monaten des Jahres war in der Getreidewirtschaft nichts zu tun. Im Gegensatz zu anderen Gebieten der Welt, in denen ein großer Teil des Jahres für Feldarbeiten aufgewendet werden mußte, war in Ägypten nur etwa ein Drittel des Jahres dafür erforderlich. In der übrigen Zeit konnte Gartenbau, Jagd, Fischfang, Sammeln von wilden Wurzeln und Früchten usw. betrieben werden. Auch für häusliches Handwerk stand zweifellos genügend Zeit zur Verfügung, so daß sich eine erhebliche Geschicklichkeit und Kunstfertigkeit entwickeln konnte und Produkte großer Schönheit und Haltbarkeit entstanden, die bereits den Eindruck von spezialisierter Handwerksproduktion erwecken. Die Töpfer, Steinbearbeiter, Hersteller von Matten und Körben waren Teilzeitspezialisten, die ihre Arbeiten für den Bedarf der Familie oder der dörflichen Gemeinschaft anfertigten. Aus diesem Grunde ist es recht schwer, den Zeitpunkt zu fixieren, wann spezialisiertes Handwerk in Ägypten wirklich entstand, d.h. seit wann Menschen vollständig von der Nahrungsmittelproduktion befreit waren, um ausschließlich handwerkliche Tätigkeiten auszuführen.

2.1. Keramik

2.1.1. Fayum

Das Material der Fayum-A-Keramik ist durchweg ein grober Ton, der reichlich mit Schaff durchsetzt ist. Die Gefäße sind ohne Gebrauch der Töpferscheibe hergestellt, Spuren der Verwendung einer drehbaren Unterlage werden nicht erwähnt. Die Keramik ist in allen Fällen schlecht gebrannt. Scherben, die auf die Existenz einer schwarzpolierten Ware hindeuten könnten, sind nach Auffassung von Caton-Thompson das Ergebnis eines ungenügenden Brennprozesses. Die Formen sind durchweg einfach und selten wirklich symmetrisch. Es kommen große und kleine, flach- bzw. hochwandige Gefäße vor, mit geraden, schrägen oder etwas gerundeten Seitenwänden. Die Gefäßränder sind gerade und nicht besonders ausgearbeitet, die Böden rund, gerade oder mit einer extra abgesetzten Standfläche versehen. Henkel sind nicht belegt, vielleicht haben die an neun Scherben vorhandenen, immer von außen angelegten Durchbohrungen zum Aufhängen der Gefäße gedient. Intakte Gefäße mit Durchbohrungen sind nicht erhalten. Charakteristisch sind große viereckige Schalen mit an den vier Ecken deutlichen erhöhten Rändern. Es lassen sich drei verschiedene Arten der Oberflächenbehandlung erkennen:

- rauhe, nur grob geglättete Keramik
- geglättete Keramik
- polierte Keramik

Bei einem großen Teil der polierten Keramik läßt sich ein Überzug aus rotem Ocker (von Caton-Thompson als „slip" bezeichnet) zumindest in Spuren erkennen. Dekorationen durch eingedrückte, eingeritzte oder aufgemalte Muster sind nicht belegt.

2.1.2. Merimde

Das Material der Merimde-Keramik ist im Unterschied zu der des Fayum weitaus differenzierter. Für die einfache Gebrauchskeramik sowie für große Gefäße wurde grober, stark mit Häcksel, gelegentlich auch mit Sand und kleinen Steinchen, vermischter Ton verwendet.
Daneben sind aber auch Gefäße aus feingeschlämmtem Ton mit nur geringem oder gar keinem Zusatz an Häcksel belegt (Junker 1940: 18). In allen drei Schichten ist sowohl die feine als auch die grobe Keramik vertreten, aber in der untersten und ältesten Schicht (Schicht 1) ist der prozentuale Anteil der feinen Ware höher (Larsen 1962: 9). Die gesamte Merimde-Keramik ist ohne Gebrauch der Töpferscheibe hergestellt. Über Anzeichen von der Verwendung einer drehbaren Unterlage ist nichts berichtet. Im allgemeinen ist die Merimde-Keramik gut gebrannt, jedoch ist die rote Ware härter als die schwarze.
Gegenüber dem Fayum ist der Formenbestand der Merimde-Keramik reichhaltiger, die Gefäße sind dünnwandiger und regelmäßiger. Die Gefäßformen des Merimde sind durch alle drei Schichten im wesentlichen die gleichen (Junker 1940: 12). Es überwiegen bei weitem die Gefäße mit weiten Öffnungen, Gefäße mit eingezogenem bzw. verengtem Rand sind selten, kommen aber vor. Die Gefäßränder sind zumeist einfach, ohne Betonung der Lippe, gelegentlich wurden jedoch kleine runde Verdickungen des Außenrandes bemerkt. Nur bei der schwarzpolierten Ware ist in seltenen Ausnahmen die Gefäßwand zum Rand erheblich stärker und erhielt einen waagerechten Abschluß mit scharfer Außenkante. Bei einigen Gefäßen der schwarzpolierten Ware endet der Rand in zwei parallelen Wülsten, die durch eine tiefe Rille getrennt sind (Junker 1933: 131). Einige Gefäße besitzen mehr oder weniger breite Ausgußschnauzen (Junker 1933: 78) oder röhrenförmige Tüllen (Junker 1932: 77). Die Gefäßböden sind meist flach mit mehr oder weniger ebener Standfläche, seltener sind rundliche oder rundlich-spitze Formen in allen Schichten. Daneben können die Standflächen auch in Form eines Ringfußes in allen Schichten, einer kleineren oder größeren Fußplatte nur in Schicht 2 und 3, mit einem Kantenwulst, mit vier Füßen oder mit Untersatz gearbeitet sein (Larsen 1962: 47-57). Einige Gefäße besitzen an der Außenkante aufgesetzte Verdickungen, die zum besseren Anfassen dienten (Junker 1929: 235-236) oder massive waagerechte Handgriffe (Junker 1932: 74). Zahlreiche Gefäßscherben sind durchbohrt. Ein Teil dieser Durchbohrungen entstand durch die Sitte, zerbrochene Keramikgefäße durch Verschnürungen mittels Lederriemen wieder instand zu setzen. Von den Löchern ausgehende Rillen, durch die die Riemen oder Schnüre geführt werden konnten, machen diese Interpretation wahrscheinlich. Andere Durchbohrungen in der Nähe des Gefäßrandes, vor allem bei intakten Gefäßen, zeigen, daß eine Reihe von Gefäßen an Schnüren hängend aufbewahrt wurde (Junker 1929: 236; 1932: 79).
Charakteristisch für die Keramik des Merimde sind ovale Schüsseln, die sowohl in feiner als auch in grober Keramik hergestellt wurden (Junker 1930: 73), Löffel und größere Kellen (Junker 1930: 72) sowie größere, auf in Ton nachgebildeten Menschenfüßen ruhende Schüsseln (Junker 1932: 69). Daneben kommen sehr kleine Nachbildungen größerer Gefäße vor, die gelegentlich als Puppengeschirr interpretiert wurden, aber auch als Kosmetikbehälter oder Votivgaben gedient haben könnten, sowie größere und kleinere Rasseln. Die im Verlauf der 3. Schicht aufkommenden sehr großen Vorratsgefäße sind zunächst noch von sehr unsymmetrischer Form mit Wandstärken von 4 cm – 4,5 cm und unregelmäßigen rundlichen Böden von etwa 10 cm Dicke. Es entsteht der Eindruck, als sei die Herstellung dieser etwa 1 m hohen Gefäße noch nicht vollständig gemeistert worden. Die im obersten Teil der 3. Schicht gefundenen Bruchstücke von Behältern der gleichen Größe

zeigen dann bedeutend regelmäßigere Formen, eine Wandstärke von 1,6 cm – 2,2 cm und ebenmäßige Böden mit gerader, etwas nach außen ausladender Standfläche. Ganz offenbar hat sich die Fähigkeit der Merimde-Leute, auch sehr große Gefäße herzustellen, im Verlauf der langen Schicht 3 erheblich gesteigert (Junker 1940: 23-24). Die feinere Merimde-Keramik ist entweder rot oder schwarz gefärbt. Absichtlich hergestellte rot-schwarze Gefäße wie im prädynastischen Oberägypten, kommen im Merimde nicht vor. Die Rotfärbung wurde durch einen Überzug von rotem Ocker, die Schwarzfärbung durch einen raucherzeugenden Zusatz beim Brennen erreicht.
Sowohl rote als auch schwarze Gefäße sind in drei Ausführungen vorhanden: rauh, geglättet, poliert (Junker 1929: 226). Auch die Oberfläche der groben Gebrauchskeramik wurde zumindest mit einem „bürstenartigen Instrument (Besenstrich)“ geglättet (Junker 1940: 18). Charakteristisch für die unterste (1. Schicht) in Merimde sind rotpolierte Gefäße mit einer harten, feingeschlämmten, wenig oder gar nicht mit Häcksel versetzten Ware. Diese Gefäße, die in der 2. Schicht nur noch vereinzelt, in der obersten Schicht überhaupt nicht mehr vorkommen, tragen unter dem Rand einen, um das Gefäß laufenden, unpolierten Streifen mit einem eingeritzten Fischgräten- oder Tannenzweigmuster, meist ohne Mittelrippe. In der 2. Schicht verschwindet das Fischgrätenmuster auf mattem Band, die rotpolierte Ware wird jedoch insgesamt beibehalten (Junker 1940:14). Für die besten Stücke der 2. und 3. Schicht wurde jedoch die etwas weichere, schwarzpolierte Keramik verwendet. Sie wurde gelegentlich durch innerhalb des Randes in Reihen aufgesetzte kleine Buckel (gelegentlich sind sie auch über den ganzen Gefäßkörper verteilt) bzw. durch Reihen von eingedrückten oder eingeritzten Mustern verziert. Aufgemalte Dekorationen kommen in der Merimde-Keramik nicht vor. Aus Merimde sind auch erste Anzeichen von Keramikplastiken belegt. Leider ist aus den Vorberichten nicht ersichtlich, welcher Schicht sie im Einzelnen angehörten. Es handelt sich dabei um das Mittelteil einer vermutlich weiblichen Figur aus gebranntem Nilschlamm mit Beimischungen von Häcksel und einem starken Anteil an Glimmerteilchen (Junker 1932: 68), einen Rinderkopf (Junker 1933: 81) und ein Bootsmodell in leicht geschwungener Form, an beiden Enden zugespitzt und mit niedrigem Bord (Junker 1933: 82). Die beiden letzten Plastiken sind aus luftgetrocknetem Nilschlamm hergestellt.

2.1.3. Omari

Die Beschreibung der Omari-Keramik wird sehr durch die unzureichende Publikation beeinträchtigt. Im allgemeinen gewinnt man den Eindruck, daß die Omari-Keramik der des Merimde sehr ähnlich ist, obgleich die für Merimde charakteristischen Verzierungen fehlen (Larsen 1962: 14). Das Material der Omari-Keramik ist wie im Merimde differenziert, scheint aber bei den feinsten Stücken des Omari nicht die Qualität der entsprechenden Merimde-Ware zu erreichen (Junker 1928: 26).
Auch die Omari-Keramik ist noch ohne Töpferscheibe hergestellt, wenngleich Baumgartel an einigen Gefäßinnenwänden die Existenz waagerechter Striche bemerkt hat (Baumgartel 1955: 121). Das könnte auf den Gebrauch einer drehbaren Unterlage verweisen.
Es hat den Anschein, als sei die Omari-Kermik gleichmäßig und gut gebrannt. Aber Debono hat sich nicht über das Aussehen des Scherbenbruchs geäußert (Larsen 1962: 14). Debono unterscheidet 17 Formenklassen der Omari-Keramik, darunter Gefäße mit stark eingezogenem Rand, runde Flaschen und Gefäße mit geraden Seitenwänden, sog. „Blumentopf-Form“. Gefäße auf zwei oder drei Füßen, sehr große Vorratsbehälter und Henkelgefäße deuten auf die enge Verbindung zu Merimde und Maadi hin. Die Omari-Keramik ist einfarbig rot, schwarz und braun, rotschwarze Gefäße scheint es nicht zu geben. Die für die feineren Waren bevorzugte Farbe scheint jedoch rot gewesen zu sein. Die Oberflächenbehandlung bei roter, schwarzer und brauner Keramik kann rauh, geglättet oder poliert sein. Die Omari-Keramik ist völlig undekoriert.

2.1.4. Maadi

Merkwürdigerweise enthalten die zugänglichen Maadi-Publikationen keine Beschreibung des für die Keramik verwendeten Materials. Den Vorberichten ist zu entnehmen, daß es sehr grobe, grobe und feinere Keramik gegeben hat, aber Angaben über die Magerungsmittel und Beschaffenheit des Tons fehlen. Hergestellt wurde die Maadi-Keramik ohne Gebrauch der Töpferscheibe (Menghin 1931: 25). Im allgemeinen ist die Maadi-Keramik wohl recht gut gebrannt, aber die kleineren Gefäße sind besser gebrannt als die dicke, grobe Ware (Menghin/Amer 1932: 21). Eine Anzahl von fehlfarbenen rot-schwarz-braun gefleckten Gefäßen ist wohl als Mißerfolg beim Brennvorgang zu betrachten (Menghin 1931: 44; Menghin/Amer 1932: 25).
Die weitaus häufigste Gefäßform des Maadi ist oval, manchmal gedrungen bis fast schlank, manchmal schlanker, mit eingezogenem Rand, schmaler Randlippe und konischer, ringförmiger Basis. Weniger häufig sind runde, selten fast spitze Böden. Gefäße mit breiter, ebener Standfläche scheinen nicht vorzukommen. Seltener sind kleine breitovale Gefäße mit verengtem Hals, wenig ausgearbeitetem Rand und fast spitzer Basis. Belege für Henkel, Ausgüsse und ovale oder runde Tüllen sind vorhanden, leider nur an Scherben. Der größte Teil der Maadi-Keramik ist einfarbig rot, schwarz oder braun. Dabei wird eine auffällige Kopplung zwischen Farbe und Oberflächenbehandlung deutlich. Rote Überzüge (bei Menghin 1931: 22 als „rote Tünche", bei Menghin/Amer 1932: 21 als mattroter „wash" bezeichnet) scheinen nur auf geglätteten Gefäßen aufzutreten. Das eigentliche Standardgefäß des Maadi, das sog. Basisringgefäß, kommt z.B. nur in geglätteter, roter Ausführung vor. Politur tritt dagegen nur bei schwarzen Gefäßen auf, und es gibt keine Beispiele für schwarz-polierte Basisringgefäße.
Einzelne Belege für bemalte Keramik existieren leider auf Scherben (Menghin/Amer 1932: 31-33):

- ein Palmzweig (?) in hellrot auf rötlich-gelbem Untergrund (slip),
- Striche, Punkte und einfache Zweigmuster in rot auf rotgelbem Slip als Innendekoration von Schüsselfragmenten (Parallelen: Petrie 1921: Taf. 36, 72 mit SD 32, d.h. Negade I),
- geometrische, gerade Linien in dumpfen Rot auf gelbem oder weißem Slip (ähnlich bestimmten Mustern einer frühdynastischen Ware aus Abusir oder Abydos),
- sonst unbekannte, netzartige Muster in braun-rot auf braun-gelbem Slip,
- geometrisches Ornament in stark dumpfigem Rot auf grauem Slip.

Einige dieser Bruchstücke sind ganz offenbar oberägyptischer Herkunft. Als besondere Keramik, die jedoch nur in wenigen Beispielen erhalten ist, werden folgende Gefäße oder Scherben, oft aus hellem Ton, bezeichnet:

- Wellenhenkelgefäße (aus Oberägypten oder Vorderasien),
- tonnenförmige Vasen mit zylindrischem Hals und Randlippe,
- Henkelvase mit eingedrückten Halsdekorationen aus punktförmigen Eindrücken,
- kleines Gefäß mit einer Dekoration unterhalb des Halses aus langen Eindrücken, deren Kontinuität dreimal durch kleine Buckel unterbrochen ist,
- gedrungener, breiter, schwarz-geglätteter Topf mit kurzem zylindrischem Hals und Randlippe (späte, aus Oberägypten bekannte Form: Petrie 1921: Taf. 51, 68),
- kleine konische, breite Schüsselchen, mit schmalem, bis fast spitzem Boden, aus frühdynastischer Zeit in Tura belegt und dort als Deckel angesehen, in Maadi aber Spuren roter, mit Fett angerührter Farbe,
- Keramikgefäß in Vogelform mit angedeuteten Flügeln und Schwanz,
- Tierkopf (?),
- Frauenidol (?),
- Rinderkopf mit abgebrochenen Hörnern (?).

Die letzten drei Beispiele für Plastiken können bei genauer Betrachtung jedoch auch alles mögliche andere darstellen. Es zeigt sich also, daß die Maadi-Keramik nach Form und Färbung einen durchaus eigenständigen Komplex darstellt, von dem sich einzelne Stücke als offensichtliche Importware deutlich abheben. Vor allem die Besonderheit der monochromen Färbung stellt sehr deutliche Beziehungen zu den anderen unterägyptischen Kulturen – Omari, Maadi und Fayum – her.

2.1.5. Tasa

Die Tasa-Keramik ist aus braunem oder grauschwarzem Ton hergestellt. Sie ist handgemacht, und es gibt keine Anzeichen dafür, daß bei ihrer Herstellung eine drehbare Unterlage verwendet wurde. Die Oberfläche der Tasa-Keramik kann rauh oder geglättet sein. Die Formen der Tasa-Keramik sind durchweg einfach. Es gibt große und kleine, flache und hochwandige Gefäße, wobei die Gefäßöffnung überall weit ist. Die Gefäßböden sind entweder rund oder flach. Auf die flachen Böden setzen die Gefäßwände winklig auf. Die Tasa-Keramik ist undekoriert.
Die berühmten sog. „Tasa-Becher“ gehören nach der ohne jeden Zweifel richtigen Auffassung von Baumgartel einer späteren Kulturstufe an. Mit ihrer ausgearbeiteten Form, ihrer polierten Oberfläche und dem eingedrückten, nach dem Brand weiß ausgefüllten Schmuckband, entsprechen sie in keiner Weise der übrigen Tasa-Keramik.

2.1.6. Badari

Das Material, aus dem die Badari-Keramik angefertigt wurde, ist differenziert. Für die dicke, grobe Gebrauchskeramik wird der Ton gelegentlich mit Häcksel vermischt, die feinen, dünnwandigen Gefäße wurden dagegen aus geschlämmtem, sehr feinkörnigem Ton gearbeitet.
Es gibt keine Anzeichen für den Gebrauch der Töpferscheibe oder einer drehbaren Unterlage. Dennoch sind die Gefäße zumeist symmetrisch. Die Oberfläche der Badari-Keramik kann rauh, geglättet oder poliert sein. In einigen Fällen wurde ein roter „wash“ oder „slip“ aufgetragen. Den Richtlinien von Petries „Corpus of Prehistoric Pottery“ folgend hat Brunton die Badari-Keramik nach Färbung und Oberflächenbeschaffenheit in sieben Gruppen eingeteilt (Brunton 1928: 21-24):

1. braune, polierte, schwarzrandige Gefäße (black-topped, polished brown). Diese Gruppe umfaßt sehr dünnwandige, hartgebrannte Gefäße von auch in späterer Zeit wohl unübertroffener Qualität. Sie wird im allgemeinen als die Leitware des Badari angesehen.
2. rotpolierte, schwarzrandige Gefäße (black-topped, polished red),
3. rotpolierte Gefäße (polished red),
4. schwarzpolierte Gefäße (all black), ziemlich dicke Keramik,
5. gleichmäßig braune Gefäße mit meist geglätteter, seltener polierter Oberfläche,
6. grobe Gebrauchskeramik (rough brown), häufig mit Zusatz von Häcksel, oft schlecht gebrannt, hierzu gehören u.a. auch die sehr großen Gefäße,
7. Gefäße sehr unterschiedlicher Form und Technik, die sich nicht sinnvoll in die vorhergehenden Gruppen eingliedern lassen (fancy forms, miscellaneous ware).

Die Gefäßformen der Badari-Keramik sind unkompliziert. Sie umfassen zumeist schüssel- oder vasenförmige Gefäße mit weiter Öffnung. Selten ist nur der Rand etwas eingezogen, ausgearbeitete Randformen treten nicht auf. Die Wände sind gerade oder leicht geschwungen. Die Gefäßböden sind rund oder gerade, wobei vor allem bei der Klasse 1 die Wände winklig an den gerundeten oder flachen Böden ansetzen, während die Gefäße der Klasse 2 keinen erkennbaren Winkel zwischen Boden und Wänden zeigen.

Nach Bruntons Beobachtung weisen die aus Siedlungsablagerungen stammenden Gefäße einen größeren Reichtum an Formen auf als die aus Gräbern geborgenen. Im Gegensatz zu den unterägyptischen Kulturen gibt es im Badari neben der einfarbigen Keramik (rot, Klasse 3; schwarz, Klasse 4; braun, Klasse 5) auch zweifarbige Gefäße in braun-schwarz (Klasse 1) und rot-schwarz (Klasse 2).
Das spezifische Merkmal der Badari-Keramik ist eine feine Riefelung, die die äußere Gefäßoberfläche ganz oder teilweise bedeckt. Bei großen und weiten Gefäßen wurde sie auch auf der Innenseite angebracht. Eine Dekoration der Keramik durch Bemalen ist im Badari unbekannt.

2.1.7. Negade I

Eine Betrachtung der Keramik des Negade I wird sehr dadurch erschwert, daß zwar reichliche Funde aus Gräbern vorliegen, dafür aber sicher datierbare Gefäße aus Siedlungen fehlen. Es liegt jedoch auf der Hand, und wird auch durch den Befund von Brunton für die Badari-Keramik bestätigt, daß der größere Gefäßreichtum in Siedlungen zu erwarten ist, wohingegen Grabbeigaben, auch wenn sie noch so reichhaltig sind, nur einen Ausschnitt aus dem vorhandenen Keramik-Inventar bieten. Bei seiner Untersuchung der Negade-Keramik stellte Kaiser (1957) fest, daß in den Gräbern des Negade I (Stufe I) folgende Keramik-Klassen vertreten sind:

1. *B-Ware* (black topped): braune oder rote, schwarzrandige Gefäße, fast immer poliert, hergestellt aus Nilschlamm mit Sand gemagert,
2. *P-Ware* (polished-red): rotpolierte Gefäße, die in Material, Grundfarbe und Bearbeitung der Klasse 1 entsprechen,
3. *C-Ware* (white-cross lined): rotpolierte Ware (P-Ware) mit aufgemalten, zumeist abstrakten Mustern in weiß oder gelblich. Neben den geometrischen Mustern, Flechtwerksnachahmungen oder dgl. treten aber auch erstmalig figürliche Motive auf: Elefanten, Gazellen und andere Steppentiere, Nilpferdjagd sowie Männer und Frauen.

Sehr selten kommen die Gefäße der

4. *R-Ware* (rough-faced): aus stark mit Häcksel vermischtem Nilschlamm, geglättet, zumeist schlecht gebrannt und von rotbrauner Färbung,

vor, sowie die Gruppe der

5. *F-Ware* (fancy form): In Material und Herstellung entspricht sie wohl zumeist der P-Ware (Klasse 2), seltener der B-Ware (Klasse 1) oder andern Gruppen.

Die Gefäße der

6. *BP-Ware* (black-polished) sind bei Kaiser nicht bearbeitet, kommen aber im Negade I vor (Baumgartel 1965: 16).

Im verwendeten Material unterscheidet sich nur die durch Häcksel gemagerte R-Keramik von der übrigen durch Sand gemagerten Keramik.
Im allgemeinen sind die Formen der Negade-I-Keramik noch unkompliziert. Es sind überwiegend Becher, Vasen, Schüsseln und flache Schalen. Die Gefäßöffnungen sind zumeist weit, selten etwas eingezogen, die Gefäßränder sind ganz selten etwas ausgearbeitet. Die Wände sind fast immer etwas geschweift, die Böden sehr häufig gerade, seltener rund. Die Gefäßwände sind bei weitem nicht mehr so dünn, wie in der Klasse 1 der Badari-Keramik.

2.1.8. Negade II

Das zu Anfang des Abschnittes über die Negade-I-Keramik Gesagte trifft auch auf Negade II und die späteren Perioden voll zu: Gut ausgegrabene Siedlungen würden das Bild über die Keramik weitaus umfangreicher aber auch weitaus differenzierter gestalten helfen.

Nach Kaiser wird

- die *B-Ware* zu Beginn des Negade weitergeführt, nimmt im Verlauf der Zeitstufe IIb jedoch ab und verschwindet zu Ende IIc fast völlig,
- die *P-Ware* wird durch das ganze Negade weitergeführt und verschwindet erst in der Zeitstufe IIIb,
- die *R-Ware* nimmt in IIa und b auf Kosten der B-Ware zu, ist in IIc-d führend, nimmt dann ab und ist zu Ende von IIIa2 fast ganz verschwunden,
- die *C-Ware* ist mit Beginn des Negade II verschwunden. Sie ist ausschließlich charakteristisch für Negade I.

Neu im Negade II ist

- die *N-Ware* (black-incised) aus weichem, fetten Material, mit eingeritzten, nach dem Brand weiß ausgefüllten Mustern, schwach gebrannt. In diese Gruppe werden wohl auch die berühmten „Tasa-Becher" gehören. Die N-Ware ist im wesentlichen auf die Zeitstufe IIa-b beschränkt und verschwindet zu Ende IIb fast völlig.
- die *D-Ware* (decorated) aus feinem, hellen, mit Sand gemagerten Wüstenton, gut geglättet, niemals poliert, sehr hart gebrannt, blaßrot bis gelblich grau gefärbt, mit in rotbraun aufgemalten Schiffmotiven, Spiralen, Steinmaserungen usw. Die D-Ware setzt zu Ende IIb in einzelnen Stücken ein und wird bis IIIb weitergeführt.
- Die *L-Ware* (late), Wüstenton, Oberfläche kann geglättet oder poliert sein, setzt ebenfalls mit einzelnen Stücken zu Ende IIb ein, ist in IIc-d noch selten, hat sich aber zu Ende IIIa voll durchgesetzt und steht zahlenmäßig an der Spitze der Gefäße. Vor allem große Gefäße mit rundem oder flachem Boden, die in der Zeitstufe II aus B- oder R-Ware gefertigt waren, werden in der Zeitstufe IIIa zunehmend aus L-Ware hergestellt (nur geglättet) und haben in IIIb die R-Ware fast völlig verdrängt.
- Die *W-Ware* (wavy-handled), die Petrie zum Ausgangspunkt für sein System der Staffeldaten gewählt hatte, tritt erstmals in IIc auf und zwar entgegen der Auffassung von Petrie, nicht nur in rundlich ovalen, sondern auch bereits in schlank-ovalen Formen. Die Wellenhenkel sind gut ausgearbeitet und tief angesetzt, die Gefäßböden flach. Offenbar handelte es sich bei diesen Gefäßen um ägyptische Nachahmungen von Importgefäßen aus Palästina, wie sie dort in der spät-chalkolithischen Phase gebräuchlich waren (Kantor 1954: 4). Jedoch nehmen die rundlich-ovalen Typen während der Zeitstufen IIc-d schnell ab, die Henkel werden immer mehr zum Ornament und rücken näher zum Gefäßrand. Zum Ende der Zeitstufe IIIa ist eine fast zylindrische Form erreicht. In IIIb schließlich sind die Gefäßwände zumeist gerade und die Wellenhenkel nur noch reine Verzierungen.

2.1.9. Schlußfolgerungen

a) In der Keramik der prädynastischen Kulturen Ägyptens gab es Gemeinsamkeiten und Besonderheiten. Die Gemeinsamkeiten liegen vor allem auf technischem Gebiet. Mit Ausnahme des Fayum A und des Tasa, die jeweils nur eine Keramikart besaßen, gab es in allen anderen Kulturen sowohl grobe Keramik als auch feinere Gefäße. Die grobe Keramik, aus der vor allem große Schüsseln und Krüge, aber gelegentlich auch kleinere Gefäße hergestellt wurden, bestand in Unter- wie in Oberägypten aus Nilschlammton, der mit Häcksel gemagert und anschließend nicht sehr hart gebrannt war. Die Oberfläche dieser Keramik war rauh oder geglättet und wurde gelegentlich vor dem Brennen mit einem Überzug aus rotem Ocker versehen.

Für die feineren Keramikarten wurde der Nilschlammton mehr oder weniger fein geschlämmt, in Unterägypten magert man ihn, genau wie für die grobe Keramik, zumeist mit Häcksel, wenn auch bei den sehr feinen Arten, wie z.B. den roten hartgebrannten Gefäßen der Schicht 1 von Merimde, Häcksel nur in sehr geringen Mengen zugesetzt wurde. In

Oberägypten verwendete man für die feinen Keramikarten, im Gegensatz zu Unterägypten als Magerungsmittel Sand.
b) Die augenfälligsten Unterschiede in der Keramikbehandlung der prädynastischen Kulturen bestehen in den Formen und Dekorationen der Gefäße. Hier hat jede Kultur ihre eigenen, charakteristischen Besonderheiten entwickelt. Dabei schließen sich die unterägyptischen Kulturen darin zusammen, daß sie ausschließlich einfarbige rote oder schwarze Färbungen zeigen, während in Oberägypten neben den einfarbigen Gefäßen auch zweifarbige, d.h. rot- bzw. braun-schwarzrandige Ware hergestellt wurde. Die selten belegten zweifarbigen Stücke der unterägyptischen Keramik sind dagegen eindeutig mißfarben und als während des Brennprozesses in der Färbung verdorben anzusehen.

c) Die sehr dünnwandige und sehr hartgebrannte Ware, die nach unserem Verständnis die schönsten Stücke der prädynastischen Keramik Ägyptens in der nach dem damaligen Stand der Produktivkräfte höchstmöglichen technischen Perfektion hervorgebracht haben, scheint nicht in allen Perioden der prädynastischen Kulturen Ägyptens gleichermaßen beliebt gewesen zu sein. So kommen die sehr dünnen, hartgebrannten, rotpolierten Gefäße der Schicht 1 von Merimde, die unter dem Rand auf einem mattgelassenen Band ein eingeritztes Tannenzweigmuster zeigen, in der Schicht 2 völlig außer Gebrauch. Obgleich rotpolierte Ware weiter hergestellt wurde, wurden die feinsten Stücke der Schicht 2 und 3 in einer weicheren, etwas dickeren, schwarzpolierten Ware gefertigt. Das Aussterben der feingeriefelten, dünnwandigen Leitware des Badari zu Beginn des Negade I könnte man noch mit der Ausbreitung anderer kultureller Traditionen erklären, für Merimde gibt es jedoch überhaupt keine Anhaltspunkte für eine solche Interpretation.

d) Bis zur Zeitsufe des IIb des Negade wurde die gesamte ober- und unterägyptische Keramik aus Nilschlammton hergestellt. Durch die Reaktion des darin enthaltenen Eisenoxyds färbten sich die Gefäße bei höheren Brenntemperaturen rot, und zwar um so intensiver, je höher die Temperaturen waren. Bei niedrigen Brenntemperaturen wurden die Gefäße braun. Eine gleichmäßige Rotfärbung entstand jedoch auch, wenn die Gefäße vor dem Brennen einen Überzug („wash" oder „slip") aus Ocker erhielten.
Ab Zeitstufe IIb des Negade kam dann in Oberägypten ein feiner, heller Wüstenton in Gebrauch, der aus einer Mischung von feinem Ton und sehr feinem Kalziumkarbonat besteht und faktisch frei von organischen Bestandteilen ist. Dieser Ton wird nur außerhalb der Reichweite der Nilüberschwemmung an den Mündungen einiger Wadis in Oberägypten (z.B. Kena und Ballas) und Mittelägypten (z.B. Sohag) gefunden. Durch Brennen bei niedrigen Temperaturen wurde er hellrot bis rosa, bei höheren Temperaturen grau, gelblichgrau, und bei sehr hohen Temperaturen nimmt er eine graugrünliche Färbung an (Lucas 1962: 368, 381). Ausschließlich aus diesem Material wurde die D-, L- und W-Ware hergestellt. Es ist durchaus möglich, daß die Verwendung des hellen Wüstentons mit der Entstehung von spezialisiertem Töpferhandwerk in Verbindung gebracht werden kann.

e) Der Gebrauch der Töpferscheibe ist in der prädynastischen Keramik nicht nachzuweisen. Ihre Einführung wird von verschiedenen Autoren von der 1. bis zur 4. Dynastie angenommen (Lucas 1962: 369). Spuren einer drehbaren Unterlage sind zumindest aus dem Omari (Baumgartel 1955: 121) und dem Negade I (Mond/Myers 1937: I, 69) bekannt. An Hälsen einiger Gefäße aus Armant gibt es Spuren, die u.U. sogar auf den Gebrauch der Töpferscheibe hinweisen könnten (Mond/Myers 1937: I, 177-181).

2.2. Steinbearbeitung

Das wichtigste Material zur Herstellung von Werkzeugen und Geräten war in prädynastischer Zeit der Stein. Auch als bereits nachweislich Werkzeuge aus Kupfer in Gebrauch

waren, spielte Stein, insbesondere der Feuerstein, noch lange in dynastische Zeit hinein eine bedeutende Rolle. „Gute und gebrauchsfähige Feuersteinwerkzeuge wurden in Ägypten bis in das Neue Reich und später hergestellt" (Baumgartel 1960: 34). Ägypten ist reich an verschiedenartigsten weichen und harten Gesteinen, die in guter Qualität am Rande des Niltals und in der östlichen Wüste anstehen und dadurch den Niltalbewohnern verhältnismäßig leicht zugänglich waren. Auch bei der Gesteinsbearbeitung lassen sich, wie bei der Keramik, feine und grobe Erzeugnisse unterscheiden. Leider war in beiden Bereichen die Aufmerksamkeit von Ausgräbern und späteren Betrachtern im wesentlichen auf die feineren Arbeiten gerichtet, während die groben Gebrauchswaren, die häufig sehr viel aussagekräftiger sind, nur mehr oder weniger der Vollständigkeit halber noch mitbehandelt wurden. In allen prädynastischen Kulturen Ägyptens, selbst im Negade II und im Maadi, die beide bereits über brauchbare Kupferwerkzeuge verfügten, gab es Steinwerkzeuge von ganz eindeutig paläolithischem Charakter aus Feuerstein, die man, wenn sie nicht aus gesicherten Fundumständen stammten, für zufällig verschlepptes Material paläolithischer Lagerstätten halten könnte. Es handelt sich dabei um Faustkeile, einfache kurze Bohrer, Grobspalter, Flachspalter, Schaber sowie einige weitere Geräte, einseitig oder zweiseitig bearbeitet, zumeist mit großen Flächen noch erhaltener Knollenhaut. Im Fayum wurden diese Geräte von Caton-Thompson, wenn sie in den Speichern und Siedlungsresten des Fayum A auftraten, als Hinweise auf die allmähliche Überlagerung durch die Fayum-B-Kultur interpretiert (Caton-Thompson 1934: 55-59), und typologisch als „pebble backed and pebble butted" zusammengefaßt (Caton-Thompson 1934: Taf. 41). Für Merimde beschäftigte sich Menghin in einem ausführlichen Exkurs (Junker 1932: 83-88) mit der Frage der paläolithischen Geräte, die eindeutig zum Inventar der Steingeräte der neolithischen Siedlung gehören. Auch im Maadi sind solche „paläolithischen" Werkzeuge – sog. „Maadicores" –, bei denen Patina und Fundumstände eindeutig ihre neolithische Herkunft beweisen, aus der Siedlung geborgen worden (Menghin/Amer 1932: 45; Menghin 1932: 152).
Für Oberägypten ist ein „paläolithischer" Bestand an Werkzeugen ebenfalls zu belegen: die sog. „push-planes", „disc-scrapers" und „borers" des Badari (Baumgartel 1960: 23), für Negade I: die „pebble butted" und „pebble backed tools", „planes", „scrapers" und „dibbles" oder „rimers" (Baumgartel 1960: 29-31) und schließlich für das Negade II die „scrapers" (Baumgartel 1960: 37). Da die Funde sowohl aus Siedlungen als auch aus Gräbern stammen, ist es wohl eindeutig, daß ein gewisser Bestand an paläolithischen Werkzeugen, zweifellos auf Grund der Gebrauchstüchtigkeit und der relativ einfachen Herstellungsart, nicht nur im Neolithikum sondern auch noch im Chalkolithikum weiter benutzt wurde. Eine weitere Art von Gerät, die seit dem Paläolithikum im wesentlichen unverändert bis in die dynastische Zeit weitergeführt wurde, ist der Mahlstein, auf dem das Getreide vermahlen wurde.

2.2.1. Werkzeuge und Waffen

Für die feineren Arten der Steinerzeugnisse wie Pfeil- und Lanzenspitzen, Sichelschneiden, Messer, Sägen und Steinbeile wurde in Fayum, Merimde, Tasa, Badari, z.T. in Omari und Negade I im wesentlichen die gleiche Technik angewendet: Ein passendes Gesteinsstück wurde durch Schmirgeln in die entsprechende Form gebracht und erhielt dann durch „presure flaking" oder Polieren seine endgültige Gestalt. Die Arbeitsflächen oder Schneiden wurden anschließend durch Druckretusche (presure flaking) oder durch das Herausarbeiten feiner Zähnchen geschärft. Alle diese Objekte sind zumeist sehr sorgfältig und symmetrisch gearbeitet. Nach heutiger Auffassung als besondere Prunkstücke gelten die polierten Steinbeile, für die neben Feuerstein und Kalkstein auch die verschiedensten Hartgesteine verwendet wurden. Obgleich sie entweder durch „presure flaking" oder Schmirgeln geschärfte Spitzen besitzen, ist schwer vorstellbar, was eigentlich mit ihnen gemacht wurde, denn soweit aus den Grabungsberichten zu entnehmen ist, zeigen sie

wohl nie Spuren der Benutzung, die auf dem polierten Steinkörper bei intensivem Gebrauch aber deutlich sichtbar sein müßten. Die polierten Steinbeile kommen in allen prädynastischen Kulturen Ägyptens vor, mit Ausnahme des Maadi, wo überhaupt keine Steinbeile belegt sind (Menghin/Amer 1932: 53), was durch den Gebrauch von Kupferäxten erklärt wird (Menghin/Amer 1931: 48). In allen anderen prädynastischen Kulturen Ägyptens, einschließlich des Negade II, gibt es neben den polierten Steinbeilen auch solche, deren Oberfläche in Druckretusche bearbeitet ist und deren Aussehen daher unserer Vorstellung von Gebrauchswerkzeugen weit eher entspricht als die polierten Stücke. Für das Negade II sind sowohl Stein- als auch Kupferbeile belegt und der Gebrauch von Steinbeilen setzte sich auch im dynastischen Ägypten noch fort (Baumgartel 1960: 35).
Bereits seit dem Negade I wurde der Feuerstein nicht nur aus den losen Feuersteinknollen gewonnen, sondern aus dem im Niltal anstehenden Kalkstein, in den er in Streifen eingelagert ist, abgebaut. Ein solcher Abbauplatz bei Maghara wird bei Baumgartel erwähnt (1960: 24). Ein anderer wurde von Kaiser besucht (Kaiser 1961: 53). Systematische Untersuchungen dieser Plätze oder Grabungen wurden nicht vorgenommen, so daß nicht klar ist, wie weit dort die Arbeiten zeitlich zurückgehen. Eine sehr auffällige Entwicklung wird bei der Feuersteinbearbeitung der zeitlich letzten prädynastischen Kulturen sichtbar. Während vorher die Technik der Abschläge vor allem für die allgemein gebräuchlichen Universalwerkzeuge, deren konkreter Zweck schwer zu ermitteln ist, angewendet wurde, und man Spezialwerkzeuge wie Pfeil- und Lanzenspitzen, Sichelsteine, Messer, Beile usw. ausschließlich durch Schmirgeln und anschließendes Polieren oder „presure flaking" hergestellt hat, kam im Negade II, im Maadi und zum Teil bereits im Omari auch für die feineren Geräte wieder die Technik der Abschläge in Gebrauch, die nun aber, zumindest bei den besten Produkten, mit vollendeter Meisterschaft beherrscht wurde. Von einem entsprechend vorbereiteten Stück Feuerstein konnte mit einem einzigen Schlag eine bis zu 25 cm lange Klinge abgespalten werden. Am konsequentesten setzte sich die Abschlagtechnik offenbar im Maadi durch, wo selbst Sichelsteine nicht mehr durch Schmirgeln hergestellt, sondern durch Klingen ersetzt wurden. Im oberägyptischen Negade II verdrängten dagegen die Klingen die geschmirgelten Geräte wohl niemals völlig. An größeren Objekten in Klingentechnik sind hier vor allem die sog. „twisted knives" belegt, die etwas in sich gedreht sind und zeigen, daß Klingen von großer Länge auf diese Art sehr schwer herzustellen waren und selten wirklich gerade wurden. Vielleicht deshalb wurde die Klingentechnik im Negade II nach kurzer Blütezeit vor allem für kleinere Geräte verwendet, während die größeren zu Ende der Negade-Zeit wieder allgemein in der traditionellen Weise des Schmirgelns hergestellt wurden (Baumgartel 1960: 34).
Für die besten Stücke des Negade II, vor allem für die Fischschwänze und Messer aus fast durchsichtigem Feuerstein, wurde eine besonders feine Art der Druckretusche, das sog. „ripple-flaking" entwickelt, mit der ein Teil oder die ganze Oberfläche des Objektes verziert wurde. Es ist möglich, daß diese Technik die Errungenschaft einer einzigen Werkstatt war, denn zu Ende des Negade II wurde sie nicht mehr angewendet. Die damit versehenen Geräte wurden jedoch zweifellos als Meisterstücke angesehen, denn sie erhielten Griffe aus Elfenbein und Gold (Baumgartel 1960: 39).

2.2.2. Schminkpaletten

Für das prädynastische Ägypten besonders charakteristisch sind die sog. Schminkpaletten, auf denen mineralische Stoffe, Ocker, Malachit und Galena zu feinem Pulver zerrieben wurden.
Im Fayum A wurden einige flache, geschmirgelte Platten aus Kalkstein bzw. Dolerit mit stark abgerundeten Ecken gefunden, deren Länge zwischen 8 cm und 10 cm variiert und deren Breite zwischen 5 cm und 7 cm liegt (Caton-Thompson 1934: Taf. 12, Nr. 21-22, 24-25, 27-30). Sie könnten als Paletten zum Zerreiben der in den Speichern und Siedlungen

gefundenen Ockerklumpen verwendet worden sein, aber Farbspuren haben sich nicht auf ihnen erhalten. Aus Merimde ist eine vollständige, schildförmige Palette aus schwarzem, basaltartigem Gestein mit den Maßen 10 cm x 8 cm bekannt (Junker 1929: 225, Taf. 7,2), zwei Bruchstücke von Paletten der gleichen Form aus Alabaster (a.a.O.) sowie ein weiteres Bruchstück aus Granit (Junker 1933: 79). In den Omari-Vorberichten gibt es keine Hinweise auf Schminkpaletten.

Für Maadi sind Schminkpaletten aus großen Feuersteinabschlägen belegt (Menghin 1931: 145), davon einige mit Spuren einer weißen Kruste auf der Rückseite. Ein Exemplar war annähernd flunderförmig und an den Rändern sehr leicht retuschiert (Menghin/Amer 1932: 38-39). Darüber hinaus sind einige mehr oder weniger viereckige Paletten aus gelblichem Kalkstein mit sorgfältig geschmirgelter Oberfläche und einige Fragmente von Schieferpaletten „der in Oberägypten gebräuchlichen Form“ bekannt (Menghin/Amer 1932: 38-39). Für einige weitere Bruchstücke wird eine „rhombische“ Form angegeben (Menghin 1934: 115). Bei diesen Fragmenten handelt es sich wohl eindeutig um Importe aus Oberägypten.

Aus Tasa sind insgesamt fünf Schminkpaletten, davon eine aus Schiefer, eine aus Kalkstein und drei aus Alabaster, belegt. Sie haben eine rechteckige Form mit gerundeten Ecken und tragen Farbspuren von rotem Ocker und grünem Malachit (Brunton 1937: 29-30).

In den Gräbern des Badari wurden insgesamt 21 Paletten gefunden, zumeist aus grünlichem Schiefer in länglich-rechteckiger Form, die Schmalseiten zunächst gerade, später V-förmig eingekerbt. Grüne bzw. einmal rote Farbspuren weisen auf ihren Gebrauch hin. Zusammen mit den Paletten wurden den Toten auch die Reibsteine, gelegentlich Malachitklumpen und einmal ein fertiger kleiner „Kuchen“ von getrockneter Malachitpaste ins Grab mitgegeben. Während des Negade I setzte sich der Gebrauch von Schminkpaletten aus Schiefer fort, es treten länglich-rhombische Formen auf, z.T. waren sie sehr groß, z.T. ging man auch dazu über, sie am oberen Ende mit figürlichen Darstellungen zu schmücken. Auch im Negade II gibt es noch Schieferpaletten von rhombischer Form, daneben erfreuten sich aber auch solche in Tierform (Fische, Vögel, Nilpferde) großer Beliebtheit. Möglicherweise entstanden tierförmige Paletten bereits im Negade I (Baumgartel 1960: 85). Zu Ende des Negade II ging man dann dazu über, eine Seite teilweise oder ganz mit flachen Reliefs zu schmücken. Eine Entwicklung, die schließlich bei den bekannten Reliefpaletten der spätprädynastischen Zeit endete, die wohl als Votivgaben für eine Gottheit angefertigt waren und auf denen der Raum für den praktischen Gebrauch der Palette auf ein kleines, rundes, ausgearbeitetes Näpfchen beschränkt war, in dem bestenfalls Schminke angerührt, aber keineswegs mehr verrieben werden konnte. Der Gebrauch der Schminkpaletten scheint bald nach dem Beginn der dynastischen Zeit aufgegeben worden zu sein. Für die Anlagen des B-Friedhofes in Abydos sind sie nicht mehr belegt, aber in der großen Mastaba von Negade, in einigen Gräbern von Tarkhan und in der Mastaba 3357 in Sakkara wurden noch einige Exemplare aus grünlichem Schist gefunden (Emery 1939: 65-66).

2.2.3. Steingefäße

Zumindest ebenso charakteristisch für die Steinbearbeitung der vor- und frühdynastischen Zeit wie die Schminkpaletten sind die Steingefäße. Bei ihren Ausgrabungen am Nordrand des Fayum entdeckte Caton-Thompson zusammen mit anderen Steingeräten als Oberflächenfund beim „site K“ das Bruchstück des Mittelteils einer Basaltvase von wahrscheinlich zylindrischer Form (Caton-Thompson 1934: 72, Taf. 29,11). Der rekonstruierte äußere Durchmesser beträgt 19 cm, die Wandstärke 1,5 cm. Da der untere und der obere Teil des Objektes fehlen, ist weder die eindeutige Form noch die ursprüngliche Höhe zu ermitteln. Die Innenseite zeigt nach der Abbildung sehr deutlich parallele Bearbeitungsspuren in horizontaler Richtung, die ganz eindeutig die Benutzung eines Bohrers anzeigen. Damit wird

jedoch die von Caton-Thompson kommentarlos vorgenommene Einordnung des Objektes in die Fayum-A-Kultur fraglich. Ein späterer Zeitpunkt ist wahrscheinlicher.
Aus dem Siedlungsschutt in Merimde wurden mindestens drei kleine Steingefäße geborgen, jedoch ist nur eines vollständig, von den beiden anderen existiert nur je ein Bruchstück. Das Material ist Basalt bzw. ein harter, graugrüner Stein. Ihre nicht ganz regelmäßige Form sowie ihre Kleinheit (das einzige vollständige Stück ist 7 cm hoch) zeigen, daß sich die Herstellung von Steingefäßen offenbar noch in ihren Anfängen befand (Junker 1929: 223-225, Taf. 7,I). Ein anderes vollständiges Steingefäß wurde von Larsen veröffentlicht (Larsen 1959: 69-72). Es stammt leider nicht aus gesicherten Fundumständen, sondern von einem Fellachen, der es im Sebakh gefunden haben will. Das Material des Gefäßes ist Diorit, seine Höhe beträgt 10 cm, sein äußerer Durchmesser 10,9 cm. Die Gefäßwand ist an der Öffnung 1,0 cm dick, nahe dem Boden 1,7 cm. Der Gefäßboden ist 3,0 cm stark. Das Näpfchen ist innen und außen gut poliert, so daß sämtliche Bearbeitungsspuren vollständig beseitigt sind. Nach Meinung von Larsen gehört es wahrscheinlich in die Schicht 3, da es einigen Keramikgefäßen dieser Schicht gleicht, die jedoch weitaus dünnwandiger sind.
Die Angaben über Steingefäße in den Omari-Publikationen beschränken sich auf das Fragment einer kleinen Basaltvase, die als „eventuell importiert" angesehen wird, sowie einige Kalzitfragmente unsicheren Datums (Hayes 1965: 118-119).
Die Steingefäße des Maadi umfassen (Menghin/Amer 1932: 35):

- zwei intakte Gefäße aus schwarzem Basalt mit gut polierter Oberfläche, aber nicht ganz symmetrisch, dazu einige Bruchstücke, die offenbar zu ähnlichen Gefäßen gehören,
- zwei Fragmente von Alabastergefäßen; sowohl die Basalt- als auch die Alabastergefäße werden als Import aus Oberägypten eingeschätzt,
- mehrere Gefäße aus Mokkatam-Kalkstein: ein zylindrisches Gefäß mit rundem Boden, Höhe 3,5 cm, Durchmesser 2,5 cm; ein kleines Schüsselchen, 1,7 cm Höhe, Durchmesser 2,5 cm; eine zylindrische Vase mit rundem Boden, 8,5 cm Höhe, Durchmesser 6 cm.

Dazu kommen noch mehrere grob gearbeitete kleine Gefäße, deren Oberfläche offenbar mit einem spitzen Instrument zurechtgehackt ist, die Innenseite erhielt auf gleiche Art eine mehr oder weniger große Vertiefung, gelegentlich geschmirgelt. Rußbelag an der Innenseite deutet auf eine Verwendung als Öllämpchen hin.
Aus dem Tasa sind keine Steingefäße bekannt. Auch im Badari sind Steingefäße offenbar noch selten. An verschiedenen Stellen im Siedlungsschutt wurden Fragmente von insgesamt sieben Vasen aus schwarzem und dunkelgrauem Basalt gefunden. Über ihre technische Ausführung ist im Grabungsbericht nichts gesagt, die größte ist 28 cm hoch. In den Formen weisen sie starke Ähnlichkeit mit der Badari-Keramik auf.
Im Negade I nehmen die Steingefäße in der Anzahl zu, scheinen aber insgesamt noch nicht so häufig zu sein (Petrie 1920: 34-36). Neben pokalförmigen Gefäßen mit konischem Fuß, zumeist wohl aus Basalt, gibt es Gefäße mit gerundeten Seitenwänden, verengten Öffnungen, konischem Fuß oder kleiner, ebener Standfläche mit sog. Schnurösen an den Schultern sowie zylindrische Gefäße. Das Material ist Alabaster, Basalt, Breccia, Granit, Kalkstein, Marmor und Porphyr (Lucas 1962: 421).
In den Gräbern des Negade II sind Steingefäße häufig belegt, wenngleich jedoch Keramikgefäße bei weitem überwiegen. Zu den bis dahin verwendeten Steinsorten kommen noch: gesprenkelter Diorit, Grauwacke (Schist), Gips, Serpentin, Steatit und Eruptionsgestein (Lucas 1962: 421). Bei den Formen scheinen die Schnurösengefäße vorzuherrschen, die von breitovalen gedrungenen bis längsovalen schlanken Formen eine große Variabilität zeigen. Ihre Standflächen sind zumeist klein und flach, die konischen Vasen des Negade I treten nur noch selten auf. Daneben gibt es zylindrische Formen verschiedener Größe sowie flache Schalen und etwas tiefere Näpfe. Zu Ende der prädynastischen

und zu Beginn der dynastischen Zeit stieg die Produktion der Steingefäße dann offensichtlich ganz erheblich an. Petrie stellte dazu fest „from the point of view of magnificence and skill in using hard and beautiful stones we must say, that the Egyptians gradually rose to their highest level in the later prehistoric and early dynastic times" (Petrie 1901a: 18).
In den Gräbern von Herrschern und Würdenträgern der frühdynastischen Zeit wurden z.T. hunderte von sorgfältig gearbeiteten Steingefäßen als Beigabe verwendet, von denen jedoch der überwiegende Teil nur als Fragment erhalten ist. Die am häufigsten für Gefäße verwendeten Steinarten waren in frühdynastischer Zeit Alabaster, Schiefer und Kalkstein, aber Gefäße aus Basalt, Breccia, Diorit, Dolomit, Kristall, Marmor, Porphyr, Schist, Serpentin, Syenit und Eruptivgestein sind ebenfalls gut belegt und zeigen, daß auch ausgesprochene Hartgesteine bearbeitet wurden (Petrie 1900: 18; Petrie 1901a: 41; Emery 1938: 1939; 1954; 1958).
Die für die Herstellung von Steingefäßen angewendeten Werkverfahren sind bei Lucas (1962: 423-426) diskutiert. Danach besteht wohl Übereinstimmung darin, daß zunächst die äußere Form des Gefäßes mit Hilfe eines spitzen Instrumentes allmählich körnchenweise aus dem Steinblock herausgearbeitet und dann auf einer drehbaren Unterlage in vertikaler Richtung geschmirgelt und poliert wurde. Erst danach wurde das Gefäß mit Hilfe eines zylindrischen Bohrers ausgehöhlt, wobei die innere Ausarbeitung der Gefäßschulter eigentlich nur durch auswechselbare Bohrköpfe möglich war, d.h. für die äußere Bearbeitung wurde das Werkstück, für die innere das Werkzeug gedreht. Die Ursache für den gewaltigen Aufschwung, den die Herstellung von Steingefäßen zu Ende der prädynastischen Zeit nahm, ist wohl in der Entwicklung und Verwendung drehbarer Werkzeuge (Unterlagen und Bohrer) zu sehen.
Alle für die Gefäßherstellung benutzten Gesteinsarten sind am Rande des Niltales oder in seiner näheren Umgebung in guter Qualität vorhanden. Der Versuch Petries, das Aufkommen von gut gearbeiteten Steingefäßen während des Negade II mit dem Eindringen einer neuen Bevölkerungsgruppe aus dem Osten (etwa dem Gebiet des Roten Meeres, Petrie 1917: 33; 1939: 47) zu erklären, beruht ganz offensichtlich auf der irrtümlichen Annahme, daß die verwendeten Hartgesteine den Ägyptern nur schwer zugänglich und daher weniger vertraut waren (vgl. auch Kaiser 1956: 103). In Anbetracht der bereits aus dem Badari vorliegenden Versuche, Steingefäße herzustellen und in Anbetracht des auch bei der Werkzeug- und Palettenherstellung deutlich sichtbaren hohen Niveaus der Steinbearbeitung, findet die Produktion gut gearbeiteter Hartgesteingefäße im Negade II und in der folgenden Zeit ihre weitaus natürlichere Erklärung in einer Zunahme an Erfahrung und in einer Weiterentwicklung der angewendeten Technik durch wirkungsvollere Produktionsinstrumente.

2.2.4. Schlußfolgerungen

a) Während der prädynastischen Zeit waren in Ägypten für die Bearbeitung von Feuerstein zwei Techniken in Gebrauch: die alte, aus dem Paläolithikum und dem Mesolithikum übernommene Technik der Abschläge und Klingen und eine neue Bearbeitungsmethode, bei der ein durch Abschlagen in grobe Form gebrachtes Werkstück beidseitig auf die endgültige Form zurechtgeschmirgelt und abschließend mit Druckretusche oder Politur versehen wurde. Im Gegensatz zu dem alten Verfahren, durch das die für den täglichen Gebrauch erforderlichen Werkzeuge je nach Bedürfnis und ohne großen Aufwand hergestellt wurden, verlangte die neue Technik, in der die feineren Gegenstände wie Pfeil- und Lanzenspitzen, Sichelklingen u.ä. gearbeitet wurden, eine gewisse Spezialisierung. Die Produktion von Steingeräten ging jedoch nicht über die Befriedigung der alltäglichen Bedürfnisse an Waffen, Sichelsteinen und ähnlichen kleinen Objekten hinaus.

b) Die Verwendung von Feuerstein aus Lagerstätten im anstehenden Kalkstein anstelle von überall leicht zugänglichen Knollen seit dem Negade I und die Übertragung der alten Methode der Klingenherstellung auf ganz besondere Objekte im Negade II, im Maadi und z.T. bereits im Omari deutet darauf hin, daß die Spezialisierung der Steinbearbeitung große Fortschritte gemacht hatte.
c) Eine ähnliche Tendenz zeigt sich auch bei der Verwendung anderer Gesteinsarten. Die Herstellung von besonders geformten Schminkpaletten, die im Negade II einen großen Aufschwung erfährt, die Anfertigung von flachen Reliefs und die Produktion von Steingefäßen in ausgewogenen Formen, sorgfältiger Arbeit und in großen Stückzahlen in der spätprädynastischen und frühdynastischen Zeit, die den Gebrauch spezieller Produktionsinstrumente erforderlich machte, scheint auf das Vorhandensein spezialisierter Handwerker hinzuweisen.

2.3. Metallbearbeitung

Einer der Zweige des Handwerks, die sowohl in der Beschaffung des Rohmaterials als auch bei der weiteren Bearbeitung den Einsatz von Spezialisten erforderten, ist die Metall-, vor allem die Kupferbearbeitung. Wann und wie Metall im Alten Ägypten in Gebrauch kam, ist bis jetzt noch nicht eindeutig geklärt, weil einerseits Metallobjekte das Ziel der Bemühungen aller Grabräuber, auch der prädynastischen, waren und andererseits, weil zunächst Gegenstände aus Metall sicher einen sehr hohen Wert besaßen und nur in Ausnahmefällen als Beigaben in das Grab mitgegeben wurden. Es ist daher durchaus möglich, daß Metall eher und weitaus häufiger in Gebrauch war, als es aus den erhaltenen Funden der Fall zu sein scheint.
Im Gegensatz zu Gold, das in reiner Form in der östlichen Wüste vorkommt und durch seine auffällig blinkende Farbe die Beachtung der prädynastischen Bewohner des Niltals auf sich gezogen haben mag, ist das Vorkommen von reinem Kupfer in Ägypten selbst und in seiner näheren Umgebung unwahrscheinlich und durch nichts bewiesen. Aber selbst wenn es in sehr geringer Quantität in metallischer Form existiert hätte und auch gefunden und genutzt worden wäre, so bliebe immer noch zu klären, wie die prädynastischen Ägypter auf die Idee kamen, weiteres Kupfer durch Schmelzen aus Erzen zu gewinnen. Es ist natürlich nicht ausgeschlossen, daß sie durch äußere Einflüsse Kenntnis von der Kupfergewinnung und -bearbeitung erhielten, es ist aber genau so gut möglich, daß es eine eigene, zufällig gemachte Erfindung ist. Lucas hat dafür eine recht plausible und logische Erklärung angeboten (Lucas 1962: 201). Anders als die Unterägypter, die als Farbstoff offenbar nur Ocker benutzten, verwendeten die Oberägypter nach Ausweis der Farbspuren auf den Schminkpaletten und den Beigaben auch die grünen Farbtöne des pulverisierten Malachits (grünes Kupferkarbonat) und die grauen von feinzerriebener Galena (Bleisulfid) als Kosmetika. Wenn Malachit und Natron, das ebenfalls Bestandteil der Kosmetikutensilien der prädynastischen Ägypter war, auf ein und demselben Mahlstein aus Quarz zerrieben worden sind, der anschließend zufällig in Feuer geraten war, entstand notwendigerweise eine blaugrüne Glasur. Es ist aus den Gräbern des Badari bekannt, daß zu dieser Zeit massenweise Perlen aus dem sehr leicht zu bearbeitenden Steatit, mit einer solchen blaugrünen Glasur überzogen, im Gebrauch waren. Pulverisiertes Malachit und Galena setzen unter Hitzeeinwirkung Kupfer bzw. Blei frei. Es ist durchaus möglich, daß durch ein zufälliges Erhitzen des Farbpulvers oder einen Zufall bei der Glasurherstellung das Kupfer entdeckt wurde und dadurch eine eigenständige Erfindung der Ägypter ist.

2.3.1. Kupfer

Grüne und graue Schminke aus Malachit- bzw. Galenapulver, große Mengen blaugrünglasierter Steatitperlen sowie spärliche und sehr kleine Kupfererzeugnisse sind durch archäologische Funde im Badari belegt, aber beweisen läßt sich nur die Herstellung des Farbpulvers. Bis jetzt gibt es durch die unzureichenden Siedlungsgrabungen keine Zeugnisse für die Produktion der Glasurperlen oder für die Kupfergewinnung und -bearbeitung. Kupfer wird bei 1083 °C flüssig. Um es aus Kupferkarbonat zu gewinnen, sind jedoch nur 700 – 800 °C erforderlich, Temperaturen, die ohne weiteres von den prädynastischen Ägyptern erreicht werden konnten, wenn jeweils nur kleinere mit Holzkohle vermischte Mengen geschmolzen wurden.

Neben dem grünen Kupferkarbonat Malachit, dem sicherlich ältesten Rohstoff für die Kupfergewinnung in Ägypten, ist Kupfer noch in Azurit (einem tiefblauen Kupferkarbonat), in Chrysocolla (einem blauen oder blaugrünen Kupfersilikat) und in Kupfersulfid enthalten. Vorkommen dieser Minerale gibt es sowohl in der östlichen Wüste, in Unternubien und im Südwesten des Sinai (Lucas 1962: 202-208).

Weder aus dem Fayum, Merimde und Omari sind Anzeichen bekannt, die auf eine Verwendung von Kupfer oder anderer Metalle schließen lassen. Die ältesten Kupferfunde wurden in Badari-Gräbern gemacht. Es sind sechs kleine, um einen Kern gehämmerte Perlen und eine Art Stift ohne Kopf (vielleicht Teil einer Ahle?) (Brunton 1928: 27, 33; 1937: 51-52).

Die Funde aus dem Negade I sind keinesfalls reichlicher oder aufschlußreicher. Sie bestehen im wesentlichen aus mehreren Nadeln, deren eines Ende spitz und deren anderes Ende zu einer engen Schlinge umgebogen ist. Die Länge beträgt 5 – 10 cm. Ihr Verwendungszweck ist nicht klar. Man hat an Gewandnadeln gedacht, aber es ist kein Gewand aus dieser Zeit bekannt, das mit einer solchen Nadel zu verschließen gewesen wäre. Außerdem sollten sie dann wohl zahlreicher sein. Wahrscheinlich handelt es sich um Ahlen oder Bohrer. Ein Fingerring aus Kupferfolie mit sich überlagernden Enden, 0,9 cm dick und 0,7 cm hoch, verziert mit einem eingestanzten Zickzack-Muster, wurde von Petrie SD 35 (?) datiert. Baumgartel hält das Grab, in dem er gefunden wurde, jedoch für später, wahrscheinlich Negade II (Baumgartel 1960: 2). Außer den Kupferobjekten selbst gibt es auch aus dem Negade I keine weiteren Hinweise auf Kupferbearbeitung.

Erst im Negade II werden die Kupferfunde reichlicher, und man gewinnt den Eindruck, daß zu dieser Zeit bereits wirklich brauchbare und spezialisierte Werkzeuge und Geräte aus Kupfer hergestellt wurden. Im Grab 3131 von Matmar wurde unter dem Fußende eines noch teilweise erhaltenen Holzsarges eine Axt von 16 cm Länge, 11 cm Breite (an der breitesten Stelle), 0,9 cm Dicke und einem Gewicht von 1560 g gefunden. Die Ecken der Schneide waren stark abgerundet, um scharfe Kanten beim Bearbeiten der hölzernen Werkstücke zu verhindern. Sie besaß wie die Steinbeile (denen sie jedoch in der Form nicht ähnelt), weder einen Stil noch eine Vorrichtung zum Befestigen eines solchen, aber die obere, der Schneide gegenüberliegende Seite, wies starke Spuren von Schlägen auf (Brunton 1948: 16). Eine chemische Analyse wurde von Carpenter (1932: 625-626) veröffentlicht. Sie ergab neben 97,35 % Kupfer auch 1,28 % Nickel, 0,6 % Mangan, 0,49 % Arsen, 0,17 % Blei und 0,15 % Eisen. Auf Grund der hohen Beimischungen an Nickel hält Brunton eine Verbindung nach Ur oder Kish für möglich. Lucas dagegen wertet den Mangan011anteil als deutlichen Hinweis auf eine Herkunft des Kupfers aus der Nähe der Manganminen, d.h. aus Maghara im südwestlichen Sinai (Lucas 1962: 209); zwei im Typ ähnliche Äxte aus Maadi erwähnt Brunton (1948: 21): ein vollständiges Exemplar und eines, das beim Guß verdorben wurde (vgl. auch Baumgartel 1960: 13). Weitere Beispiele für Kupferbeile gibt Petrie (1917: Taf. I,6-9, Taf. III,101-104). Sie stammen aus der prädynastischen bzw. frühdynastischen Zeit und besitzen rechteckige Formen und leicht gerundete Schneiden, aber ebenfalls keine Handgriffe. Weitaus häufiger haben sich Breitbeile (adzes) erhalten, bei denen die Schneide quer zum Stiel verläuft, im Gegensatz zu den Äxten, deren Schneide parallel zum Stiel ausgerichtet ist. Bei den Funden handelt es sich um schmale, länglich-rechteckige Kupferklingen, deren untere Seite als Arbeitsfläche diente, geschärft und leicht gerundet war, mit mehr oder weniger deutlich gerundeten Ecken. Die obere Schmalseite war gerade oder rund (Petrie 1917: Taf.15, Nr. 8, 23, 32-26).

Die Länge und Breite der gefundenen Objekte variiert. Baumgartel gibt für ein Exemplar aus dem Negade-Grab 702 eine Länge von 15,2 cm und eine Breite von 2,5 cm, für ein anderes, ebenfalls aus Negade, Grab 400, eine Länge von 12,4 cm und eine Breite von 2,2 cm an. Ein weiteres aus Abusir el-Melek ist 23,5 cm lang und 3,75 cm breit. Ein viertes aus Hierakonpolis mißt 19,6 cm x 3,1 cm, bei 0,4 cm Stärke, ein fünftes 14,4 cm x 3,8 cm (Negade, Grab 39) und zwei weitere aus Homra Doum besitzen die Maße 17,7 cm x 3,3 cm bzw. 11,7 cm x 2,6 cm (Baumgartel 1960: 12). An den Klingen befanden sich keinerlei Vorrichtungen zur Befestigung eines Handgriffes. Handgriffe oder Stiele wurden, soweit aus den Grabungsberichten erkennbar, auch niemals zusammen mit diesen Klingen gefunden, aber in Grab 1499 in Abusir el-Melek (Scharff 1926: 46) hielt der Tote ein solches Instrument (19 cm x 3,5 cm) ohne Handgriff in der Hand. Eine Verwendung als Meißel ist jedoch kaum anzunehmen, denn keines der erhaltenen Exemplare weist an der oberen Schmalseite Spuren von Schlägen auf, und die Klingen mit gerundeter Oberseite zeigen, daß ein Gebrauch als Meißel nicht vorgesehen war. Vermutlich handelt es sich daher bei diesen Kupferklingen um Bestandteile sog. Dächsel, die als Werkzeuge zur Holzbearbeitung von Darstellungen des Alten Reiches bekannt sind (Klebs 1915: 87). Hölzerne Handgriffe von Dächseln, an denen die Klingen mittels Schnurbindungen befestigt waren, wurden in Gräbern der 1. Dynastie in Sakkara gefunden (Emery 1938: 33; 1949: 38; 1954: 60).

Ähnliche Kupferklingen, nur wesentlich breiter und länger, werden gelegentlich auch als „Hacken" (hoe) bezeichnet (Baumgartel 1960: 15; Emery 1949: 37). Die ältesten Exemplare stammen aus Tarkhan (Grab 1015, Maße: 31,8 cm x 10,7 cm; Grab 412, Maße: 21,7 cm x 3,0 cm; vgl. Petrie 1914). Auch für die 1. Dynastie sind diese sehr großen Klingen belegt (Emery 1949; Grab 3471)

Ebenfalls aus spätvordynastischer bzw. frühdynastischer Zeit stammen die ersten Belege für Sägen aus Kupfer. Grab 1917 in Tarkhan enthielt eine 32,4 cm lange und 6,0 cm breite Säge, die an einem Ende noch Spuren eines an einem Zapfen befestigten hölzernen Handgriffes aufwies, während das andere Ende abgerundet ist. Die Zähnung ist flach (Petrie 1914: 9, Taf. 1, 3, 6). In einem Grab der 1. Dynastie von Sakkara fand Emery sieben Exemplare gleichen Typs (Emery 1949: 30-31). Ähnliche Sägen wurden mindestens bis ins Mittlere Reich verwendet (Petrie 1917: 43, Taf. 50,1-8). Ungeachtet der Tatsache, daß Feuersteinmesser noch in dynastischer Zeit lange in Gebrauch waren, sind seit dem Negade II auch bereits Messer aus Kupfer belegt. Es sind breitovale Formen mit gerundeter Spitze vorhanden, die wohl beidseitig geschärft waren und von Petrie als Messer zum Abhäuten bezeichnet wurden (Petrie 1917: 22), sowie längere und kürzere Messer mit einseitiger Schneide und gerundeter oder eckiger Spitze (Baumgartel 1960: 15-16). Alle Messer besaßen Zapfen, die in einem Griff befestigt werden konnten.

Ahlen, Bohrer und Nadeln wurden ebenfalls aus Kupfer hergestellt. An kupfernen Waffen bzw. Jagdgeräten sind belegt: Dolche (Petrie 1917: 28, Taf. 33; Baumgartel 1960: 10-11), Speerspitzen (Baumgartel 1960: 11), Harpunen und Angelhaken (Baumgartel 1960: 19; Petrie 1917: 37, Taf. 44), sowie ein Fischschwanzmesser (Baumgartel 1960: 20). Pfeilspitzen aus Kupfer sind offenbar nicht erhalten. Darüber hinaus gibt es einige kleine ovale Schüsselchen aus Kupfer (5,5 cm x 3,5 cm bzw. 7,2 cm x 5,1 cm), einige Fingerringe, Arm- bzw. Fußringe und Perlen sowie eine winzige, 2 cm hohe Pavianfigur, die nach der Methode der verlorenen Form gegossen ist (Baumgartel 1960: 20-21). Leider sind aus dem Negade II keine Werkstätten bekannt, die den Prozeß der Kupfergewinnung und -bearbeitung anschaulich machen könnten. Auch die aus Maadi bekannten Kupferwerkstätten steuern keine Fakten für die detaillierten Kenntnisse der Kupferproduktion in damaliger Zeit bei. Für Rückschlüsse auf den Produktionsvorgang müssen daher vor allem die Erzeugnisse selbst, sowie die eventuellen Bearbeitungsspuren, die sie tragen, herangezogen werden. Recht eingehend hat sich Lucas mit dieser Frage befaßt (Lucas 1962: 212-217). Danach waren die Kupferobjekte des Badari und des Negade I wohl alle nur kalt gehämmert. Auch der Ring (Negade, Grab 1552) aus einem Streifen gehämmerter Kupferfolie mit überlappenden Enden würde, wenn er wirklich ins Negade I gehört (vgl. Baumgartel 1960: 2) dieses Bild bestätigen. Für die Kupferobjekte des Negade II muß jedoch bereits das Gußverfahren verwendet worden sein, d.h. das aus dem Mineral gewonnene Rohkupfer wurde nochmals eingeschmolzen und in offener Form gegossen (vgl. auch Petrie 1917: 61, §183). Diese Annahme wird durch den Fund eines mißglückten Gußstückes aus Maadi sowie durch die Untersuchungen Carpenters an dem bereits erwähnten Kupferbeil gestützt. Die endgültige Formung und die Härtung der Arbeitsflächen erfolgte durch Hämmern in kaltem oder heißem Zustand. Geschmiedet (wie Eisen) wurde Kupfer aus zwei Gründen nicht. Zum einen erhält Kupfer seine größte Härte durch Hämmern in kaltem Zustand, durch Schmieden (Hämmern in glühendem Zustand und anschließende plötzliche Abkühlung) wird es spröde und brüchig, und zum anderen kam, zumindest nach dem jetzigen Stand der Erkenntnisse, der gestielte Hammer, der eine Voraussetzung für das Schmieden ist, für die Metallbearbeitung in Ägypten erst sehr spät im Zusammenhang mit oder kurz vor der Eisenbearbeitung (etwa 22. Dyn.) in Gebrauch (Petrie 1917: 40; Lucas 1962: 241). Bis dahin wurden Metallarbeiten mit Hammersteinen ohne Griff ausgeführt. Die Werkstücke des ausgehenden Negade II wurden vermutlich bei einer Temperatur von 500 – 700 °C in ihre endgültige Form gehämmert und die eigentlichen Arbeitsflächen dann durch Kalthämmern gehärtet (Lucas 1962: 214). Diese Art der Kupferbearbeitung wurde auch noch im Alten Reich im Prinzip unverändert angewendet.

Die aus dem Beginn der 1. Dynastie in Sakkara gefundenen Kupfergefäße (Emery 1949: 20-23; 1954: 66) waren getrieben. Daß zu Ende der vordynastischen Zeit Kupfer, allerdings in sehr kleinen Mengen, auch bereits in geschlossenen Formen gegossen wurde, wird durch die kleine Pavianstatuette (Tarkhan, Grab 1552) sowie durch zwei Armreifen (Abusir el-Melek, Grab 1052) mit erhabenem Relief belegt. Erst in der 2. Dynastie scheinen auch größere Gefäße gegossen worden zu sein (Emery 1963: 226). Für Maadi ist, wahrscheinlich auch durch die fehlende Gesamtpublikation, der reale Stand der Kupferbearbeitung weit weniger gut zu erschließen als für die oberägyptischen Kulturen. In allen Vorberichten werden die sehr zahlreichen Funde an Kupfererz (Malachit?) erwähnt, einmal zusammen mit einem Stück Manganerz, das als Anzeichen für die Herkunft des Kupfererzes aus dem Sinai gewertet wird (Menghin 1931: 145; 1932: 151; 1934: 115). Ein Feuerplatz, der sehr viel größer als die üblichen Herde ist, mit geschwärzten Steinen und kleinen Kupferklümpchen, könnte die Werkstatt von Kupfergießern gewesen sein. Darauf deutet auch ein in einer Form gefundener Gußklumpen hin (Dittmann 1936: 159). An Kupferobjekten selbst ist jedoch nicht mehr viel erhalten. In mehreren Vorberichten wird vermerkt, daß Spuren grünlichen Kupferoxydes an vielen Stellen des Siedlungsareals vorhanden waren (so Menghin/Amer 1932: 48), die Kupfergegenstände waren jedoch nicht mehr feststellbar.

Wirklich erhalten sind neben dem Beil noch diverse Stücke an Kupferdraht, eine Kupferahle in einem Handgriff aus Knochen, ein feiner Meißel (Menghin/Amer 1932: 48; Menghin 1931: 146), eine Nadel von 7 cm Länge (Dittmann 1936), ein Angelhaken von ausgezeichneter Qualität (Menghin 1932: 153) und mehrere größere oder kleinere Gußklumpen. Ein großer Reibstein sowie ein kleines Stück Sandstein mit grünlichen Farbspuren könnte zum Schärfen von Kupfergeräten gedient haben.

Auf den Gebrauch von Kupferbeilen lassen auch einige spitz zubehauene Hüttenpfosten schließen (Menghin/Amer 1932: 48). Leider fanden sich in den Gräbern überhaupt keine

Beigaben aus Kupfer, so daß, wären von Maadi nur die Gräber erhalten, nichts auf die Herstellung und den Gebrauch von Kupfergerät gedeutet hätte.

2.3.2. Gold

Seit wann in Ägypten Gold verwendet und bearbeitet wurde, läßt sich bis jetzt nicht genau feststellen. Die ersten Goldfunde stammen aus dem Negade I. Aber Objekte aus Gold sind auch für das Negade II und die frühdynastische Zeit insgesamt selten belegt. Das liegt jedoch sicherlich weniger daran, daß Gold in dieser Zeit selten oder wenig bearbeitet wurde, sondern ausschließlich an seinem Wert, der es zu einer begehrten Beute für Grabräuber aller Epochen werden ließ. Aus der Art der Verarbeitung ist im Gegenteil zu schließen, daß die damaligen Goldschmiede über große Geschicklichkeit verfügten, die zweifellos nur durch eine entsprechende Praxis erworben werden konnte.
Die erhaltenen Goldfunde lassen sich in drei Gruppen einteilen:
Schmuck – Hier überwiegen Perlen der verschiedensten Typen in Röhren-, Zylinder-, Spiral- und Tonnenform. Dazu kommen einige wenige Anhänger und Fingerringe (Baumgartel 1960: 3-4).
Handgriffe – Es sind zwei Handgriffe für Feuersteingeräte belegt, der eine gehört zu einem Feuersteinmesser, das mit der im Negade II entwickelten sehr feinen Druckretusche („ripple flaking") versehen ist, und besteht aus zwei Teilen sehr dünner, mit einem Golddraht zusammengenähter Goldfolie (Quibell 1905: 237-238). Da der Griff etwas zu weit ist, nahm Quibell an, daß sich zwischen der Folie und dem Messer noch eine Ledereinlage befunden haben müsse. Beide Seiten des Griffes sind verziert, die eine mit zwei ineinander verschlungenen Schlangen, die andere mit vier Tierpaaren, jeweils einem Angreifer und einem Opfer. Diese Motive sollen auf mesopotamischen Einfluß hinweisen (Frankfort 1954: 109), wenn auch das Messer selbst zu den besten Stücken der Feuersteinbearbeitung des Negade II gehört und zweifellos eine rein ägyptische Arbeit darstellt.
Ein weiteres Feuersteinmesser mit einem Handgriff aus Gold ist aus der 1. Dynastie belegt. Der Griff zeigt auf der einen Seite einen Serech, in dem der Name des Königs Djer geschrieben ist, die andere Seite des Griffes ist mit einem Horusfalken auf der Standarte geschmückt, der von einem viereckigen Mauerring eingeschlossen wird. Das Messer selbst ist von gekurvter Form, gut gearbeitet und mit Druckretusche versehen, aber nicht mehr in der sehr feinen Art des „ripple flaking". Der Handgriff besteht aus einem Stück Goldfolie, das fest um das wahrscheinlich zuvor mit Leim bestrichene Griffstück gewickelt ist (Needler 1956: 41-44).
Ein dritter Handgriff ist aus wesentlich dickerer Folie gefertigt und gehört zu einem Fischschwanz aus Feuerstein. Quibell, der es erstmalig publizierte (Quibell 1901), hält das Stück, das offenbar einen spätarchaischen (etwa Negade II) Eindruck erweckt, für recht dubios, zum einen, weil die beiden Griffseiten zusammengelötet sind, ein Verfahren, das aber in dieser Zeit bereits bekannt war, wie zwei später in Abusir el-Melek entdeckte zusammengelötete Goldperlen zeigen (Schäfer/Möller/Schubert 1910: 13), zum zweiten, weil die Griffseiten nicht die ganze, dafür vorgesehene Länge, die nur vorbearbeitet war, umfassen, und drittens, weil drei Nietlöcher durch Griff und Fischschwanz gehen, um beide zu befestigen. Nietlöcher sind zwar auch von anderen Griffbefestigungen aus dieser Zeit bekannt, aber nicht an Steingeräten. Baumgartel fügte zu diesen Einwänden noch hinzu, daß die eingravierte Dekoration zwar eine gewisse Ähnlichkeit mit den aus dem Negade II bekannten Boots- und Menschenmotiven besitzt, aber in verschiedenen Details doch sehr merkwürdig ausgeführt ist, und daß überdies das verwendete Gold nicht die für die vordynastische Zeit übliche Färbung zeigt (Baumgartel 1960: 6).
Gebäudedekorationen – Wie beträchtlich die Menge des Goldes, das zur Verfügung stand, wirklich gewesen sein muß, zeigen die Funde von Emery in Sakkara. Im Grab 3504 aus

der Zeit des Djet (vermutl. Inhaber *Sḫm-k3-sḏ*) waren zwölf Pfeiler von 1 m Breite im Abstand von 1 cm mit 1 cm breiten Streifen aus Goldfolie dekoriert (Emery 1954: 11).

2.3.3. Silber

Während Kupfer und Gold in Reichweite des Niltales abgebaut werden konnten, lassen sich die Vorkommen an Silber oder Silbererzen in diesen Gebieten nicht nachweisen. Dennoch gibt es seit dem Negade II eine Reihe von Silberobjekten, die in Form und Ausführung auf ägyptische Arbeit schließen lassen. Dabei handelt es sich um einige Perlen, von denen einige massiv, einige aus Folie über einem Kern gearbeitet sind, einen runden Verschluß mit einem Durchmesser von 6,3 cm für ein Steingefäß, zwei kleine Löffel, ein Breitbeil, 17,1 cm lang und 3,7 cm breit (wie die Kupferwerkzeuge gleichen Typs ohne Handgriff), ein Messer, 12 cm lang, 3,3 cm breit, von breitovalem, doppelseitig geschliffenem Typ und zwei Dolche mit dreieckiger Schneide und Mittelrippe auf jeder Seite, von denen einer 17,9 cm lang und 5,1 cm breit ist (an der breitesten Stelle der Schneide) und ein kleines Loch zur Befestigung des (verlorenen) Griffes besitzt, der andere eine Länge von 16,6 cm, eine Breite von 4,1 cm und einen größtenteils erhaltenen Griff aufweist.
Beide Dolche sind in der gleichen Art wie die beiden einzigen erhaltenen Kupferdolche dieser Zeit gefertigt (Baumgartel 1960: 6-10). Die Gegenstände aus Silber können also ohne Schwierigkeiten als ägyptische Arbeiten des Negade II bezeichnet werden. Ihre Herstellung kann auch für die Ägypter nicht besonders kompliziert gewesen sein, denn Silber hat einen Schmelzpunkt bei 960 °C. Fraglich ist nur, woher das Rohmaterial gekommen ist. Petrie (1920: 27; 1923: 5) denkt an einen Import aus Nordsyrien, auch Baumgartel (1960: 6-7) nimmt eine Einfuhr (aus einem unbekannten Ausland) an. In dynastischer Zeit wurde Silber tatsächlich aus Vorderasien bezogen. Lucas dagegen stellt nach einer Analyse der Zusammensetzung des ägyptischen Goldes, das generell eine Beimischung von Silber enthält, die Auffassung zur Diskussion, daß die gefundenen Silberobjekte der prädynastischen Zeit eigentlich aus Elektrum bestehen, d.h. Gold mit einem so hohen natürlichen Zusatz an Silber, daß es eine weißlich-silbrige Färbung zeigt (Lucas 1962: 248). Ein Verfahren, das Silber aus dem Gold zu extrahieren, war zu dieser Zeit noch unbekannt.

2.3.4. Blei

Seit dem Badari war Bleisulfid als Farbe bekannt, und metallisches Blei, das bei 327 °C sehr leicht aus dem Sulfid zu schmelzen ist, wurde vor allem für Schmuck, Netzsenker u.ä. verwendet. Bleivorkommen existieren hauptsächlich am Roten Meer in der Gegend von Kosseir und bei Assuan (Lucas 1962: 243-244).

2.3.5. Zusammenfassung

a) Die geringe Zahl von Kupferobjekten in den Gräbern des Badari und des Negade I muß nicht ein Kriterium dafür sein, daß der Gebrauch von Kupfer in diesen Kulturen noch selten war, wie das Beispiel von Maadi zeigt. Dort enthielten die Gräber überhaupt keine Kupfergegenstände, aber die Kupferfunde in der Siedlung selbst belegen überzeugend, daß Kupfer in erheblicher Menge erzeugt und auch verarbeitet wurde.

b) Die Herstellung von Kupferwerkzeugen hatte keineswegs zur Folge, daß Werkzeuge aus Stein schlagartig außer Gebrauch kamen. Auch das Inventar der Werkzeugtypen scheint sich zunächst durch die Einführung von Kupfer kaum verändert zu haben. Im Grundprinzip und in ihrer Wirkungsweise waren Beile, Sägen, Schaber der verschiedensten Art, Meißel, Bohrer, Ahlen, Nadeln und Angelhaken aus Stein, Knochen bzw. Muschelschalen schon seit langem erfunden und erprobt. Durch den Einsatz kupferner Werkzeuge war aber ein sehr viel präziseres Arbeiten möglich, was vor allem zu einem bedeutenden Aufschwung in der Holzbearbeitung geführt haben muß. Mit Hilfe der Kupferwerkzeuge konnte Holz als universaler Rohstoff erschlossen und relativ leicht bearbeitet werden. Bei den kupfernen Beilen, Dächseln (auch den größeren als „Hacken" bezeichneten Formen) und Sägen scheint es sich zunächst ausschließlich um Werkzeuge für die Holzbearbeitung zu handeln. Leider sind Erzeugnisse aus Holz auf Grund der Vergänglichkeit des Materials nicht in einer solchen Menge erhalten, daß das höhere Niveau der Bearbeitung wirklich eindeutig sichtbar wird. Wenn auch für Ägypten kaum ausgedehnte Wälder angenommen werden können, so gehören doch Akazien, Sykomoren, Tamarisken und Weiden zu den im Niltal autochthonen Gewächsen. Man kann daher mit ziemlicher Sicherheit davon ausgehen, daß in prädynastischer Zeit unter dem Einfluß des feuchten Klimas des neolithischen Subpluvials und bevor eine jahrtausendelange Holzkohlenproduktion und Ziegenhaltung im Verein mit der allmählichen Ausweitung des Kulturlandes den natürlichen Holzbestand fast völlig ausgerottet hat, der Rohstoff Holz noch in durchaus genügender Menge zur Verfügung stand. Das, was fehlte, war nicht so sehr die Menge wie die Qualität des Holzes, denn alle aufgezählten Baumarten sind als Bauholz nur beschränkt einsetzbar.

c) Auf den Hauptproduktionszweig der Alten Ägypter, die Landwirtschaft, hat sich die Fähigkeit, Kupfer zu erzeugen und zu bearbeiten, nur mittelbar ausgewirkt, denn kupferne Arbeitsgeräte wurden, soweit Funde und bildliche Darstellungen Auskunft geben, selbst im Alten Reich und im Mittleren Reich nicht eingesetzt. Dennoch muß der Einfluß der Kupferbearbeitung auf die Landwirtschaft ganz beträchtlich gewesen sein, denn die schwere hölzerne Hacke und der Holzpflug, so einfach sie auch in ihrer Konstruktion anmuten, waren ausschließlich mit Steinwerkzeugen nicht herzustellen. Dagegen war für die Zurichtung des Prototyps der mer-Hacke (das Stück eines sehr dünnen Stammes mit spitzwinklig ansetzendem Aststück) Werkzeug aus Stein noch völlig ausreichend (vgl. Petrie 1917: Taf. 68, Nr. 57 als natürlich gewachsenes Baumstück mit Astansatz und Nr. 58-59, 62 als Beispiele der entwickelten, mit Hilfe von Kupferwerkzeugen hergestellten Hackenform). Auch die gekurvte, weitaus effektivere Form der hölzernen Sichel mit eingesetzten Sichelsteinen aus Feuerstein (Petrie 1917: Taf. 54, 1-6, Taf. 55, 7-8) war zweifellos nur durch den Einsatz von Kupferwerkzeugen zu erreichen.

d) Einige sehr wesentliche Werkzeuge wurden in ihrer Konstruktion erst durch die Kupferbearbeitung möglich. Dazu gehört der schwere Steinbohrer, mit dessen Hilfe die eindrucksvollen Gefäße aus Hartgestein in der späten prädynastischen Zeit ausgehöhlt wurden, die Töpferscheibe und aus Brettchen zusammengefügte, rechteckige Ziegelformen, ohne deren Gebrauch die seit dem Beginn des Negade II (oder Ende Negade I) verwendeten luftgetrockneten Nilschlammziegel, das bevorzugte Baumaterial der frühdynastischen Zeit, nicht hätten hergestellt werden können. Die Anfertigung von Brettern war ganz zweifellos erst durch den Gebrauch von Kupferwerkzeugen möglich.

3. Austauschbeziehungen mit entfernten Orten

3.1. Diskussion der Belege

Bereits in den ältesten nachweisbaren Siedlungs- und Begräbnisplätzen der ägyptischen Niltalbewohner finden sich Objekte aus Materialien, die nicht in der unmittelbaren Umgebung vorhanden waren, sondern z.T. aus entfernten Gegenden bezogen wurden. Auf welche Weise die vordynastischen Ägypter in den Besitz dieser Materialien gelangten, ob sie zielgerichtet besorgt wurden oder auf dem Wege des mehr oder weniger zufälligen Austausches an ihren späteren Fundort gelangt waren, ist leider nicht festzustellen.

Für das Fayum sind folgende Objekte nicht-lokalen Ursprungs belegt: An verschiedenen Plätzen wurden insgesamt elf kleine grüne bzw. graue, unterschiedlich geformte Perlen aus Amazonit gefunden (Caton-Thompson 1934: 32, Taf. 31, 15-25). Nach den bisherigen Kenntnissen können sie entweder aus der östlichen Wüste oder aus Zumma in den Eghu-Bergen nordöstlich Tibesti stammen (Caton-Thompson 1934: 32, Taf. 12, 20), ein Türkisklumpen, Schneckengehäuse und Muscheln vom Mittelmeer in den Arten Cardium edule, Columbella rustica, Cypraea lurida, Dolium galea, Mondonta turbinata Natica sp., Orinitus turbinatus Born und vom Roten Meer in den Arten Conus minumus L., Cypraea herundo L., Nerita polita L., Trutella duplicata L. Da sie z.T. an den Spitzen fein durchbohrt waren, ist ein Gebrauch als Schmuck wahrscheinlich. Von den im Fayum verwendeten Gesteinssorten ist Diorit nicht lokalen Ursprungs, sondern stammt entweder aus dem Sinai, aus der östlichen oder westlichen Wüste oder aus Assuan.
Für Merimde verhindert die fehlende Publikation des Gesamtinventars der Objekte einen Überblick darüber, welche Materialien aus entfernten Gegenden bezogen wurden. Muscheln aus dem Roten Meer und dem Mittelmeer, die als Schmuck gedient haben könnten, sind, soweit die Grabungsberichte erkennen lassen, wohl in keiner Kampagne gefunden worden. Bereits in der ersten Kampagne 1929 kam Junker zu dem Schluß, daß „insbesondere die im Fayum beliebten Muscheln und Schnecken im Merimde als Schmuck überhaupt nicht nachgewiesen werden konnten" (Junker 1929: 184). Ein Überblick über alle verwendeten Steinsorten ist wegen der fehlende Gesamtpublikation nicht vorhanden, aber zumindest stammt wohl der gelegentlich verwendete Diorit nicht aus der Gegend von Merimde (Larsen 1959: 69).
Aus den Siedlungen und Gräbern des *Omari* sind Anhänger und Kettenelemente aus fein durchbohrten Gastropod-Muscheln aus dem Roten Meer belegt (Hayes 1965: 119). Darüber hinaus wird angenommen, daß das Bruchstück der kleinen Basaltvase zu einem von irgendwoher importierten Gefäß gehört.
Für Maadi lassen sich bereits in erheblichem Maße Materialien feststellen, die nicht lokalen Ursprungs sind. An erster Stelle ist das Kupfer zu nennen, das allem Anschein nach vom Westsinai kam und ganz gezielt für die Herstellung von Kupfergeräten beschafft wurde. Ebenfalls nicht aus der unmittelbaren Umgebung stammen das Material zu einigen kleinen Karneolperlen (östliche und westliche Wüste, Lucas 1962: 391), einige durchbohrte Meeresmuscheln (Menghin/Amer 1932: 50) sowie etwa 20 faust- bis kinderkopfgroße Asphaltklumpen (Menghin 1932: 51; 1934: 118), deren Herkunft möglicherweise der syropalästinensische Raum sein könnte (Lucas 1962: 307-308). Auf Beziehungen zum oberägyptischen Negade verweisen einige rote Gefäße mit geschwärztem Randstreifen (Dittmann 1936: 158) sowie einige Steingeräte, u.a. ein kleines Fischschwanzmesser, mehrere Fragmente rhombischer Schminkpaletten (Menghin 1934: 115), sowie einige mit sehr guter Druckretusche versehene, feingezahnte Pfeilspitzen (Menghin/Amer 1932: 38). Einige Gefäße aus heller Keramik (Menghin/Amer 1932: 26) sind entweder als Zeugnisse für eine Verbindung von Maadi nach Palästina zu werten oder stellen ebenfalls Importe aus Oberägypten dar. Bis jetzt läßt sich ihre Herkunft noch nicht eindeutig festlegen (Kantor 1954: 4-5).
Im oberägyptischen Tasa wurden als häufigstes Schmuckmaterial durchbohrte Muschelschalen und Schneckengehäuse der Arten Ancillaria Columbella und Nerita verwendet (Brunton 1937: 29). Damit sind direkte oder indirekte Verbindungen zum Mittelmeer und zum Roten Meer belegt.
Im Badari werden eine ganze Anzahl von Beziehungen zu entfernt liegenden Gebieten sichtbar. Vor allem ist es wohl die östliche Wüste, die als Quelle für besondere Rohstoffe in Erscheinung tritt. Aus ihr wurde Malachit für Schminke, als Bestandteil der Glasur für die Steatitperlen und möglicherweise als Kupfererz bezogen (Lucas 1962: 205-206). Karneol (Lucas 1962: 391), roter und grüner Jaspis für Perlen und Reibesteine (Lucas 1962: 398) sowie Schiefer (Lucas 1962: 420) werden ebenfalls dort gefunden worden sein. Galena für

Schminke (Lucas 1962: 243) und Steatit für Perlen (Lucas 1962: 421) stammen wahrscheinlich aus der Gegend um Assuan. Es ist jedoch auch möglich, daß bereits zu dieser Zeit Malachit aus dem Sinai (Lucas 1962: 202-205) und Galena (Lucas 1962: 243) von der Küste des Roten Meeres kommen. Verbindungen zum Roten Meer und zum Mittelmeer werden auch durch die reichliche Verwendung von durchbohrten Schneckengehäusen und Muschelschalen als Schmuck belegt (Brunton 1928: 27; 1937: 52; 1948: 10). Auch Holz wurde schon in dieser Zeit aus entfernten Gegenden importiert, so z.B. Zeder, Zypresse und Fichte (Brunton 1928: 62-68). Aller Wahrscheinlichkeit nach stammen diese Holzarten aus dem Libanon (Lucas 1962: 432, 434, 438). Da sie aber nur in kleinen Stücken erhalten sind, ist nicht klar, ob Holzimporte vom Libanon bereits einigermaßen regelmäßig oder nur sehr sporadisch und mehr zufällig erfolgten.

Während des Negade wurde die Beschaffung von Rohstoffen aus entfernteren Gegenden weiter intensiviert. Hauptanziehungspunkt war dabei zweifellos die östliche Wüste, deren vielfältige Bodenschätze immer stärker bekannt und genutzt wurden. Von hier kam das Gold, das erstmalig in den Gräbern des Negade I belegt ist, sowie eine große Anzahl unterschiedlicher Hartgesteine, die vor allem seit dem Negade II zur Herstellung der Steingefäße verwendet wurden. Es ist sehr anzunehmen, daß mit der Ausbreitung des Negade II nach Süden über den ersten Katarakt hinaus auch eine Bekanntschaft und wahrscheinlich auch die Ausbeutung der Bodenschätze an Kupfer und Gold des Wadi Alaki verbunden war.

Der seit dem frühen Negade I (SD 34) in Ägypten belegte Obsidian (Petrie 1920: 43) stammt nach den Untersuchungen von Lucas aller Wahrscheinlichkeit nach aus Abessinien (Lucas 1962: 416) und gelangte entweder den Nil entlang oder, wahrscheinlicher, über den Küstenhandel am Roten Meer nach Ägypten. Erstmalig aus dem Negade II sind auch Objekte aus Lapislazuli bekannt (Petrie 1920: 44). Es ist nicht auszuschließen, wenn auch nicht nachzuweisen, daß Lapislazuli in alter Zeit irgendwo in Ägypten oder in seiner unmittelbaren Nachbarschaft gewonnen werden konnte, dafür spräche z.B. seine häufige Verwendung in dynastischer Zeit, jedoch die hauptsächlichen Lapislazulivorkommen dieser und späterer Zeit befanden sich in Afghanistan (Lucas 1962: 399). Handelsbeziehungen zu den verschiedenen Gebieten Vorderasiens sind zunehmend seit dem Negade II belegt. Sie finden ihren Ausdruck nicht nur in Rohstoffen, die in Ägypten verbreitet wurden, sondern vor allem in fertigen Produkten, die importiert wurden, deren Formen und Muster gefielen und die daher zunächst nachgeahmt und dann entweder selbstständig weiterentwickelt wurden oder nach einer gewissen Zeit wieder aus der Mode kamen. Sehr deutlich wird diese Entwicklung an den Wellenhenkelgefäßen, die nach Kaiser (1957: 72) erstmalig im Negade IIc in Erscheinung treten. Nach Kantor stammen sie aus Palästina, wo in der „late chalcolithic period" Gefäße mit gut entwickelten Wellenhenkeln belegt sind, deren Prototypen bereits in der „middle chalcolithic phase" vorkommen (Kantor 1954: 4). In Ägypten wurden diese Gefäße dann aus dem hellen, seit Negade IIb verwendeten Wüstenton hergestellt und allmählich so verändert, daß die ursprünglichen echten Wellenhenkel zu Formen ornamentaler Verzierungen unter dem Rand wurden. Ebenfalls palästinensischen Ursprungs sind (nach Kantor 1954: 5) einige Gefäße mit roter Bemalung in senkrechten Wellenlinien (early Bronce I). Die schrägen, runden Tüllen an Gefäßen der rotpolierten Ware haben in Ägypten keine Vorgänger, lassen sich aber mit Gefäßen des „earlier part of the protoliterate period" in Mesopotamien vergleichen (Kantor 1954: 4), ebenso finden die vereinzelten terrinenförmigen Gefäße mit vier dreieckigen kleinen Handgriffen unterhalb des Randes auf der Gefäßschulter ihre Vorbilder in Typen der „protoliterate period" in Mesopotamien (Kantor 1954: 5). Es ist anzunehmen, daß diese Gefäße aus Palästina und Mesopotamien als Behälter für irgendwelche Produkte nach Ägypten kamen.

Eine Zusammenstellung von Gegenständen und Dekorationsmotiven außerhalb der Keramik, die auf Beziehungen nach Mesopotamien hinweisen, hat Frankfort (1954: 109) gegeben. Dabei handelt es sich um drei Siegelzylinder, die nach Material und Muster wohl eindeutig mesopotamischen Ursprungs sind (dort in die 2. Hälfte der „protoliterate period" gehören, Frankfort 1954: 101) und wohl allgemein als Beweis dafür angesehen werden, daß der in der 1. und 2. Dynastie für Ägypten sehr gut belegte Gebrauch der Zylindersiegel ursprünglich auf mesopotamischen Einfluß zurückzuführen ist. Wie bei den Wellenhenkelgefäßen hat sich Ägypten auch bei den Zylindersiegeln bald von dem ausländischen Vorbild gelöst und ist eigene Wege gegangen, denn im Gegensatz zu den mesopotamischen Rollsiegeln, auf denen die Darstellung bestimmend ist, wurden die ägyptischen Siegel seit Beginn der 1. Dynastie zum Anbringen von Inschriften genutzt und bildliche Darstellungen besitzen untergeordnete Funktionen (vgl. dazu auch Kaplony 1963: II, 675-678).

Auf enge Beziehungen zwischen Ägypten und Mesopotamien verweisen auch eine Reihe bildlicher Darstellungen, z.B. auf dem Messergriff vom Gebel Arak aus Elfenbein, der u.a. neben einer Kampfszene auch einen Mann in der typischen Tracht der mesopotamischen Könige zeigt, der zwei Löwen hält (Frankfort 1954: 102), die verschiedentlichen Darstellungen eines mesopotamischen Schifftyps auf Paletten und Keramikgefäßen, das Motiv von zwei sich gegenüberstehenden Tieren, deren Schlangenhälse ineinander verschlungen sind, das Motiv der sog. antithetischen Gruppe, d.h. zwei Tiere, die entweder miteinander kämpfen oder von denen eines das andere überfällt, und das Motiv des geflügelten Greifs, bzw. der geflügelten Schlange (Frankfort 1954: 102-103). Nicht ganz einheitliche Meinungen bestehen in der Frage, inwieweit die in Mesopotamien mit historischen Wurzeln nachweisbare Nischengliederung der Gebäudefassaden die ägyptische Monumentalarchitektur der 1. und 2. Dynastie beeinflußt hat, und recht kontrovers sind die Auffassungen dazu, inwieweit die ägyptische Schrift auf Impulse aus Mesopotamien zurückzuführen ist.

Zum Ende der prädynastischen Zeit scheinen sich die Holzimporte aus dem Libanon sehr verstärkt zu haben. Für die Deckenkonstruktion der großen Grabkammern auf dem B-Friedhof in Abydos waren Balken und Bretter von einer solchen Länge und Breite erforderlich, daß sie unmöglich aus einheimischen Holzarten hergestellt sein können. Auch für die Verkleidung der Fußböden und die mächtigen hölzernen Einbauten wurde, nach der Größe der Pfostenlöcher und den Holzüberresten zu urteilen, Zedern- und Fichtenholz verwendet (vgl. Exkurs 3). Die unterirdischen Kammern der großen Mastabas in Tarkhan, Sakkara und Heluan konnten ebenfalls nur mit Hilfe von Balken und Brettern aus Zedern- und Fichtenholz abgedeckt werden. Leider gibt es kaum publizierte Untersuchungsergebnisse zu den im Grabbau der spätprädynastischen und frühdynastischen Zeit verwendeten Holzarten, aber Emery bemerkte z.B.: „Indeed we know, that all the big timber used in the roofing of the substructures of the big tombs was imported" (Emery 1963: 176).

Die Kupferminen des Sinai wurden offenbar zielgerichtet bereits von den Maadi-Leuten besucht und der Abbau von Kupfererz und Türkis wurde aller Wahrscheinlichkeit nach auch in frühdynastischer Zeit fortgesetzt. Dafür sprechen die Beimischungen von Mangan in Kupferblech aus frühdynastischer Zeit (Petrie 1901b: 40; vgl. auch Lucas 1962: 208-209). Allerdings berichten die Sinai-Inschriften aus dem AR fast ausschließlich von der Gewinnung des Türkis und nicht vom Kupferabbau (Gardiner/Peet/Černý 1955: 3-19). Auch die Erkundung und Ausbeutung der Bodenschätze der östlichen Wüste wurde während der frühdynastischen Zeit offenbar erfolgreich weitergeführt, ebenso die Verbindungen zum Süden, woher Ebenholz, Elfenbein und wahrscheinlich auch Gold und Kupfer (Wadi Alaki) bezogen wurden.

3.2. Zusammenfassung

a) Bereits die ältesten nachweisbaren prädynastischen Kulturen Ägyptens besaßen weitreichende direkte oder indirekte Verbindungen, die ihnen gestatteten, seltene Gesteinsor-

ten aus entfernten Gegenden sowie Muscheln und Schneckengehäuse sowohl vom Mittelmeer als auch vom Roten Meer zu beziehen. Dabei wurden allmählich auch einige der Rohstoffvorkommen der östlichen Wüste bekannt, wie bereits im Badari der Gebrauch von Galena (Bleisulfid) als Schminke und Steatit als Kern für die Glasperlen zeigt. Auch die Verwendung von Türkis, der vermutlich vom Sinai stammte, ist bereits im Fayum A (Caton-Thompson 1934: 87) und Badari (Brunton 1928: 27, 41, 56) belegt. Es ist durchaus nicht erforderlich, für diese Art der Rohstoffbeschaffung, die im weiteren Verlauf der prädynastischen Zeit auch auf Gebiete südlich des 1. Kataraktes sowie nach Norden zu den Küsten des Libanon ausgedehnt wurde, die Vermittlung ausländischer Händler anzunehmen. Diese Gegenden konnten bei einiger Anstrengung durchaus von den Ägyptern selbst erreicht werden und gehörten später eindeutig zu den Rohstoffgebieten des dynastischen Ägypten. Nur für einige Materialien, die aus sehr weit entfernten Gebieten stammen (wie Obsidian, Ebenholz, möglicherweise Lapislazuli) oder deren Gewinnung mit erheblichen Schwierigkeiten verbunden war, wie z.B. Elfenbein, ist ein Bezug durch Zwischenhandel immerhin wahrscheinlich. Es ist jedoch bezeichnend, daß die Materialien, die von weither kamen, zumeist für die Herstellung von Schmuck, Kosmetika odgl. verwendet wurden, d.h. als Anzeichen eines bescheidenen Luxus gelten können. Eine Ausnahme davon bieten nur Bauholz aus dem Libanon und Kupfererz vom Sinai und aus dem Süden.
Alle übrigen wichtigen Rohstoffe, wie Stein, Ton, Salz sowie zumindest ein Teil der Metallerze, waren in nicht allzu ferner Distanz vom Niltal bzw. im Niltal selbst erhältlich.

b) Anzeichen für intensivere Austauschbeziehungen werden dann im Negade II und im Maadi sichtbar. Hier ging es nicht mehr nur im eine Beschaffung von Rohstoffen, bei der Kontakt zu fremden Menschen eine untergeordnete Rolle spielte, sondern ganz offenbar um einen Handel mit Produkten menschlicher Arbeitskraft, konkret mit Handwerkserzeugnissen aus Mesopotamien und Palästina, der nur zwischen Handelspartnern abgewickelt werden konnte. Da gleichzeitig eine Reihe von eindeutig mesopotamischen Zügen in der ägyptischen Kultur sichtbar werden, ist anzunehmen, daß der Kontakt zu diesen Ländern nicht mehr zufällig und sporadisch, sondern regelmäßig, gezielt und recht intensiv vor sich ging.

4. Schlußfolgerungen

Die im Vorstehenden dargestellte Entwicklung der wesentlichsten Gebiete der Produktion gestattet bereits eine Stellungnahme zu einigen, in der bisherigen Literatur vertretenen Hypothesen über die Entstehung des altägyptischen Staates. Insgesamt ist zu erkennen, daß jede der prädynastischen Kulturen Ägyptens ihre spezifischen Besonderheiten besaß, durch die sie sich, abgesehen von dem Faktum des eigenen Territoriums, von den anderen Kulturen unterschied. Dabei schließen einzelne Züge des kulturellen Gesamtinventars jeweils die oberägyptischen wie auch die unterägyptischen Kulturen näher zusammen. Ein erkennbarer Unterschied im Niveau der Produktivkräfte bestand jedoch zwischen den zeitlich vergleichbaren Kulturen Ober- und Unterägyptens nicht, auch wenn direkte Beziehungen zwischen beiden Landesteilen konkret erst für das oberägyptische Negade II und das unterägyptische Maadi nachweisbar sind.

4.1. Zur Frage der Überlagerung einer friedlichen unterägyptischen Ackerbaubevölkerung durch kriegerische oberägyptische Jägernomaden

Das archäologische Material für die unterägyptischen Kulturen stammt überwiegend von Siedlungsplätzen, deren z.T. beträchtliche Stärke der Kulturschicht auf eine lange Besiedlungsdauer schließen läßt. Das Material für die oberägyptischen Kulturen wurde dagegen fast ausschließlich aus Friedhöfen geborgen, die z.T. gleichermaßen eine lange Okkupationsdauer erkennen lassen. Aus dieser unterschiedlichen Situation der Fundstellen wurde von einigen Autoren auf eine unterschiedliche Lebensweise der oberägyptischen und unterägyptischen prädynastischen Bevölkerungsgruppen geschlossen. Für Oberägypten wurden Jäger- bzw. Viehzüchternomaden angenommen, für Unterägypten dagegen seßhafte Ackerbauern, deren kriegerische Überlagerung durch die oberägyptischen Nomaden zur Entstehung des altägyptischen Staates geführt habe.

Durch die Darstellung in den vorangegangenen Abschnitten der Arbeit ist wohl deutlich geworden, daß die materielle Basis sowohl der oberägyptischen als auch der unterägyptischen prädynastischen Bevölkerungsgruppen zumindest von dem Zeitpunkt ab, von dem aus sie durch archäologische Zeugnisse faßbar werden, in Ackerbau und Viehzucht bestanden hat. Keramik, Steinbearbeitung und zum Ende der prädynastischen Zeit (in Oberägypten früher) auch Metallbearbeitung, sind in den für die einzelnen Kulturen typischen Ausprägungen für Ober- und Unterägypten gleichermaßen zu belegen. Jagd und Fischfang bildeten für die Kulturen beider Landesteile lediglich zusätzliche Quellen des Nahrungsmittelerwerbs und lassen sich durch die entsprechenden Geräte sowie durch Funde von Knochen und Gräten ebenfalls in Ober- wie in Unterägypten nachweisen. Insbesondere die bereits im Fayum A (Unterägypten) und Tasa (Oberägypten) existierende Kombination von Ackerbau und Keramik gestattet den Schluß, daß die Lebensgrundlage aller durch archäologische Funde bezeugten prädynastischen Bevölkerungsgruppen Ober- und Unterägyptens in seßhafter Landwirtschaft bestand. Dieses Ergebnis wird durch den unterschiedlichen Charakter der ober- und unterägyptischen Fundstellen eher unterstrichen als eingeschränkt.

Der Umstand, daß die oberägyptischen Kulturen in erster Linie durch Friedhöfe dokumentiert werden, berechtigt ebenso wenig zu der Annahme, daß die prädynastischen Oberägypter nur bedingt seßhaft waren, wie es unsinnig wäre, aus dem Faktum, daß für das Fayum A kein Friedhof gefunden werden konnte, zu schließen, daß die Fayum-A-Leute keine Toten hatten. Die unterägyptischen Siedlungsplätze des Fayum A, Merimde, Omari und Maadi verdanken ihre Erhaltung vorrangig dem Umstand, daß sie sich im Randgebiet des Deltas befinden, das durch lokale Klimaverschlechterungen, verursacht durch das Nachlassen des neolithischen Subpluvials, plötzlich aus dem Bereich der menschlichen, vor allem der landwirtschaftlichen Aktivitäten herausgerückt war. Die prädynastischen Zeugnisse Oberägyptens sind ebenfalls nur dort unzerstört geblieben, wo sie sich auf den gegenüber dem Fruchtland erhöhten Flächen der Niederwüste befanden, die durch die zunehmende Trockenheit nicht mehr zum unmittelbaren Lebensraum der späteren Niltalbewohner gehörten.

Daß hier, am äußersten Rande des Niltals nur wenige Siedlungen lagen (darunter aber immerhin so bedeutende wie Ombos und Hierakonpolis), ist nicht sehr verwunderlich. Ein großer Teil der Siedlungen wird sich dagegen auf den erhöhten Plätzen näher am Fluß befunden haben und im Verlauf der vergangenen fünf Jahrtausende überbaut worden sein, entweder durch spätere Siedlungen oder durch das allmähliche Ansteigen des Fruchtlandes.

Im übrigen ist auch die dynastische Zeit in Oberägypten vorzugsweise durch Gräber belegt und weniger durch Siedlungen. Ein weiters Argument, das gelegentlich für die Begründung des nomadischen Charakters der oberägyptischen prädynastischen Bevölkerungsgruppen herangezogen wird, ist der Gegensatz zwischen oberägyptischen Friedhofsbestattungen und unterägyptischen Hausbestattungen. Abgesehen davon, daß es unrichtig ist, aus Friedhofsbestattungen auf Nomaden zu schließen, ist jedoch zu fragen, ob tatsächlich ein solcher Gegensatz zwischen Oberägypten und Unterägypten existierte. Die Annahme gründet sich darauf, daß im Merimde 126 Gräber von Männern, Frauen und Kindern unter bzw. nahe den Hütten gefunden wurden. Aber diese Anzahl von Begräbnissen ist für eine Okkupationsdauer der Siedlung von mindestens 600 Jahren, einer Kulturschicht von durchschnittlich 2,30 m und einer Ausdehnung von mindestens 240 000 m² viel zu niedrig, auch wenn nur der kleinere Teil der Siedlung ausgegraben wurde. Auch für Omari sind für die Stufe A Hausbestattungen belegt. Leider erlaubt die fehlende Gesamtpublikation nicht, genauere Berechnungen anzustellen. In der Stufe B sind dagegen Friedhöfe vorhanden. Zu der Maadi-Siedlung gehörten ebenfalls Friedhöfe, aber auch hier kommen Hausbestattungen vor, jedoch nur für Föten und sehr junge Babies, wahrscheinlich Totgeburten. Hier ist also der bei oder unter den Wohnräumen begrabene Personenkreis ganz eindeutig und eng eingegrenzt. Es ist daher auch für Merimde und Omari A anzunehmen, daß nur ein ausgewählter Personenkreis in der Siedlung selbst bestattet wurde, auch wenn bis jetzt ebenso wie für Fayum A keine Friedhöfe gefunden wurden. Da in Oberägypten die Plätze mit einer langen Besiedlungsdauer nicht oder nur sehr ungenügend ausgegraben wurden, läßt sich nicht feststellen, ob auch dort bestimmte Personen innerhalb der Siedlung bestattet wurden, zumindest scheint der Zusammenhang zwischen Kulturschicht und Gräbern im Tasa recht unkonkret definiert. Aber auch wenn sich für Oberägypten eine solche Sitte nicht belegen ließe, würde das noch keineswegs eine ausreichende Begründung für Nomadentum darstellen.

Die Lebensgrundlage auch der prädynastischen Bevölkerung Oberägyptens bestand in seßhaftem Ackerbau, verbunden mit Viehzucht und handwerklicher Produktion. Daran läßt sich nach den archäologischen Befunden kaum zweifeln. Da jedoch das materielle Sein in enger Verbindung zum Bewußtsein steht, ist es auch wenig wahrscheinlich, daß, wie gelegentlich angenommen, zwar die materiellen Grundlagen der prädynastischen Oberägypter durch seßhaften Ackerbau bestimmt wurden, ihre Anschauungen jedoch durch jägernomadische Vorstellungen geprägt waren (vgl. insbes. Helck 1968: 15). Jägernomadentum ist charakteristisch für die dem Neolithikum vorangegangenen Epochen der aneignenden Wirtschaftsweisen. In den entwickelten neolithischen und chalkolithischen Kulturen Oberägyptens, die auf einer produzierenden Wirtschaftsform basierten, wäre Jägernomadentum als Ideologie ein echter Anachronismus und bedürfte vieler eindeutiger Beweise.

Damit soll nicht negiert werden, daß auch Jagd im Negade II betrieben wurde. Es gibt jedoch keine Anzeichen dafür, daß sie eine solche wirtschaftliche Bedeutung besaß, daß sie die Anschauungen der Menschen in entscheidendem Maße bestimmen konnte. Damit kann jedoch die letztlich auf Franz Oppenheimer zurückgehende Hypothese der Überlagerung einer friedlichen, seßhaften Bauernbevölkerung Unterägyptens durch kriegerische oberägyptische Nomaden als für die Entstehung des altägyptischen Staates nicht zutreffend aus dem Kreis der möglichen Ursachen ausgeschieden werden.

4.2. Die Einwanderung einer staatsbildenden Herrenrasse aus Vorderasien

Von einigen Autoren wurden die Anzeichen gezielter Austauschbeziehungen als Hinweis auf eine mesopotamische Einwanderung gewertet, die im Verlauf des Negade II und verstärkt zu Ende der vordynastischen Zeit stattgefunden habe. Sie sollte die Ursache für den gesamten kulturellen Aufschwung, die Reichseinigung und die Staatsentstehung sein (Petrie 1939: 65-69; Baumgartel 1965: 20-21; Emery 1963: 38-42; Edwards 1964: 35-36). Begründet wird diese Annahme vor allem dadurch, daß im Gegensatz zu Ägypten in Mesopotamien kaum Belege für einen ausgedehnten Handel mit Ägypten zu finden sind (z.B. Edwards 1964: 39), die Beziehungen daher recht einseitig gewesen sein müssen, nach Ausweis der archäologischen Belege auch nur auf einen bestimmten Zeitraum beschränkt waren und deshalb am besten mit einer mesopotamischen Einwanderung nach Ägypten zu erklären sind. Allem nach Anschein ging die Initiative für die Handelsbeziehungen tatsächlich nicht von Ägypten aus, d.h. es ist anzunehmen, daß die Mesopotamier nach Ägypten kamen, um ägyptische Produkte einzutauschen. In dynastischer Zeit bestanden die traditionellen ägyptischen Exportgüter vorrangig in Gold und Getreide, dazu kamen Produkte aus Nubien, wie Elfenbein, Ebenholz, Raubtierfelle, Straußeneier und Räucherwerk. Es gibt keinen Grund, daran zu zweifeln, daß dies auch schon die wichtigsten Ausfuhrprodukte des prädynastischen Ägypten waren. Vielleicht spielten in dieser Zeit auch Salz und Natron sowie Halbedelsteine und andere seltene Gesteine der östlichen Wüste im Handel eine Rolle. Der überwiegende Teil dieser Erzeugnisse ließe sich jedoch heute in den archäologischen Befunden kaum noch nachweisen. Die geringe Zahl von Produkten eindeutig ägyptischer Herkunft in Mesopotamien muß daher nicht unbedingt als Beweis für eine Einseitigkeit der Beziehungen gewertet werden. Die im ägyptischen Material sichtbaren Züge mesopotamischen Einflusses lassen sich jedoch recht gut als Folgen intensiver Handelsbeziehungen auffassen.

Grundsätzlich kann natürlich nicht ausgeschlossen werden, daß im Zuge der Handelsverbindungen einige mesopotamische Händler und vielleicht auch Künstler im Niltal ansässig wurden. Aber das waren dann vereinzelte Personen und keine Masseninvasion einer aus Mesopotamien stammenden Herrenrasse. Alle Schlüsse, die sich sowohl aus der Betrachtung der hauptsächlichen Zweige der Produktion wie auch aus der Okkupation der Friedhöfe seit dem Negade I ziehen lassen, sprechen weder für eine ausländische Masseninvasion noch für die Existenz einer ursprünglichen nichtägyptischen Elite. Damit entfällt auch die Hypothese von der Staatsbildung in Ägypten durch eine aus Mesopotamien eingewanderte Herrenrasse.

Exkurs 3

Die Grabanlagen der frühdynastischen Zeit in Abydos und Sakkara

1. Die frühdynastischen Herrschergräber in Abydos

Unmittelbar südlich des heutigen Dorfes Beni Mansur in Oberägypten befindet sich vor den steil auf eine Höhe von etwa 240 m ansteigenden Abhängen der libyschen Wüste ein relativ kleines Plateau, dessen südöstlicher Teil zahlreiche Friedhöfe und Kultbauten aus den verschiedensten Perioden der altägyptischen Geschichte enthält. Im westlichen Teil dieses Gebietes, das allgemein unter dem Namen Abydos, der griechischen Form des altägyptischen *ꜣbḏw* bekannt ist, befinden sich zahlreiche Grabanlagen aus der frühdynastischen Zeit. Der französische Archäologe Amélineau hatte bereits zu Ende des vorigen Jahrhunderts, genauer in den Jahre 1895 – 1898, einen Teil dieser Gräber freigelegt, leider jedoch in sehr unbefriedigender Weise. W. Petrie, der sich sofort nach Beendigung der Arbeiten des französischen Teams um eine Lizenz bemüht hatte, bearbeitete von 1899-1901 das gesamte Gräberfeld noch einmal. Dabei gelang es ihm, nicht nur die meisten der von Amélineau publizierten Pläne der einzelnen Anlagen wesentlich zu verbessern, weitere von Amélineau nicht angegangene Gräber zu entdecken und freizulegen, sondern er fand auch im Grabungsschutt von Amélineau eine große Anzahl der wichtigsten Objekte. Größe und Anordnung der Anlagen sowie das umfangreiche inschriftliche Material führten Petrie zu der Erkenntnis, daß es sich hier um die älteste bis dahin (und bis heute) bekannte Herrschernekropole Ägyptens handelt. Ihr nördlicher, dem Fruchtland am nächsten liegender Teil, weniger als 2 km von der modernen Siedlung entfernt, enthält die ältesten Anlagen und ist unter der Bezeichnung B-Friedhof bekannt. In südöstlicher und südlicher Richtung schließen sich die Anlagen der Herrscher der 1. Dynastie an. Im Nordosten wird dieser Komplex von Gräbern durch die Anlage des Per-ib-sen (2. Dyn.) und im Süden durch die des Chasechemwj (2. Dyn.) flankiert (vgl. Karte 2).

Die Struktur des B-Friedhofes und die Bestimmung der Inhaber der einzelnen Anlagen war in jüngerer Zeit Gegenstand einer Untersuchung von W. Kaiser (Kaiser 1964: 96-102). Darin stellte er etwas heraus, das nach der Karte (RT II, Taf. 58) eigentlich längst hätte auffallen müssen, aber bis dahin offenbar der allgemeinen Aufmerksamkeit völlig entgangen war: Die 34 kleinen Reihengräber (auf der Karte kollektiv mit B 16 bezeichnet), die beiden etwas größeren Anlagen B 14 und B 6 (B 6 auf der Karte ohne Nr.) und die großen Gräber B 10, B 15 und B 19 gehören ganz offensichtlich zusammen und scheinen eine Anlage zu bilden. Das wird besonders deutlich im Vergleich zu den späteren Anlagen des Djer und des Djet. Kaiser hatte sich bemüht, das in den Gräbern B 10, B 15 und B 19 von Petrie gefundene Material aufzulisten, um dadurch den Inhaber der Anlage zu ermitteln. Aber diese Gräber waren bereits vor Petrie von Amélineau freigelegt und mit Grabungsschutt aus anderen Anlagen wieder gefüllt worden, so daß die dort gefundenen Objekte nur höchstens zufällig zu dem ursprünglichen Bestand der Anlage, in der sie schließlich gefunden wurden, gehören konnten. Weit aufschlußreicher scheinen dagegen die Anhaltspunkte zu sein, die die kleinen Reihengräber bieten, von denen wohl nur ein Teil von Amélineau ausgegraben worden war. Soweit es sich feststellen läßt, ist auf den unterschiedlichen Beigaben dieser Reihengräber nur ein einziger Herrschername zu belegen: der des Aha. Daher ist es sicher berechtigt, die Anlage einschließlich der Gräber B 10, B 15 und B 19 dem Aha zuzuschreiben.

Gegenüber der zwar im Vergleich zu den anderen Anlagen der 1. Dynastie etwas langgestreckten, aber immerhin geschlossenen und als Vorläufer der Anlagen des Djer und des Djet durchaus akzeptabel wirkenden Anlage des Aha machen die übrigen sechs Gräber des B-Friedhofes einen etwas verlorenen, zumindest aber einen wenig imposanten Eindruck. Wenn man die Karte RT I, Taf. III heranzieht (auf der der B-Friedhof leider noch nicht eingetragen ist) stellt man fest, daß sich der B-Friedhof im äußersten Süden eines von kleineren Bodenerhebungen eingefaßten Plateaus befindet. Auch bei Amélineau ist dieser Sachverhalt andeutungsweise zu erkennen (Amélineau 1899, Plan vor S. 1). Nach Kemp befanden sich dort mindestens 150 weitere, durch Ziegelmauern eingefaßte Gräber, die jedoch weder in den Plänen von Amélineau noch von Petrie eingetragen sind (Kemp 1966: 20). Es ist durchaus denkbar, ja eigentlich zu erwarten, daß sich unter ihnen nicht nur Reihengräber, sondern auch größere Anlagen befunden haben.

Kaiser hat völlig zu Recht herausgestellt, daß die Gräber B 17 und B 18 sowie die Gräber B 7 und B 9 aller Wahrscheinlichkeit nach zusammengehören. Wenn man sich vorstellt, daß vor ihnen in nordwestlicher Richtung noch einige kleine Reihengräber liegen, entstehen daraus Anlagen, die durchaus Vorläufer der Aha-Anlage sein könnten. Etwas schwierig zu begründen ist der Wechsel in der Orientierung der Anlagen, der zwischen Aha und seinen Vorgängern stattgefunden haben muß, aber vielleicht war es auch nur Platzmangel, durch den Aha gezwungen wurde, seine Anlage von Südosten nach Nordwesten auszurichten, ein Mangel, der vielleicht durch die Vergrößerung der Anlage auszugleichen versucht wurde. Jedenfalls sind die Anlagen der Nachfolger des Aha, also Djer, Djet und Merit-Neith in Nordwest-Südost-Richtung orientiert, was der angenommenen und einzig denkbaren Ausrichtung der Anlagen B 18/B 17 und B 7/B 9 entspricht.

Etwas schwer vorstellbar ist, daß auch die Gräber B 1 und B 2 zusammengehören sollen, da sie nicht nur weiter voneinander entfernt sind als die Kammern der übrigen Anlagen, sondern vor allem auch die Längsseiten wenig aufeinander bezogen scheinen. Andererseits ist überhaupt zu wenig von diesen frühen Grabanlagen bekannt. Erhalten sind nur die in die Erde gegrabenen Grabkammern. Wie man sich eventuelle Oberbauten vorzustellen hat, ist völlig unklar. Wenn z.B. noch für die Anlage B 7/B 9 ein gemeinsamer Oberbau immerhin möglich wäre, so erscheint das für die Anlage B 17/B 18 vor allem wegen der Nähe zur Aha-Anlage eigentlich ausgeschlossen, und die Grabkammern B 10, B 15 und B 19 der Aha-Anlage können auch keinen gemeinsamen Oberbau besessen haben, weil dafür die erforderliche Breite fehlt. Auch wenn man B 19 als nachträglichen Anbau betrachtet, wie von Kaiser und Kemp vorgeschlagen, löst sich das Problem nicht. Weiterhin ist auffällig, daß Djer, der Nachfolger des Aha, ganz offensichtlich die Tradition der Mehrkammergräber aufgegeben hat und sich nur eine einzige große zentrale Grabkammer anlegen läßt. Kemp (1966: 13-22) möchte diese Erscheinung damit zusammenbringen, daß es ab Djer üblich war, am Rande des Fruchtlandes Bauwerke anzulegen, die von einer rechteckigen Ziegelmauer in Nischen-Konstruktion eingefaßt waren. Um diese Mauern herum, d.h. außerhalb des so entstandenen Hofes, befanden sich Reihen von kleinen Gräbern. Offenbar hatten die Anlagen eine Funktion im Totenkult. Kemp weist nach, daß diese zunächst leichten, wahrscheinlich aus Holz errichteten Bauwerke, die Vorläufer der späteren, aus massiven Ziegelmauern errichteten sogenannten „Forts“ darstellen, die an dieser Stelle ja keinerlei militärische Funktion besessen haben können. Anzunehmenderweise kommt diesen Bauwerken also eine, den späteren Totentempeln zumindestens ähnliche Funktion zu, d.h. es ist durchaus glaubhaft, daß unter Djer eine Veränderung der Begräbnissitten für den toten Herrscher eingetreten ist, die auch die Aufgabe der Mehrkammergräber eingeschlossen haben kann.

Mit der Frage der Zuweisung der Anlagen des B-Friedhofes an Grabinhaber hat sich, wie bereits erwähnt, Kaiser auseinandergesetzt (Kaiser 1964). Er mußte dabei feststellen, daß die von Petrie vorgenommene aber inzwischen durch die Reduzierung der Anzahl der frühzeitlichen Herrscher völlig überholte Zuweisung der Gräber nach wie vor und kommentarlos benutzt wurde. Bereits Petrie hatte, auf Grund der zahlreichen Gefäßscherben mit Tintenaufschriften (vgl. Exkurs 4), das Grab B 7 als Grab des Ka und damit als ältestes Bauwerk des B-Friedhofes identifiziert. B 9 hatte er einem, inzwischen als nichtexistent gestrichenen Herrscher „Zeser“ zugeschrieben. B 7 besteht aus einer rechteckigen Grube mit den Maßen:

3,20 m bzw. 3,27 m für die Schmalseiten
6,25 m bzw. 6,27 m für die Längsseiten
Die Tiefe ist bei Petrie nicht angegeben.

Die Wände der Grube waren eine Ziegellänge tief (0,28 m) mit Nilschlammziegeln verkleidet. Über Fußbodengestaltung, Wandverputz, eventuelle Einbauten gibt es in dem Grabungsbericht von Petrie keine Angaben, Überreste des Oberbaus wurden nicht festgestellt. Im Abstand von ca. 1,50 m von der nordwestlichen Schmalseite und etwa parallel zu dieser befindet sich die südöstliche Schmalseite von B 9. B 9 besitzt etwa die gleichen Maße wie B 7, und Petrie bezeichnet es als schlechtgemachte Kopie von B 7. Kaisers Überlegungen zufolge gehören beide Gruben zu einer Anlage, die dann Ka gehört haben müßte, da in B 9 außer einer, wohl verworfenen, Siegelabrollung des Narmer keine weiteren Funde gemacht wurden.

Als Inhaber der wohl eindeutig als Zwei-Kammer-Grab geplanten Anlage B 17/B 18 identifizierte Kaiser auf Grund seiner Analyse der gefundenen Objekte den Herrscher Narmer. Petrie hatte beide Gräber der Familie des Menes zugewiesen (RT II, 8), da, wie er meinte, zwei so kleine Anlagen unmöglich einem so bedeutenden Herrscher wie Narmer gehört haben können (RT II, 5). Tatsächlich sind die Maße von B 17/B 18 auch kleiner als die der übrigen Hauptgräber des B-Friedhofes.

Für B 17 betragen sie: 4,25 m x 3,0 m
Für B18: 4,50 m x 3,35 m

Die Innenwände der Gräber waren z.T. 0,75 m dick ausgemauert. Bei weitem am unklarsten und rätselhaftesten ist der Eigentümer der Anlagen B 1 und B 2. Die Maße der beiden gleichartigen, aber nicht aufeinander ausgerichteten Kammern betragen:

Für B 1: 7,0 m x 4,15 m
Für B 2: 6,0 m x 3,0 m

Sie entsprechen damit in etwa der Größe der Anlage des Ka. Petrie war auf Grund der Funde aus B 1 (RT I, Taf. 44, Nr. 2-9), insgesamt acht Ritzungen auf Fragmenten von Keramikgefäßen, die einen Falken zeigen, der ein rundliches oder ovales Zeichen in den Fängen hält, und RT II, Taf. 13,96, das Fragment eines Siegels, auf dem zwei Reihen von Vögeln (Falken?) zu sehen sind, die ein ⊂⊃ in den Fängen halten, nachträglich zu der Überzeugung gelangt, daß hier die Zeugnisse eines bis dahin unbekannten Königs „Ro" vorliegen, den er auf seiner Liste zwischen Ka und Zeser plazierte, und dem er die Anlage B 1 zuschrieb (Petrie 1902: 4-5). Weitere Zeugnisse dieses Herrschers sind bisher offenbar nicht bekannt geworden, und das Siegelfragment weist durch das Fehlen des Serechs überhaupt keine Ähnlichkeit mit den bisher bekannten Herrschersiegeln auf, auch nicht mit dem seines angenommenen Vorgängers Ka. Dennoch ist Petries Ansicht nicht völlig abzulehnen. Die beiden offenbar einzigen weiteren Funde (*aus B 1:* ein Fragment eines Keramikgefäßes mit den Spuren eines Serechs und dem rechten Teil des Nar-Fisches = RT I, Taf. 44,1; *aus B 2:* das Bruchstück eines Elfenbeinarmreifens mit der Serechdarstellung des Horus Aha und dem Namen „Bener-ib" (Petrie 1902, Taf. 4,3)) sind möglicherweise aus anderen Anlagen verschleppte Objekte.

Man würde B 1 oder B 2 oder beide am liebsten dem Herrscher „Skorpion" zuweisen, aber in der ganzen Nekropole wurde leider nicht ein einziges Objekt von „Skorpion" gefunden, so daß ein unbekannter Herrscher Ro als Inhaber von B 1 bzw. B 1/B 2 immer noch wahrscheinlicher ist als „Skorpion", der sein Grab vielleicht in dem nördlichen Teil des B-Friedhofes angelegt hatte oder überhaupt ganz woanders bestattet worden ist.

Die südlichste und zeitlich jüngste Anlage des B-Friedhofes, als deren Inhaber nach den Überlegungen von Kaiser der Herrscher Aha anzusehen ist, besteht aus:

- den 3 großen Gräbern

B 10 mit den Maßen: 5,18 m bzw. 5,23 m x 7,97 m bzw. 8,18 m; Tiefe 3,20 m

Die Wände sind geböscht, mit Mauerwerk aus Nilschlammziegeln verkleidet und verputzt. Die Stärke der Ziegelwände beträgt an den Schmalseiten 1,52 m, an den Längsseiten 2,13 m.
Die Spuren deuten darauf hin, daß an den Schmalseiten je ein, an den Längsseiten je fünf hölzerne Balken aufgestellt waren.

B 15 mit den Maßen: 5,36 m bzw. 5,43 m x 8,13 m bzw. 8,33 m; Tiefe 4,11 m
Die Wände sind geböscht, mit Mauerwerk aus Nilschlammziegeln verkleidet und verputzt. Die Wandstärke der Ziegelwände beträgt an den Schmalseiten 1,27 m, an den Längsseiten 1,50 m.
Die Pfostenlöcher im Fußboden zeigen, daß hier, wie in B 10, an den Längsseiten fünf, an den Schmalseiten ein hölzerner Pfosten aufgestellt waren. An den Oberseiten der Wände finden sich jedoch Aussparungen für die Deckenbalken der Grabkammer, die keineswegs mit den Pfosten übereinstimmen. Es ist deshalb möglich, daß die Pfosten zur Konstruktion einer hölzernen Kammer innerhalb der Ziegelkammer dienten und die Ziegelwände nur die Aufgabe hatten, die hölzerne Grabkammer, die das eigentliche Begräbnis enthielt, zu schützen und gegen den Sand zu isolieren (RT II, 7)

B 19 mit den Maßen: 5,20 m bzw. 5,25 m x 7,90 m bzw. 8,10 m
Die Wände sind geböscht, mit Mauerwerk aus Nilschlammziegeln verkleidet und verputzt. Die Wandstärke der Ziegelwände beträgt 1,80 m bzw. 1,90 m, an den Längsseiten 2,05 m. Auch in diesem Grab wurden an den Längsseiten die Spuren von fünf Pfostenlöchern festgestellt.

- *den beiden kleineren Gräbern B 6 und B 14*, für die jedoch keine Maße angegeben werden,
- *den 34 Reihengräbern B 16*, die hintereinander in elf Dreierreihen und einem etwas größeren Grab als Abschluß in der 12. Reihe angeordnet sind. Maße liegen für diese Gräber nicht vor, aber nach dem Plan zu urteilen, besaßen sie nicht alle exakt die gleiche Größe. Sie sind ziegelverkleidet und einzeln angelegt, im Gegensatz zu den Reihengräbern der späteren Anlagen, die aus einzelnen Abteilungen langer, ausgemauerter Gräber bestanden.

Petrie hatte das Grab B 10 dem Herrscher Narmer, das Grab B 15 dem inzwischen von der Herrscherliste gestrichenen *Smꜥ* und B 19 dem Aha zugeschrieben. Da die Objekte aus den Reihengräbern B 16 nur einen einzigen Herrschernamen, und zwar den des Aha, belegen, kam auch bereits Petrie zu der Auffassung, daß in den Reihengräbern wohl das Gefolge des Aha bestattet sei. Zu Recht hat Kaiser darauf hingewiesen, daß eine Trennung des Aha von seinem Gefolge durch die Gräber B 10 und B 15 (nach Petrie Narmer und *Smꜥ*) recht unlogisch ist. Diese Inkonsequenz läßt sich sicher auch nicht durch Platzmangel erklären, denn nach der Herrscherliste von Petrie sind Narmer und *Smꜥ* vor Aha plaziert, Aha hätte also selbst die Trennung von seinem Gefolge veranlaßt. Die Ähnlichkeit der Gräber B 10, B 15 und B 19 macht jedoch die von Kaiser vorgeschlagene Lösung, alle drei Gräber dem Aha zuzuschreiben, sehr wahrscheinlich.

Die Anlage des Djer (RT II, 8-9, Taf. 60-61)
Der Anlage des Aha in südwestlicher Richtung direkt benachbart befindet sich die Anlage des Djer. Sie besteht aus einer großen zentralen Grabkammer, die im Südosten von 20, im Nordosten von 103 und im Nordwesten von 193 kleinen Kammern von unterschiedlicher Größe umgeben ist (die Zahlen sind nach RT II, Taf. 50 u. 57 aufgezählt; Reisner, Tombdevelopment, gibt insgesamt 318 Kammern an, gegenüber 316 bei Petrie). Seit der 18. Dynastie galt das Grab des Djer als Begräbnisplatz des Osiris, und die zentrale Grabkammer erhielt einen Zugang durch eine aus Ziegeln gemauerte Treppe. Von der ursprünglichen Bausubstanz der zentralen Grabkammer läßt sich folgendes erkennen: Aus

Nilschlammziegeln gemauerte Wände schlossen eine Fläche von 13,10 m x 11,60 m ein. Die Stärke der Ziegelwände ist im Grabungsbericht nicht vermerkt, die Höhe der besterhaltenen gemauerten Wandteile betrug 2,75 m. Die unterste Schicht des Fußbodens bestand aus einer 13 cm dicken Schicht reinen Sandes, über der eine 7,5 m dicke Ziegelschicht verlegt war. Darüber befand sich eine Schicht von Holzbalken, deren verkohlte Überreste, durchsetzt mit Kupfernägeln und Kupferdraht, im Nordteil der Kammer auf einer Fläche von ca. 8,50 m x 13,0 m bis zur Ausgrabung durch Amélineau noch erhalten waren. Über Balkenlänge und -stärke gibt es keine Angaben. Das Zentrum dieser ausgemauerten Grube bildete eine hölzerne Grabkammer mit quadratischer Grundfläche, deren Seitenlänge etwa 8,50 m betrug. Parallele lange flache Gruben im Fußboden mit Breiten von 25 cm bzw. 5 cm sind wahrscheinlich die Spuren ihrer untersten Balkenlage.
Der Raum zwischen den Wänden der hölzernen Grabkammer und der Ziegelverkleidung der Grubenwände war durch dicke, pfeilerförmige Quermauern aufgeteilt, die direkt gegen die Holzwände gebaut waren. Die so entstandenen Zellen waren von unterschiedlicher Größe, sie besaßen keine Türöffnung, d.h. sie waren nur von oben zugänglich, solange das Grab noch nicht abgedeckt war. Die Quermauern dieser Zellen besaßen häufig rot ausgemalte Nischen, von denen Petrie meint, daß sie möglicherweise eine Funktion als Scheintüren besessen haben könnten. Die Grabkammer war bereits vor der Wiederverwendung in der 18. Dynastie ausgebrannt.
Eine Unterscheidung der verschiedenen Gruppen der Nebengräber anhand charakteristischer Beigaben ist bereits von Kaplony mit Hilfe tabellarischer Zusammenstellungen weiter konkretisiert worden (Kaplony 1963: 917-22). Danach wurden vor allem in den nordöstlichen Reihengräbern reiche Funde an geflochtenen Haaren, z.T. bis 50 cm lang, gemacht. Sie gehörten entweder zu ganzen Perücken oder zumindest zu Haarteilen und scheinen oft in Tücher eingeschlagen gewesen zu sein. Ebenfalls charakteristisch für diesen Teil der Reihengräber waren auffällig viele Möbelfüße (von Betten und Stühlen). Man nimmt daher an, daß die nordöstlichen Reihengräber vorwiegend von Frauen des Herrschergefolges (Harim?) belegt waren. Allerdings wurden in diesen Gräbern auch zahlreiche Pfeilspitzen, einige Meißel, eine Hacke, einige Feuersteinmesser und ein Angelhaken, d.h. nicht ausschließlich Gegenstände für typisch weibliche Tätigkeiten, gefunden.
Von den 17 von hier stammenden Stelen sind neun, auf Grund des Determinativs einer sitzenden Frau, mit Sicherheit als Stelen von Frauen zu identifizieren.
Für die nordwestlichen Reihengräber sind Funde an Pfeilspitzen, Pfeilschäften, sowie Tierfellen (z.T. mit noch erhaltenen Krallen, z.T. aber auch eindeutig Schafsfelle) typisch. Neben einem Meißel, einem Silberdolch und einigen Spielsteinen kommen auch hier Möbelfüße und Stoffreste vor, aber wohl keine Haarteile. Vielleicht war hier vorwiegend das mehr kriegerische, männliche Gefolge des Herrschers bestattet.
Die südöstliche Reihe von Gräbern war besonders reich an Stoffen, die z.T. in Kisten verpackt waren. Tierfelle, Pfeilspitzen und Pfeilschäfte sind ebenfalls belegt. Daneben kommen ausschließlich in diesen Reihengräbern Skelette vor, die in in Natron getränkte Stoffe gehüllt waren. Kaplony vermutet, daß ein Teil der Gräber im Südosten keine Gräber, sondern eher Magazinräume und die dort bestatteten Leute vielleicht Magazinverwalter, d.h. Angehörige des „Schatzhauses" waren (Kaplony 1963: 217).

Die Anlage des Djet (RT I, 8-10, Taf. 61-63)
Die zentrale Grabkammer bestand aus einer Gruppe, die mit dicken Ziegelwänden verkleidet war. Die exakte Wandstärke ist nicht angegeben. Die Länge der Innenwände beträgt für die Nordwestwand 11,94 m, für die Südostwand 12,23 m und für Nordostwand und Südwestwand 9,38 m bzw. 9,37 m.
Die unterste Schicht des Fußbodens bestand aus einer Schicht von weißgetünchtem Nilschlammverputz, auf dem ein in der Mitte einmal unterteilter Rahmen aus Balken mit den Seitenlängen 8,29 m x 6,12 m verlegt war. Die Balken waren 22,9 cm bis 28 cm breit und

128 cm hoch und hinterließen in dem noch nicht ganz durchgetrockneten Nilschlammestrich Abdrücke. In den Balkenrahmen war eine 15 cm – 18 cm breite Aussparung eingearbeitet, auf der die Enden der 5 cm – 6,5 cm dicken Fußbodendielen ruhten. Diese Holzkonstruktion wurde mit einer knapp 1,5 cm dicken Nilschlammschicht abgedeckt und bildete den Fußboden der hölzernen Grabkammer. Ihre Seitenwände bestanden aus ca. 5 cm dicken Planken, die sich in dieser Nilschlammschicht markiert hatten. Der Raum zwischen Ziegelwänden und hölzerner Grabkammer war an der Südostseite, Nordostseite und der Nordwestseite durch Quermauern in kleine Zellen aufgeteilt, die jedoch an der Südwestseite fehlen. Ebenso wie im Grab des Djer besaßen die Zellenwände rotgetünchte Nischen. Die gesamte gemauerte Grube war mit mächtigen Balken abgedeckt, die lichte Höhe der Grabkammer über dem Fußboden betrug etwa 2,40 m. Über dem Dachbalken befand sich eine Schicht Stroh, auf der eine Lage Ziegel verlegt war. Die Ziegelwände der gemauerten Grabkammer wurden, jedoch nicht in voller Stärke, auf etwa 1,20 m über die Abdeckkonstruktion weiter hochgezogen (genaue Zahlenangaben fehlen für die Zeichnung auf Taf. 62). Nach außen war der Mauerfortsatz geböscht und verputzt, oben war er abgerundet, aber nach innen war er unverputzt. Offenbar bestand also der Oberbau dieses Grabes aus einem Mauerviereck, das mit Sand gefüllt war. Es ist anzunehmen, daß die Oberbauten der anderen Herrschergräber in Abydos ebenso gestaltet waren.
Die zentrale Grabkammer des Djet ist von insgesamt 174 Nebengräbern umgeben, deren größte Konzentration sich an der Nordwestseite befindet und die Reihengräber Z und W (vgl. Karte 2) umfaßt. In den offenbar mehrfach geplünderten Reihengräbern haben sich keine besonders für die einzelnen Abschnitte charakteristischen Objekte gefunden, so daß eine ähnliche Gliederung wie bei Djer nicht zu erkennen ist. Besonders typisch für die Reihengräber der Djet-Anlage ist jedoch, daß in insgesamt 16 Gräbern auf der südlichen Grabwand mit roter Farbe die Namen der vermutlichen Grabinhaber angebracht waren (RT I, Taf. 63). Diese Sitte ist nicht etwa auf einen bestimmten Teil der Reihengräber beschränkt, sondern findet sich über den ganzen Djet-Friedhof verteilt.

Die Anlage der Merit-Neith (RT I, 10-11, Taf. 61, 64-65)
Die Anlange der Merit-Neith befindet sich südwestlich, direkt neben der Anlage des Djet. Die sehr exakt gebaute zentrale Grabkammer besteht aus einer inneren Kammer, mit den Maßen 9,00 m x 6,35 m, die von verputzten Ziegelmauern mit einer Stärke von 1,22 m bis 1,32 m umgeben ist. Diese innere Kammer ist ca. 2,75 m tief. Überreste von Holz machen wahrscheinlich, daß ihr Fußboden mit Holzdielung versehen war. Sie ist von acht schmalen Kammern umgeben, deren Breite 1,22 m und deren Länge 4,06 m bis 5,46 m beträgt. Der Fußboden dieser äußeren Kammern liegt etwa 0,75 m höher als der der inneren Kammer. Die Kammern 1, 2, 5, und 7 enthielten noch Keramik in situ, in der Kammer 3 wurden zahlreiche Siegelverschlüsse gefunden. Von den rotgetünchten Nischen, die in den Gräbern des Djer und des Djet vorhanden waren, wird im Grabungsbericht nicht gesprochen. Auch die fotographischen Abbildungen lassen nichts davon erkennen.
In der inneren Kammer wurden direkt vor den bereits verputzten Innenwänden mehrere Pfeiler aufgestellt, deren genaue Maße im Grabungsbericht jedoch nicht angegeben sind. Dabei scheint es sich um nachträgliche Einbauten zu handeln. Auf ihnen ruhten wahrscheinlich mächtige Deckenbalken. Von der Dachkonstruktion ist weiterhin eine Schicht von Matten aus Palmwedeln erkennbar, von der ein Abdruck im Putz über Kammer 2 erhalten ist. Der Oberbau der zentralen Grabkammer ist völlig zerstört, es fanden sich keinerlei Anhaltspunkte für seine Konstruktion. Es ist aber anzunehmen, daß er sich nicht wesentlich von dem der Djet-Anlage unterschieden hat.
Die zentrale Grabkammer der Merit-Neith ist allseitig von einer Reihe von insgesamt 41 Nebengräbern wie von einer Umfassungsmauer umgeben. Nur an der Südwestseite gibt es eine größere Lücke, hier befand sich aller Wahrscheinlichkeit nach der Zugang zur

zentralen Grabkammer. Am Rande des Fruchtlandes wurden weitere 77 Nebengräber der Merit-Neith gefunden, die einen rechteckigen Platz von drei Seiten umgeben.

Die Anlage des Den (RT I, 11; RT II, 9-11 Taf. 56-57, 62)
Die Anlage des Den befindet sich in südöstlicher Richtung, direkt vor den beiden nebeneinanderliegenden Anlagen des Djet und der Merit-Neith und war möglicherweise eine der großartigsten, mit Sicherheit aber die unregelmäßigste Anlage des ganzen Nekropolenbezirkes von Umm el-Qaab. Die zentrale Grabkammer ist ein länglicher Raum mit den Maßen 15,25 m x 8,30 m, dessen Längswände nicht exakt gerade und dessen Ecken nicht rechtwinklig sind. Sie ist umgeben von außerordentlich dicken Ziegelwänden (genaue Wandstärke im Grabungsbericht nicht angegeben), deren Außenseiten ebenfalls kein exaktes Rechteck ergeben. An der nordöstlichen Schmalseite befindet sich eine etwa 24 m lange Treppe, die ihrerseits weder rechtwinklig auf die Außenmauern noch auf die Innenseiten der Grabkammer bezogen ist, aber auch in sich selbst nicht stimmt, da ihre Südostseite eine sehr starke Krümmung nach außen aufweist. Auch die Reihen der Nebengräber sind nicht parallel zu den Außenseiten der zentralen Grabkammer angelegt, mit Ausnahme der an der Südostseite, die jedoch im Vergleich zum Abstand an der Nordwestseite außerordentlich nahe an die zentrale Grabkammer heranrücken. Das Innere der zentralen Grabkammer des Den weist eine bemerkenswerte Neuerung auf: Der Fußboden war mit Platten aus grauem und rotem Granit ausgelegt, die an den Kammerrändern durch Lagen von Ziegeln eingefaßt waren.
Die Ziegelwände der zentralen Grabkammer waren durch horizontal verlegte Bretter mit einer Stärke von 5 cm – 5,7 cm verkleidet, die im Abstand von 0,90 m von stabilen senkrechten Pfosten gehalten wurden. Die Pfosten besaßen einen Durchmesser von 7,5 cm x 25,5 cm und ragten mit den Längsseiten in die Grabkammer hinein. Die Wände der hölzernen Grabkammer bestanden aus Brettern, die von innen an einer zweiten Pfostenreihe befestigt waren, die der ersten im Abstand von 0,95 cm gegenüberstand, so daß die Grabkammer innen eine glatte Holzwand besaß. Die Zellen, die in den Gräbern des Djer und des Djet durch Ziegelmauern gebildet wurden, die quer zu den Ziegelwänden und den Wänden des hölzernen Einbaus verliefen, waren im Den-Grab also durch zwei Reihen sich gegenüberliegender Pfosten gebildet, die einen ungehinderten Durchgang auch nach der Vollendung der Dachkonstruktion erlaubten. Auch die Anlage der Treppe spricht dafür, daß das Grab des Den bereits vor der Bestattung des Herrschers vollständig abgedeckt war. Die Zellen, die die hölzerne Grabkammer umgaben, waren über dem Granitfußboden etwa 13 cm dick mit Ziegeln gepflastert (zwei Ziegellagen). Von dem ursprünglichen Verschluß des Grabes unterhalb und oberhalb der Eingangstreppe hat sich nichts erhalten. Der untere Eingang zum Grab ist mit Ziegeln der 26. Dynastie neu gebaut worden, aber im Innern des Grabes sind keine baulichen Veränderungen vorgenommen worden. Der Oberbau ist völlig zerstört, auch die eigentliche Höhe der Grabkammer läßt sich nicht ermitteln.
Nicht ganz parallel zur Nordwestseite der zentralen Grabkammer sind in drei Reihen insgesamt 80 Nebengräber angelegt. Weitere drei Reihen mit insgesamt 39 Nebengräbern befinden sich an der Nordostseite des Den-Grabes. Nach den vorliegenden Überresten scheint die Treppe erst gebaut worden zu sein, als diese Reihengräber bereits fertiggestellt worden waren, denn zur Treppe hin besitzen sie keine Abschlußmauer, wie zu erwarten wäre, sondern man erkennt auf dem Plan (RT II, Taf. 62) vor allem an der nordwestlichen Außenseite der Treppe, daß die bereits vorhandenen Reihen der Gräber durch die Anlage der Treppe gestört wurden. Die Reihenanlagen auf der Südostseite besitzen zwar die gleiche Gesamtbreite wie die auf der Nordseite, sind aber nicht wie diese in drei, sondern nur in zwei Reihen geteilt. Auch die Querwände sind nicht gleichmäßig eingezogen, so daß Räume von sehr unterschiedlicher Größe entstanden, die man eher für Magazine als für Gräber halten könnte. Dem würde auch entsprechen, daß der größte schlaucharti-

ge Raum etwa 100 hohe Vorratskrüge enthielt (Kaplony 1963: 220). An der Südostecke der zentralen Grabkammer befindet sich ein ganz merkwürdiges Bauwerk mit zwei Treppen und drei Räumen, das entweder als Grab für einen Angehörigen der Herrscherfamilie oder als Speicherraum diente.

Die Anlage des Adj-ib (RT I, 12-13 Taf. 61, 65-66)
Die Anlage des Adj-ib befindet sich nordwestlich der Merit-Neith-Anlage. Die zentrale Grabkammer, die an der Nordostseite durch eine zehnstufige Treppe zugänglich war, ist durch eine sehr breite Ziegelmauer in zwei Räume geteilt. Der hintere, kleinere Raum mit den Maßen 4,10 m x 2,50 m diente wahrscheinlich als Magazin für Beigaben. Fußboden und Wände dieses Raumes waren nicht durch Holz verkleidet, und er besaß auch keinen Eingang, so daß er nach Vollendung der Deckenkonstruktion nicht mehr zu betreten war. Die eigentliche Grabkammer (4,20 m x 6,55 m) befand sich im vorderen Teil der Anlage. Ihr Fußboden war durch 5 cm dicke Bretter verschalt, die ohne Rahmen auf den Sand gelegt waren. Die Wände beider Räume waren geböscht und bis zu einer Höhe von ca. 2 m gut verputzt. Oberhalb dieser Grenze wurde die Böschung stärker und die Bearbeitung unsorgfältig, d.h. die lichte Höhe der Grabkammer betrug wahrscheinlich ca. 2 m. Zur Unterstützung der Deckenkonstruktion befanden sich sowohl in der eigentlichen Grabkammer als auch im Magazin vor den Wänden freistehend aufgestellte hölzerne Planken mit einem Durchmesser von 10 x 43 cm. Anzeichen für weitere Holzkonstruktionen gab es auch in der Grabkammer nicht. Der Eingang zur Grabkammer war durch 5 cm dicke Bretter, die horizontal in die verputzten Wände am unteren Ende der Treppe eingelassen waren, versperrt. Davor befand sich eine Mauer aus lose aufeinandergeschichteten Ziegeln. Zur Anlage des Adj-ib gehören insgesamt 64 Reihengräber, die jedoch sehr unsorgfältig gebaut sind.

Die Anlage des Semerchet (RT I, 13-14, Taf. 60, 66-67)
Die Anlage des Semerchet befindet sich im Südwesten des Den-Anlage. Sie ist insofern bemerkenswert, als hier erstmalig Reihen der Nebengräber direkt an die Außenwand der zentralen Grabkammer angebaut sind. Da jedoch von der Dachkonstruktion nichts erhalten ist, läßt sich nicht mehr feststellen, ob die zentrale Grabkammer und die Nebengräber einen gemeinsamen Oberbau besessen haben. Wie bereits für Den und Adj-ib belegt, besitzt auch die Grabkammer des Semerchet einen Zugang von Nordosten. Von einer Treppenanlage ist jedoch im Grabungsbericht nichts erwähnt.
Die zentrale Grabkammer besitzt eine Größe von 16,65 m x 7,40 m, eine Tiefe von mindestens 3,50 m, aber die oberen Teile der Wände sind zerstört. Der Fußboden war durch Holzbretter gedielt, die auf einem Balkenrahmen (Durchmesser der Balken 20 x 25 cm) auflagen. Das Innere der Grabkammer hat gebrannt, aber wenn sich die Überreste des Holzfußbodens noch in ihrer ursprünglichen Position befunden haben, bestand zwischen Holzdielung und der inneren Ziegelmauer der Grabkammer ein Abstand, der an der Nordostwand (Eingangswand) ca. 50 cm und an der Nordwestwand ca. 1,30 m betrug. An der Südostwand ragte ein Pfeiler (1,40 m x 0,80 m) in den Raum hinein. Alles zusammen könnte daraufhindeuten, daß auch hier eine hölzerne Grabkammer eingebaut war.
An die Außenwände der zentralen Grabkammer, die eine Stärke von 1,50 m bis 1,70 m besaßen, waren insgesamt 74 Kammern von unterschiedlicher Größe angebaut, von denen ein Teil sicher nicht als Nebengräber, sondern als Magazine verwendet wurde. Im Gegensatz zu der weitaus tieferen zentralen Grabkammer waren die Nebenkammern nur 0,90 m – 1,20 m tief. Als interessante Einzelheit wird im Grabungsbericht mitgeteilt, daß der Boden vor dem Eingang zur Grabkammer etwa 90 cm tief mit stark duftendem Öl getränkt war, dessen Duft sich während der Grabung über das ganze Arbeitsfeld des Grabes verbreitete. Petrie nimmt an „hundredweights of it must be poured out here". Jedoch scheint es keinen Anhaltspunkt dafür zu geben, daß es notwendigerweise und mit einem-

mal während der Begräbniszeremonien ausgeschüttet wurde. Es könnte sich wahrscheinlich ebensogut um die allmähliche Ansammlung von Überresten späterer Opfergaben handeln.

Die Anlage des Qa (RT I, 14-16, Taf. 60, 66-67)
Die Anlage des Qa befindet sich südwestlich direkt neben der des Semerchet. Sie unterscheidet sich in mehrfacher Hinsicht von den Anlagen seiner Vorgänger.

1. Der Zugang erfolgt nicht, wie bisher, von Nordosten, sondern von Nordwesten. Die auf der Längsachse des Grabes angelegte Treppe verläßt unmittelbar außerhalb des Grabes die Achsenrichtung und macht eine relativ starke Wendung nach Westen.
2. Innerhalb des Grabes sind rechts und links der Treppe je drei Magazinräume angelegt, von denen die vier hinteren, d.h. der Grabkammer am nächsten liegenden, einen Verbindungsgang zur Treppe besitzen, d.h. auch nach der Abdeckung des Grabes noch betretbar waren. Das gleiche gilt für den vorderen, rechts der Treppe liegenden Raum, der durch einen Eingang an der Vorderfront des Grabes zugänglich war. Der linke vordere Raum besaß ebenso wie die weiteren 34 Nebenräume des Grabes weder eine Verbindung zur zentralen Grabkammer noch zu den anderen Nebenräumen, mußte also vor Vollendung der Dachkonstruktion fertig ausgestaltet werden und wurde mit ihr endgültig verschlossen.
3. Offenbar wurden nur für die zentrale Grabkammer gut durchgetrocknete Ziegel verwendet. Die Wände der übrigen Räume wurden aus noch feuchten Ziegeln errichtet, die z.T. bereits während des Baus unter ihrem eigenen Gewicht wegrutschten und dann durch weitere Ziegellagen verstärkt wurden, wodurch vor allem die vorderen Magazine erheblich verkleinert wurden. In den übrigen Räumen scheint dieser Mangel nicht bemerkt, aber auf jeden Fall nicht verändert worden zu sein, denn in einigen Kammern wurden die bereits darin deponierten Objekte von den sich verformenden Wänden und den herausgedrückten Ziegeln berührt und beeinträchtigt.

Dieser Befund zeigt, daß die Anlage des Qa in verhältnismäßig kurzer Zeit errichtet worden sein muß. Er macht aber auch wahrscheinlich, daß es sich bei den insgesamt sechs Toten, die in Holzsärgen in verschiedenen Kammern beigesetzt waren, um echte Sati-Begräbnisse handelt. Drei weitere Kammern scheinen nach dem Plan (RT I, Taf. 60) wohl leere Särge enthalten zu haben. Ob diese und die in verschiedenen anderen Kammern gefundenen Stelen (darunter die des *S3b.f:*), die Überreste von echten Bestattungen waren oder nur symbolischen Charakter besaßen, läßt sich nicht feststellen. Obgleich für die zentrale Grabkammer durchgetrocknete Ziegel verwendet wurden, war die Bauausführung des Mauerwerks unsorgfältig.
Nach den Befunden war die Innenseite der Grabkammer auch nicht verputzt. Das könnte darauf hindeuten, daß sie eine Holzverkleidung besaß. Da das Grab jedoch gebrannt hat, lassen sich die hölzernen Einbauten nur mit großen Schwierigkeiten rekonstruieren. Auf dem losen Sand des Fußbodens war offenbar eine Holzdielung über einem Balkenrahmen verlegt. Der Durchmesser der Balkenrahmen betrug 25 cm – 33 cm x 25 cm. Durch die Dielenbretter hindurch waren in den Boden senkrechte Pfosten eingelassen, mit deren Hilfe die Wände der hölzernen Grabkammer errichtet wurden. Nach den Pfostenlöchern zu urteilen, besaß sie eine Abmessung von ca. 10,40 x 5,30 m. Es ist durchaus möglich, daß der verbleibende Raum zwischen hölzerner Grabkammer und den verkleideten Ziegelwänden durch Querwände unterteilt war, darauf lassen Vertiefungen im Boden schließen. An den Ziegelwänden finden sich im Mauerwerk auf einer Höhe von 2,55 m große Löcher, in denen wahrscheinlich die Querbalken der Dachkonstruktion ruhten. Da sie an beiden Wänden nicht exakt gegenüber liegen, ist anzunehmen, daß nicht die gesamte Kammerbreite von den Balken überspannt wurde, sondern daß sich in der Mitte noch ein Längsbalken befand, der sie trug. Dieser Längsbalken scheint sich nicht auf der genauen

Längsachse befunden zu haben, sondern war, wie ein Pfostenloch zu zeigen scheint, etwas nach Südwesten verlagert und traf an der linken Türseite auf die Eingangskammer. Die Ziegelmauern der zentralen Grabkammer sind über dem Abdeckbalken noch ein Stück weiter nach oben geführt. Dieser Teil ist verputzt und leicht geböscht. Durch das Mauerwerk sollte wohl der Sand, der die zentrale Grabkammer abdeckte, zusammengehalten werden. Dieser Befund könnte darauf schließen lassen, daß es keinen gemeinsamen Oberbau für die zentrale Grabkammer und die Nebenkammern gab. Dadurch wird offensichtlich die Eile, mit der die Nebenkammern fertiggestellt und abgedeckt wurden, etwas unverständlich.

Aus der 2. Dynastie sind nur die Anlagen des Per-ib-sen und des Chasechemwj in Abydos gefunden worden.

Die Anlage des Per-ib-sen (RT II, 11-12, Taf. 61)
Sie befindet sich westlich der Anlage des Djer und besitzt in etwa auch die gleiche Größe wie die des Djer, nur wirkt sie insgesamt kleiner, weil die Reihengräber fehlen. Der Eingang zum Grab liegt in der Südwest-Ecke. Anhaltpunkte für die Existenz einer Treppe gibt es offenbar nicht. Von den Anlagen aus dem Ende der 1. Dynastie unterscheidet sich das Grab des Per-ib-sen vor allem dadurch, daß

- hölzerne Einbauten keine bestimmende Rolle mehr spielen, die hölzerne Grabkammer scheint völlig durch Ziegelwände ersetzt zu sein. Es gab auch keine Anzeichen für eine Fußboden- oder Wandverkleidung aus Holz;
- alle Nebenkammern, die um die eigentliche Grabkammer herum angeordnet sind, offen sind, d.h. sie stehen untereinander und mit der eigentlichen Grabkammer in Verbindung;
- zusätzliche Bestattungen weder im Grab des Per-ib-sen selbst noch in seiner Umgebung vorkommen.

Die Anlage des Chasechemwj (RT II, 12-14, Taf. 57,3-6, 63)
Die Anlage des Chasechemwj befindet sich im äußersten Süden des Nekropolenbezirks von Umm al-Qaab. Im Gegensatz zu der des Per-ib-sen, die sich zwar in vielen Einzelheiten von den Anlagen der Herrscher der 1. Dynastie unterscheidet, aber im Gesamteindruck doch den Anlagen des Djer und des Djet ähnelt, weist die Anlage des Chasechemwj in ihrer Gestaltung kaum noch Beziehungen zu den Herrschergräbern der 1. Dynastie auf. Die Gesamtlänge der in Nord-Südrichtung orientierten Anlage beträgt ca. 62 m, die Breite an der Südseite, an der der Eingang liegt, mißt ca. 10,50 m, an der Nordseite ca. 17,50 m. Längs des Eingangs befinden sich auf jeder Seite zwei rechteckige Kammern. Der eigentliche Grabeingang war wohl ursprünglich durch Mauerwerk verschlossen. Vom Eingang führte ein Mittelgang direkt zur zentralen Grabkammer, rechts und links dieses Mittelganges befanden sich jeweils sechs rechteckige Kammern. Die zentrale Grabkammer besteht aus einer rechteckigen Grube von etwa 5 m x 3 m und einer Tiefe von ca. 1,80 m (gerechnet vom Niveau der umgebenden Kammern) und ist wohl das interessanteste Bauteil der ganzen Anlage, weil Wände und Fußboden vollständig aus rechtwinkligen Kalksteinblöcken errichtet wurden. Rechts und links dieser Steinkonstruktion befinden sich jeweils drei kleine Kammern auf dem normalen Fußbodenniveau. Hinter der zentralen Grabkammer setzen sich die Reihen der gemauerten Kammern fort. Es sind jetzt aber drei Reihen, anstelle der zwei Reihen vor der Steinkammer. Jede der drei Reihen besteht aus zehn Kammern. Insgesamt besaß die Anlage des Chasechemwj 57 kleinere gemauerte Kammern und eine größere Kammer aus Steinblöcken. Alle gemauerten Kammern waren zu den Mittelgängen hin offen. Das Mauerwerk der Chasechemwj-Anlage war aus sehr frischen Ziegeln ausgeführt. Ebenso wie in der Anlage des Qa kam es auch hier zu Defor-

mierungen und zum Einstürzen der Wände, durch die ein Teil der in den Kammern enthaltenen Objekte verschüttet und damit vor den späteren Plünderungen gerettet wurde.
Vom Oberbau der Anlage ist nichts erhalten, es ist aber anzunehmen, daß eine Abdeckung durch Holzbalken erfolgte, ähnlich wie bei den Gräbern der 1. Dynastie.

2. Die Mastaba-Gräber in Sakkara

Südlich von Kairo, auf dem Westufer des Nils, befindet sich auf einem Geröllplateau nahe dem modernen Dorf Abusir nebeneinander aufgereiht eine Konzentration von insgesamt 16 größeren bis sehr großen Mastaba-Gräbern aus der 1. Dynastie. Die ersten beiden (Nr. 2105 uns 2185) wurden von J.E. Quibell mehr oder weniger zufällig bei seinen Grabungen von Mastabas der 3. Dynastie in den Jahren 1911 – 1913 entdeckt, freigelegt und nicht sehr detailliert publiziert (Quibell 1923). 1930 hatte C.M. Firth begonnen, sich mit den vier nördlichen Mastabas zu beschäftigen. Sein Tod im Jahre 1931 unterbrach jedoch die weiteren Arbeiten an diesen Anlagen. Ihre Fortsetzung wurde 1935 W.B. Emery übertragen, der nicht nur die von Firth begonnenen Grabungen an den Mastabas 3035, 3036, 3038 und 3041 erfolgreich zu Ende führte, sondern ermutigt durch die großartigen Funde in Grab 3035 (Hemaka) auch die Freilegung der weiteren Mastabas übernahm. Er arbeitete mit einer Unterbrechung von einigen Jahren, die durch den 2. Weltkrieg verursacht wurde, bis 1956 in diesem Gebiet, grub in dieser Zeit den gesamten Mastaba-Friedhof der 1. Dynastie aus und publizierte seine Grabungsergebnisse in mehreren Bänden (Emery 1938; 1939; 1949; 1954; 1958). Die Karte des Grabungsgebietes (Emery 1958: Taf. 1) zeigt, daß die Belegung der Nekropole entweder nach einem noch nicht durchschaubaren Schema oder aber – was wahrscheinlicher ist – nach reinen Zweckmäßigkeitsgründen vor sich gegangen ist, d.h. jeder Grabinhaber wählte unter den noch verfügbaren Plätzen den für ihn günstigsten aus. Dadurch liegt z.B. ein Grab aus der Zeit des Djer direkt neben einem aus der Zeit des Qa (Nr. 2185 und 3500), und der gesamte Grabbestand des Friedhofes wirkt so zeitlich etwas durcheinandergewürfelt.
Die älteste Anlage ist offenbar die Mastaba 3357, die von Emery auf Grund ihrer reichen Ausstattung und ihrer Größe für das Grab des Hor-Aha gehalten wurde. Gräber aus noch älterer Zeit, wie in Abydos, scheinen sich mit ziemlicher Sicherheit nicht in diesem Gebiet zu befinden. Das ist insofern bemerkenswert, als die Anlagen der auf dem östlichen Nilufer gelegenen Nekropole von Heluan, bei denen es sich offenbar um den eigentlichen Friedhof der bei Memphis anzunehmenden größeren Ansiedlung handelt, zeitlich wesentlich weiter zurückreichen. Leider sind die Grabungen bei Heluan bisher nur summarisch publiziert, so daß sich nicht nachweisen läßt, ob dort seit Aha die wirklich großen Anlagen fehlen oder ob solche großen und reichen Anlagen überhaupt erst seit Aha und dann bei Abusir und nicht in Heluan vorkommen. Aus dieser, leider nicht durchzuführenden Beobachtung ließen sich möglicherweise Rückschlüsse auf den Zeitpunkt der Etablierung der Residenz bei Memphis ziehen. Mit ziemlicher Sicherheit ist jedoch zu erkennen, daß die Mastaba-Anlagen bei Abusir den höchsten Würdenträgern der Herrscher von Aha bis zum Ende der 1. Dynastie gehört haben. Über die Zeit des Qa hinaus wurde die Nekropole bei Abusir jedoch nicht mehr als Begräbnisplatz für die höchsten Würdenträger genutzt. Ob diese von da an nun bei Heluan bestattet wurden, ist aus der Publikation der Heluan-Grabungen nicht mit Sicherheit festzustellen.

Exkurs 4

Zusammenstellung der Ritz- und Tinteninschriften der frühen Herrscher

Mit den Ritz- und Tinteninschriften der frühen Herrscher des Alten Ägypten hat sich in umfassender Weise nur P. Kaplony beschäftigt (Kaplony 1963; 1964; 1965; 1968), wobei sein besonderes Interesse vor allem den hieroglyphischen Ritzinschriften auf frühdynastischen Steingefäßen galt. Die von ihm erarbeitete und vorgestellte Katalogisierung der frühen Steingefäßinschriften (Kaplony 1965) wird jedoch erst bei intensiver Beschäftigung mit dem Material durchsichtig und dadurch benutzbar. In der vorliegenden Arbeit habe ich darauf verzichtet, die Inschriften der Steingefäße nach den von ihm vorgeschlagenen Seriennummern zu zitieren, sondern gebe statt dessen im folgenden eine Liste der von mir benutzten Gefäßinschriften, in der nicht nur die Ritzinschriften auf Steingefäßen, sondern auch die Tinteninschriften und die Vermerke auf Keramikgefäßen – geordnet nach den jeweiligen Herrschern – enthalten sind, soweit sie mir bekannt und zugänglich waren und für das zu behandelnde Thema relevant erschienen. Im Grunde ist die von Kaplony vorgeschlagene Systematisierung jedoch brauchbar und könnte in Zukunft durchaus ein wesentliches Hilfsmittel sein, wenn nach Abschluß seiner Arbeiten einmal eine ausführliche Publikation darüber vorliegt. Die ältesten Darstellungen des Horustitels mit nicht lesbaren Namen, die als Ritzungen auf spätprädynastischen Keramikgefäßen belegt sind, wurden bereits weiter vorn im Haupttext, Kap. 3.2. vorgestellt. Zeitlich als nächstes folgen dann zwei Tinteninschriften des „Skorpion".

„Skorpion"

1. Horus „Skorpion" (*ḥn-mḥw*)
   zwei Tinteninschriften auf zylindrischen Gefäßen aus hellem Wüstenton
   - Petrie, Tarkhan I, Taf. 31, 66, Grab Nr. 315 = Kaplony (1963: II, 994; III, Taf. 1)
   - Petrie, Tarkhan II, 11, Taf. 9,3, Grab Nr. 1549 = Kaplony (1963: II, 994; III, Taf. 2)

   Ritzinschriften und Inschriften auf Steingefäßen scheinen von Horus „Skorpion" nicht erhalten zu sein.

Ka

1. Horus Ka
   sieben Tinteninschriften auf zylindrischen Gefäßen aus Nilschlammton (Emery Typ F)
   - Petrie, Abydos I, Taf. II, 25-26, Taf. III, 34-35
   - Petrie, Tarkhan I, Taf. 1,6
   - Museum and Art Gallery Bolton (zitiert nach Kaplony (1963: II, 995-996))
   - City Museum Bristol (zitiert nach Kaplony a.a.O.)

   eine Ritzinschrift auf zylindrischem Alabastergefäß (Spuren einer ausgeschmirgelten Inschrift)
   - Petrie, Tarkhan I, a (Kaplony (1963: II, 996) ev. von Ka)

2. Horus Ka (*jp-šmꜥ*)
   24 Tinteninschriften auf zylindrischen Gefäßen aus Nilschlammton (Emery Typ F)
   - Petrie, Abydos I, Taf. I-II, 1-24 = Kaplony (1963: II, 995-996)

3. Horus Ka (*ḥn-mḥw*)
   sieben Tinteninschriften auf zylindrischen Gefäßen aus Nilschlammton (Emery Typ F)
   - Petrie, Abydos I, Taf. III, 27-33

   eine Ritzinschrift auf zylindrischem Tongefäß (nach Zeichnung bei Kaplony (1963: III, Taf. 147, Abb. 848, ohne Material- und Typenangabe)

4. fünf Beispiele für Ka-Zeichen im oberen Teil des Serechs, aber ohne darauf hockendem Horusfalken; Ritzinschriften auf Keramikgefäßen
   - Petrie, RT II, 7, 30, 47, Taf. XIII (ohne Nr.)
   - Petrie, Abydos I, Taf. III, 37-38

5. eine Reihe von Ritzzeichen auf Keramikgefäßen, die nur ein Ka-Zeichen ohne Serech und ohne Horus zeigen (ob einfache Topfmarken?)
   - Petrie, RT I Taf. 47-48, 172-339
   - Petrie, RT II, Taf. 55, 29-46

Narmer

1. Horus Narmer
   zwei Reliefdarstellungen auf zylindrischen Alabastergefäßen
   - vollständiges Gefäß mit Schnurmusterring
   - Kaplony (1968: Nr. 5) = ders. (1965: Nr. 1) (Grabung Amélineau)
   - Bruchstück: Petrie, RT II, Taf. II,3 (Abydos, Grab B 7)
   zwei Ritzzeichnungen auf Alabastergefäßen
   - Petrie, RT I, Taf. IV,2 = Kaplony (1965: Nr. 2)
   - Petrie, RT II, Taf. II,5
   eine Ritzzeichnung auf Tongefäß
   - Petrie, Tarkhan I, Taf. 31, 68, 56, 76b = Kaplony (1968: Nr. 5A)

2. Horus Narmer (*ḏfꜣ-šmꜥ*)
   zwei Tinteninschriften auf zylindrischen Gefäßen aus Nilschlammton (Emery Typ F)
   - Petrie, Tarkhan I, Taf. 31, 69-70 = Kaplony (1963: II, 996)

3. Horus Narmer (*ḏḥ-šmꜥ*)
   eine Tinteninschrift auf zylindrischem Keramikgefäß (Mat. nicht bestimmt)
   - Kaplony (1964: 31, 71, Abb. 1061)

4. Horus Narmer (*...-mḥw*)
   eine Tinteninschrift auf Keramikgefäß (Mat. nicht bestimmt, Form wie vorstehend)
   - Kaplony (1964: 32, 71, Abb. 1062)

Aha

1. Horus Aha
   eine Reliefdarstellung auf zylindrischem Alabastergefäß mit Schnurmuster
   - Kaplony (1965: Nr. 10)
   drei Ritzzeichnungen auf zylindrischen Alabastergefäßen
   - Kaplony (1965: Nr. 11), vollständiges Gefäß mit Schnurmuster
   - Kaplony (1965: Nr. 12), Bruchstück
   - Saad (1969: Taf. 91), Fragment
   eine Ritzinschrift auf bauchigem Kalksteingefäß mit Schnurösen
   - Kaplony (1968: Nr. 6)
   eine Ritzinschrift auf Bruchstück eines Kristallgefäßes
   - Petrie, RT I, 18, Taf. IV,1
   eine Tinteninschrift auf glasiertem (!) Keramikgefäß
   - Petrie, Abydos II, 23-24, Taf.V,32

2. Horus Aha, 1. Mal des Apislaufes
   eine Ritzinschrift auf Schale aus „porphyritic diorite"
   - Simpson (1957: 129) = Kaplony (1965: Nr. 13)

3. Horus Aha, Prinzessin *Jmꜣ-jb*
   eine Ritzinschrift auf Alabasterbecher
   - Kaplony (1968: Abb. 1068)

4. Horus Aha [Hieroglyphen] (*jn-šmꜥ*)
   96 Tinteninschriften auf Zylindergefäßen aus hellem Wüstenton
   - Emery (1939: Taf. 14, Nr. 1-36, Taf. 22, Nr. 86-125, Taf. 23, Nr. 53-72)

5. Horus Aha [Hieroglyphen] (*jwt-mḥw*)
   69 Tinteninschriften auf Zylindergefäßen aus hellem Wüstenton
   - Emery (1939: Taf. 20, Nr. 163-195, Taf. 21, Nr. 126-162)

6. Horus Aha [Hieroglyphen]
   acht Tinteninschriften auf Zylindergefäßen aus hellem Wüstenton
   - Emery (1939: Taf. 20, Nr. 196-202, 204)

7. Horus Aha [Hieroglyphen]
   zwei Tinteninschriften auf Zylindergefäßen aus hellem Wüstenton
   - Emery (1939: Taf. 20, Nr. 206-207)

8. 47 Tinteninschriften auf Gefäßbruchstücken aus hellem Wüstenton, bei denen nur noch die Gruppe „Hor Aha" erhalten ist.
   - Emery (1939: Taf. 23, Nr. 37-52, 54-71, 73-85)

   drei Tinteninschriften auf Gefäßbruchstücken aus hellem Wüstenton, bei denen nur noch die Gruppe [Hieroglyphe] erhalten ist.
   - Emery (1939: Taf. 20, Nr. 203, 205, 208)

Djer

1. Horus Djer
   eine Ritzinschrift auf dem Bruchstück eines Alabastergefäßes
   - Kaplony (1965: Nr. 16)

   eine Ritzinschrift auf einer Basaltschale
   - Kaplony (1968: Nr. 17)

2. Horus Djer *(j)p-šmꜥ*
   eine Tinteninschrift auf rundbodigem Vorratsgefäß aus Nilschlammton (Emery Typ C)
   - Junker, Tura, Grab 14, 11 und Kaplony (1963: II, 994), sahen hier noch eine Inschrift des Horus „Skorpion". Eine Infrarot-Neuaufnahme ergab jedoch eindeutig den Horusnamen Djer (Kaiser 1964: 102-103, Abb. 3).

3. Horus Djer, Götterfestung *smr-nṯrw* (Gefährte der Götter)
   eine Ritzinschrift auf Granitgefäß
   - Kaplony (1962: 13, 16, Abb. 17)

   eine Ritzinschrift auf Steingefäß
   - Lauer, PD IV, Nr. 15

Djet

1. Horus Djet
   eine Reliefdarstellung auf Gefäßbruchstück aus Alabaster
   - Kaplony (1965: Nr. 17)

   eine Ritzinschrift auf Bruchstück einer Steinschale (ohne Materialangabe)
   - Kaplony (1965: Nr. 18)

eine Ritzinschrift auf steinwandigem Napf aus Gabro
- Kaplony (1968: Nr. 8)

eine Tinteninschrift auf glasiertem (!), fast kugelförmigem Gefäß mit eingezogenem Rand und flachem Boden aus Keramik
- Kaplony (1965: Nr. 8)

2. Horus Djet ▨ (an der Bruchstelle längliches, aber nicht identifizierbares Zeichen zu erkennen, Teil eines Palastnamens?)
   eine Ritzinschrift auf einem Gefäßbruchstück aus Serpentin
   - Petrie, RT I, Taf. IV,4

Den

1. Horus Den
   eine Ritzinschrift auf Zylindergefäß aus Kalkstein
   - Kaplony (1965: Nr. 20)

2. Horus Den (*jn-šmꜥ*)
   drei Tinteninschriften auf rundbodigen Vorratsgefäßen aus Nilschlammton (Emery Typ C6)
   - Emery (1958: 95, Taf. 107, Nr. 17, 20, 22), Grab 3507

3. Horus Den (*jn-mḥw*)
   zwei Tinteninschriften auf Keramikgefäßen, Emery Typ C6
   - Emery (1958: Nr. 18, 21)

4. drei Tinteninschriften auf Bruchstücken von Keramikgefäßen, Emery Typ C6, von denen nur „Horus Den" erhalten ist
   - Emery (1958: Nr. 15-16, 19)

5. *Zmtj* (, *nswt-bjt*-Name des Den)
   eine Ritzinschrift auf zylindrischem Alabastergefäß mit Schnurmuster
   - Kaplony (1965: Nr. 21)

   eine Ritzinschrift auf dem Bruchstück eines Kristallgefäßes
   - Petrie, RT I, Taf. V, 8

6. *Zmtj*, *sꜣ wr* (Phyle *wr*)
   eine Ritzinschrift auf flacher Schale aus Schist
   - Emery (1938: 61, Fig. 18)

7. Steingefäße von Den mit den Zusätzen späterer Herrschernamen
   nswt-bjt Zmtj, *nṯrwj*, *nswt-bjt Mr-p-bjꜣ* (Adj-ib)
   Ritzinschrift auf Bruchstück aus rotem Kalkstein
   - Petrie, RT I, Taf. V,2

   Zmtj, Horus Adj-ib
   Ritzinschrift auf Gefäßbruchstück aus Kalzit
   - Petrie, RT I, Taf. V,11

   Zmtj, *Mr-p-bj*
   Ritzinschrift auf Gefäßbruchstück aus Kristall
   - Petrie, RT I, Taf. V,9

   nswt-bjt Zmtj, *nṯrwj*, *nswt-bjt Mr-p-bj*, *nbtj Jrj*
   Ritzinschrift auf Schale aus schwarzem Diorit
   - Kaplony (1965: Nr. 22)

nswt-bjt Zmtj, *nṯrwj*, *nswt-bjt Mr-p-bj*, *nswt-bjt nbtj Jrj*, *nswt-bjt nbtj* Oa
rechts vor dem Herrschernamen: *pr-nswt*, *ḫntj*, *ḥrj-ḥb* (*ḫrj-ḥb* des „Krugmagazins" und des Königshauses)
links hinter dem Herrschernamen: Palast *Ḥr-p-msn*, „Krugmagazin"
Ritzinschrift auf Schale aus schwarzem Pyroxen-Syenit
- Kaplony (1968: Nr. 9)

Merit-Neith

1. Merit-Neith
   sechs Ritzinschriften auf Bruchstücken von Steingefäßen
   - Petrie, RT I, Taf. V,1 , "metamorphic"
   - Petrie, RT I, Taf. V,5-6, Schiefer
   - Petrie, RT I, Taf. V,21, ohne Materialangabe
   - Kaplony (1963: III, Abb. 863, Schiefer, Abb. 864 ohne Materialangabe)

2. Merit-Neith *pr-ḥḏ ḫntj* („Schatzhaus", „Krugmagazin")
   eine Ritzinschrift auf Gefäßbruchstück aus Schiefer
   - Petrie, RT I, Taf. V,2

3. Merit-Neith (*ḥwt-s-ḥḏ*)
   zwei Ritzinschriften auf Gefäßbruchstücken aus Schiefer
   - Petrie, RT I, Taf. V,4,7

4. Merit-Neith
   eine Ritzinschrift auf Gefäßbruchstück aus Schiefer
   - Petrie, RT I, Taf. V,3

Adj-ib

1. Horus Adj-ib
   acht Ritzinschriften auf Steingefäßen
   - Kaplony (1965: Nr. 23), Zylindergefäß aus Alabaster
   - Kaplony (1965: Nr. 24), Zylindergefäß aus Alabaster
   - Kaplony (1965: Nr. 25), Zylindergefäß aus weißem Marmor
   - Kaplony (1965: Nr. 26), Bruchstück einer Schieferschale
   - Kaplony (1965: Nr. 27), Schale aus Bergkristall
   - Kaplony (1965: Nr. 28), hochwandiges Gefäß aus Kalkstein
   - Petrie, RT I, Taf. VI,2, Gefäßbruchstück aus Schiefer
   - Petrie, RT I, Taf. VI,3, Gefäßbruchstück aus schwarzem Kalkstein

2. Horus Adj-ib *Ḥr-sbꜣ-ẖt* (Name der „Domäne" von Adj-ib, vgl. Exkurs 5; hier aber ohne Mauerring, daher möglicherweise eher als Name eines kultischen Festes?)
   - Petrie, RT I, Taf. VII,10

3. Horus Adj-ib, Palast (?) *Ḥr-sꜣ-ḥꜣ* (*Ḥr-sꜣ-ḥꜣ* steht im Palastviereck auf einem Treppenpodest, es ist nicht das typische Sed-Fest-Podest; darunter die Gruppe .
   eine Ritzinschrift auf vier zusammenpassenden Bruchstücken eines Alabastergefäßes
   - Petrie, Abydos I, Taf. V,1 (Petrie, RT I, Taf. VI,2, Taf. VII,10, Taf. VIII,11)
   - Quibell (1935: II, Taf. 91,8)

4. Horus Adj-ib *ḥwt-kꜣ* (Ka-Haus)
   eine Ritzinschrift auf Bruchstück einer Alabasterschale
   - Kaplony (1965: Nr. 31)

5. Horus Adj-ib ▨ *šmꜥ-mḥw* (Vereinigung Ober- u. Unterägyptens, dazu Figur eines stehenden Herrschers mit oberägyptischer Krone, Stab und Keule
   eine Ritzinschrift auf Bruchstück eines Tellers aus Schist
   - Kaplony (1965: Nr. 29)
   - Amélineau (1902: Taf. 4)

6. *nswt-bjt Mr-p-bjꜣ* (*nswt-bjt*-Titel von Adj-ib)
   vier Ritzinschriften auf Bruchstücken von Steingefäßen
   - Petrie, RT I, Taf. VII,5, Gefäßbruchstück aus Kristall
   - Petrie, RT I, Taf. VII,6, = Kaplony (1965: Nr. 32), Gefäßbruchstück aus Kristall
   - Petrie, RT II, Taf. 8A,1, Gefäßbruchstück (ohne Materialangabe)

7. *nṯrwj, nswt-bjt Mr-p-bjꜣ* (*Nbtj*-Titel ohne Namen + *nswt-bjt*-Titel)
   zwei Ritzinschriften auf Bruchstücken von Steingefäßen
   - Petrie, RT I, Taf. VI,4, Gefäßbruchstück aus rotem Kalkstein
   - Petrie, RT II, Taf. VIIIA,2, Gefäßbruchstück (ohne Materialangabe)

8. *nṯrwj Mr-p-bjꜣ, ḥwt qd-ḥtp*
   eine Ritzinschrift auf Gefäßbruchstück aus rosa Gneis
   - Petrie, RT I, Taf. VI,8

Semerchet

1. Horus Semerchet
   drei Ritzinschriften auf Steingefäßen
   - Kaplony (1968: Nr. 10), zylindrisches Basaltgefäß mit Schnurmuster
   - Kaplony (1965: Nr. 36), Bruchstück eines Steingefäßes (ohne Materialangabe)
   - Petrie, RT I, Taf. VII,3, Gefäßbruchstück aus weißem Marmor

2. Horus Semerchet *pr* (?) *bjꜣ*
   eine Ritzinschrift auf Gefäßbruchstück aus weißem Marmor
   - Petrie, RT I, Taf. VII,2

3. Horus Semerchet *smr Spdw* (Lesung nach Kaplony)
   eine Ritzinschrift auf hochwandiger Kristallschale
   - Kaplony (1965: Nr. 37)

4. Ovalanlage („Domäne") Horus Semerchet
   84 Ritzinschriften auf Bruchstücken von Keramikgefäßen (ohne Material- und Typenangabe)
   - Petrie, RT I, Taf. VII,2, Taf. 44, Nr. 10-27, 29-41, Taf. 45, Nr. 42-87; Taf. 46, Nr. 88-110
   - Petrie, RT II, Taf. 55, Nr. 6-8, 15
   - Emery (1958: 54, Fig. 17)

   davon tragen vier den zusätzlichen Vermerk „*ḫntj*" – „Krugmagazin", RT I, Taf. 44-45, Nr. 14, 45, 76, 82.

5. *nswt bjt, nbtj Jrj* (*nswt-bjt*-Name von Semerchet), Aufenthalt im (*ꜥḥꜥ*) *ḥwt-ḥtp-nswt* (Haus der kgl. Opfer)
   eine Ritzinschrift auf Alabasternapf
   - Kaplony (1968: Nr. 11)

Qa

1. Horus Qa
   zwei Ritzinschriften auf Gefäßbruchstücken aus metamorphischem Gestein
   - Petrie, RT I, Taf. IX,7, 9

   Da auf beiden Fragmenten links von der Serechdarstellung ein Bruch verläuft, ist es gut möglich, daß auf dem abgebrochenen Stück weitere Vermerke gestanden haben.
   eine Ritzinschrift auf Gefäßbruchstück aus Schiefer
   - Saad (1969: Taf. 93)

2. Horus Qa, Palast *Sꜣ-ḥꜣ-nb*, *pr-nswt*, *ẖntj* ("Krugmagazin"), Phyle *wr*, *ḥtp-rnpt* (Jahresopfer)
   eine Ritzinschrift auf Gefäßscherbe aus schwarzem Marmor
   - Petrie, RT I, Taf. IX,2

   acht Ritzinschriften auf Bruchstücken von Steingefäßen, die absichtlich oder durch den Bruch zufällig entstandene Verkürzungen der o.g. Inschrift sind, wobei nur der Vermerk *ḥtp-rnpt* (Jahresopfer) sicher nicht zu der feststehenden Formel gehört hat.
   - Petrie, RT I, Taf. IX,1, Gefäßbruchstück aus grauem Marmor
   - Petrie, RT I, Taf. VIII,12, Gefäßbruchstück aus grauem Marmor
   - Petrie, Abydos I, Taf. V,2, Gefäßbruchstück aus „volcanic ash"
   - Petrie, RT I, Taf. IX,5, Gefäßbruchstück aus metamorphischem Gestein
   - Petrie, RT I, Taf. VIII,2-3, Gefäßbruchstück aus weißem Marmor
   - Petrie, RT I, Taf. IX,4, Gefäßbruchstück aus metamorphischem Gestein
   - Kaplony (1965: Nr. 39), Bruchstück einer Alabasterschale

3. Horus Qa, Sed-Fest
   drei Ritzinschriften auf Bruchstücken von Steingefäßen
   - Petrie, RT I, Taf. VIII,7, Gefäßbruchstück aus weißem Marmor
   - Petrie, RT I, Taf. VIII,8, Gefäßbruchstück aus „volcanic ash"
   - Kaplony (1968: Nr. 12), 1. (oder nach Kaplony 2. Mal) des Sed-Festes Horus Qa, *nswt-bjt*, *nbtj* Qa, *jpt*, länglicher Alabasternapf

4. Horus Qa, Götterfestung, *qꜣw-nṯrw* (Hügel der Götter)
   drei Ritzinschriften auf Schieferschalen
   - Lauer (1959: Nr. 44-45, 86) = Kaplony (1962: 9, 13, 16, Abb. 13-14)

5. *nswt-bjt*, *nbtj* Qa
   eine Ritzinschrift auf Gefäßbruchstücken aus weißem Marmor
   - Petrie, RT I, Taf. VIII,1

6. ▨ *nbtj* Qa
   zwei Ritzinschriften auf Bruchstücken von Steingefäßen
   - Petrie, RT I, Taf. IX,6, Gefäßbruchstück aus grauem Marmor
   - Petrie, RT II, Taf. VIIIA,6, Gefäßbruchstück (ohne Materialangabe)

7. *nswt-bjt*, *nbtj* Qa, Palast *P-Ḥr-msn*, *pr-nswt*, *ẖntj*
   neun Ritzinschriften auf Steingefäßen
   - Petrie, RT I, Taf. VIII,14, Gefäßbruchstück aus grauem Marmor
   - Petrie, RT I, Taf. IX,3, Gefäßbruchstück aus metamorphischem Gestein
   - Petrie, RT I, Taf. IX,3, Gefäßbruchstück aus grauem Marmor
   - Petrie, RT I, Taf. VIII,10, Gefäßbruchstück aus weißem Marmor
   - Petrie, RT I, Taf. VIII,3, Gefäßbruchstück aus grauem Marmor
   - Kaplony (1965: Nr. 47), Gefäß aus Dolomit
   - Petrie, RT I, Taf. IX,10, Gefäßbruchstück aus grauem Marmor

- Petrie, RT I, Taf. IX,11, Gefäßbruchstück aus „volcanic ash“
- Kaplony (1965: Nr. 43), Gefäßbruchstück aus hellgrünem Stein

8. *nswt-bjt, nbtj* Qa, -Schiff
   zwei Ritzinschriften auf Steingefäßen
   - Petrie, RT I, Taf. VIII,9, Gefäßbruchstück aus weißem Marmor
   - Petrie, RT I, Taf. IX,8, Gefäßbruchstück aus gelbem Kalkstein

9. *nbtj* Qa, *sm, jpt*
   zwei Ritzinschriften auf Steingefäßen
   - Petrie, RT I, Taf. IX,12, Gefäßbruchstück aus Diorit
   - Petrie, RT I, Taf. VIII,5, Gefäßbruchstück aus „volcanic ash“

10. *nswt-bjt, nbtj* Qa, (?) *ḫntj*
    eine Ritzinschrift auf Gefäßbruchstück aus Schist
    - Kaplony (1965: Nr. 45)

Senefer-Ka

1. Horus Senefer-Ka, Palast *Sꜣ-ḥꜣ-nb*, „Krugmagazin“, Phyle *wr* (beim Horustitel fehlt der Falke auf dem Serech)
   eine Ritzinschrift auf einem Tafelfragment aus Schist
   - Emery (1958: Taf. 38,1)

2. Horus Senefer-Ka, *ḥm šnwwt* (Diener der Scheunen)
   eine Ritzinschrift auf Bruchstück eines Alabasternapfes
   - Kaplony (1968: Nr. 13)

3. Horus Senefer-Ka, Götterfestung, *qꜣw-nṯrw* (Hügel der Götter)
   eine Ritzinschrift auf Schieferschale
   - Lauer (1959: Nr. 86) = Kaplony (1962: 13, 16, Abb. 15)

Hetep-Sechemwj

1. Horus Hetep-Sechemwj
   eine Ritzinschrift auf Steingefäß (ohne Materialangabe)
   - Petrie, RT II, Taf. VIII,8

2. Horus Hetep-Sechemwj, Ka-Haus: Horus Hetep-Sechemwj
   zwei Ritzinschriften auf Steingefäßen (ohne Materialangabe)
   - Petrie, RT II, Taf. VIII,9-10

3. Horus Hetep-Sechemwj, *ꜥꜣ-ḫntj*, Phyle *wr*
   (der Horusfalke auf dem Serech trägt eine Doppelkrone)
   eine Ritzinschrift auf steilwandigem Basaltnapf
   - Kaplony (1965: Nr. 48) = Kaplony (1968: Nr. 13)

4. Horus Hetep-Sechemwj, Palast *Sꜣ-ḥꜣ-nb, js-mḥtj*(?)
   eine Ritzinschrift auf Kristallschale
   - Kaplony (1965: Nr. 49)

5. *nswt-bjt, nbtj* Hetep
   eine Ritzinschrift auf bauchigem Alabastergefäß
   - Kaplony (1968: Nr. 15)

Ra-neb

1. Horus Ra-neb, *ḥwt-k3* des Ra-neb
   (der Horustitel wird hier ohne Serech geschrieben)
   eine Ritzinschrift auf einer Schale aus Schiefer
   - Kaplony (1968: Nr. 16)

2. *ḥwt-k3* des Ra-neb
   eine halbausgeschmirgelte Ritzinschrift auf dem Fragment einer Steinschale (ohne Materialangabe), die von Nj-netjer mit neuer Inschrift versehen wurde
   - Petrie, RT II, Taf. VIII,12

Nj-netjer

1. *nswt-bjt, nbtj* Nj-netjer, *pr-nswt, ḫntj*
   eine Ritzinschrift auf Steingefäß (ohne Materialangabe)
   - Kaplony (1965: Nr. 50)

2. *nswt-bjt, nbtj* Nj-netjer, *js-ḏf3*
   eine Ritzinschrift auf einem Napf aus Schiefer
   - Kaplony (1968: Nr. 17) = Kaplony (1962: Abb. 1072bis)

3. *nswt-bjt, nbtj* Nj-netjer, *pr-nswt, js-ḏf3, Prj-nb*
   eine Ritzinschrift auf Dioritschale
   - Kaplony (1963: III, Abb. 862)

4. *nswt-bjt, nbtj* Nj-netjer (jeder Tag?) *js*
   eine Ritzinschrift auf dem Fragment einer Steinschale (vgl. oben Ra-neb Nr. 2)
   - Petrie, RT II, Taf. VIII,12

5. *nswt-bjt, nbtj* Nj-netjer + Schiffsdarstellung
   eine Ritzinschrift auf Steingefäß (ohne Materialangabe)
   - Petrie, RT II, Taf. VIII,13

Per-ib-sen

1. Seth Per-ib-sen
   Reliefdarstellung auf zylindrischem Gefäß mit Schnurmuster aus rötlichem Kalkstein
   - Kaplony (1965: Nr. 57)

2. Seth Per-ib-sen, *jn Sṯt, sš-smwt* (Abgaben der Stadt *Sṯt*, Schreiber der Wüsten)
   eine Ritzinschrift auf Napf aus Basalt
   - Kaplony (1968: Nr. 18)

3. *nswt-bjt, nbtj* Per-ib-sen
   eine Ritzinschrift auf Gefäßbruchstück aus Kristall
   - Petrie, RT I, Taf. IV,7

Sechem-ib

1. Horus Sechem-ib
   eine Ritzinschrift auf Alabasterschale
   - Kaplony (1965: Nr. 52)

2. *nswt-bjt* Sechem-ib, *prj-n-m3ʿt*, *wr-pr-ds(w?)*, *ḥm-nṯr-ẖrtj*
   eine Ritzinschrift auf Kristallschale
   - Kaplony (1968: Nr. 19)

Chasechemwj

Petrie (RT II, 12-13) schreibt, daß nahezu der gesamte Inhalt aus dem Grab des Chasechemwj in Abydos durch die französischen Ausgräber unter Amélineau im Jahre 1897 geborgen und mit weniger Verlusten als bei den anderen Gräbern auch publiziert worden sei. Seine Auflistung der französischen Funde enthält u.a.:

- grobe Alabastervasen und Deckel, die aber nicht auf die Vasen passen. Die in Petrie, Abydos I, Taf. X, 22-25 gegebenen Zeichnungen zeigen, daß es sich um zylinderförmige Gefäße handelt, von denen ein Teil nur ganz flach ausgehöhlt ist.
- Vasen aus Syenit, rotem Marmor, Porphyr
- 200 große Vasen aus rot-weißer Breccia
- zwei große Alabastergefäße
- kugelförmige Vasen aus Breccia und Granit
- sechs Vasen aus Dolomit-Marmor, eine Vase aus Karneol
- Fragmente von Vasen aus Dolomit-Marmor
- eine flache Dioritschale (Petrie, RT II, Taf. IX,12)

Von dieser insgesamt recht beträchtlichen Menge an Steingefäßen scheinen nur wenige Inschriften zu tragen.

1. zwei Ritzzeichnungen, die von links nach rechts folgende Darstellung enthalten:
   - Horusfalke mit oberägyptischer Krone auf einem Serech mit dem Namen Chasechem
   - Geier, der mit einer Klaue einen Ring faßt, in dem die Zeichen stehen, mit der anderen Klaue dem Horus auf dem Serech das Zeichen *sm3-t3wj* überreicht
   - Teils über, teils neben dem Geier die Inschrift: – „Krugmagazin“ von ???, kämpfen und schlagen von Unterägypten
   - Kaplony (1965: Nr. 53), bauchiges Gefäß aus rotem Granit
   - Kaplony (1965: Nr. 54), hohes bauchiges Gefäß aus Alabaster
2. *nswt-bjt*, *nbtj* Chasechemwj
   eine Ritzinschrift auf Napf aus schwarzem Granit
   - Kaplony (1965: Nr. 56) = Kaplony (1968: Nr. 20)

Exkurs 5

Die gesiegelten Lehmverschlüsse der frühdynastischen Zeit

Peter Kaplony hat sich in einer umfangreichen und sehr detaillierten Untersuchung (Kaplony 1963) mit den Mustern und Inschriften der frühdynastischen Rollsiegel beschäftigt. Die hier folgende Auflistung der Siegelverschlüsse beruht auf seinen Ergebnissen und benutzt auch seine Terminologie. Die als Nachweis verwendeten Zahlen beziehen sich auf die Abbildungen der Siegel im dritten Band von Kaplonys Arbeit sowie die in Bd. II, 1091-1198 zusammengefaßten Legenden zu den Abbildungen.

Der älteste Beleg für den Gebrauch von Schriftzeichen auf einem Rollsiegel ist das Bruchstück eines Lehmverschlusses mit dem Namenszeichen des Ka (RT II, Taf. 2,1, 13,89), das in der Anlage B 7 auf dem B-Friedhof in Abydos gefunden wurde. Hier handelt es sich wahrscheinlich um ein sogenanntes Königssiegel, weil Überreste einer rechteckigen Umrandung darauf hinweisen könnten, daß das Ka-Zeichen im Unterteil eines Serechs eingeschlossen war. Bei einem anderen Verschluß (Kaplony 1963: Abb. 20 = Emery 1939: Abb. 30), nach Kaplony die Abrollung des Privatsiegels von Ka (Kaplony 1963: II, 1093), scheint die Zuweisung an Ka nicht ganz so eindeutig zu sein. Die Abbildung bei Emery zeigt ein Muster von drei untereinander angeordneten Reihen von Zeichen. Zum einen gehört der runde Kreis nach Ausweis der Ritz- und Tinteninschriften nicht zum Namen des Herrschers Ka, zum anderen erweckt der Fundort Sakkara, wo nicht einmal Belege für den später anzusetzenden Narmer gefunden wurden, Bedenken gegen eine Zuweisung an Ka. Viel wahrscheinlicher ist, daß es sich hier um das Privatsiegel eines Würdenträgers aus der Zeit des Aha oder Djer handelt.

Beginnend mit Narmer nimmt die Anzahl der erhaltenen Siegelverschlüsse ganz bedeutend zu. Dabei lassen sich folgende große Gruppen unterscheiden:

- Königssiegel: In Doppelreihen angeordnete Serechdarstellungen, die das Namenszeichen des Herrschers einschließen und auf denen jeweils ein Horusfalke sitzt.
- Prinzensiegel: Serechdarstellungen mit Namenszeichen des Herrschers und Horusfalken, dazu Schriftzeichen, die einen oder mehrere, nicht mit dem Herrscher zu identifizierende Namen verkörpern.
- Amtssiegel: Bezeichnung einer Instanz oder einer Funktion, dazu die Serechdarstellung des Herrschers.
- Beamtensiegel: Bezeichnung einer Instanz oder Funktion, dazu Privatname, keine Serechdarstellung.
- Privatsiegel: Nennung eines oder mehrer Privatnamen ohne Titel oder Instanz.
- Verwaltungssiegel: Bezeichnung einer Instanz ohne Serechdarstellung und ohne Nennung eines Privatnamens.
- Tiersiegel: Darstellung verschiedener Tiere, ohne Nennung einer Instanz, eines Privatnamens und ohne Serech.

Aus der Zeit des Narmer sind insgesamt 70 gesiegelte Verschlüsse bekannt, davon 23 aus Abydos, zwei aus Zawyet el-Aryan und 45 aus Tarkhan. Sie zeigen zehn verschiedene Siegelmuster:

- 3 Königssiegel (Abb. 25, 26A-B)
- 1 Siegel des Prinzen Men (Abb. 77)
- 5 verschiedene Siegel unterschiedlicher Verwaltungsinstanzen, davon
  - 1 Verwaltungssiegel des *ḥwt-ḥḏ* des Narmer (Abb. 34)
  - 2 Verwaltungssiegel des *ḥwt-*Ψ des Narmer (Abb. 35A-B)
  - 1 Verwaltungssiegel von *šnḏ* (Krokodilopolis)
  - 1 Siegel der Verwaltung „vom Zelt“ (Abb. 169)

1 Siegel des Beamten *Psš-kf* der „Zeltverwaltung"

Für die Zeit des Aha sind insgesamt 456 Siegelverschlüsse zu belegen, davon 94 aus Abydos, 151 aus Negade und 211 aus Sakkara (Grab 3357). Sie zeigen 53 unterschiedliche Siegelmuster:

10 verschiedene Königssiegel des Aha (Abb. 27A-H, 28)
5 verschiedene Prinzensiegel des *Ḥt* (Abb. 78, 78A-D)
1 Prinzensiegel des *Rḫjt* (Abb. 79)
2 Privatsiegel des *Rḫjt* (Abb. 14-15)
1 Prinzensiegel des *s3-jst* (Abb. 80)
1 Prinzensiegel des *Msj-mḥj* (Abb. 226)
6 Verwaltungssiegel verschiedener Verwaltungen
  1 Siegel des unterägypt. *srḫ*-Palastes der *Ḥtp*-Neit (Abb. 201)
  1 Siegel des oberägypt. Hauses des Aha (Abb. 36)
  1 Siegel der unterägypt. Vogelfänger des Aha (Abb. 187)
  3 Siegel der Verwaltung „vom Zelt" (Abb. 144, 160-161)
6 Beamtensiegel der „Zeltverwaltung"
  1 neugeschnittenes Siegel des Beamten der „Zeltverwaltung" *Psš-kf* (Abb. 138)
  1 Siegel des Beamten der „Zeltverwaltung" *Mrj* (Abb. 140)
  1 Siegel des Beamten der „Zeltverwaltung" *Ḥr-pw* (Abb. 146)
  1 Siegel des Beamten der „Zeltverwaltung" *Sb3-tj* (Abb. 139)
  1 Siegel des Beamten der „Zeltverwaltung" (Name nicht lesbar) (Abb. 145)
  1 Siegel des Beamten der „Zeltverwaltung" (Name nicht lesbar) (Abb. 174)
17 Tiersiegel (Abb. 53-69)
4 Privatsiegel
  1 Siegel der *Ḥtp*-Neit (Abb. 75)
  3 Siegel verschiedener Beamter (Abb. 7, 20, 72)

Unter Aha ist erstmalig zu belegen, daß Abrollungen der gleichen Siegel an verschiedenen Plätzen vorkommen. So ist das Königssiegel 27D in Abydos und in Sakkara belegt und das Königssiegel 27H in Sakkara und Negade. Das Prinzensiegel des *Ḥt* 78C kommt sowohl in Abydos wie in Negade vor, und das Tiersiegel Abb. 56 wurde in Abydos und in Sakkara gefunden. Das Siegel des Beamten der „Zeltverwaltung" *Psš-kf* (Abb. 138) erscheint sowohl in Negade als auch in Sakkara. Der gleiche Beamte ist mit einem anderen Siegel (Abb. 169) bereits aus Abydos für die Zeit des Narmer belegt. Er muß also beiden Herrschern gedient haben.
Zu diesen Siegelabrollungen kommen noch zwei Originalsiegelzylinder aus schwarzem Stein (Abb. 70) und aus Elfenbein (Abb. 71), beide sind Tiersiegel. Der Elfenbeinzylinder wurde von Scharff auf dem Friedhof in Abusir el-Melek am Hals einer Hockerleiche gefunden (Scharff 1929: 98). Das führte zu der Annahme, daß die Tiersiegel, deren Abrollungen immer zusammen mit Königssiegeln vorkommen, von niederen Beamten geführt wurden, deren Stellung noch nicht hoch genug war, daß sie ihren Namen im Siegel zeigen durften (vgl. Helck 1954a: 87; Kaplony 1963: 70-71).

Aus der Zeit des Djer sind mehr als 274 Siegelverschlüsse mit mindestens 49 unterschiedlichen Siegelmustern belegt. Sie stammen aus Abydos (176 Verschlüsse in 35 Mustern), aus Sakkara (Grab 3503 mit 85 Verschlüssen in acht Mustern; Grab 2185 mit elf Verschlüssen in 2 + x Mustern; Grab 3471 mit 42 gleichen Verschlüssen; Grab 3506 mit zwei Verschlüssen in zwei Mustern) und aus Heluan mit x Verschlüssen in 1 + x Mustern. Diese gliedern sich auf in:

12 Königssiegel (Abb. 29A-J, 30 A-B, 31A)
5 Prinzensiegel (Abb. 726-728, 175A-B)

3 Amtssiegel
 2 Siegel „Horus Djer mit Vogelfalle" (Abb. 723-724)
 1 Siegel „Horus Djer *pr-š*" (Seehaus?, Abb. 725)
3 Verwaltungssiegel
 1 Siegel der beiden Krughäuser (Abb. 19)
 1 Siegel *ḫrp-š* (Leiter d. Sees? mit unklarem Zusatz „Gazellenberg"?, Abb. 47)
 1 Siegel *ḫrp(w?)š* (Abb. 76)
17 Beamtensiegel
 4 Siegel von Beamten der „Zeltverwaltung" (Abb. 148, 155-157, 141, 162)
 8 Siegel des Beamten *ʿm-kꜣ* der „Domäne" (Abb. 43, 21-22, 96-97, 101, 126, 128)
 1 Siegel des *Ḥtp-ʿm-kꜣ*
 1 Siegel des [Hieroglyphen]-Beamten (ohne Namen) (Abb. 125)
 1 Siegel des *ꜣṯt Wꜣs-rḫjt* (Abb. 17)
 2 kollektive Beamtensiegel (Abb. 124, 181)
1 Privatsiegel auf den Namen *Jmꜣḫ* (Abb. 74)
1 Festsiegel (thronender König mit ober- bzw. unterägyptischer Krone, Canidenstandarte und Beischrift „Horus Djer" (Abb. 237)
1 unklares Siegel „Horus Djer" + *sꜣ* [Hieroglyphe] (Abb. 729)

Für die Zeit des Djet sind 234 + x gesiegelte Verschlüsse mit mindestens 49 verschiedenen Siegelmustern belegt. Sie stammen aus Abydos (19 Muster), aus Sakkara, Grab 3504 (31 Muster aus der Zeit des Djet, sieben Muster aus der Zeit des Den und zwölf unklare Muster), aus Giza Nezlet Batran (ein Muster), aus Tarkhan, Grab 1060 (zwei eindeutige und drei unklare Muster). Sie gliedern sich auf in:
8 verschiedene Königssiegel (Abb. 32A-H)
2 Prinzensiegel (Abb. 81, 16)
2 Amtssiegel
 1 Siegel der „Domäne" *Wꜣḏ-Ḥr* (Abb. 84)
 1 Siegel des *pr-p-ʿnḫ* (Abb. 85)
23 Beamtensiegel
 2 Siegel des *ʿm-kꜣ* als *ḥrj-nḫnw* ([Hieroglyphen]) (Abb. 44)
 5 Siegel des *Sḫm-kꜣ-sḏ* als *ʿḏ-mr* von *Ḥr-sḫntj-ḏw*; von *Nḫb* ([Hieroglyphen]) und vom *nbj-ꜣmt* (Abb. 189); von *Wꜣḏ-Ḥr* (Abb. 99A-B); von *Nḫn* ([Hieroglyphen]) (Abb. 98); von *ḥwt-ḥnn* [Hieroglyphe] und „Haus des Löwen" ([Hieroglyphe]) (Abb. 197)
 4 Siegel des *Ḥtm-sḫmwj* als *ḥrj-nḫnw* ([Hieroglyphen]) (Abb. 46A-B); als *ʿḏ-mr* (Abb. 45A-B)
 1 kombiniertes Amts- und Beamtensiegel des *Jrj-ʿꜣwj* von der „Domäne" *Wꜣḏ-Ḥr* (Abb. 176)
 6 Siegel von Zeltbeamten (Abb. 143, 147, 154, 163-165)
 1 Siegel des Beamten *Jtjw* von der „Scheune" (Abb. 459)
 1 Siegel des Beamten [Hieroglyphe] vom „Schatzhaus" (*pr-ḥḏ*) (Emery 1954: 124, 40)
 1 Siegel des Beamten *ʿꜣ(?)-dšrwj* von der unterägyptischen Phyle (Abb. 134)
 1 Siegel des Beamten *Jrj-ḥtp-ḏfꜣ* vom *ḥwt-*[Hieroglyphe] (Abb. 42)
 1 Siegel des Sieglers *St-kꜣ* (Emery 1954: 118, 18)
2 Kollektivsiegel (Abb. 192-193)
12 Privatsiegel (Abb. 48, 50A-B, 108A-B, 113-114, 124, 134, 136, 241, 423)

Sowohl in Abydos als auch in Sakkara kommen die Königssiegel Abb. 32B und 32C, sowie das Siegel des „Domänen"-Beamten *Sḫm-kꜣ-sḏ* (Abb. 99A-B, 189) und das Kollektivsiegel (Abb. 193) vor.

Aus der Zeit des Den ist eine sehr große Zahl von gesiegelten Verschlüssen erhalten, unter denen sich mindestens 128 verschiedene Siegelmuster belegen lassen. Sie stammen aus Abydos (Grab des Den mit 244 Verschlüssen in 48 Mustern, Grab der Merit-Neith mit 56 Verschlüssen, tombs of the contiers: x Verschlüsse mit mindestens zwei Mustern), aus Sakkara (Grab 3504 mit 56 Verschlüssen in sieben Mustern, Grab 3506 mit 210 Verschlüssen in 52 Mustern, Grab 3507 mit 19 Verschlüssen in zwölf Mustern, Grab 3535 mit 731 Verschlüssen in acht Mustern, cimetiere archaique Grab 190: x Verschlüsse in zwei Mustern, cimetiere archaique Grab 230: x Verschlüsse in zwei Mustern, Sakkara X: x Verschlüsse in zwei Mustern) und aus Abu Roasch (Grab 3: zwei Verschlüsse in einem Muster, Grab 4: x Fragmente in einem Muster, Grab 6: sechs Fragmente in zwei Mustern, Grab 11: x Verschlüsse, davon ein identifizierbares Muster; Grab 12: vier Fragmente in einem Muster, Grab 16: sechs Verschlüsse in vier Mustern). Mit diesen Mustern können folgende Personen und Instanzen belegt werden:

7 Königssiegel des Den (Abb. 33A-C, 83, 206-207, 733)
7 Prinzensiegel (Abb. 82, 186, 195-196, 224; RT II, Taf. 19,151-152)
38 Amtssiegel
30 Siegel der „Domänen"-Verwaltung
6 Siegel der Anlage *Ḥr-sḫntj-ḏw* (Abb. 203A-B, 225A-B, 227, 232, 306A-B)
1 Siegel der Anlage *Wꜣḏ-Ḥr* (Abb. 87)
7 Siegel der Anlage *Ḥr-tpj-ẖt* (Abb. 89A-B, 91A-B, 93, 199, 222)
16 Siegel eines Teilbereiches der „Domänen"-Verwaltung, aber ohne Nennung des Namens der Anlage:
5 Siegel *ḫrp-nbj* (Abb. 88, 92, 200, 204, 223)
8 Siegel *ḫrp-ḥrj-jb* (Abb. 198, 202A-E, 247-148)
3 Siegel *ḫrp-Nḫn* ([Hieroglyphen]) (Abb. 86, 90A-B)
8 Siegel außerhalb der „Domänen"-Verwaltung
3 Siegel des *pr-ḥḏ* (Abb. 121, 177-178)
1 Siegel der (Weinkelter?) Unterägyptens, östliche Gaue (Abb. 238)
1 Siegel der (Weinkelter?) Unterägyptens, westliche Gaue (Abb. 239)
1 Siegel des *sḏꜣwtj-bjtj* für die Weinkelter der Neith (Abb. 240)
1 Siegel der „unterägyptischen Vogelfänger des Horus Den" (Abb. 188)
1 Siegel des *ḫt-ḫrw* (Abb. 249)
76 Beamtensiegel
38 Siegel von „Domänen"-Beamten
4 kombinierte Amts- und Beamtensiegel
1 Siegel des *ꜥm-kꜣ* als *ꜥḏ-mr* (Abb. 242)
2 Siegel des *ꜥnḫ-kꜣ* als *ꜥḏ-mr* von *Ḥr-sḫntj-ḏw*, *ḫrp* von *Ḥr-sḫntj-ḏw*, *ḥrj-wḏꜣ-ḫrpw-nbj*, *ḫrp-ḥrj-jb* (Abb. 276A-B)
1 Siegel des *ꜥnḫ-kꜣ* als *ꜥḏ-mr* von *Ḥr-tp-ẖt* (Abb. 731)
34 reine Beamtensiegel
3 Siegel des *Sḫm-kꜣ-sḏ*: von *Wꜣḏ-Ḥr* (Abb. 99A-B); von *Nḫn* ([Hieroglyphen]) (Abb. 98)
5 Siegel des *ꜥm-kꜣ*: *ꜥḏ-mr* (Abb. 127); *ꜥḏ-mr*, *ḥwt-jḫt-sḫn-ꜣḫ* (Abb. 118); *ḫrp-nbj*, *sḫn-ꜣḫ* (Abb. 116); *sḫn-ꜣḫ* (Abb. 101, 123)
7 Siegel des *ꜥnḫ-kꜣ*: *ꜥḏ-mr* von *Ḥr-sḫntj-ḏw*, *ḫrp-ḥrj-jb* (Abb. 220A-B, 234); *ꜥḏ-mr* von *Ḥr-sḫntj-ḏw*, *ḫrp-nbj* (Abb. 221A-B); *ḫrp* von *Ḥr-sḫntj-ḏw* (Abb. 235); *ꜥḏ-mr* von *Ḥr-sḫntj-ḏw*, *ḫrp-nbj* (Abb. 298)
8 Siegel des Hemaka: *ꜥḏ-mr* von *Ḥr-sḫntj-ḏw*, *ḫrp* von *Ḥr-sḫntj-ḏw* (Abb. 216); *ꜥḏ-mr* von *Ḥr-sḫntj-ḏw*, *ḫrp-ḥrj-jb* (Abb. 215); *ꜥḏ-mr* von *Ḥr-sḫntj-ḏw*, *ḥrj-wḏꜣ* der Krüge, *ḥrj-wḏꜣ-ḫrpw* (Abb. 218); *ꜥḏ-mr* von *Ḥr-sḫntj-ḏw* (Emery 1958: 72, 50); *ꜥḏ-mr* von *Ḥr-tpj-ẖt*, *ḫrp* von *Ḥr-tpj-ẖt* (Abb. 233); *ꜥḏ-mr* von *Ḥr-tpj-ẖt*, *ḫrp-ḥrj-jb* (Abb. 305A-B); *Ḥr-tpj-ẖt* (Abb. 732)
3 Siegel des *Mdd-kꜣ*: *ꜥḏ-mr* von *Ḥr-sḫntj-ḏw*, *ḫrp-ḥrj-jb* (Abb. 219, 230); *ꜥḏ-mr* von *Ḥr-sḫntj-ḏw*, *ḫrp* von *Ḥr-sḫntj-ḏw* (Abb. 231)

5 Siegel des *Stjw*: *ʿḏ-mr*, *ḫrp Ḥr-sḫntj-ḏw*, *ḫrp-ḥrj-jb*, *ḫrp-nbj-ḫrp-ḥrj-wḏ3* (Abb. 277); *ʿḏ-mr* der Anlage, *ḫrp-nbj* (Abb. 320); *ʿḏ-mr*, *ḫrp* der Anlage (Abb. 321); *ḥrj-sšt3*, *sḫn-3ḫ* (Abb. 119); *sḫn-3ḫ* (Abb. 103)
1 Siegel des *Ḥ3-sw*: *ʿḏ-mr* von *Ḥr-tpj-ḫt* (Abb. 273)
1 Siegel des *W3ḥ-k3-jn*: von *Nḫn* (𓏪𓈖) (Abb. 100)
1 Kollektivsiegel des *ʿm-k3* und des *Stjw* als *sḫn-j3ḫ* (Abb. 129)

38 Siegel von Beamten außerhalb der „Domäne"
7 Siegel des *Sḫ3-k3*: *ḥ3tj-ʿ* (Abb. 105); von den beiden Krughäusern für Schweinefleisch bzw. -fett (Abb. 110); vom [Hieroglyphe] (Abb. 115); vom Krughaus (Emery 1958: Taf. 106,5); *smr*, *ḫn Mwt* und [Hieroglyphe] (Abb. 241); *jrj-ʿp* vom Opfer (*jnḏ-ḥr*) (Abb. 190); *sm*, Bogenschützen (oder Nubier) (Abb. 191)
4 Siegel des *St-k3*: *ʿḏ-mr* von *ḥwt-smḥ-gsḥw*, *ḫntj-š* (Abb. 182); *sḏ3wtj-bjtj*, *sḫn-3ḫ* (Abb. 183); *ḥk3*, *sḫn-3ḫ* (Abb. 184); [Hieroglyphe] (*ḥwt-sb3t*?), *sḫn-3ḫ* (Abb. 185)
1 Siegel des Sieglers *K3-sn* (Abb. 120)
1 Siegel des Min-*k3-f*, *sḥḏ-jnpw*, *sḏ3wtj-ḥrj-nb* (Abb. 362)
4 Siegel verschiedener Zeltbeamter (Abb. 151, 154, 158, 167)
2 Siegel von Beamten des „Schatzhauses" (Abb. 106; Emery 1958: Taf. 106,7)
3 Siegel von Speicherbeamten (Abb. 73, 106, 217)
1 Siegel des Beamten *Z3-k3* von den oberägypt. Abgaben(?) [Hieroglyphen] (Abb. 104)
1 Siegel des *Jt* (Sohn des *ʿnḫ-k3*) von *ḥwt-jrp-ḥḏ* „Haus der weißen Weinkrüge"(?) (Abb. 179)
1 Siegel des Den-*3ḫ*, *ḫrjʿ* von *ḥwt-ḥḏ* (Abb. 194)
1 Siegel des *Dm3-k3-sn* vom „Haus des Min" (Abb. 41)
1 Siegel des Min-*k3*, *sḫn-3ḫ* der Residenzphyle ([Hieroglyphe]) (Abb. 299)
1 Siegel des *W3s-jp*, *sḫn-3ḫ* und *ḫrp* von [Hieroglyphe] (Abb. 334)
5 Siegel verschiedener *sḫn-3ḫ* (Abb. 49, 102, 435, 734)
5 Privatsiegel verschiedener Personen (Abb. 109, 180, 424, 457; Emery 1958: 72, 45).

4 Festsiegel des Den (Abb. 211, 304-305, RT I, Taf. 32,38-39

Für die Zeit des Adj-ib sind bedeutend weniger Siegelverschlüsse belegt als aus den Zeiten der vorhergehenden Herrscher. Das ist wohl darauf zurückzuführen, daß die Amtsperiode des Adj-ib verhältnismäßig kurz war, nach der Rekonstruktion der Annalensteine durch Kaiser etwa sechs oder sieben Jahre. Aus dem Grab des Adj-ib in Abydos sind 34 Verschlüsse in 15 Mustern bekannt. In Sakkara wurden in den Gräbern 3038 und 3111 eine ganze Reihe von Verschlüssen gefunden, von denen sich vier Muster identifizieren lassen. Zusammen mit zwei Siegelmustern aus dem Grab Heluan 1371 H2 sind damit insgesamt 17 unterschiedliche Muster aus der Zeit des Adj-ib erhalten, durch die folgende Personen, Funktionen und Instanzen belegt werden können:

1 Königssiegel: Horus Adj-ib, *nswt-bjt Mr-p-bj3*. Hier erscheint erstmalig der *nswt-bjt*-Name des Herrschers in einem Siegel (Abb. 245).

11 Amtssiegel
4 Siegel der „Domänen"-Verwaltung
1 Siegel *ḫrp Ḥr-sb3-ḫt* (Abb. 205)
1 Siegel *ḫrp-ḥrj-jb* (Abb. 94)
1 Siegel *ḫrp-nbj* (Abb. 95)
1 Siegel *ḥrj-wḏ3* von *Ḥr-sb3-ḫt* (Abb. 278)
7 Siegel von Instanzen außerhalb der „Domänen"-Verwaltung
2 Siegel „Palast des *nswt-bjt Mr-p-bj3* namens *P-Ḥr-msn*" (Platz des harpunierenden Horus) (Abb. 250A-B)

1 Siegel „*nswt-bjt Mr-p-bjꜣ*, Palast *Ḥr-p-msn*, „Krugmagazin“ für Schweinefleisch (Abb. 246). Kaplony gibt „Opferhaus der Krüge der Nilpferdgottheit“, aber Helck (1975: 30) übersetzt sicher realistischer „Abt. für Schweinefleischkonserven“. Das auf dem Siegel dargestellte Tier sieht auch nach der Zeichnung bei Kaplony genau wie ein Schwein aus.
1 Siegel: Palast *P-Ḥr-msn*, Nilpferdgottheit (oder besser: Schwein) (Abb. 735)
1 Siegel: Königlicher „Weingarten“ (unterstellt dem *pr-dšr*) (Abb. 213)
1 Siegel der Phyle *sꜣ-wr* (𓅭) alles andere zerstört (Abb. 736)
1 Siegel: *ḥwt-ꜥꜣ-gsw* ▨ (Abb. 251)
4 Beamtensiegel des *Sꜣb*
1 Siegel *ꜥḏ-mr*, *ḫrp-ḥrj-jb* (Abb. 274)
1 Siegel *ꜥḏ-mr*, *ḫrp-nbj* (Abb. 275)
2 Siegel *ꜥḏ-mr* von *Ḥr-sbꜣ-ẖt*, *ḥrj-wḏꜣ* (Abb. 300A-B)
1 Privatsiegel der *Nbt-kꜣ* (Abb. 212)

Für die Zeit des Semerchet, der nach den Angaben des größeren Annalenfragmentes aus Kairo (K 1) acht oder neun Jahre im Amt gewesen ist, geht die Anzahl der erhaltenen Siegelverschlüsse noch weiter zurück. Aus Abydos sind nur 17 Verschlüsse in sechs Mustern belegt. Dazu kommt noch ein unveröffentlichter Verschluß aus Sakkara, Grab 3060. Bei diesen insgesamt sieben Siegelmustern handelt es sich ausschließlich um Amtssiegel. Königssiegel, Beamtensiegel und Privatsiegel fehlen völlig. Folgende Institutionen lassen sich erkennen:

2 Amtssiegel der „Domänen“-Verwaltung: *ḫrp-ḥrj-jb* (Abb. 253); *ḫrp* von *Ḥr-dšr-ẖt* (oder *nwb*?) (Abb. 253)
2 Amtssiegel: Palast *nswt-bjt* ▨ des Goldrindes, Unterabt. ▨-Krüge (Abb. 210, 236)
1 Amtssiegel: Palast *P-Ḥr-Jrj-nbtj* des Semerchet, Unterabt. Frühstücksopfer(?) (Abb. 229)
1 Amtssiegel: Weberei(?), Unterabt. „Krugmagazin“ (Abb. 243)
1 unveröffentlichtes Muster eines Amtssiegels: Schreiber des ▨ (nach der Skizze bei Kaplony (1963: 144)

Für die Zeit des Qa, des letzten Herrschers der 1. Dynastie, lassen sich mindestens 84 Siegelverschlüsse in 43 Mustern feststellen. Sie stammen aus Abydos (14 Muster) sowie aus Sakkara (Grab 3500 mit vier Mustern, Grab 3121 mit mindestens einem Muster und Grab 3505 mit 24 Mustern). Ein reines Königssiegel sowie Beamtensiegel der „Domänen“-Verwaltung sind ebenso wie unter Semerchet auch von Qa nicht belegt. Im einzelnen sind folgende Muster erhalten:

23 Amtssiegel
12 Siegel der „Domänen“-Verwaltung
1 Siegel *ꜥḏ-mr* von *Ḥr-nb-ẖt*, *ḥrj-wḏꜣ* (Abb. 228)
1 Siegel *ḫrp* von *Ḥr-nb-ẖt* (Abb. 256)
1 Siegel *ḫrp* von *Ḥr-nb-ẖt*, *pr-dšr* (Abb. 738)
1 Siegel *Ḥr-nb-ẖt*, *ḫrp* ▨ (Abb. 739)
1 Siegel *ḥrj-wḏꜣ* von *Ḥr-nb-ẖt* (Abb. 279)
1 Siegel *ḫrp-ḥrj-jb*, *pr-dšr* (Abb. 209)
1 Siegel *ḫrp-ḥrj-(jb)*, Palast *(P)-Ḥr-msn* (Abb. 737)
3 Siegel *ḫrp-ḥrj-jb* (Abb. 254A-B, 255)
1 Siegel *ḫrp-nbj* (Abb. 257A-B)
11 Siegel außerhalb der „Domänen“-Verwaltung
1 Siegel *ḥt*? ▯ (Abb. 260)
1 Siegel Tempel (*ḥt-nṯr*) eines Widdergottes, Opferbedarf(?) (Abb. 301)
3 verschiedene „Scheunen“-Siegel (Abb. 366; Emery 1958: Taf. 124,4-5)

2 Siegel: Werkstatt für *nṯrj*-Stoffe (Abb. 259A-B)
1 Siegel: Phyle *s3-wr* (Abb. 244)
1 Siegel: Vogelfänger des Horus (?) (Abb. 261)
1 Siegel: Siegler von ▨ (Abb. 742)
1 Siegel: *sm* von ▨, *Wpw3wt*-Standarte (Abb. 280)

14 Beamtensiegel
1 Siegel des *Šdj*, Siegler des Goldes (*sḏ3wtj nwb*) (Abb. 460)
1 Siegel des Min-*nb.f*, *ḥrj-sšt3* und Siegler von *ḥrt-nb-š* (Abb. 335)
2 Siegel von ▨, Siegler (Emery 1958: Taf. 37,20-21)
1 Siegel des *Rḫ-ḫnj* (o.ä.), *ḫrp-ʿḥ* (Leiter des Palastes) (Abb. 336)
1 Siegel des *Mrj-k3* von der Weberei(?) (Abb. 322)
1 Siegel des *Mrj-k3* mit dem Vermerk „Bedarf" (Abb. 323)
6 Siegel verschiedener Beamter „vom Tor" (Abb. 331, 389, 391, 407, 570; Emery 1958: Taf. 37,16, 24)
1 Siegel des *ḫrp-ḫ3st* (oder *zmt*) „Leiter der Wüste" (Abb. 406)

Die Grabanlagen der ersten drei Herrscher der 2. Dynastie befanden sich aller Wahrscheinlichkeit nach in Sakkara, sind aber wohl mit absoluter Sicherheit noch nicht identifiziert worden. Die wenigen aus dieser Zeit bekannten Siegelmuster zeigen jedoch insgesamt, daß die aus dem Ende der 1. Dynastie belegten Institutionen im wesentlichen ohne große Veränderungen weitergeführt wurden.

Für die Zeit des Hetep-Sechemwj gibt es neun Verschlüsse in fünf Mustern, die aus den unterirdischen Räumen der Unaspyramide in Sakkara stammen. Dabei handelt es sich ausschließlich um Amtssiegel der „Domäne":
1 Siegel *ḫrp-Ḥr-ḫʿ-(m)-sb3*, erweitert mit *nswt-bjt* und *nbtj-ḥtp* (Abb. 281)
1 Siegel *ḫrp-nbj*, erweitert mit *nswt-bjt* und *nbtj-ḥtp* (Abb. 282)
1 Siegel *ḫrp-nbj* (Abb. 263)
1 Siegel *ḫrp-ḥrj-jb*, erweitert mit *sḫn-3ḫ* (Abb. 262)
1 Siegel *ḥrj wḏ3* von *Ḥr-ḫʿ-(m)sb3*, erweitert mit der Darstellung des „Domänenschutzgottes *3š*" (Abb. 307)

Aus der Zeit des Ra-neb haben sich, ebenfalls aus der Unaspyramide, zwölf Verschlüsse in fünf Mustern erhalten. Es sind:
4 Amtssiegel
1 Siegel *ḫrp-nbj*, erweitert mit [Zeichen] (Abb. 264)
1 Siegel *ḫrp-ḥrj-jb*, erweitert mit *sḫn-3ḫ* und Abt. der Vorratskrüge (Abb. 296)
1 Siegel *jrj-jḫt*, Palast *P-Ḥr-msn* (Abb. 295)
1 Siegel *jrj-jḫt*, „Krugmagazin", Gold (Abb. 294)
1 Siegel des Prinzen (*s3-nswt*) *Prj-nb* (Abb. 367). Im Gegensatz zu den Prinzensiegeln aus dem Beginn der 1. Dynastie wird jedoch der Herrschername nicht erwähnt, dafür erscheinen eine Reihe anderer Erweiterungen: *pr-šnʿ* (wohl die älteste Erwähnung überhaupt); *jrj-jḫt* des *Spdw*; *sšr*, *ḏḥ*-Abgaben, Stadt *Jpwt*

Für die Zeit des Nj-netjer gibt es acht sichere Belege aus den Gräbern von Giza und Rife (Petrie 1907), Sakkara 2171 und 2302. Sie zeigen sieben verschiedene Muster von Amtssiegeln:
1 Siegel *ḫrp-ḥrj-jb*, *ḫrp-Ḥr-sb3-pt* (Abb. 744)[6]
1 Siegel *ḫrp-nbj* (Abb. 265)
1 Siegel *ḫrp-nbj* mit der Erweiterung *ḥt* ▨ (Abb. 743)

---

[6] Vgl. hierzu S. Schott, Altägyptische Festdaten, Mainz 1950: 64 Anm. 3.

1 Siegel *ḫrp-nbj*, *ḫrp-ḥrj-jb* mit der Erweiterung *ḥwt* ▨, *pr-dšr*, *ḏd-ʿnḫ* (Abb. 746)
1 Siegel *ḥrj-wḏ3* (Abb. 745)
2 Siegel Palast *Ḥr-p-msn*, *pr-dšr*, „Weingärten von *Grgt-Nḫbt*", mit der Erweiterung *ḏd-ʿnḫ* und Darstellung einer Schutzgöttin (Abb. 747-748)
1 Siegel Götterfestung *ḥt-nṯrj-nṯrw* (Abb. 749)

Für die Zeit des Per-ib-sen sind insgesamt 235 Verschlüsse aus seinem Grab in Abydos belegt. Dazu kommen einige weitere Verschlüsse aus den sogenannten „Forts" von Abydos (Skunet-es-Sebib und Middle Fort). Daraus lassen sich 19 verschiedene Muster identifizieren, die sich folgendermaßen aufgliedern:

4 Amtssiegel der „Domäne"
    1 Siegel *ʿḏ-mr* von *Jṯj-wj3w* (Herrscher der Schiffe), erweitert mit dem „Domänenschutzgott *3š*" (Abb. 283)
    1 Siegel *ḫrp* von *Jṯj-wj3w*, erweitert mit „Stadt *ʿfnt*" (Abb. 285)
    1 Siegel *ḫrp-ḥrj-jb*, erweitert mit „Stadt *Šrj-š*" (Abb. 284)
    1 Siegel *ḥrj-wḏ3* von *Jṯj-wj3w*, erweitert mit Schutzgott *3š* (Abb. 286)
7 Amtssiegel des *pr-ḥḏ* („Schatzhaus") und der ihm nachgeordneten, erstmals auf einem Steingefäß für Nj-netjer zu belegenden Institution *js-ḏf3*
    2 Siegel *pr-ḥḏ* ▨ (Abb. 759, 762)
    1 Siegel *pr-ḥḏ* mit Erweiterung ▨ (Abb. 290)
    1 Siegel *js-ḏf3*, *pr-ḥḏ* (Abb. 760)
    1 Siegel *js-ḏf3*, *pr-ḥḏ*, *ḥt-Qḥkr* (Schmuck-Tempel?) (Abb. 757)
    1 Siegel „Abgaben Unterägyptens" (mit Zeichenspuren von *js-ḏf3*?) (Abb. 289)
    1 Siegel *(js)-ḏf3*(?) Urkunden(?) (Abb. 288)
1 Amtssiegel *jn Sṯt* (Abgaben der Stadt *Sṯt*) (Abb. 287)
1 Amtssiegel „Ortschaft *Nwbt*(?)" (Abb. 750)
1 Amtssiegel *pr-jḫt st* (Vermögensverwaltung der Isis) (Abb. 302)
1 Amtssiegel *sḏ3wtj jḫt* (Siegler von Sachen) (Abb. 761)
1 Amtssiegel „Siegler aller goldenen Dinge (Abb. 368)
1 Amtssiegel *ḥt-'???* (Abb. 758)
2 Beamtensiegel
    1 Siegel des *jrj-jḫt Nfrj* (Abb. 332)
    1 Siegel des Schreibers *Ḥsw*-Min und ▨ (Abb. 763)

Im Grab des Per-ib-sen in Abydos und im sog. Middle Fort in Abydos sind eine Reihe von Verschlüssen *auf den Namen „Horus Sechem-ib"* (einmal im Middle Fort „Horus-Sechem-ib-*prj-n-m3ʿt*" (Kaplony 1963: Abb. 308)), gefunden worden. Dieser Herrscher, von dem weder ein Grab noch „Domänen"-Verschlüsse belegt sind, kann eigentlich nur der unmittelbare Nachfolger Per-ib-sens sein, der für dessen Begräbnis verantwortlich war. Diese zeitliche Abfolge wird auch von Kaplony (1965: 4-5) angenommen. Dabei wirkt jedoch etwas störend, daß Chasechemwj, der letzte Herrscher der 2. Dynastie, einen Horus- und Seth-Namen führt, d.h. auf dem Serech mit seinem Namenszeichen stehen „Horus" und „Seth" nebeneinander. Aus diesem Grunde erschiene die Annahme einer zeitlichen Abfolge von „Seth" Per-ib-sen – „Horus-Seth" Chasechemwj logischer. Dann müßte Sechem-ib vor Per-ib-sen angesetzt werden, wodurch jedoch die Frage offen bleibt, warum seine Siegelverschlüsse im Grab des Per-ib-sen gefunden wurden. Durch die insgesamt zehn verschiedenen Siegelmuster mit dem Horus-Namen „Sechem-ib" werden belegt:

4 Amtssiegel des *pr-ḥḏ* und des *js-ḏf3*
    1 Siegel des *js-ḏf3*, *ḫrp-tp-nswt* (Abb. 267)
    1 Siegel des *js-ḏf3*, Schreiber (Abb. 268)
    1 Siegel des *pr-ḥḏ*, *js-ḏf3*, *pr* ▨ (Abb. 751)
    1 Siegel des *js-ḏf3*, *pr-ḥḏ* ▨ (Abb. 753)

6 Amtssiegel anderer Instanzen
- 1 Siegel „oberägyptischer Siegler jeder Urkunde" (Abb. 266)
- 1 Siegel *pr* ▨ *nṯrw* ▨ (Abb. 752)
- 1 Siegel „???" (Abb. 754)
- 1 Siegel ???-*smnt* (Abb. 755)
- 1 Siegel Gau ▨ (Abb. 756)
- 1 Siegel „???" (Abb. 308)

Aus der Zeit des Chasechemwj ist eine große Anzahl von gesiegelten Verschlüssen erhalten, allein 281 aus seinem Grab in Abydos. Dazu kommen Verschlüsse aus den Forts von Abydos und aus dem Grab 3042 in Sakkara. Insgesamt lassen sich etwa 55 verschiedene Muster erkennen, von denen jedoch mindestens 19 so stark fragmentarisch sind, daß sie zwar als Amtssiegel des Chasechemwj zu identifizieren sind, ohne daß jedoch die genaue Bezeichnung des Amtes festzustellen ist. Im einzelnen lassen sich belegen:

2 Amtssiegel der „Domäne"
- 1 Siegel *ꜥḏ-mr* von *Ḥr-sbꜣ-bꜣw*, erweitert durch „Domänenschutzgott *ꜣš*" (Abb. 291)
- 1 Siegel *ḥrj-wḏꜣ* von *Ḥr-sbꜣ-bꜣw*, erweitert durch „Domänenschutzgott *ꜣš*" (Abb. 303)

7 Amtssiegel von „Weingärten"
- 1 Siegel „Weingarten" von *Grgt-Nḫbt*, *js-ḏfꜣ*, *pr-dšr* (Abb. 309)
- 2 Siegel „Weingarten" von Memphis (*jnbw-ḥḏ*), *js-ḏfꜣ* (Abb. 310)
- 2 Siegel „Weingarten" von ▨, *js-ḏfꜣ* (Abb. 311-312)
- 1 Siegel „Weingarten", *pr-nswt*, *pr-dšr* (Abb. 764)
- 1 Siegel „... ???" (Abb. 760)

1 Amtssiegel des Palastes *P-Ḥr-msn* (Abb. 767)

5 Amtssiegel mit Erwähnung des *pr-nswt*, *pr-dšr* und *js-ḏfꜣ*
- 1 Siegel *pr-nswt*, *pr-dšr* (Abb. 771)
- 1 Siegel „Siegler aller fettigen Dinge", *pr-nswt*, *js-ḏfꜣ* (Abb. 214)
- 1 Siegel *ẖrj (tp)-nswt*, *js-ḏfꜣ* (Abb. 769)
- 1 Siegel *pr-nswt*, *Mwt* (Abb. 799)
- 1 Siegel *js-ḏfꜣ* (Abb. 785)

7 Amtssiegel mit Erwähnung unterschiedlicher Instanzen (Abb. 269-271, 297, 313-314, 768)

1 Siegel „Mutter der Königskinder" *Nj-ḥtp-Mꜣꜥt* (Abb. 325)

3 Beamtensiegel mit dem Titel *rḫ-jḫt* (Abb. 332-333, 350)

12 Privatsiegel (Abb. 354-355, 358, 374, 791-798)

Der in den Königslisten als erster Herrscher der 3. Dynastie geführte Neb-ka läßt sich durch Siegelverschlüsse nicht belegen. Die Siegelverschlüsse seines Nachfolgers Djoser, die aus den Forts in Abydos, aus seiner Stufenpyramide in Sakkara und aus Gräbern in Bet-Khallaf (Grab Nr. 151) und Sakkara (Grab Nr. 2305 und 2405) stammen, lassen sich folgendermaßen untergliedern:

12 Amtssiegel
- 1 Siegel *ḥrj-wḏꜣ* von *Ḥr-sbꜣ-ḫntj-pt* (Abb. 304)
- 1 Siegel *pr-nswt*, *pr-dšr*, „Weingarten" von *Ḥr-p-msn* (Abb. 318)
- 1 Siegel „Weingarten" von Memphis, *js-ḏfꜣ* (Abb. 317)
- 1 Siegel „Weingarten" von ▨, *js-ḏfꜣ* (Abb. 316)
- 1 Siegel Phyle seines (i.e. Djosers) Weines, *Sṯt* (Abb. 272)
- 1 Siegel *js-ḏfꜣ* ▨ (Abb. 800)
- 1 Siegel nordwestl. Gaue, *ḫrp-šmsw* (Leiter der Gefolgsleute (Abb. 319)
- 1 Siegel *ḥm-sꜣ-šmꜥj* (*ḥm* der oberägyptischen Phyle) (Abb. 273)
- 1 Siegel Festung *Nrw-tꜣwj* (Abb. 315)
- 1 Siegel *sm*, *ḥrj-ꜥ*, *Wpwꜣwt* (Abb. 369)

1 Siegel Mutter des Königs (*mwt-nswt*) *Nj-ḥtp-M3ʿt* (Abb. 326)
1 Siegel Horus *Nṯrj-ẖt*, *sḏ3wtj-bjtj*, *mḏḥ Nḫn*, *ẖrj-tp-nswt* (Abb. 292)
6 Beamtensiegel
5 Siegel verschiedener Schreiber (Abb. 327, 349, 351-352, 379)
1 Siegel „*ẖrj-ḥb*, *mḏḥ*, *ḥ3tj-ʿ*, *jrj-Nḫn*(?)*sm* namens Anch (Abb. 324)
1 Privatsiegel (Abb. 340)

Exkurs 6

Die Annalenplättchen der Herrscher der 1. Dynastie

Es gibt keine andere Materialgruppe, die so vielseitige und so komprimierte Aussagen zu den Aktivitäten der frühdynastischen Herrscher macht wie gerade die Annalentäfelchen. Deshalb ist es um so bedauerlicher, daß ihr Inhalt so schwer verständlich ist. Die nachfolgende Zusammenstellung der Etiketten von Narmer bis Qa folgt im wesentlichen der von Kaplony erarbeiteten Systematisierung. Es werden auch die gleichen Bezeichnungen verwendet.

Narmer
Narmer a = BM 35519 (Abb. 1)
Das Täfelchen besteht aus zwei Bruchstücken, die nicht direkt aneinanderpassen. Offensichtlich ist eine Einteilung in Register noch nicht vorhanden.
Inhalt: Links hinter dem Serech ist ein Maueroval dargestellt, dessen Inschrift nicht zu lesen ist. Unter dem Serech ist ein Schnurösengefäß abgebildet, das für die 1. Dynastie häufig in Stein belegt ist. Möglicherweise handelt es sich dabei um die erhaltenen Reste eines Ölvermerkes.

Aha
Aha a1 = Kairo 14/42 (Abb. 2)
Aha a2 = Liverpool 51/6
Das Täfelchen ist in drei waagerechte Register eingeteilt, der Ölvermerk befindet sich im untersten Register links.
Inhalt: Das obere Register zeigt am rechten äußeren Rand eine Festhalle mit den beiden Herrinnen, der Geier- und der Schlangengöttin im Inneren. Von links nähert sich ihr Horus Aha, hinter ihm ein geschmücktes Schiff, in dessen Gefolge zwei liegende Tiere mit mer-Hacken sichtbar sind, unter ihnen zwei Zeichen. *Das mittlere Register* zeigt rechts außen einen Festhof, der von einem Khcker-Fries bekrönt ist und in dem drei Personen stehen. Der übrige Teil dieses Registers ist mit einer Darstellung ausgefüllt, die man eigentlich nur als wirtschaftliche Vorbereitungen auf ein Fest bezeichnen kann. Unter der Aufsicht eines auf einen Stock gestützten Mannes sind zwei Leute mit Kochen beschäftigt, hinter ihnen befinden sich Vorräte, über denen drei Frauen dargestellt sind. *Das unterste Register* beginnt ganz rechts mit vier stehenden Personen, die wahrscheinlich zusammen mit den darüber dargestellten drei Personen die Festversammlung verkörpern. Links davon steht der Ölvermerk.

Aha b1 = Philadelphia 9396 (Abb. 3)
Aha b2 = BM 35518
Fast vollständiges Täfelchen in vier Registern. *Das unterste Register* enthält den Ölvermerk.
Inhalt: Oberstes Register: Im rechten Abschnitt ist eine Kultstätte der Neith dargestellt, mit Schrein, dem Neith-Emblem und zwei Götterzeichen, darüber befinden sich zwei nebeneinanderliegende Schiffe. Links neben dem Neith-Heiligtum steht eine Kultstandarte mit dem Zeichen *ms*-Geburt, was auf die Neuanfertigung dieser Standarte hinweist. Den linken Teil nimmt die Serechdarstellung Horus Aha ein, der in das Bild hinein, also auf die neue Standarte und die Kultstätte der Neith, blickt. *Das zweite Register* ist völlig nach links ausgerichtet. Die äußere rechte Gruppe zeigt einen langbeinigen Vogel (Storch odgl.), auf einem Schrein mit Anbau. Die Mittelgruppe besteht aus einem Stier mit einem auffällig langgestreckten Körper, der über unebenes Gelände in ein aufgestelltes Netz (?) läuft. Am linken Rand läuft ein Mann, der einen flachen Gegenstand trägt, über ein Feld, links vor

ihm das Zeichen „*sp* 2“, über ihm zwei nicht identifizierbare Zeichen. *Im dritten Register* fahren zwei Schiffe zu einem Ort „*ps*“ (Name im Mauerkreis), über jedem der beiden Schiffe die Zeichen , und ein weiteres Schiff fährt zu einem Ort (Name ebenfalls im Mauerkreis).

Aha c1 = RT II, Taf. 3,4 (Abb. 4)
Aha c2 = RT II, Taf. 3,6 (Abb. 5)
Beide Täfelchen sind nicht vollständig, ergänzen aber einander, ohne damit jedoch die Inschrift vollständig zu rekonstruieren. Eine Registereinteilung ist nicht erkennbar.
Inhalt: Im rechten Teil stehen einige Schlangen- und eine Vogelstandarte. Man würde eigentlich, passend zu der *w3ḏ*-Schlange, gern in dem Vogel den Geier sehen, die Darstellung ähnelt aber eher einem Falken. Über den Standarten das Zeichen *ms*, das auf eine Neuanfertigung der Standarten hinweist. Im Mittelteil hockt ein Mann vor einem knieenden Gefangenen mit auf dem Rücken gefesselten Händen und sticht ihm mit der einen Hand einen spitzen Gegenstand in die Brust. Mit der anderen Hand hält er eine Schüssel. Die Szene wird von einem stehenden Mann mit Stab beaufsichtigt. Über der Gruppe stehen die Zeichen „*šsp šmʿ mḥw*“ – „Empfangen von Ober- und Unterägypten“. Auf der linken Seite des Täfelchens ist ein hohes Gebäude oder ein Festhof mit Kheker-Fries zu sehen, hinter dem der Horus Aha steht und von links in das Bild hineinblickt.

Aha d = Oxford 1339 (Abb. 6)
Im unteren Teil ist das Etikett abgebrochen, so daß nur das oberste Register erhalten ist.
Inhalt: An der rechten Bildseite befindet sich die Darstellung eines Mauervierecks mit der Inschrift. Neben dem Mauerviereck das Zeichen „*ms*“. An der linken Bildseite steht die Serechdarstellung Horus Aha. Der Serech ist mit zwei Armen versehen. Mit dem einen hat er einen knieenden Gefangenen gepackt, mit dem anderen schwingt er eine *ḥḏ*-Keule. Über dem Gefangenen und dem *ms*-Zeichen sind die Zeichen geschrieben. Schott (1950: 29, Abb. 13) faßt die Zeichengruppe als „Schlagen Nubiens“ auf.

Djer
Djer a = Kairo 70114 (Abb. 7)
Das Täfelchen ist an der rechten Seite unten etwas beschädigt. Es enthält drei waagerechte Register, das unterste Register zeigt den Ölvermerk.
Inhalt: Oberstes Register: Im rechten Teil befindet sich eine Darstellung, die bereits auf Aha c vorkommt: ein hockender Mann sticht mit einer Hand einem Gefesselten einen länglich-spitzen Gegenstand in die Brust und hält mit der anderen Hand einen Napf. Jedoch fehlt hier der Aufseher mit Stab. Über der Gruppe befindet sich, wie bei Aha c, der Vermerk „*šsp šmʿ mḥw*“ – „Empfangen von Ober- und Unterägypten“. Im Mittelteil schreitet eine Prozession von fünf Männern auf den am linken Rand stehenden Djer zu. Der erste trägt eine Standarte, der zweite eine mumienförmige Statue, der dritte ein Gebilde, das dem Narmer-Wels gleicht, der vierte einen langbeinigen Vogel mit Standplatte und der letzte ein langes spitzes Dreieck an einem Stab, das wie ein Riesenspeer aussieht. Über dieser Prozession steht das Zeichen „*ms*“ als Hinweis, daß es sich um neue Kultgegenstände handelt (evtl. auch Objekte für die Grabausstattung?). *Das mittlere Register* scheint eine Fortsetzung des oberen zu sein, denn alle Aktionen sind nach links gerichtet, als ob auch in diesem Register Horus Djer am linken Bildrand stände, und es wird die Fortsetzung des Prozessionszuges gezeigt. Angeführt wird sie im Mittelregister von einem Mann, der eine Stierstandarte trägt. Wegen der Höhe der Standarte ist das *ms*-Zeichen nicht darüber, sondern in das freie Feld unterhalb des Standarten-Vorderteils gestellt. Dem Standartenträger folgt ein Mann, der einen rechteckigen Kasten (oder einen Käfig?) trägt. Nach ihm kommt ein weiterer Mann, der mit drei Ringen jongliert, ein vierter Ring wird von einem vor ihm schwebenden Vogel im Fuß gehalten. Den Schluß dieses Registers nach rechts bil-

den zwei große Figuren mit Stirnlocke, die hintereinander auf je einem Podest sitzen. Die Zeichen, die sich über und vor der letzten Figur befinden, sind nicht zu identifizieren. Die Zeichen, die über dem Jongleur und über der ersten Sitzfigur stehen, bilden die Gruppe ⊗ 𓅮 ⌣⌣ □ ⊗, von denen nur *nbwj* – „die beiden Herren“ (oder Herrinnen) und □ – Sitz zu verstehen sind.

Djer b = Berlin18026 (Abb. 8)
Das Täfelchen ist vollständig und in vier horizontale Register aufgeteilt, von denen das unterste den Ölvermerk enthält,
Inhalt: Oberstes Register: Am linken Bildrand ist Horus Djer dargestellt, der in das Bild hineinsieht, links hinter ihm befinden sich noch zwei Zeichen, von denen das untere sicher ein 𓈖 ist. Rechts vor Horus steht die Gruppe „*ꜥḥꜥ P*“ – „Aufenthalt in Pe (Buto)“. Der Mittelteil des Registers wird von einem Palastviereck eingenommen, dessen Inschrift nach Helcks Vorschlag *P-Ḥr-msn* gelesen werden sollte (Helck 1954a: 32, Anm. 33). Leider bereitet diese Deutung ziemliche Schwierigkeiten, weil die überlangen Fänge des Falken zwar vielleicht eine Harpune darstellen könnten, aber das von Helck als □ aufgefaßte Zeichen kein „*p*“ ist, wie ein Vergleich mit dem im zweiten Register stehenden Ortsnamen *Dp* zeigt, sondern eher wie *ḏr* im Horusnamen des Djer aussieht. Rechts vom Palast- (oder Tempel-?)viereck ist in zwei Reihen eine Mischung von Bäumen und Schreinen (Gräber? Privatgräber können zu dieser Zeit solche Oberbauten besessen haben) dargestellt.
2. Register: Die linke Hälfte wird von einem Festhof eingenommen, in dem sich von links nach rechts eine sogenannte Festtreppe, eine große Sitzstatue (wie eine der Statuen aus dem zweiten Register von Djer a) und ein längliches Gebilde befinden. Rechts neben dem Festhof ist eine Festhalle mit der Inschrift „*nbt*“ – „Herrin“ dargestellt. Darüber ist die Gruppe 𓂧□⊗ „Dep“ geschrieben. Am rechten Außenrand des Registers befindet sich eine Darstellung des Hauses der unterägyptischen Krone.
3. Register: Am rechten Außenrand ist ein Maueroval mit der Inschrift 𓅣 gezeigt, zu dem ein Schiff fährt. Dieser Ort ist bereits im dritten Register von Aha b als Ziel einer Bootsfahrt erwähnt. Im Gefolge des Schiffes erscheinen die Zeichen „*šmꜥ*“ und „*mḥw*“ – „Ober- und Unterägypten“ (beides im Plural) und links davon die Gruppe 𓊹𓅣.

Djer c = Chicago 6058 (Abb. 9)
Das Täfelchen ist oben und unten abgebrochen.
Inhalt: Von der Darstellung ist auf dem sehr schwachen Foto bei Petrie kaum etwas zu erkennen. Im rechten Teil der Inschrift scheint ein Festhof dargestellt zu sein, in dem drei menschliche Figuren nebeneinander hocken (oder Krüge?). Auf dem linken Teil des Täfelchens scheint der Ölvermerk gestanden zu haben.

Djer d1 = Philadelphia 9503 (Abb. 10)
Djer d2 = Chicago 6090
Das Täfelchen ist möglicherweise im unteren Teil nicht vollständig, obgleich der untere Rand nicht wie eine Bruchstelle aussieht, aber d2 hat unter dem 𓇍 -Zeichen noch Teile eines weiteren, leider nicht identifizierbaren Zeichens. Eine Registereinteilung ist nicht zu erkennen.
Inhalt: Horus Djer blickt vom linken Rand in das Bild hinein auf einen Stab, der keinerlei besondere Kennzeichen trägt. Rechts des Stabes befindet sich ein liegendes Rind mit einer Maatfeder (?) zwischen den Hörnern, unter dem Rind das 𓇍 -Zeichen. Unter dem Serech von Horus Djer ist deutlich der Name der Stadt 𓂧□⊗ „Dep“ geschrieben.

Djer e = BM 35524 (Abb. 11)
Das Täfelchen ist mindestens oben beschädigt, eine Registereinteilung ist nicht vorhanden.

Inhalt: Die Serechdarstellung Horus Djer steht auf der rechten Seite des Täfelchens, wobei der Falke nach rechts gewendet ist, also aus dem Bild herausblickt. Daß es sich um den ursprünglich rechten Rand handelt, d.h. rechts nichts weggebrochen ist, wird durch das Schnurloch gezeigt, das links hinter dem Hals des Falken vorhanden ist. Links neben dem Serech befindet sich die Darstellung eines Mauervierecks mit der Inschrift „Hor-Djer-ib“.

Djer f = Chicago 6095 (Abb.12)
Es ist nur der obere Teil des Täfelchens erhalten.
Inhalt: Auf dem rechten Teil des Täfelchens ist der Serech von Djer mit dem nach rechts gewendeten Horusfalken dargestellt. Im Mittelteil steht der Name *Sḫm-kꜣ-sḏ*, der bereits aus den Siegelinschriften bekannt und wahrscheinlich doch mit dem Verwalter der „Domäne *Ḥr-sḫntj-ḏw*“ unter Djet und der „Domäne *Wꜣḏ-Ḥr*“ unter Den identisch ist (vgl. Exkurs 5). Am linken Rand befindet sich die Darstellung eines Gebäudes mit der Inschrift .

Djet
Djet a = Standort ? (Abb. 13)
Das Täfelchen scheint – möglicherweise bis auf wenige Millimeter am unteren Rand – vollständig zu sein. Es ist in zwei horizontalen Registern angelegt. Der Ölvermerk befindet sich im linken Teil des unteren Registers.
Inhalt: Im linken Teil des oberen Registers steht der Serech von Djet mit dem ins Bild hineinblickenden Horusfalken. Links neben dem Serech erscheint wieder der Name des *Sḫm-kꜣ-sḏ*, rechts vor dem Serech sind zwei (Kult-?)Gegenstände abgebildet, über ihnen das *ms*-Zeichen, neben dem ein langbeiniger Vogel steht. Rechts neben dem *ms*-Zeichen erscheint ein Zeichen, das Emery mit dem *šsp*-Zeichen identifizieren möchte, unter ihm ein Mauerviereck mit zwei länglichen Zeichen als Inschrift und unter diesem „*mḥw*“ – Unterägypten. Nach Emerys Vorschlag lautet die Übersetzung „Einnahme der Festung(?) des Nordens“ (Emery 1954: 102). Abgesehen davon, daß „*šsp*“ eigentlich mehr „empfangen, entgegennehmen“ bedeutet und nicht „nehmen (im Sinne einer militärischen Eroberung)“ (WB IV, 530-533), wird auch das Zeichen *šsp* auf den Annalentäfelchen anders geschrieben (vgl. Aha c und Djer a). Das hier vorliegende Zeichen sieht mehr wie „*ḏr*“ im Namen des Herrschers Djer aus, ohne daß sich jedoch dadurch eine sinnvolle Übersetzung ergibt. „Festung“ Unterägyptens könnte richtig sein, wenn man das Mauerviereck als „Festung“ übersetzen will. Bisher scheint es eher als Name für einen, vielleicht ummauerten, Kultort oder Palast verwendet worden zu sein. Unter dieser Gruppe ist ein Gebäude oder Festhof mit Kheker-Fries abgebildet, in dem sich die *Nbtj* (die Schlange hier durch die unterägyptische Krone verkörpert) befinden, unter der Geiergöttin ist ein hoher Kasten odgl. unter der Schlangengöttin ein Schrein dargestellt. Vor dem oberen Register befindet sich das Jahreszeichen.

Djet b = Brüssel 78 (Abb. 14)
Das Stück ist sehr stark beschädigt. Auf dem Fragment sind keinerlei hieroglyphische Zeichen erhalten. Datiert wird es durch einen Fundort im Grab des Djet in Abydos.
Inhalt: Die erhaltene Szene zeigt eine Frau, die in einem hohen Kessel stampft oder rührt, während vor ihr ein Mann steht, jedoch ohne den für Aufseher typischen Stab. Nach den rechts sichtbaren Überresten einer Umfassungsmauer ist der Schauplatz des Geschehens wohl ein Festhof. Die Darstellung erinnert etwas an eine Szene aus dem zweiten Register von Aha a1. Der senkrechte Strich rechts neben der Umfassungsmauer kann eigentlich nur das untere Teil des Jahreszeichens (*rnpt*) sein.

Djet c = Berlin 15470 u. 15471 (Abb. 15)
Es sind nur zwei schmale Fragmente erhalten, die nicht direkt zusammenpassen und wahrscheinlich aus dem Mittelteil des Täfelchens stammen. Da von dem Serech nur ein kleines Stück erhalten ist, kann die Datierung nur nach dem Fundort im Djet-Grab in Abydos erfolgen. Das Täfelchen scheint in mindestens zwei Register, wenn die Petrie'sche Anordnung der beiden Fragmente stimmt, sogar in drei Register gegliedert gewesen zu sein.
Inhalt: Zu erkennen sind noch die Überreste eines Serechs, darunter der linke Teil eines *ms*-Zeichens und wahrscheinlich der Hinterleib einer Biene. Das zweite Fragment zeigt im oberen Teil den Überrest einer Standarte(?) und darunter den linken Teil eines Mauervierecks, von dessen Inschrift noch zwei Götterzeichen erhalten sind.

Den
Den a1 = Lowere Nr. ? (Abb. 16)
Den a2 = BM 32650
Den a3 = Chicago 6126
Den a4 = Kairo 14586
Das Täfelchen ist im unteren Teil beschädigt. Besonders viel fehlt unten rechts. Durch einen senkrechten Mittelstrich wurde es zweigeteilt. Rechts befindet sich in drei Registern der sogenannte Annalenteil, der durch das *rnpt*-Zeichen an der rechten Seite begrenzt ist. In der linken Hälfte steht im oberen Teil u.a. die Serechdarstellung Horus Den, im unteren Teil befindet sich der Ölvermerk.
Inhalt: Das oberste Register des Annalenteils zeigt in einem Festpavillon den thronenden Herrscher mit oberägyptischer Krone und Geißel, sowie, eingefaßt von jeweils drei Halbkreisen, den Herrscher beim Festlauf mit der Doppelkrone, Geißel und kurzem Stab. In diesem Register scheinen die Krönungsfeierlichkeiten dargestellt zu sein (Schott 1951: 30). Das mittlere Register beginnt rechts mit einem halben Maueroval (vermutlich in der Bedeutung „eroberte Ansiedlung"), in dem die Zeichen stehen, dahinter die Zeichengruppen und . Ihnen schließt sich nach links die Darstellung eines Mannes an, der sich auf ein spatenähnliches Gerät stützt. Darüber befinden sich die Zeichen . Der Vogel scheint ziemlich eindeutig der Geier zu sein und nicht die Eule, wie Helck (1954a: 17) anzunehmen scheint, indem er die ganze Gruppe als *„jn-sm"* – „Bringen des *sm*" (als Stellvertreter des Königs) auffaßt. Vielleicht gehört auch das Zeichen noch dazu. Unter ihm ist ein zu erkennen sowie ein Transportschlitten mit einem Kasten (Sarg?).
Das unterste Register ist sehr beschädigt. Erhalten ist ein Vermerk im oberen Teil des Registers, dessen Schriftrichtung jedoch nicht ganz einheitlich ist. Von links nach rechts zu lesen ist , der *nswt-bjt*-Name von Den, an dem sich rechts die Überreste eines nur zum Teil erhaltenen senkrechten Mauerovals anschließen. Links von diesem Vermerk stehen noch zwei Zeichen, die wohl von rechts nach links zu lesen sind . Am linken Ende des dritten Registers sind unten dann noch vier Vögel zu sehen. Der linke Teil des Täfelchens zeigt auf der rechten Seite den nach rechts, über den nicht ganz bis nach oben durchgezogenen Mittelstreifen, auf die Inthronisationsszene blickenden Horus Den. Links neben ihm befindet sich der Vermerk *„sḏ3wtj-bjtj* Hemaka" – „unterägyptischer Siegler Hemaka". Am linken Rand befindet sich eine rechteckige Festhof- oder Gebäudeumrandung mit der Inschrift und der Darstellung eines stehenden Mannes, der in einem hohen rechteckigen Gefäß oder Bassin etwas rührt oder stampft. Darunter steht *„ḥwt-nswt"* – „Haus (oder Palast) des König", *„mdḥwj nswt"* – „die beiden königlichen Zimmerleute".

Den b1 = Oxford 1122 (Abb. 17)
Den b2 = Chicago 6124
Das Täfelchen ist oben und unten stark beschädigt. Das Fragment zeigt deutlich, daß auch hier eine Zweiteilung vorlag wie bei Den a. Der rechte (Annalen-)Teil war mindestens in drei Register untergliedert.
Inhalt: Das oberste Register enthält die Darstellung eines Sed-Festpavillons mit der Beischrift [Hieroglyphen], was wahrscheinlich Sed-Fest heißt, wenn auch das untere Zeichen keine sehr große Ähnlichkeit mit einem „*d*" aufweist. Das zweite Register beginnt rechts mit zwei nach links gewendeten Standarten, von denen eine Vogelgestalt besitzt (Horus?). Die folgende Zeichengruppe ist mit Hilfe von b2 (Petrie, Abydos I, Taf. 11,4) vermutlich als [Hieroglyphen] (*mrḥ*-Öl?) zu identifizieren. Links schließt sich der obere Teil des *ms*-Zeichens sowie der häufig in Verbindung mit neu gestifteten Standarten auftretende Vogel an. Das dritte Register ist völlig zerstört. Der linke Teil des Plättchens läßt noch Teile der Serechdarstellung von Horus Den sowie Teile des Titels *sḏ3wtj-bjtj* erkennen.

Den c1 = ? Berlin 15466 (Abb. 18)
Den c2 = ?
Das Täfelchen ist sehr stark zerstört. Das Exemplar Den c2 (RT I, Taf. 15,18) zeigt, daß auch hier eine Zweiteilung vorhanden ist. Der obere Teil ist völlig verloren und damit auch die Serechdarstellung. Eine Datierung ist dennoch möglich durch den im dritten Register vorhandenen *nswt-bjt*-Namen *Zmtj*. An der rechten Seite des Annalenteils sind die unteren Partien des *rnpt*-Zeichens noch zu erkennen.
Inhalt: Die Aussage dieses Täfelchens wird in erster Linie durch hieroglyphische Zeichen vermittelt. Inwieweit das von vornherein beabsichtigt war oder nur zufällig durch die Beschädigungen zustande gekommen ist, läßt sich nicht mehr feststellen. Jedoch beeinträchtigt das Fehlen der bildlichen Darstellungen in erheblichem Maße das Verständnis. Das erste Register ist völlig zerstört. Im zweiten Register hantiert ein Mann (der Herrscher selbst?) mit einem an einer langen Stange befestigten Netz. Darunter steht [Hieroglyphen] = „4 Ellen(?)". Die Übersetzung der darüber befindlichen Zeichen ist unklar. Das dritte Register beginnt mit einem Maueroval und einer liegenden Gazelle als Inschrift. Die folgenden beiden Zeichen sind unklar. Danach steht „*nswt-bjt Zmtj*". Die zweite Zeile beginnt wieder mit einer unklaren Zeichengruppe. Danach folgt „*jn-p*" mit einem tanzenden Mann, der zwei kurze Stäbe schwingt, dann kommt wieder eine unklare Gruppe von zwei Zeichen, möglicherweise der aus den Siegelinschriften bekannte Titel „*ʿḏ-mr*" und die Zahl „30".

Den d = Univers. Coll. London – ohne Nr. (Abb. 19)
Das Täfelchen ist stark beschädigt. An der rechten Seite ist das *rnpt*-Zeichen noch zu erkennen, die Registereinteilung ist jedoch nicht mehr zu ermitteln. Das Stück wird durch seinen Fundort im Den-Grab identifiziert.
Inhalt: Es sind überhaupt nur zwei Zeichen erhalten: Ein Min-Symbol, bei dem nicht klar ist, ob es zu einer Standarte gehörte, oder worauf es sonst ruhte, und eine Standarte, auf der noch das Unterteil eines Vogels, wahrscheinlich eines Horusfalken, erkennbar ist.

Den e = Chicago 6123 (Abb. 20)
Von dem Täfelchen ist nur die rechte untere Ecke erhalten. Der untere Teil des *rnpt*-Zeichens ist an der rechten Seite gut erkennbar. Ein Herrschername ist auf dem Fragment nicht vorhanden. Das Stück wird durch seinen Fundort im Den-Grab in Abydos datiert.
Inhalt: Es sind nur die ersten Zeichen der untersten beiden Register erhalten. Im oberen der beiden ist eine Canidendarstellung erkennbar, im unteren der Vermerk „*šms-Ḥr*" – „Horusgeleit". Das dazugehörige Schiff ist in der Bruchstelle noch teilweise zu sehen.

Den f = Brüssel 131 (Abb. 21)
Das Stück ist ein sehr kleines Fragment, das nur durch den Fundort im Den-Grab in Abydos datiert wird.
Inhalt: Es sind noch das Oberteil des *šms*-Zeichens, das Oberteil des Falken und das Mittelteil eines Schiffes erkennbar. Es handelt sich also um den Vermerk eines „Horusgeleites“.

Den g = Univers. Coll. London – ohne Nr. (Abb. 22)
Das Stück ist ein schmales Fragment, das wohl über die ganze Breite des Täfelchens geht, aber der obere und der untere Teil fehlen.
Inhalt: Rechts sind die Überreste einer wohl ursprünglich rechteckigen Umrandung (Festhof?, Gebäude?) erkennbar, in dessen Inneren drei Zeichen (etwa ?) stehen. Die Zeichen links gehören wohl zum Ölvermerk.

Den h = Oxford 1164 (Abb. 23)
Das Stück ist anscheinend vollständig, aber die Tinteninschrift scheint stark verwischt. Ein Herrschername ist nicht erhalten, das Stück wird durch seinen Fundort im Grab der Merit-Neith in Abydos datiert.
Inhalt: An der rechten Seite des Täfelchens ist das *rnpt*-Zeichen zu erkennen, daneben die Überreste eines weiteren, jedoch nicht ganz so hohen Zeichens, wohl *šms*, links davon ein kleiner Horusfalke. Am unteren Rand ist eine horizontale Linie zu sehen, wohl die Stand- oder Wasserlinie des Schiffes. In der linken Ecke steht ein *ḥ3t*-Zeichen (Löwenvorderteil), mit dem wohl der Ölvermerk begann.

Den i = BM 55586 (Abb. 24)
Das Täfelchen ist vollständig. Auf seiner Rückseite ist eine Sandale eingeritzt, zu deren Etikettierung es wohl diente.
Inhalt: Die Vorderseite ist durch eine hohe *Wpw3wt*-Standarte in einen Inschriftenteil, der das rechte Drittel der Gesamtfläche umfaßt, und einen Bildteil, der sich über die restlichen zwei Drittel erstreckt, aufgeteilt. Im Inschriftenteil steht „1. Mal des Niederschlagens des Ostens“. Im Bildteil ist eine Herrscherfigur mit Kopftuch, Uräus und Tierschwanz dargestellt, die durch die Beischrift „Horus Den“ neben dem Kopf identifiziert wird. In der linken Hand hält sie einen Stab und drückt gleichzeitig einen Menschen nieder. In der rechten erhobenen Hand hält sie eine Keule, mit der der Niedergesunkene wohl erschlagen werden soll. Der nach rechts hügelig ansteigende Untergrund scheint auf den Schauplatz des Geschehens, die östliche Wüste, hinzuweisen. Die Zeichengruppe *Jn-k3* neben dem Herrscher ist möglicherweise ein Name, der auch auf einem Privatsiegel (Kaplony 1963: Abb. 594bis) belegt ist.

Den k1 = Kairo Nr. 2 (Abb. 25)
Den k2 = ?
Es ist nur ein Fragment des Täfelchens erhalten. Datiert wird es durch seinen Fund im Den-Grab.
Inhalt: Das Bruchstück zeigt Teile der linken und oberen Seite eines Mauervierecks, in dessen Inneren sich die Darstellung eines Schreines, bekrönt von einem Hathor-Kopf, und daneben der hintere Teil eines Rindes befindet. Offenbar handelt es sich um eine ziemlich ähnliche Anlage wie in Register 1 von Aha b, nur daß hier nicht die Kultstätte der Neith, sondern ganz offensichtlich die der Hathor dargestellt ist. Unter dem Hathor-Heiligtum ist noch eine Biene zu erkennen, wahrscheinlich der zweite Teil des Titels *nswt-bjt*. An der linken Seite des Mauervierecks ist innen ein kleiner Festhof (od. Gebäude?) mit Kheker-Fries dargestellt.

Den l = Philadelphia 6843 (Abb. 26)
Das Plättchen ist rechts stark beschädigt. Nur die linke Seite ist erhalten, ohne daß jedoch klar wird, wieviel rechts fehlt. Eine Registereinteilung ist nicht zu erkennen.
Inhalt: die beiden Fragmente von Hügeldarstellungen an der rechten Seite des Täfelchens sind sicher die Überreste des *nsw-bjt*-Namens *Zmtj*. Daneben befindet sich ein merkwürdiger Gebäudegrundriß, möglicherweise eine Darstellung des Grabes von Den. Darüber steht ein unklarer Vermerk, bestehend aus drei *tp*-Köpfen, drei *nḏ*-Zeichen (?) und links davon die Beinchen. Unter dem Gebäude ist ein Tuch bzw. Stoffstück mit Fransen und der Überschrift *ʿf(nt)* dargestellt (vgl. WB I, 183). Darunter steht das Zahlzeichen „1". Möglicherweise diente das Täfelchen zur Etikettierung für „1 *ʿfnt*-Tuch", das für die Grabausstattung des Den bestimmt war.

Den m = ? (Abb. 27)
Nur der linke obere Teil des Täfelchens ist erhalten. Es scheint sich um eine Festetikette zu handeln.
Inhalt: Darstellung eines stehenden Herrschers mit Kopftuch, Stab und Keule. Neben seinem Kopf der Name *Zmtj*, ohne Titel, vor ihm die *Wpwȝwt*-Standarte.

Den n = ? (Abb. 28)
Nur der obere linke Teil des Täfelchens ist erhalten. Festetikette.
Inhalt: Oberkörper mit Kopf und Doppelkrone. Neben dem Kopf die Serechdarstellung „Horus Den", vor dem Herrscher die Überreste von Zeichen, die zu einer *Wpwȝwt*-Standarte gehören könnten.

Adj-ib
Adj-ib a = Oxford 1233 (Abb. 29)
Es ist nur der oberste Teil der Etikette erhalten, der Rest ist verloren, auch der Horusname des Herrschers. Datiert wird das Fragment durch seinen Fundort im Grab des Adj-ib in Abydos.
Inhalt: An der rechten Seite ist das Oberteil des *rnpt*-Zeichens zu erkennen, links daneben der obere Teil eines Mauervierecks. Von dem folgenden Horusnamen ist nur der Falke auf dem Oberteil des Serechs geblieben. Das Zeichen links davon kann eigentlich nur die Biene von *sḏȝwtj-bjtj* sein, aber von dem Siegel, das unter der Biene stehen müßte, ist nichts erhalten. Am linken Rand des Täfelchens ist dann noch ein Viereck zu erkennen, das wahrscheinlich ein Gebäude oder einen Festhof darstellt. Die darin befindlichen Zeichenspuren sind nicht zu identifizieren.

Semerchet
Semerchet a1 = BM 32668 (Abb. 30)
Semerchet a2 = Chicago 6198
Das Täfelchen ist vollständig. Durch einen senkrechten Mittelstrich, der am oberen Rand nicht ganz durchgezogen ist, wie auf den Etiketten des Den, wird es in einen schmaleren Annalenteil und ein breiteres Feld, das den Ölvermerk und die Titel trägt, eingeteilt.
Inhalt: Der Annalenteil besteht aus einer senkrechten Kolumne und beginnt oben mit dem Vermerk „Horusgeleit". Darunter ist ein kleines Rechteck mit Kheker-Fries (Gebäude oder Festhof) dargestellt, dem drei Vögel folgen. Dazu kommt die Abbildung einer großen Sitzstatue des (Ahnen?)-pavians und als unterstes die Darstellung eines Schiffes, auf dem ein kleiner Vogel sitzt. Dieses Schiff ist nicht vom gleichen Typ wie das Schiff des „Horusgeleites".
Das linke Feld des Täfelchens beginnt oben mit den Titeln „*nswt-bjt, nbtj*", gefolgt vom *nswt-bjt*-Namen des Semerchet „*Jrj*". Links daneben steht der Name „*Nḫt-Ḥr*" mit dem Titel „*mḏḥ mḏhw nswt Ḥnw-Kȝ*". Darunter steht dann der Ölvermerk. Am unteren Ende des Feldes

ist noch eine Zeichengruppe von unklarer Bedeutung zu erkennen. Der zweite Bestandteil könnte am ehesten noch der Titel „*ʿḏ-mr*" sein.

Qa

Qa a1 = ? (Abb. 31)

Qa a2 = Chicago 6192

Das Täfelchen ist vollständig und durch einen senkrechten Strich in einen schmaleren Annalenteil und einen breiteren Teil mit Ölvermerk und Titeln unterteilt. Auf der Rückseite steht eine senkrechte Kolumne.

Inhalt: Der Annalenteil besteht aus einer senkrechten Zeichenkolumne, die aber sehr schwer zu ordnen ist. Sie beginnt oben mit etwas, von dem nur das Zahlwort „6" erhalten ist. Vom Inhalt her würde gut „6. Mal des Horusgeleites" passen, aber wenn nicht eine sehr stark verkürzte Schreibung vorgelegen hat, reicht der Platz wohl nicht dazu aus. Das Zeichen zwischen Schnurloch und dem oberen Bogen des *rnpt*-Zeichens könnte ein stark stilisierter Horusfalke sein. Von den darunter befindlichen Zeichen sind noch die Beinchen erhalten, es könnte sich um „Abgaben" handeln, aber ebenso gut könnten die Beinchen selbständig sein und wie in Quittungen der späteren Zeit „Eingang" (von irgendwelchen Gegenständen) bedeuten. Die folgenden Zeichen sind sicherlich als „*šm*" – „kommen" zu lesen. Links davon steht „*mḏḥ-bjtj mḏḥ-bjtj*" und darunter wohl „*ʿš*" – „Zedernholz" und „*šnḏ*" – „Akazienholz"(?). Mit aller Vorsicht könnte man vielleicht eine ungefähre Übersetzung vorschlagen: „6. Mal der *mḏḥ-bjtj*-Unternehmung, Kommen und Bringen (hier Bringen und Kommen) von Zedern- und Akazienholz".

Der linke Teil des Täfelchens zeigt in der mittleren Kolumne die Serechdarstellung „Horus Qa", darunter im Viereck den Palast-Namen „*P-Ḥr-msn*" und noch darunter ein weiteres Viereck mit der Inschrift „*j-* " und einen stehenden Mann, der sich auf einen Stab, ein Ruder odgl. stützt. Rechts von „Horus Qa" steht der Titel „*Nbtj*" und darunter der Ölvermerk. Die linke Kolumne zeigt den Titel *mḏḥ-mḏḥw-nswt* und den Namen „*Nfr.f*" (vgl. Kaplony 1963: 540).

Qa b = Berlin 15469 (Abb. 32)

Das Täfelchen ist stark zerstört, der linke Teil mit Titeln und dem Ölvermerk, dessen ursprüngliche Existenz durch den senkrechten Mittelstrich angedeutet wird, ist weggebrochen. Ebenso fehlt die rechte obere Ecke. Datiert wird das Täfelchen durch seinen Fundort im Grab des Qa in Abydos.

Inhalt: Unter dem ausgebrochenen Schnurloch steht der Vermerk „*sp* 6" – „6. Mal". Links davon zweimal die Gruppe *mḏḥ-bjtj*. Darunter sind die Zeichen „*šmʿ-mḥw*" – „Ober- und Unterägypten" zu erkennen, links daneben eine Gruppe, die ziemlich eindeutig als zu erkennen ist: „Wiederholung von ?". Unter „*šmʿ-mḥw*" noch zwei Zeichen.

Qa c = Philadelphia 6880 (Abb. 33)

Es ist nur der obere Teil des Täfelchens erhalten, eine Trennung in Annalenteil und Ölvermerk mit Titeln durch einen senkrechten Mittelstrich ist vorhanden.

Inhalt: Im Annalenteil steht der Vermerk „*šms-Ḥr*" – „Horusgeleit", der Rest fehlt. In der mittleren Kolumne des linken Teils befindet sich die Serechdarstellung „Horus Qa", rechts davon der Name „*sn-nbtj*" (vgl. zu diesem Namen Kaplony 1963: 1008, Anm. 1615). Die linke Kolumne besteht aus dem Titel „*jrj-jḫt*", dem entweder der Name *Jp*-Min folgt, oder die ganze Gruppe bedeutet „*jrj-jḫt* des Min von *Jp*" (vgl. Kaplony 1963: 299). Darunter sind noch die Überreste des Titels *mḏḥ-nswt*.

Qa d = Oxford 1262 (Abb. 34)

Der obere Teil des Täfelchens fehlt, der erhaltene untere Teil zeigt eine Einteilung in drei Spalten.

Inhalt: In der rechten Spalte, dem eigentlichen Annalenteil, ist der *nswt-bjt*-Titel zu erkennen, sowie ein Zeichen 𓂋, unter dem wohl ursprünglich noch einige Zeichen gestanden haben, die aber nicht mehr zu identifizieren sind. In der mittleren Spalte ist noch der untere Teil des Serechs von Qa, darunter eine Gruppe von drei Zeichen, für die Kaplony die Lesung „*ḫtjw*" – „Erscheinungstreppe" – übertragen „Residenz" – vorgeschlagen hat (Kaplony 1963: 299), zu erkennen. In der linken Spalte ist der Name *Ḥnw-kꜣ* zu lesen.

Qa e = Philadelphia 9555 (Abb. 35)
Der obere Teil des Täfelchens ist verloren, wurde aber von Kaplony anhand der übrigen Täfelchen des Qa rekonstruiert (bis auf die Annalennotiz im rechten oberen Teil). Der erhaltene untere Teil ist durch einen senkrechten Strich geteilt.
Inhalt: Die Zeichengruppe im rechten Teil ist weitgehend unverständlich. Identifizierbar ist das *mḏḥ*-Zeichen, das über einem 𓎛 und einem sehr kleinen Zeichen steht. Um Überreste der Zeichengruppe *mḏḥ-bjtj* kann es sich nach den erhaltenen Spuren wohl kaum handeln, aber eine volle Schreibung des Titels *mḏḥ* liegt wohl auch nicht vor. Das Wort wird sonst nicht ausgeschrieben. Der linke Teil zeigt in der ersten Gruppe die Zeichen „*ẖnw-sꜣw*" – „Residenzphylen"(?). Links daneben ein Gebäudeviereck mit einer eingezeichneten Darstellung, die Ähnlichkeiten zu der in Qa a unter dem Palastnamen „*P-Ḥr-msn*" befindlichen Abbildung zeigt (Werkstätte des Palastes?). Die dritte Gruppe enthält den Namen des *mḏḥ-mḏḥw-nswt*-Beamten *Nfr.f*, der schon in Qa a genannt wurde. Über diesem Namen ist noch ein *mḏḥ*-Zeichen erhalten.

Qa f = ? (Abb. 36)
Das Täfelchen scheint vollständig zu sein, wenn auch der obere Rand ziemlich unregelmäßig verläuft. Es enthält keine Annalennotiz.
Inhalt: An der rechten Seite steht die Serechdarstellung „Horus Qa", links davon: „*pr-ḥḏ*" – „Schatzhaus" und am linken Rand „*ḥꜣt* 3000".

Verzeichnis der benutzten Literatur

Adams, W.T.
1968 Invasion, diffusion, evolution, Antiquitiy 52: 194-215

Amélineau, E.
1899 Les nouvelles fouilles d'Abydos (1885-98), Bd. 1, Paris
1902 Les nouvelles fouilles d'Abydos (1885-98), Bd. 2, Paris
1904 Les nouvelles fouilles d'Abydos (1885-98), Bd. 3, Paris

Amer, M.
1934 Maadi, époque néolithique, CdE 17: 67-69
1936 Maadi, fouilles de l'Université Egyptiennes, CdE 21: 54-57
1948 Maadi, fouilles de l'Université Fouad (1939-1947), CdE 45/46: 46-48
1953 Maadi, fouilles de l'Université Farouk, CdE 56: 280

Anderson, E.
1960 The evolution of domestication, in: Sol Tax: The evolution of man mind, culture and society, Chicago: 67-84

Anthes, R.
1958 König "Schlange", *ḏt* – Schlange und die Schlangengöttin Uto, ZÄS 83: 79-82

Arkell, A.J.
1950 Varia Sudanica, JEA 36: 27-30
1956 Review of E. Baumgartel: The cultures of prehistoric Egypt, BiOr 13: 123-127
1975 The prehistory of the Nile valley, HdO 7.1.2, Leiden/Köln

Arkell, A.J./Ucko, P.J.
1965 Review of predynastic development in the Nile valley, Current Anthropology 6: 145-166

Arnold, D.
1975 Stichwort: Fayum, in: LÄ III: Sp. 87-93

Autorenkollektiv
1955 Weltgeschichte (in russ.), Bd. 1, Moskau

Ayrton, E.J./Loat, W.L.S.
1911 Predyastic Cemetry at el Mahasna, London

Badawi, A.
1954 A history of egyptian architecture, Giza

Baumgartel, E.
1947 The culture of prehistoric Egypt I, 2. Auflage 1955, Oxford
1960 The culture of prehistoric Egypt II, Oxford
1965 Predynastic Egypt, in: The Cambridge Ancient History, Vol. I, Chapter IV(a)
1975 Some remarks on the origin of the titles of the archaic egyptian kings, JEA 61: 28-32

v. Beckerath, J.
1956 *Šmsj-Ḥrw* in der Vor- und Frühzeit, MDAIK 14: 1-10

Bonnet, H.
1952 Reallexikon der ägyptischen Religionsgeschichte, Berlin

Borchardt, L.
1898 Das Grab des Menes, ZÄS 36: 87-105
1917 Die Annalen und die zeitliche Festlegung des Alten Reiches der ägyptischen Geschichte, Berlin

Bovier-Lapierre, P.
1926 Une nouvelle station néolithique (El Omari) du nord d'Heluan (Egypte), in: Congrès international de géographie, Cairo 1926, Bd. IV, 268-282

Braidwood, R.J.
1957 Jericho and its setting in near eastern history, Antiquity 31: 73-84

Breasted, J. H.
1910 Geschichte Ägyptens, Berlin
1931 The predynastic union of Egypt, BIFAO 30: 709-724

Brentjes, E.
1976 Zu einigen Schlußfolgerungen an den Lehren von Karl Marx und Friedrich Engels zur Entstehung des Staates im Alten Orient, in: Herrmann, J./Sellnow, J.: Beiträge zur Entstehung des Staates, Berlin, 27-35

Brunner-Traut, E.
1974 Stichwort: Domestikation, in: LÄ I, Sp. 1120-1127

Brunton, G./Caton-Thompson, G.
1928 The Badarian Civilisation, London

Brunton, G.
1937 Mostagedda and the Tasian Culture, London
1948 Matmar, London

Butzer, K.W.
1958 Studien zum vor- und frühgeschichtlichen Landschaftswandel der Sahara, Mainz
1961 Archäologische Fundstellen Ober- und Mittelägyptens in ihrer geologischen Landschaft, MDAIK 17: 54-68
1974 Stichwort: Delta, in: LÄ I, Sp. 1043-1052

Capart, J.
1905 Primitive Art in Egypt, London
1930 Memphis, Brüssel

Carneiro, R.L.
1970 A theory of the origin of the state, Science 169: 733-778

Case, H./Payne, J.C.
1962 Tomb 100, the decorated tomb at Hierakonpolis, JEA 48: 5-18

Caton-Thompson, G./Gardner, E.
1934 The Desert Fayum, London

Caton-Thompson, G./Whittle, E.
1975 Thermoluminescence datings of the Badarian, Antiquity 49: 89-97

de Cenival, J.L.
1965 Un nouveau fragment de la pierre de Palerme, BSFE 44: 13-17

Childe, G.
1956 Piecing together the past, the interpretation of archeological data, London

Clarke, G.
1957 Archeology and Society, London

Clark, J.D.
1971 A re-examination of the evidence for agricultural origins in the Nile Valley, Proceedings of the Prehistoric Society 37: 34-79

Daressy, G.
1916 La pierre de Palerme et la chronologie de l'ancien empire, BIFAO 12: 161-214

Darlington, C.D.
1969 The genetics of society, Past and Present 43: 3-33

Debono, F.
1946 Helouan: El Omari, Fouilles du Service des Antiquités (1943-44), CdE 41: 50-54
1948 El Omari (prés d'Helouan), Exposé sommaire sur les campagnes de fouilles 1943-44 et 1948, ASAE 48: 561-569
1956 La civilisation prédynastique d'el Omari (nord d'Helouan), Bulletin de l'Institut d'Egypte 37: 329-339

Derry, D.E.
1956 The dynastic race in Egypt, JEA 52: 80-85

Dittmann, K.H.
1936 Bericht über archäologische Untersuchungen in Ägypten 1934-36, MDAIK 6: 158-159

Drenkhahn, R.
1976 Die Handwerker und ihre Tätigkeiten im Alten Ägypten, Wiesbaden

Drioton, E./Vandier, J.
1952 L'Egypte, Introduction aux études historiques, Paris

Edel, E.
1956 Beiträge zum ägyptischen Lexikon III, ZÄS 81: 68-76

Edwards, J.E.S.
1964 The early dynastic period in Egypt, in: The Cambridge Ancient History, Vol. I, Chapter XI

Emery, W.B.
1938 The tomb of Hemaka, Kairo
1939 Hor – Aha, Kairo
1949 Greatest tombs of the first dynasty, Bd. 1, Kairo/London
1954 Greatest tombs of the first dynasty, Bd. 2, Kairo/London
1958 Greatest tombs of the first dynasty, Bd. 3, Kairo/London
1963 Archaic Egypt, Edinburgh (1. Auflage 1961)

Endesfelder, E.
1979 Zur Frage der Bewässerung im pharaonischen Ägypten, ZÄS 106: 37-51

Engels, F.
1962 Der Ursprung der Familie, des Privateigentums und des Staates, MEW Bd. 21: 25-173
1967 Brief an Conrad Schmidt (1890), MEW Bd. 37: 488-495

Erman, A.
1885 Ägypten und ägyptisches Leben im Altertum, Tübingen

Erman, A./Ranke, H.
1923 Ägypten und ägyptisches Leben im Altertum, Tübingen

Fairbridge, R.W.
1962 New radio carbon dates of Nile sediments, Nature 196: 108-110

Fecht, G.
1956 Die *Ḥ3tjw* in *Tẖnw*, eine ägyptische Völkerschaft in der Westwüste, ZDMG 31: 37-60

Fischer, H.G.
1961 An egyptian royal stela of the second dynasty, Artibus Asiae 24: 45-56

Flight, C.
1973 A survey of recent results in the radio-carbon chronology of North and West Africa, Journal of African History 14: 553-624

Frankfort, H.
1948 Kingship and the Gods, Chicago
1954 The birth of civilisation in the Near East, New York

Freidank, H./Reineke, W.F./Schetelich, M./Thilo, T.
1978 Der Alte Orient in Stichworten, Berlin

Gardiner, A.H.
1945 Regnal years and civil calendar in pharaonic Egypt, JEA 31: 11-28
1947 Ancient egyptian onomastica, Oxford
1969 Egyptian Grammar, 3. Auflage, London (1. Auflage 1927)

Gardiner, A.H./Peet, T.E./Černy, J.
1955 Inscriptions of Sinai I, London

Garstang, J.
1902 Mahasna and Bet Khallaf, London

Gauthier, H.
1915 Quatre nouveaux fragments de la pierre de Palerme, in: Maspero, M.G: Le Musée égyptien, Kairo, Bd. 3: 29-53

Glanville, S.R.K.
1931 An archaic statuette from Abydos, JEA 17: 65-66

Gernet, J.
1968 Ancient China from the beginnings to the Empire, London

Goedicke, H.
1960 Die Stellung des Königs im Alten Reich, Wiesbaden

Greiss, Elhamy A.M.
1953/54 Anatomical identification of plant remains and other materials from El Omari excavations at Heluan from neolithic period and the excavations at Heluan from the first dynasty, Bulletin de l'Institut Egypte 36: 227-235

Gumplowicz, L.
1926 Grundriß der Soziologie, Innsbruck

Gunn, B.
1926 Inscriptions from the Step pyramid site, ASAE 26: 177-196

Harlan, J.R.
1971 Agricultural origins: Centers and noncenters, Science 174: 468-473

Hassan, S.
1944 Giza V, Kairo

Hayes, W.C./Rowton, M./Stubbings, F.H.
1962 Chronology, in: The Cambridge Ancient History, Vol. I, Chapter VI

Hayes, W.C.
1965 Most ancient Egypt, Chicago

Hays, T.R.
1976 Predynastic Egypt, Recent Field Research, Current Anthropology 17

Helck, W.
1951 Zur Vorstellung von der Grenze in der ägyptischen Frühgeschichte, Hildesheim
1953 Gab es einen König „Menes"?, ZDMG 103: 354-359
1954a Untersuchungen zu den Beamtentiteln des ägyptischen Alten Reiches, Glückstadt/Hamburg/New York
1954b Zu den theophoren Eigennamen des Alten Reiches, ZÄS 79: 27-33
1956 Untersuchungen zu Manetho und den ägyptischen Königslisten, Berlin
1962 Die Beziehungen Ägyptens zu Vorderasien im 3. und 2. Jahrtausend v.Chr., Wiesbaden
1966 Nilhöhe und Jubiläumsfest, ZÄS 93: 74-79

1968 Geschichte des Alten Ägypten, HdO I.1.3, Leiden/Köln
1975 Wirtschaftsgeschichte des Alten Ägypten im 3. u. 2. Jahrtausend v.Chr., HdO I.5, Leiden/Köln

Helck, W./Otto, E.
1956 Kleines Wörterbuch der Ägyptologie, 2. Auflage 1970, Wiesbaden

Herrmann, J./Sellnow, J.
1976 Beiträge zur Entstehung des Staates, Berlin

Jähne, A./ Njamasch, M.
1978 Einige Merkmale des Privateigentums in frühen Klassengesellschaften des Orients und der Antike, EAZ 19: 461-500

Junker, H.
1929 Vorläufiger Bericht: Merimde-Beni Salame 1929, Anzeiger der AdW Wien 1929: 156-248
1930 Vorläufiger Bericht über die zweite Grabung der Akademie auf der vorgeschichtlichen Siedlung von Merimde-Beni Salame von 7.2.-8.4.1930, Anzeiger der AdW Wien 1930: 21-82
1932 Vorbericht über die dritte von der AdW in Wien in Verbindung mit dem Egyptiska Museet in Stockholm unternommene Grabung auf der neolithischen Siedlung von Merimde-Beni Salame, Anzeiger der AdW Wien 1932: 35-99
1933 Vorläufiger Bericht über die von der AdW in Wien in Verbindung mit dem Egyptiska Museet in Stockholm unternommene Grabung auf der neolithischen Siedlung von Merimde-Beni Salame vom 2.1.-20.2.1933, Anzeiger der AdW Wien 1933: 54-97
1934 Vorbericht über die fünfte von der AdW in Wien und dem Egyptiska Museet in Stockholm unternommene Grabung auf der neolithischen Siedlung Merimde-Beni Salame vom 13.2.-26.3.1934, Anzeiger der AdW Wien 1934: 118-132
1939 *Pḥrnfr*, ZÄS 75: 63-84
1940 Vorbericht über die siebente Grabung der AdW in Wien auf der vorgeschichtlichen Siedlung Merimde-Beni Salame vom 25.1.-4.4.1934, Anzeiger der AdW Wien 1940: 3-25
1949 Zur Frage der Rassen und Reiche in der Urzeit Ägyptens, Anzeiger der AdW Wien 1949: 485-493
1961 Die Geisteshaltung der Ägypter in der Frühzeit, Sitzungsberichte der AdW Wien 237, Bd. I

Kaiser, W.
1956 Stand und Probleme der ägyptischen Vorgeschichtsforschung, ZÄS 81: 87-109
1957 Zur inneren Chronologie der Naqadakultur, Archaeologica geographica 57: 59-77
1958 Zur vorgeschichtlichen Bedeutung von Hierakonpolis, MDAIK 16: 176-182
1959 Einige Bemerkungen zur ägyptischen Frühzeit I: Zu den *šmsw Ḥr*, ZÄS 84: 119-132
1960 Einige Bemerkungen zur ägyptischen Frühzeit I: Zu den *šmsw Ḥr* (Fortsetzung), ZÄS 85: 118-137
1961a Bericht über eine archäologische Felduntersuchung in Ober- und Mittelägypten, MDAIK 17: 1-53
1961b Einige Bemerkungen zur ägyptischen Frühzeit II: Zur Frage einer über Menes hinausreichenden ägyptischen Geschichtsüberlieferung, ZÄS 86: 39-61
1964 Einige Bemerkungen zur ägyptischen Frühzeit III: Die Reichseinigung, ZÄS 91: 86-125

Kantor, H.
1944 The final phase of predynastic culture, Gerzean or Semainean, JNES 3: 110-136
1952 Further evidence for early mesopotamian relations with Egypt, JNES 11: 239-250
1954 The chronology of Egypt and its correlation with that of other parts of the Near East in the periods before the last bronce age, in: Ehrich, R.W.: Relative chronologies in Old world archaeology, Chicago: 1-27

Kaplony, P.
1958a Sechs Königsnamen der 1. Dynastie in neuer Deutung, Orientalia Suecana 7: 54-69
1958b Zu den beiden Harpunenzeichen der Narmerpalette, ZÄS 83: 76-78
1961 Zwei neue Götterfestungen der ägyptischen Frühzeit, ZDMG 111: 379-380
1962 Gottespalast und Götterfestung in der ägyptischen Frühzeit, ZÄS 88: 5-16
1963 Die Inschriften der ägyptischen Frühzeit, Bd. I-III, Wiesbaden
1964 Die Inschriften der ägyptischen Frühzeit (Supplement), Wiesbaden
1965 Bemerkungen zu einigen Steingefäßen mit archaischen Königsnamen, MDAIK 20: 1-146
1966a Kleine Beiträge zu den Inschriften der ägyptischen Frühzeit, Wiesbaden
1966b Strukturprobleme der Hieroglyphenschrift, CdE 41: 60-99
1968 Steingefäße mit Inschriften der Frühzeit und des Alten Reiches, Brüssel
1970 Das Wagnis der Darstellung der ägyptischen Frühzeit, OLZ 65: 5-12
1972a Stichwort: Aha, in: LÄ I, Sp. 95-96
1972b Stichwort: Adjib, in: LÄ I, Sp. 62-64
1974 Stichwort: Chasechemwj, in: LÄ I, Sp. 910-912
1974 Stichwort: Dewen, in: LÄ I, Sp. 1071-1072
1974 Stichwort: Djer, in: LÄ I, Sp. 1109-1111
1977 Die Rollsiegel des Alten Reiches, Brüssel

Kees, H.
1927 Zum Ursprung der sog. „Horusdiener“, NGWG 1927. 196-207
1933 Kulturgeschichte des Alten Orients, 1. Abschnitt: Ägypten, München
1939 Probleme der ägyptischen Vorgeschichte, Göttinger Gelehrte Anzeigen 201: 485-495
1941 Der Götterglaube im alten Ägypten, Leipzig
1957 Zur Problematik des archaischen Friedhofes bei Sakkara, OLZ 1/2: 12-20
1958a Das alte Ägypten, eine kleine Landeskunde, Berlin
1958b Archaisches [hieroglyphs] = [hieroglyphs] "Erzieher"?, ZÄS 82: 58-62
1959 Neues vom archaischen Friedhof von Sakkara, OLZ 11/12: 565-570

Kemp, B.J.
1963 Excavations at Hierakonpolis Fort 1905. A preliminary note, JEA 49: 24-28
1966 Abydos and the royal tombs of the first dynasty, JEA 52: 13-22
1972 Stichwort: Abydos, in: LÄ I, Sp. 28-41

Klebs, L.
1915 Die Reliefs des Alten Reiches (2980-2475 v.Chr.), Heidelberg

Kleijn, L.S.
1977 A Panorama of theoretical Archaeology, Current Archaeology 18: 1-42

Kohl, P.L.
1978 The balance of trade in south-western Asia in the mid-third millenium B.C., Current Archaeology 19: 463-492

Krzyżaniak, L.
1977 Early farming cultures on the lower Nile: The predynastic period in Egypt, Warschau

Larsen, H.
1957 Eine eigenartige Tongefäßscherbe aus Merimde, Orientalia Suecana 6: 3-8
1958 Verzierte Tongefäßscherben aus Merimde-Beni Salame in der ägyptischen Abteilung des Mittelmeermuseums in Stockholm, Orientalia Suecana 7: 3-53
1959 Ein neolithisches Steingefäß aus Merimde in der ägyptischen Abteilung des Mittelmeermuseums in Stockholm, Orientalia Suecana 8: 69-72
1960 Knochengeräte aus Merimde in der ägyptischen Abteilung des Mittelmeermuseums in Stockholm, Orientalia Suecana 9: 28-53
1962 Die Merimdekeramik im Mittelmeermuseum Stockholm, Orientalia Suecana 11: 3-88

Lauer, J.Ph.
1957 Evolution de la tombe royale egyptienne jusqu'a la Pyramide, MDAIK 15: 148-165

Lauer, J.Ph./Lacau, P.
1959 La pyramide a degrés, Bd. IV, Kairo

Leclant, J.
1973 Stichwort: Biene, in: LÄ I, Sp. 786-789

Legge, T.
1900 The carved slates from Hieraconpolis, PSBA 22: 125-139

Lenin, W.I.
1960 Staat und Revolution, Lenin Werke, Bd. 25: 393-507

Lepsius, R.
1849 Die Chronologie der Ägypter, Berlin

Lucas, A.
1962 Ancient Egyptian materials and industries, 4. Auflage, London

Mariette, A.
1872 Monuments divers recueilles en Egypte et en Nubie, Paris

Marx, K.
1953 Grundrisse der Kritik der politischen Ökonomie, Berlin
1961 Einleitung zur Kritik der politischen Ökonomie, MEW Bd. 13: 615-642
1963 Brief an Annenkow v. 28.12.1846, MEW Bd. 27: 451-463

Maspero, G.
1902 Notes sur les objets recueilles sous la pyramide d'Ounas, ASAE 3: 185-190

Massoulard, E.
1949 Préhistoire et protohistoire d'Egypte, Paris

McAdams, R.
1958 A survey of ancient watercourses and settlements in central Iraq, Sumer 14: 101-103
1960 The evolutionary process in early civilisations, in: Sol Tax: The evolution of man mind, culture and society, Chicago
1962 Agriculture and urban life in early south western Iran, Science 136: 109-122
1968 Archaeological research strategies: Past and present, Science 160: 1187-1192
1969 The study of ancient mesopotamian settlement patterns and the problem of urban origin, Sumer 25: 111-124
1973 Discussion, in: Redman, Ch.: Research and theory in current archaeology, New York/London: 321-327

Menghin, O.
1931 Die Grabungen der Universität Kairo bei Maadi, MDAIK 2: 143-147
1932 Die Grabungen der Universität Kairo bei Maadi, MDAIK 3: 150-154
1933 Merimde-Beni Salame and Maadi, in: Junker, H.: Vorläufiger Bericht über die Grabungen auf der neolithischen Siedlung von Merimde-Beni Salame, Wien 1933: 83-97
1934 Die Grabungen der Universität Kairo bei Maadi, MDAIK 5: 111-118

Menghin, O./Amer, M.
1932 Excavations of the Egyptian University in the neolithic site at Maadi, First preliminary report (season 1930-31), Kairo
1936 Excavations of the Egyptian University in the neolithic site at Maadi, Second preliminary report, Kairo

Meyer, E.
1904 Ägyptische Chronologie, Berlin
1909 Geschichte des Altertums, Stuttgart/Berlin

Mond, R./Myers, O.H.
1937 Cemeteries of Armant, Bd. 1-2, London

de Morgan, J.
1896 Recherches sur les origines de l'Egypte, Bd. I, Paris
1897 Recherches sur les origines de l'Egypte, Bd. II, Paris

Mrsich, T.
1975 Gehört die Hausurkunde (*rmjt pr*) in den Pyramidentexten zum sakralen Recht?, SAK 3, 201-227

Müller, H.
1938 Die formale Entwicklung der Titulatur der ägyptischen Könige, Glückstadt/Hamburg/New York

Murray, M.H.
1956 Burial customs and beliefs in the hereafter in predynastic Egypt, JEA 42: 86-96

Needler, W.
1956 A flint knife of King Djer, JEA 42: 41-44

Newberry, P.E.
1912 The wooden and ivory labels of the first dynasty, PSBA 34: 279-289

Nibbi, A.
1978 The hoe as the symbol of foundations in some early egyptian reliefs, GM 29: 89-94

Oppenheimer, F.
1954 Der Staat, Stuttgart (1. Auflage 1909)

Otto, E.
1952 Ein Beitrag zur Deutung der ägyptischen Vor- und Frühgeschichte, WdO 1: 431-453
1958 Ägypten, der Weg des Pharaonenreiches, Stuttgart (1. Auflage 1953)

Petrie, W.M.F.
1896a Nagada and Ballas, London
1896b Koptos, London
1900 The royal tombs of the first dynasty, London (= RT I)
1901a Diospolis parva, London
1901b The royal tombs of the earliest dynasties, London (= RT II)
1902 Abydos I, London
1903 Abydos II, London
1907 Giza and Rife, London
1914 Tarkhan II, London
1916 New Portions of the Annals, Ancient Egypt 1916: 114-120
1917 Tools and weapons, London
1920 Prehistoric Egypt, London
1921 Corpus of prehistoric pottery and palettes, London
1923 Social life in ancient Egypt, London
1939 The making of Egypt

Petrie, W.M.F/Wainwright, G.A./Gardiner, A.H.
1913 Tarkhan I and Memphis V, London

Postowskaja, N.M.
1960 Sind die Königsgräber der 1. Dynastie von Abydos Kenotaphe? (Zur Charakteristik der Geschichtsurkunden dieser Epoche), in: 25. Internationaler Orientalistenkongreß, Berichte der Delegierten der UdSSR, Moskau

Quibell, J.E.
1900 Hierakonpolis I, London
1901 Flint dagger from Gebelen, ASAE 2: 131-132
1905 Archaic objects, Kairo
1913 Excavations at Saqqara (1911-12). The tomb of Hesy, Kairo
1923 Excavations at Saqqara (1912-14). Archaic Mastabas, Kairo

Quibell, J.E./Firth, C.M.
1935 The Step Pyramid, Bd. I-II, Kairo

Quibell, J.E./Green, F.W.
1902 Hierakonpolis II, London

Randall, D./McIver, M.A./Mace, A.C.
1902 El Amrah und Abydos, London

Read, F.W.
1916 Nouvelles remarkes sur la pierre de Palerme, BIFAO 12: 215-222

Redman, Ch.
1973 Research and theory in current archaeology, New York/London

Reineke, W.F.
1978 Gedanken zum vermutlichen Alter der mathematischen Kenntnisse im Alten Ägypten, ZÄS 105: 67-76

RT I = Petrie 1900
RT II = Petrie 1901b

Saad, Z.
1947 Royal excavations at Saqqara and Heluan, Kairo
1951 Royal excavations at Heluan (1945-47), Kairo
1957 Ceiling stelae in second dynasty tombs, Kairo
1969 The excavations at Heluan, Oklahoma

Said, R./Wendorf, F./Schild, R.
1970 The geology and prehistory of the Nile Valley in Upper Egypt, Archaeologica Polona 12: 43-59

Said, R./Albritton, C./Wendorf, F.
1972 Remarks in the holocene geology and archaeology of northern Fayum desert, Archaeologica Polona 13: 7-22

Schäfer, H.
1902 Ein Bruchstück altägyptischer Annalen, Berlin
1910 Ägyptische Goldschmiedearbeiten, Berlin

Scharff, A.
1926 Die archäologischen Ergebnisse des vorgeschichtlichen Gräberfeldes von Abusir-el-Melek, Leipzig
1929 Die Altertümer der Vor- und Frühzeit Ägyptens, 2. Teil, Berlin

Schenkel, W.
1974 Die Einführung der künstlichen Bewässerung im Alten Ägypten, GM 11: 41-46
1978 Die Bewässerungsrevolution im Alten Ägypten, Mainz

Schott, S.
1950 Die Vertreibung der Libyer und der Ursprung der ägyptischen Kultur, Paideuma 4: 139-148
1951 Hieroglyphen, Untersuchungen zum Ursprung der Schrift, Mainz

Sellnow, J.
1976 Bürgerliche Theorien über Staat und Staatsentstehung, in: Herrmann/Sellnow: Beiträge zur Entstehung des Staates, Berlin: 235-254

Sellnow, J. u. Autorenkollektiv
1977 Weltgeschichte bis zur Herausbildung des Feudalismus, Berlin

Sethe, K.
1905 Beiträge zur ältesten Geschichte Ägyptens, Leipzig
1930 Urgeschichte und älteste Religion der Ägypter, Leipzig

Simpson, W.K.
1956 A statuette of King Njneter, JEA 42: 45-49

1957 A running of the Apis in the reign of Aha and passages in Manetho and Aelian, Or 26: 139-142

Smith, W.S.
1958 Art and architecture of ancient Egypt, Harmondsworth

Spaulding, C.
1973 Archaeology in the active voice, in: Redman, C.: Research and theory in current archaeology, Chicago: 337-354

Spiegelberg, W.
1897 Ein neues Denkmal aus der Frühzeit der ägyptischen Kunst, ZÄS 35: 7-11

Steward, J.
1955 Theory of cultural change, Urbana

Steward, J.
1960 Evolutionary principles and social types, in: Sol Tax: The evolution of man mind, culture and society, Chicago: 169-186

Stock, H.
1948 Das Ostdelta Ägyptens in seiner entscheidenden Rolle für die politische und religiöse Entwicklung des Alten Reiches, WdO 3: 135-145

Struwe, W.
1955 Der Alte Orient, Bd. I, Berlin (russ. Ausg. 1950)

Tökei, F.
1969 Zur Frage der asiatischen Produktionsweise, Neuwied/Berlin

Trigger, B.G.
1968 Beyond history: the methods of prehistory, New York/Chicago

Vandier, J.
1952 Manuel d'archéologie égyptienne, Vol. I: Les époques de formation, Paris

Wb Erman, A./Grapow, H.: Wörterbuch der ägyptischen Sprache, B. I-V, Berlin 1955-1957

Weill, R.
1908 Les origines de l'Egypte pharaonique. La IIe et la IIIe dynasties, Paris

Wendorf, F./Said, R./Schild/R.
1970a Egyptian prehistory, some new concepts, Science 169: 1161-1171
1970b Late palaeolithic sites in Upper Egypt, Archaeologica Polona 12: 19-42

Wenkler, H.A.
1938 Rock drawings of southern Egypt, Bd. I, London

Wiltfoel, K.A.
1957 Oriental despotism – a comparative study of total power, New Haven

Wolf, W.
1957 Die Kunst Ägyptens, Stuttgart
1971 Das alte Ägypten, München

Abbildungsverzeichnis

Abb. 1: Narmer a

Abb. 2: Aha a

Abb. 3: Aha b

Abb. 4: Aha c1

Abb. 5: Aha c2

Abb. 6: Aha d

Abb. 7: Djer a

Abb. 8: Djer b

Abb. 9: Djer c

Abb. 10: Djer d

Abb. 11: Djer e

Abb. 12: Djer f

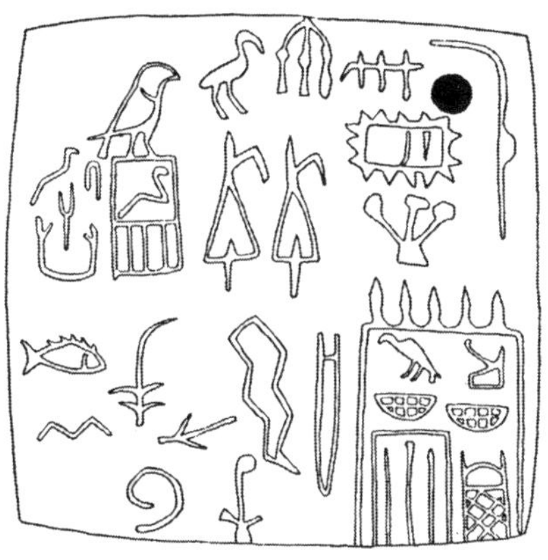

Abb. 13: Djet a

Abb. 14: Djet b

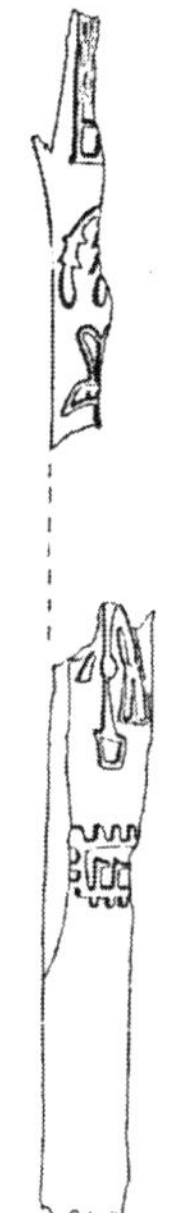

Abb. 15: Djet c

Abb. 16: Den a

Abb. 17: Den b

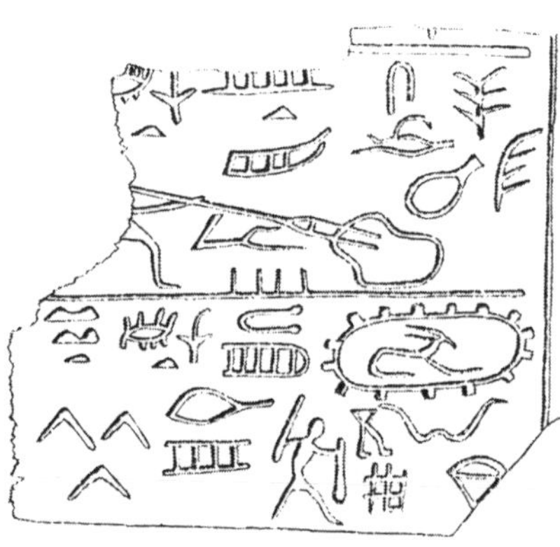

Abb. 18: Den c

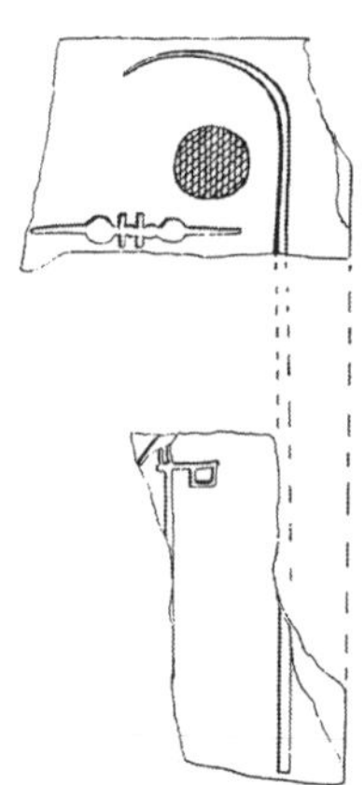

Abb. 19: Den d

Abb. 20: Den e

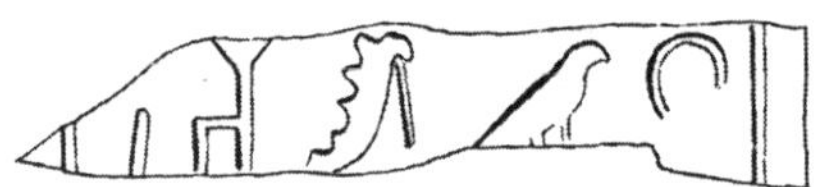

Abb. 21: Den f

Abb. 22: Den g

Abb. 23: Den h

Abb. 24: Den i

Abb. 25: Den k

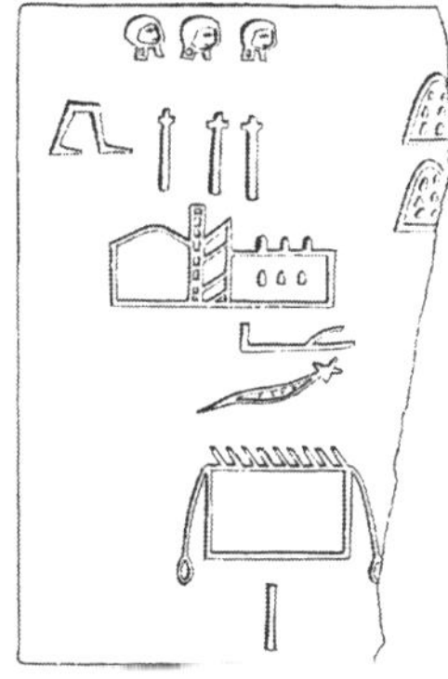

Abb. 26: Den l

Abb. 27: Den m

Abb. 28: Den n

Abb. 29: Adj-ib a

Abb. 30: Semerchet a

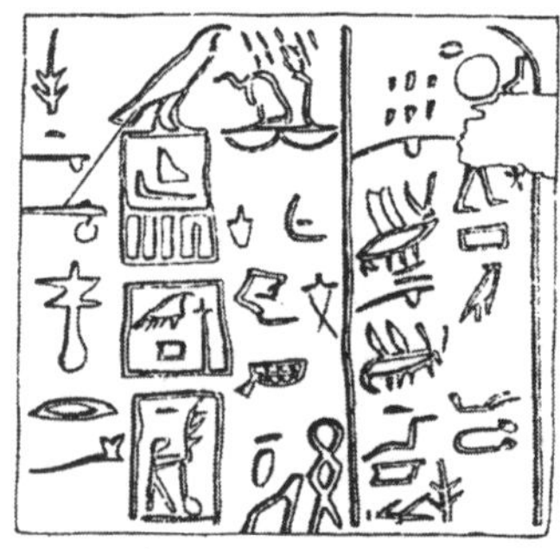

Abb. 31: Qa a

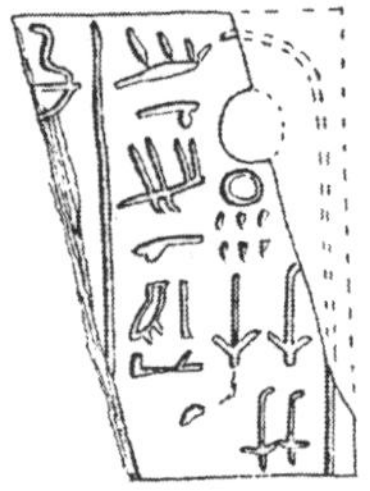

Abb. 32: Qa b

Abb. 33: Qa c

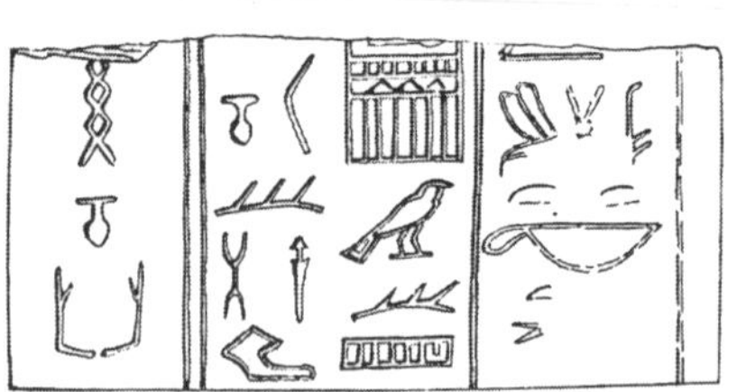

Abb. 34: Qa d

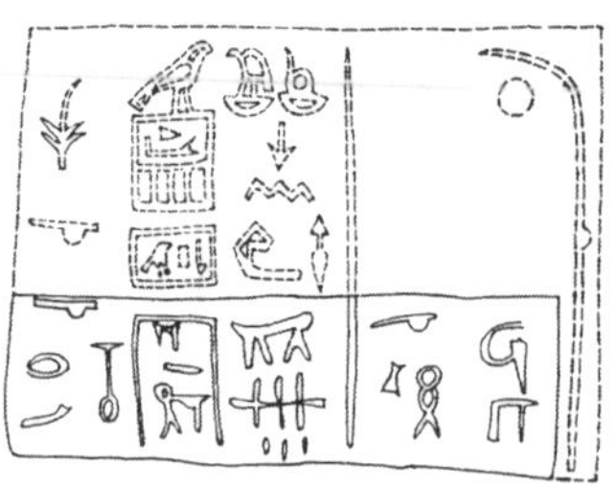

Abb. 35: Qa e

Abb. 36: Qa f